böhlau

QUELLEN UND FORSCHUNGEN
ZUR HÖCHSTEN GERICHTSBARKEIT
IM ALTEN REICH

HERAUSGEGEBEN
VON
ANJA AMEND-TRAUT,
FRIEDRICH BATTENBERG, ALBRECHT CORDES,
IGNACIO CZEGUHN, PETER OESTMANN
UND WOLFGANG SELLERT

Band 80

Von Bußen und Strafen

Gerichtliche Verfolgung von Unrecht

herausgegeben von

ANJA AMEND-TRAUT UND PETER OESTMANN

BÖHLAU

Veröffentlicht mit der freundlichen Unterstützung durch die Fritz-Thyssen-Stiftung, Köln

Bibliografische Information der Deutschen Nationalbibliothek:
Die Deutsche Nationalbibliothek verzeichnet diese Publikation in der Deutschen Nationalbibliografie; detaillierte bibliografische Daten sind im Internet über http://dnb.d-nb.de abrufbar.

Umschlagabbildung: Titelblatt aus: DEs allerdurchleuchtigsten großmechtigstẽ vnüberwindtlichsten Keyser Karls des fünfften: vnnd des heyligen Römischen Reichs peinlich gerichts ordnung/ auff den Reichsztägen zů Augspurgk vnd Regenspurgk/ iñ jaren dreissig/ vñ zwey vnd dreisssig gehalten/ auffgericht vnd beschlossen, Mainz 1533, Bayerische Staatsbibliothek München, 2 J.germ. 10#Beibd.1, https://mdz-nbn-resolving.de/details:bsb10941443

Korrektorat: Dirk Michel, Mannheim
Einbandgestaltung: Michael Haderer, Wien
Satz: Michael Rauscher, Wien
Druck und Bindung: Hubert & Co, Göttingen
Gedruckt auf chlor- und säurefreiem Papier
Printed in the EU

Vandenhoeck & Ruprecht Verlage | www.vandenhoeck-ruprecht-verlage.com

ISBN 978-3-412-53043-3

Inhalt

Einführung

Die Strafrechtsgeschichte führt innerhalb der Rechtsgeschichte eher ein Nischendasein. Die weit in die Historische Rechtsschule zurückreichende Verbindung von bürgerlichem Recht und Rechtsgeschichte prägt das Fach immer noch nachhaltig. Einschlägige Veranstaltungen und Veröffentlichungen mit strafrechtsgeschichtlichem Schwerpunkt sind selten. Der hier vorliegende Band dokumentiert eine Tagung, die unter dem Titel „Von Bußen und Strafen. Gerichtliche Verfolgung von Unrecht" im April 2022 in Münster stattfand. Aus unterschiedlichen Richtungen und mit weit gestreuten zeitlichen Schwerpunkten beleuchten die Beiträge größere Bereiche der Strafrechtsgeschichte. Die damalige Tagung und auch der jetzige Band sind bewusst offengehalten, um verschiedenen Disziplinen Gehör zu verschaffen und verschiedenen Aspekten der Strafrechtsgeschichte in ihrer zeitlichen Entwicklung Beachtung zu schenken.

Dem Buch könnte man leicht den Vorwurf machen, es bestehe aus einem disparaten Strauß von Vorträgen bzw. Aufsätzen, welche inhaltlich kaum miteinander verbunden sind. Das ist nicht falsch. Aber aus unserer Sicht erschien es wenig sinnvoll, ein Programm zu stricken, das sich allein auf strafrechtlich einschlägige Verfahren vor den höchsten Gerichten des Alten Reichs konzentriert oder allein den Blick auf das 19. Jahrhundert wirft. Denn das Ziel dieser Bestandsaufnahme war und ist es, sich der seit 1949 lange Zeit in der alten Bundesrepublik vernachlässigten Strafrechtsgeschichte wieder einmal in ihrer Breite zu widmen.[1]

Seit etwa der Jahrtausendwende hat das Fach neue Dynamik gewonnen, sieht man einmal von dem älteren interdisziplinären Forschungsprojekt unter der Leitung von Dietmar Willoweit ab, das „in den Jahren zwischen 1993 bis 1999 den Versuch unternommen hatte, das festgefügte wie revisionsbedürftige Bild der mittelalterlichen Strafrechtsgeschichte unter Einbeziehung des 16. Jahrhunderts zu revidieren".[2] Neuen Schwung gab es zunächst in institutioneller Hinsicht. Dies zeigt etwa die im Jahr 2000 begründete Publikationsreihe „Rothenburger Gespräche zur Strafrechtsgeschichte", die auf strafrechts- und kriminalitätsge-

---

1 Der folgende Überblick erhebt selbstverständlich keinen Anspruch auf Vollständigkeit. Für Österreich sei auf Martin P. Schennach (Hrsg.), Strafrechtsgeschichte im „langen" 19. Jahrhundert. Forschungen und Perspektiven, Wien 2020, verwiesen.

2 Dazu Dietmar Willoweit (Hrsg.), Die Entstehung des öffentlichen Strafrechts. Bestandsaufnahme eines europäischen Forschungsproblems (Konflikt, Verbrechen, und Sanktion in der Gesellschaft Alteuropas, Symposien und Synthesen, 1), Köln/Weimar/Wien 1999, Vorwort, S. VII.

schichtliche Seminarveranstaltungen zurückgeht, die seit den 1990er Jahren in Rothenburg ob der Tauber abgehalten werden.[3] Mit dem dort beheimateten Kriminalmuseum, welches unter der Leitung des auch an diesem Band beteiligten Markus Hirte steht, hat die Strafrechtsgeschichte seit etlichen Jahren ein Dach über dem Kopf gefunden. In thematischer Hinsicht wurde das Gebiet zudem durch einzelne Jubiläen belebt, wie etwa den 200. Jahrestag von Feuerbachs im Jahre 1813 in Kraft getretenen Strafgesetzbuch.[4] Vor allem war es die juristische Aufarbeitung der jüngsten Vergangenheit, die einer strafrechtlichen und zeithistorischen Bewertung unterzogen wurde, wie insbesondere der Wiedervereinigung, welche die DDR als historisches Phänomen wie generell die Aufarbeitung von Diktaturen ins Blickfeld treten ließ.[5] Zu nennen ist hier etwa eine Untersuchung zu Strafprozessen bundesdeutscher Gerichte gegen ehemalige Mitarbeiter des Ministeriums für Staatssicherheit der DDR oder deren Übernahme in politische Ämter.[6] Und auch die an der Universität Potsdam angesiedelte „Forschungsstelle Europäische Strafrechtsgeschichte" von Georg Steinberg widmet sich, zumindest bislang, allein der Strafrechtsgeschichte seit Mitte des 20. Jahrhunderts.[7] Daneben sind vor allem einzelne strafrechtsrelevante Themen konjunkturell beackert worden – freilich nicht allein explizit juristisch, sondern auch oder ausschließlich sozialgeschichtlich – wie etwa der Kindsmord.[8] Oder es handelt sich um einzelne

3 Zuletzt erschien Markus Hirte/Arnd Koch/Ralf Kölbel (Hrsg.), Recht und Geschichte – Psyche und Gewalt. Symposion anläßlich des 70. Geburtstags von Günter Jerouschek (Rothenburger Gespräche zur Strafrechtsgeschichte, 9), Gießen 2023.

4 Arndt Koch/Michael Kubiciel/Martin Löhnig/Michael Pawlik (Hrsg.), Feuerbachs Bayerisches Strafgesetzbuch. Die Geburt liberalen, modernen und rationalen Strafrechts, Tübingen 2014.

5 Thomas Vormbaum/Francisco Muñoz Conde (Hrsg.), Juristische Transformation von Diktaturen in Demokratien und juristische Aufarbeitung der Vergangenheit, Berlin 2010; Gerhard Werle/Moritz Vormbaum, Transitional Justice. Vergangenheitsbewältigung durch Recht, Berlin 2018.

6 Roland Schissau, Strafverfahren wegen MfS-Unrechts. Die Strafprozesse bundesdeutscher Gerichte gegen ehemalige Mitarbeiter des Ministeriums für Staatssicherheit der DDR, Berlin 2006; Dorit Pries, Stasi-Mitarbeiter in deutschen Parlamenten. Die Überprüfung der Abgeordneten auf eine Zusammenarbeit mit dem Staatssicherheitsdienst der ehemaligen DDR (Juristische Schriftenreihe, 262), Münster 2008.

7 Forschungsstelle Europäische Strafrechtsgeschichte – Professur Strafrecht und Strafprozessrecht – Universität Potsdam, https://www.uni-potsdam.de/de/ls-steinberg/forschungsstelle-europaeische-strafrechtsgeschichte (abgerufen am 1. März 2024). Zu deren Projekten zählt v. a. das Strafrecht in der alten Bundesrepublik, dazu Georg Steinberg/Arnd Koch/Andreas Popp (Hrsg.), Strafrecht in der alten Bundesrepublik 1949–1990. Grundlagen, Allgemeiner Teil und Rechtsfolgenseite im zeitgeschichtlichen Spiegel von Gesellschaft und Politik (Grundlagen des Strafrechts, 8), Baden-Baden 2020.

8 Wilhelm Wächtershäuser, Das Verbrechen des Kindesmordes im Zeitalter der Aufklärung. Eine rechtsgeschichtliche Untersuchung der dogmatischen, prozessualen und rechtssoziologischen Aspekte (Quellen und Forschungen zur Strafrechtsgeschichte, 3), Berlin 1973; Richard van Dül-

Abhandlungen zur Strafrechtstheorie seit dem 19. Jahrhundert,[9] die sich insbesondere in der seit 1970 herausgegebenen Reihe „Quellen und Forschungen zur Strafrechtsgeschichte“ versammeln,[10] darunter auch die Habilitationsschrift des in unserem Band ebenfalls vertretenen Andreas Roth.[11] Strafverfahren und -prozesse als rechtshistorische Quellen werden derzeit kaum genutzt.[12]

Dieses Manko wie überhaupt der insgesamt zu beobachtende Rückgang der strafrechtsgeschichtlichen Forschung werden zumindest teilweise durch die Historische Kriminalitätsforschung ausgeglichen. Exemplarisch sei hier auf die unter anderem von Wolfgang Wüst initiierte Tagung in Wildbad Kreuth aus dem Jahr 2015 hingewiesen, bei der aus landesgeschichtlicher Perspektive Fallstudien aus Bayern und seinen Nachbarländern aus der Frühen Neuzeit im Zentrum standen.[13] Eine Renaissance erfährt die frühneuzeitliche Strafrechtsgeschichte durch das am Max-Planck-Institut für Rechtsgeschichte und Rechtstheorie von Karl Härter lange Zeit koordinierte Forschungsfeld „Strafrechtsgeschichte und historische Kriminalitätsforschung“.[14]

Was für die zeitliche Schwerpunktsetzung in der modernen strafrechtshistorischen Forschung gilt, spiegelt sich auch in der deutschen Ausbildungsliteratur weitgehend wider.[15] Eine Ausnahme bildet der ursprünglich von Hinrich Rüping verfasste und dann von Günter Jerouschek übernommene „Grundriss der Straf-

---

MEN, Frauen vor Gericht. Kindsmord in der frühen Neuzeit, Frankfurt a. M. 1991; Rebekka Habermas (Hrsg.), Das Frankfurter Gretchen. Der Prozeß gegen die Kindsmörderin Susanna Margaretha Brandt, München 1999.

9 Luís GRECO, Lebendiges und Totes in Feuerbachs Straftheorie. Ein Beitrag zur gegenwärtigen strafrechtlichen Grundlagendiskussion, Berlin 2009; Therese STÄCKER, Die Franz von Liszt-Schule und ihre Auswirkungen auf die deutsche Strafrechtsentwicklung, Diss. Kiel 2011 (Kieler rechtswissenschaftliche Abhandlungen N. F., 66), Baden-Baden 2012.

10 Den Auftakt bildete die Monographie von Heinz HOLZHAUER, Willensfreiheit und Strafe. Das Problem der Willensfreiheit in der Strafrechtslehre des 19. Jahrhunderts und seine Bedeutung für den Schulenstreit (Quellen und Forschungen zur Strafrechtsgeschichte, 1), Berlin 1970.

11 Andreas ROTH, Kriminalitätsbekämpfung in deutschen Großstädten 1850–1914. Ein Beitrag zur Geschichte des strafrechtlichen Ermittlungsverfahrens, Habil.-Schr. Münster (Westfalen) 1993 (Quellen und Forschungen zur Strafrechtsgeschichte, 7), Berlin 1997.

12 Siehe aber jüngst Tillmann KRACH, Das Novemberpogrom in Mainz im Spiegel seiner strafrechtlichen Aufarbeitung (Quellen und Forschungen zur Strafrechtsgeschichte, 16), Berlin 2021.

13 Wolfgang Wüst/Marina Heller (Hrsg.), Historische Kriminalitätsforschung in landesgeschichtlicher Perspektive (Franconia, 9), Erlangen 2017. Für weiterführende Hinweise siehe etwa Gerd SCHWERHOFF, Historische Kriminalitätsforschung (Historische Einführungen, 9), Frankfurt a.M. 2011.

14 Einen Einblick in die Methoden des Forschungsfelds gibt der Band Karl Härter (Hrsg.), Strafrechts- und Kriminalitätsgeschichte der Frühen Neuzeit (methodica. Einführungen in die rechtshistorische Forschung, 5), Berlin/Boston 2017.

15 Für die Schweiz sei auf Mark PIETH, Strafrechtsgeschichte, 2. Aufl., Basel 2020, hingewiesen.

rechtsgeschichte“, wobei die letzte Auflage von 2011 stammt.[16] Die „Einführung in die Geschichte der deutschen Strafrechtspflege“ von Eberhard Schmidt ist sogar auf dem Stand von 1965, sie wurde zuletzt noch 30 Jahre später erneut unverändert nachgedruckt.[17] Seit einiger Zeit gibt es ein zweibändiges Studien- und Quellenbuch zur Strafrechtsgeschichte.[18] Aber übergreifende neue Gesamtdarstellungen sind weitgehend verschwunden.

Im Übrigen werden in rechtshistorischen Überblickswerken wichtige Stationen, wie etwa die Entstehung des Strafrechts überhaupt, der Einsatz der Folter als Beweismittel oder die Einrichtung der Staatsanwaltschaft, stark zusammengefasst aufgeführt.[19] Damit steht allein für die moderne Strafrechtsgeschichte seit der ersten Dekade des neuen Jahrtausends dezidiert strafrechtshistorisches Lehrmaterial einschließlich der jüngsten Entwicklungen zum juristischen Zeitgeschehen aktuell zur Verfügung, allen voran die „Einführung in die moderne Strafrechtsgeschichte“ von Thomas Vormbaum, welche mittlerweile in der 4. Auflage erhältlich ist.[20] Vormbaum hat auch zwei unkommentierte Sammlungen von Texten neuzeitlicher bzw. moderner Strafrechtsdenker besorgt, mit denen freilich explizit „nicht die Zahl der rechtsgeschichtlichen und strafrechtsgeschichtlichen Lehr- und Quellenbücher“ vermehrt werden sollte, sondern die sich allein „als ein ergänzendes Hilfsmittel“ verstehen.[21] Den Auftakt dieser Quellensammlungen machten vor einigen Jahrzehnten, wie erwähnt, Wolfgang Sellert und Hinrich Rüping, aber auch Arno Buschmann mit ihren 1989 bzw. 1994 und 1998 erschienenen Bänden.[22] Seit 2023 gibt es ein neues utb-Kurzlehrbuch von Georg Steinberg, das die ältere Zeit knapp behandelt, den Schwerpunkt aber doch auf

---

16 Hinrich Rüping/Günter Jerouschek, Grundriss der Strafrechtsgeschichte (Schriftenreihe der Juristischen Schulung, 73), 6. Aufl., München 2011.

17 Eberhard Schmidt, Einführung in die Geschichte der deutschen Strafrechtspflege (Jurisprudenz in Einzeldarstellungen, 1), 3. Aufl., Göttingen 1965, ND Göttingen 1995.

18 Wolfgang Sellert/Hinrich Rüping, Studien- und Quellenbuch zur Geschichte der deutschen Strafrechtspflege. Bd. 1: Wolfgang Sellert, Von den Anfängen bis zur Aufklärung, Aalen 1989, Bd. 2: Hinrich Rüping, Von der Aufklärung bis zur doppelten Staatsgründung, Aalen 1994.

19 Statt vieler siehe nur Peter Oestmann, Wege zur Rechtsgeschichte: Gerichtsbarkeit und Verfahren, 2. Aufl., Köln/Wien 2021, u. a. Abschnitte 2.9.5, 3.6, 3.10.4, 3.14.4; Ulrich Eisenhardt/Anja Amend-Traut, Deutsche Rechtsgeschichte, 8. Aufl., München 2024, u. a. Rn. 290 f., 356 f., 384 f., 461–513, 760–774.

20 Thomas Vormbaum, Einführung in die moderne Strafrechtsgeschichte, 4. Aufl., Berlin 2019. Daneben neuerdings Milan Kuhli, Geschichte des Strafrechts. Einführung für die Rechts- und Geschichtswissenschaft, Baden-Baden 2022.

21 Thomas Vormbaum (Hrsg.), Strafrechtsdenker der Neuzeit, Baden-Baden 1998; ders., Moderne deutsche Strafrechtsdenker, Berlin/Heidelberg 2011. Das Zitat stammt aus der Einführung aus letztgenanntem Buch, S. 1.

22 Sellert/Rüping, Studien- und Quellenbuch (wie Anm. 18); Arno Buschmann (Hrsg.), Textbuch zur Strafrechtsgeschichte der Neuzeit. Die klassischen Gesetze, München 1998.

das 19. und 20. Jahrhundert legt. Das Werk möchte in veränderter Form den Grundriss von Rüping/Jerouschek fortsetzen.[23]

Die Hintansetzung der Strafrechtsgeschichte ist schließlich nicht allein in der Forschung und der Ausbildungsliteratur zu beobachten, sondern damit korrespondierend auch in der Lehre selbst. Als Grundlagenfach wird die Rechtsgeschichte zumeist in Überblicksveranstaltungen angeboten, bei denen die Geschichte des Strafrechts nicht im Zentrum steht, sondern bestenfalls mit vereinzelten Themen gestreift wird. Dezidierte Vorlesungen zur Strafrechtsgeschichte, wie sie Peter Oestmann in Münster oder Georg Steinberg in Potsdam regelmäßig anbieten, oder die im Wintersemester 2005/2006 an der Juristischen Fakultät der Julius-Maximilians-Universität Würzburg von Eric Hilgendorf und Jürgen Weitzel organisierte Ringvorlesung mit dem Titel „Der Strafgedanke in seiner historischen Entwicklung"[24] stellen eher Ausnahmen dar, sieht man einmal von vereinzelten Schwerpunktveranstaltungen ab.[25] Erst recht exzeptionell sind Lehrstühle mit einer Denomination für Strafrechtsgeschichte. Zu diesen wenigen zählen jene von Carl-Friedrich Stuckenberg/Uni Bonn, Martin Asholt/Uni Passau und Stephan Stübinger/Fernuniversität Hagen. Die Nachfolge von Günter Jerouschek, der zuletzt in Jena ebenfalls einen Lehrstuhl unter anderem für Strafrechtsgeschichte bekleidete, folgte zwar dieser Tradition nicht. Aber mit dem bereits erwähnten Markus Hirte hat dessen ehemaliger Doktorand seit dem Sommersemester 2018 als Lehrbeauftragter die Strafrechtsgeschichte in ihrer ganzen Breite übernommen.

Vor dem Hintergrund dieser Gesamtsituation erschien es uns angezeigt, das Augenmerk der rechtshistorischen Forschung wieder einmal auf die Wurzeln und verschiedene Teilbereiche der Strafrechtsgeschichte in chronologischer Abfolge zu werfen und, so unsere Hoffnung, dieser Teildisziplin neue Impulse zu geben. Die Zusammenarbeit zwischen Historikern und Rechtshistorikern, die sich in weiten Bereichen der Rechtsgeschichte seit Langem bewährt hat, führt auch in unserem Fall dazu, dass wir Themen einbinden konnten, die von der juristischen Rechtsgeschichte zurzeit kaum bearbeitet werden. Zugleich beleuchten zahlreiche der hier versammelten Beiträge Fragen der Praxis und verstehen Recht damit immer in einem umfassenderen Sinne als die reine Normengeschichte.

---

23 Georg Steinberg, Deutsche Strafrechtsgeschichte, Köln 2023, insbes. S. 13 f., Rn. 2.

24 Eric Hilgendorf/Jürgen Weitzel (Hrsg.), Der Strafgedanke in seiner historischen Entwicklung. Ringvorlesung zur Strafrechtsgeschichte und Strafrechtsphilosophie (Schriften zum Strafrecht, 189), Berlin 2007.

25 Beispielhaft sei hier auf den an der Johannes Gutenberg-Universität Mainz angebotenen Teilschwerpunkt „Geschichte und Methodik des Rechts" hingewiesen, der die Vorlesung „Strafrechtsrechtgeschichte" enthält.

Den Auftakt des Bandes macht Karl Ubl mit einem Einblick in Grundfragen des Strafrechts im frühen Mittelalter. Seit den Arbeiten von Jürgen Weitzel, vor allem seit seiner umfassenden Schrift zur Dinggenossenschaft,[26] hat die Rechtsgeschichte die sogenannte fränkische Zeit nicht mehr intensiv unter die Lupe genommen.[27] Ubl, der seit Längerem als Lex-Salica-Forscher, aber auch akribischer Urkunden- und Quellenerschließer hervorgetreten ist, zeichnet in seinem Beitrag vor allem ein Bild der karolingischen Epoche. Inwieweit man hier von Gesetzen, Rechtsbüchern oder von Strafe überhaupt sprechen sollte,[28] dürfte zwischen Historikern und Rechtshistorikern noch nicht ausdiskutiert sein. Markus Hirte befasst sich in seinem Aufsatz mit dem kirchenrechtlichen Strafverfahren im frühen 13. Jahrhundert. Hier bietet er Ansatzpunkte, wie man durch genaue Quellenanalyse die weithin bekannten Forschungen von Winfried Trusen aus den 1980er Jahren[29] durchaus verfeinern und neu akzentuieren kann. Hendrik Baumbach weist in seinem Beitrag zur höchsten Gerichtsbarkeit im Alten Reich im 15. Jahrhundert auf ein Dilemma hin. Einerseits sind Quellen zum Königlichen Kammergericht wie zum älteren Reichshofgericht immer besser zugänglich, doch andererseits gibt es wegen der fehlenden Zuständigkeit des Reiches für die Strafgerichtsbarkeit vergleichsweise wenige einschlägige Kriminalfälle. In diesem Punkt unterscheidet sich die Quellengrundlage der Strafrechtsgeschichte deutlich von anderen Bereichen der spätmittelalterlichen oder frühneuzeitlichen Rechtspraxis. Guido Rossi führt eindringlich vor Augen, dass eine wesentliche Quelle des gelehrten Strafrechts in den reichen Schätzen der italienischen Konsilienliteratur liegt. Wesentliche dogmatische Weichenstellungen, wie Verantwortlichkeit, strafrechtliche Zurechnung und andere im ungelehrten Recht weithin unbekannte Denkfiguren wurden hier in Auseinandersetzung mit den römisch-kanonischen Quellen formuliert. Die nicht eindeutige Grenze zum Haftungsrecht zeigt wie auch der Beitrag von Baumbach, dass die Unterscheidung von Strafrecht und Zivilrecht ihrerseits in dieser Zeit erst entstand.

---

26 Jürgen Weitzel, Dinggenossenschaft und Recht. Untersuchungen zum Rechtsverständnis im fränkisch-deutschen Mittelalter (Quellen und Forschungen zur höchsten Gerichtsbarkeit im alten Reich, 15), 2 Teilbände, Köln/Wien 1985.

27 Deutschsprachiger Überblick über den Forschungsstand von Gerhard Dilcher/Eva-Marie Distler (Hrsg.), Leges – Gentes – Regna. Zur Rolle von germanischen Rechtsgewohnheiten und lateinischer Schrifttradition bei der Ausbildung der frühmittelalterlichen Rechtskultur, Berlin 2006.

28 Überlegungen zur frühen Strafrechtsgeschichte bei Jürgen Weitzel, Strafe und Strafverfahren in der Merowingerzeit, in: Zeitschrift der Savigny-Stiftung für Rechtsgeschichte, Germanistische Abteilung 111 (1994), S. 66–147, allerdings auf die etwas ältere Zeit konzentriert.

29 Winfried Trusen, Der Inquisitionsprozeß. Seine historischen Grundlagen und frühen Formen, in: Zeitschrift der Savigny-Stiftung für Rechtsgeschichte, Kanonistische Abteilung 74 (1988), S. 168–230.

Mit Wolfgang Sellerts Studie zum Reichshofrat beginnt ein Abschnitt mit mehreren Untersuchungen zur frühneuzeitlichen Strafrechtsgeschichte. Die Beschränkung auf reichsunmittelbare Adlige ist zweckmäßig gewählt, denn sie besaßen ihren erstinstanzlichen Gerichtsstand vor den Reichsgerichten. Über die alltäglichen Strafsachen erfährt man auf diese Weise also kaum etwas. Michaela Grund bietet genau aus der entgegengesetzten Richtung ein solches Bild auf ein Untergericht in der Zeit um 1600. Dies macht die Spannweite dessen sichtbar, was man in der Rückschau als frühneuzeitliche Strafjustiz bezeichnen kann. Die Brücke zur Verfassungsgeschichte schlägt Ralf-Peter Fuchs. Frühneuzeitliche Zeugenverhöre zu Fragen der Strafgewalt schlagen unschwer die Brücke zur Landesherrschaft. Die *iurisdictio*, die Gerichtsherrschaft, zeigte sich besonders deutlich in dem Anspruch, Kriminaljustiz auszuüben. Diese handfeste Gewalt über Leib und Leben gab unmittelbar Auskunft über die Machtverhältnisse vor Ort. Wolfgang Wüst bringt demgegenüber einen Akteur ins Spiel, der leicht übersehen werden kann. Die Reichskreise besaßen unter anderem auch Zuständigkeiten im Kampf gegen Kriminalität. Einige süddeutsche Schlaglichter zeigen praktische Beispiele und werfen zugleich die Frage nach einer Abgrenzung von Strafrecht und Policeyrecht auf. Ulrike Ludwig führt an einer wichtigen Fallgruppe die Rolle des Landesherrn vor Augen. Einerseits erließ er Strafnormen, forderte ihre strenge Beachtung und fühlte sich dafür Gott verantwortlich. Andererseits gewährten er und seine Gerichte im großen Umfang Straferlasse, Strafmilderung und Begnadigungen. Soziale Normen und Rechtsnormen, vielleicht auch Gesetz und Praxis, standen hier in einem schwierigen Spannungsverhältnis zueinander.

Zwei Beiträge zum sogenannten bürgerlichen Zeitalter richten den Blick auf Neuerungen, wie sie in vielen Rechtsbereichen durch die französischen Reformen seit der Revolutionszeit angestoßen wurden. Andreas Roth gibt einen Überblick über das deutsche Strafprozessrecht im 19. Jahrhundert. Peter Collin greift einen Spezialaspekt des Gerichtsverfassungsrechts heraus, nämlich die Mitwirkung von Laien im Strafverfahren. Große Bereiche der Strafrechtsgeschichte bleiben auf diese Weise ausgespart, zum 19. Jahrhundert etwa das materielle Recht insgesamt, über weitere Epochen die Wissenschaftsgeschichte, auch die Zeitgeschichte fehlt. Gerade die Auslassungen sind nicht selten aber zugleich Forschungslücken und wollen damit ermutigen, die Strafrechtsgeschichte großflächiger anzugehen.

Zu dem größeren Zugriff auf die Rechtsgeschichte gehört auch die beständige Erweiterung der Quellengrundlage. Andreas Deutsch, der mit seinem Beitrag den Band geradezu kunsthistorisch einrahmt, kann aufgrund jahrelanger Beschäftigung mit Bildzeugnissen vorführen, wie Titelkupfer zeitgenössischer Druckwerke, aber auch andere Abbildungen Auskunft über das Selbstverständnis spätmittelalterlicher und frühneuzeitlicher Strafpraxis geben. Die Herrschaftsträger zeigten ihre Landeshoheit, indem sie sich als Gerichtsherren darstellen ließen und gleichzeitig ihren Untertanen drastisch die peinlichen Strafen der Zeit vor Augen führten.

Die Tagung, auf der wir diese Fragen behandelten, bildete zugleich die Auftaktveranstaltung zu einem neuen „Arbeitskreis Justizgeschichte". Dieser Arbeitskreis versteht sich als lockerer Zusammenschluss deutscher und internationaler Rechtshistoriker und Historiker, die ein gemeinsames Interesse an Rechtspraxis im weitesten Sinne verbindet. Die bewährte Gesprächsgemeinschaft zu Fragen der höchsten Gerichtsbarkeit erweist sich oftmals als zu eng. Manche Bereiche wie Strafpraxis und vor allem die praktisch zentrale Niedergerichtsbarkeit benötigen ihren gesicherten Platz nicht nur in der Heimatforschung und Regionalgeschichte. Der Arbeitskreis, vorläufig koordiniert von Anja Amend-Traut und Peter Oestmann, möchte eine Plattform für den gegenseitigen Austausch sein, will Veranstaltungen koordinieren, versteht sich aber nicht als Verein mit einem vorgegebenen Programm. Weiterführende Hinweise bietet unsere Homepage www.arbeitskreis-justizgeschichte.de. Wir freuen uns auf weitere anregende Treffen.

Zuletzt danken wir den Mitherausgebern der Reihe „Quellen und Forschungen zur höchsten Gerichtsbarkeit im Alten Reich", die fast allesamt an der hier dokumentierten Tagung teilgenommen haben, dass unser Band dort erscheinen kann, auch wenn es nicht zentral um die höchste Gerichtsbarkeit geht. Wir danken außerdem der Fritz-Thyssen-Stiftung für die großzügige Förderung der Tagung und die Gewährung eines Druckkostenzuschusses. Schließlich gilt unser herzlicher Dank unseren Lehrstuhlhilfskräften, vor allen Herrn Johannes Romanski und Herrn Nils Usselmann, für die Mitarbeit und Frau Dorothee Wunsch vom Böhlau-Verlag für die abermals unkomplizierte Zusammenarbeit.

Würzburg, Münster im März 2024 Anja Amend-Traut, Peter Oestmann

I. IKONOGRAPHIE

Andreas Deutsch

Zwischen Herrschaftsinszenierung und Generalprävention

Rechtsikonographische Blicke auf die Strafjustiz der Frühen Neuzeit[1]

1. Inszenierte Abschreckung: Strafinstrumente im öffentlichen Raum

Wer kennt nicht die drei Käfige am Turm von Sankt Lamberti hoch über dem Münsteraner Prinzipalmarkt? Sie hängen dort seit nun bald 500 Jahren und geben ein gutes Beispiel für die hier thematisierte Frage der Herrschaftsinszenierung zum Zweck der Generalprävention:

Nachdem Fürstbischof Franz von Waldeck die von den Wiedertäufern regierte Stadt Münster nach langem Kampf hat zurückerobern können, ließ er am 22. Januar 1536 die drei Anführer der Täuferbewegung auf dem Prinzipalmarkt auf grausame Weise hinrichten.[2] Die Leichen wurden dann in eisernen „Körben", die ein Schmied aus Dortmund eilends gefertigt hatte, an der Südseite des Lambertikirchturms aufgehängt: Jan van Leyden, der als König der Täufer amtierte, in der Mitte, links und rechts Bernd Knipperdolling und Bernd Krechting.[3] Dem Bischof diente diese aufwendige Vorstellung zur Inszenierung seiner mühsam zurückgewonnenen Macht in der Hauptstadt seines Landes, zugleich wirkten die Käfige zur steten Generalprävention durch Abschreckung: Jedem wurde vor Augen geführt, was drohte, wenn man es wagte, sich gegen den Bischof aufzulehnen.

Wie gut diese Inszenierung funktionierte, lässt sich nicht zuletzt daran ablesen, dass alsbald zahlreiche anonym publizierte Flugschriften über die grausame Bestrafung der Täufer berichteten,[4] wodurch die Begebenheit deutschlandweit

---

1 Der Beitrag beruht auf einem Abendvortrag, den der Verfasser am 6. April 2022 im Rahmen des Kolloquiums Von Bußen und Strafen in Münster gehalten hat. Die Vortragsstruktur wurde in Teilen beibehalten.

2 Vgl. etwa Ludwig KELLER, Geschichte der Wiedertäufer und ihres Reichs zu Münster, Münster (Westf.) 1880, S. 288 f.; Hubertus LUTTERBACH, Das Täuferreich von Münster: Wurzeln und Eigenarten eines religiösen Aufbruchs (1530–1535), Münster (Westf.) 2008, S. 89–94.

3 Zur Geschichte der Käfige: Karl-Heinz KIRCHHOFF, Die „Wiedertäufer-Käfige" in Münster: zur Geschichte der drei Eisenkörbe am Turm von St. Lamberti, Münster (Westf.) 1996.

4 Hierzu: Carl Adolf Cornelius (Hrsg.), Berichte der Augenzeugen über das Münsterische Wiedertäuferreich (Die Geschichtsquellen des Bistums Münster, 2), Münster (Westf.) 1853, p. 9–12; Karl

bekannt wurde. Ein sicherlich noch 1536, vielleicht in Frankfurt a. M. gedrucktes Büchlein „Des Münsterischen Königreichs vnd Widertauffs an- vnnd abgang, Blůthandel vnd End auff Sambstag nach Sebastiani Anno M.D.XXXvj. Ein gedechtnuß wirdig Histori" wirbt auf dem Titelblatt mit einem Holzschnitt, der die Turmspitze von Sankt Lamberti (im Zustand vor dem Abriss 1881) mit den drei Käfigen samt den darin befindlichen Männern zeigt (vgl. Abb. 1). An der warnenden Zielsetzung des Fürstbischofs lässt die Schrift keinen Zweifel:

> *Vnd sind auch wie der* [Wiedertäufer-, Anm. AD] *König auff ein schleyffen gepunden für Sant Lamprechts thurn geschleyfft, vnd in die zwen eysen körb angepunden an thurn, der Knipperdolling auff die lincken, vnd Bernhart Krafftig auff die rechten seyten des Königs, vngeferlich eyns mans hoch vnder den König vom Land volck hinauff gezogen, vnd an zwen eysene hacken gehenckt worden, Alles zu eyner warnung, damit sich menigklich vor solchen vnd dergleychen verfürisch, widertauffischen Secten vnd handlungen desto stattlicher hab zů hüten.*[5]

Das Büchlein wurde unter fast identischem Titel mit beinahe übereinstimmenden Titelholzschnitten verschiedentlich neu aufgelegt.[6] Zumeist dürfte es sich um nicht autorisierte Nachdrucke handeln. Ein vielleicht in Augsburg oder Nürnberg entstandener Druck hat die abgebildete Szene missverstanden: Aus der Kirchturmspitze ist ein niedriges Bauwerk geworden, vor welchem zwei Männer stehen und zu den Käfigen aufzeigen.[7] Die warnende Botschaft ist indes die gleiche geblieben, sodass sich die vom Bischof intendierte Herrschaftsinszenierung auf den Holzschnitten fortsetzt.

Derartige Inszenierungen der herrschaftlichen Strafbefugnis im öffentlichen Raum waren für die Frühe Neuzeit typisch.[8] Fast jede Stadt oder Herrschaft hatte ihren eigenen Galgenplatz (in Münster erinnert daran noch der Flurname Galgenheide am südwestlichen Stadtrand zwischen Bahnlinie und B 51) und

---

Kletke, Die Quellenschriftsteller zur Geschichte des preußischen Staats nach ihrem Werth dargestellt (Quellenkunde der Geschichte des preußischen Staats), Berlin 1858, S. 508–514. Vgl. auch: Bernward Schmidt, Münster und das „Täuferreich" im Spiegel der Flugschriften 1534–1538, Zu den Quellen älterer Geschichtsbilder, in: Westfälische Zeitschrift 159 (2009), S. 33–57.

5 Des Münsterischen Königreichs vnd Widertauffs an- vnnd abgang, fol. A 3r.

6 Vgl. etwa: Des Münsterischen Königreichs vnd Widertauffs an- vnnd abgang, Blůthandel vnd End auff Sambstag nach Sebastiani Anno M.D.XXXvj. Ein gedechtnuß wirdig Histori, o. O. 1536 (?); Des Münsterischen Königreichs vnd Widertauffs an- vnd abgang, Blůthandel vnd End Auff Sambstag nach Sebastiani Anno M.D.xxxvj. Ein gedechtnus wirdig Histori, o. O. 1536 (?).

7 Des Münsterischen Künigreichs vnd Widertauffs an- vnd abgang, Blůthandel vnd End, Auff Sambstag nach Sebastiani Anno M. D. XXXvj. Ein gedechtnus wirdig Histori, o. O. 1536 (?).

8 Vgl. auch Jürgen Martschukat, Inszeniertes Töten: eine Geschichte der Todesstrafe vom 17. bis zum 19. Jahrhundert, Köln/Weimar/Wien 2000, insb. S. 235–245.

Abb. 1 Titelblatt zu Des Münsterischen Königreichs vnd Widertauffs an- vnnd abgang (1536), Exemplar der UB Gießen, Ink X 21688(16) [Creative Commons Gemeinfrei 1.0 International Lizenz].

oft mehrere weitere gut sichtbare Plätze für Strafvollstreckungen. Hintergrund ist bekanntlich das Bemühen um die Durchsetzung eines herrschaftlichen Gewaltmonopols – verbunden mit dem von amtlicher Straftatermittlung und obrigkeitlicher Strafvollstreckung geprägten Inquisitionsverfahren. Dies soll hier indes nicht weiter vertieft werden, denn nicht die Rechtsarchäologie, sondern die Rechtsikonographie – also die Auswertung von bildlichen Darstellungen – soll im Mittelpunkt dieses Beitrags stehen. Dabei soll besonders die Frage nach dem Zweck der Illustrationen aufgeworfen werden.

2. Laienspiegel 1509

Als ein Musterbeispiel für die hier thematisierten Darstellungen von abschreckenden Strafen mit dem Ziel der Generalprävention erscheint – jedenfalls auf den ersten Blick – der doppelseitige Holzschnitt mit peinlichen Strafen aus dem 1509 erstmals gedruckten Laienspiegel (Abb. 2).[9] Dieses vom Höchstädter Land-

9 Vgl. im strafrechtlichen dritten Teil des Laienspiegels: Ulrich TENGLER, Layen Spiegel: Uon rechtmässigen ordnungen in Burgerlichen vnd peinlichen regimenten, Augsburg 1509, fol. V 4v–V 5r.

Abb. 2 Holzschnitt zu peinlichen Strafen von Meister H. F., aus dem Laienspiegel von 1509; hier vom kolorierten Exemplar der Neuausgabe: Der neü Layenspiegel: Von rechtmässigen ordnungen in Burgerlichen und peinlichen Regimenten, mit Addition, Augsburg 1512, fol. 173v f. Abbildung vom Exemplar der Bayerischen Staatsbibliothek, München, Sign. Rar. 2311 [Attribution-NonCommercial-ShareAlike 4.0 International (CC BY-NC-SA 4.0)].

vogt Ulrich Tengler (um 1445–um 1522) verfasste juridische Manual gilt als bedeutendstes deutschsprachiges Rechtsbuch der anbrechenden Neuzeit.[10] Berühmt ist der Laienspiegel nicht zuletzt wegen seiner zahlreichen Illustrationen, die in einigen Exemplaren sogar koloriert wurden. Bereits die Erstauflage des Werks enthält 20 unterschiedliche, durchweg ganzseitige Holzschnitte, geschaffen von dem Monogrammisten H. F.[11] Da einzelne der Bilder innerhalb des Buches wiederholt werden, summiert sich die Zahl der Illustrationen auf 29; hinzukommen fünf schematische Darstellungen (etwa zur Erläuterung der Erbfolge). Für die Ausgaben des „Neuen Laienspiegels“ von 1511 und 1512 wurden sieben zusätzliche Holzschnitte mit Bildszenen und zwei weitere schematische Graphi-

10 Andreas Deutsch, Art. Laienspiegel, in: Handwörterbuch zur deutschen Rechtsgeschichte (künftig: HRG), Bd. 3. 2. Aufl., Berlin 2016, Sp. 408–413. Vertiefend zum Laienspiegel: ders. (Hrsg.), Ulrich Tenglers Laienspiegel – ein Rechtsbuch zwischen Humanismus und Hexenwahn (Akademiekonferenzen, 11), Heidelberg 2011.

11 Andreas Deutsch, Wer war Meister H. F. – der Schöpfer der Laienspiegel-Holzschnitte von 1509?, in: ders. (Hrsg.), Ulrich Tenglers Laienspiegel (wie Anm. 10), S. 179–207.

ken angefertigt.[12] Anders als im frühen Buchdruck verbreitet üblich wurde jeder der Holzschnitte speziell für den Laienspiegel in Auftrag gegeben. Wie sich anhand von Bilddetails (etwa porträthaften Darstellungen von Tengler,[13] einer Abbildung des Höchstädter Wappens) und dem direkten Bezug von Text und Bild ablesen lässt, wurden die Bildinhalte eng mit Tengler abgestimmt, wenn nicht gar von ihm vorgegeben. Es ist daher davon auszugehen, dass die Bildinhalte der Intention des Rechtsbuchverfassers entsprechen.

Das Laienspiegel-Doppelblatt zu den peinlichen Strafen ist die heute wohl bekannteste Illustration zur Strafpraxis der Frühneuzeit.[14] Sie wurde unmittelbar nach ihrer Entstehung verschiedentlich nachgeahmt,[15] so auch in ab 1510 in Straßburg verlegten unautorisierten Nachdrucken des Laienspiegels.[16] Der Holzschnitt zeigt zehn Szenen mit unterschiedlich schweren peinlichen Bestrafungen: Vergleichsweise am harmlosesten war sicherlich das Ausstaupen, vorne links zu sehen: Der Delinquent wird vom Scharfrichter mit einem Reisigbesen gezüchtigt – und so zumeist vor die Tore der Stadt getrieben. Dahinter muss ein an den Pranger gebundener Mann eine Gesichtsverstümmelung über sich ergehen lassen – ihm soll die Zunge, die Nase oder ein Ohr abgeschnitten oder eingeschnitten werden (häufig wurde ein Ohr geschlitzt, daher der moderne Ausdruck „Schlitzohr“).[17] Rechts im Vordergrund soll ein Verurteilter seine Hand verlieren: Er muss sie auf einen Holzblock legen, während der Henker mit seinem

---

12 Hierzu Andreas Deutsch, Tengler und der Laienspiegel – Zur Einführung, in: ders. (Hrsg.), Ulrich Tenglers Laienspiegel (wie Anm. 10), S. 11–38, hier S. 17 f.

13 Andreas Deutsch, Sebastian Brant als zivilrechtlicher Autor, Redaktor und Beiträger, in: Peter Andersen/Nikolaus Henkel (Hrsg.), Sebastian Brant (1457–1521) – Europäisches Wissen in der Hand eines Intellektuellen der Frühen Neuzeit, Berlin/Boston 2023, S. 221–266; Peter Andersen, Les portraits de Sébastien Brant de la Nef des fous à aujourd'hui, in: Études Germaniques 74 (2019), S. 347–364, hier S. 361 f.

14 Vgl. nur Wolfgang Schild, Folter, Pranger, Scheiterhaufen: Rechtsprechung im Mittelalter, München 2010, S. 159; ders., Die Geschichte der Gerichtsbarkeit vom Gottesurteil bis zum Beginn der modernen Rechtsprechung, Neuausgabe, Hamburg 1997, S. 92; Christoph Hinckeldey (Hrsg.), Justiz in alter Zeit, Rothenburg (Tauber) 1989, S. 129.

15 Vgl. beispielsweise den Holzschnitt Abriß der Rebellischen Baurn in Osterreich vnter der Ennß von 1597, abgebildet in: Fritz Fellner/Gernot Kocher/Ute Streitt (Hrsg.), Schande, Folter, Hinrichtung: Forschungen zu Rechtsprechung und Strafvollzug in Oberösterreich (Kataloge der Oberösterreichischen Landesmuseen – Neue Serie, 117), Linz 2011, S. 90.

16 Vgl. Oliver Duntze, Ein Verleger sucht sein Publikum – die Straßburger Offizin des Matthias Hupfuff (1497/98–1520), München 2007, S. 50, 124 f.; Andreas Deutsch, Art. Laienspiegel, in: Historisches Lexikon Bayerns, http://www.historisches-lexikon-bayerns.de/artikel/artikel_45831 (abgerufen am 20. April 2023); ders., Sebastian Brant (wie Anm. 13).

17 Andrzej Gulczyński, Art. Pranger, in: HRG, Bd. 4. 2. Aufl., Berlin 2018, Sp. 721–728; Andreas Deutsch, Art. Ohrenabschneiden, Ohrenschlitzen, in: HRG, Bd. 4. 2. Aufl., Berlin 2017, Sp. 131–134.

Beil bereits zum Schlag ausholt. Links dahinter wird ein Delinquent geblendet: Festgebunden an einer Leiter, muss er es ertragen, wie ihm der Vollstrecker die Augen aussticht. Neben diesen Leibesstrafen zeigt der Holzschnitt verschiedene Todesstrafen: oben links das Ertränken (der oder die Verurteilte sitzt gefesselt auf einer Brücke, um ins Wasser gestürzt zu werden), daneben mittig den Feuertod (eine Frau steht an einen Pfahl gebunden über dem brennenden Scheiterhaufen) und rechts das Erhängen (ein Mann wird vom auf einer Leiter stehenden Henker am Galgen aufgeknüpft). In der Bildmitte sieht man, wie ein Scharfrichter den Oberkörper eines armen Sünders mit langer Klinge zerschneidet – der Beginn einer Vierteilung, ein Beil als weiteres Hilfsmittel liegt unterhalb des Arbeitstisches bereit.[18] Rechts davor liegt ein weitgehend entblößter Mann am Boden festgebunden; sein Kopf ist zur Seite gedreht, vielleicht damit er nicht sehen muss, wie der Scharfrichter gerade ein (in der Regel hierfür speziell präpariertes) Wagenrad anhebt, um es auf den Mann zu schleudern, ihm so nach und nach Knochen und Eingeweide zu zertrümmern. Üblicherweise wurden die durch Rädern Hingerichteten anschließend auf ein Rad geflochten, mit diesem an einem Pfahl aufgereckt und so den Vögeln zum Fraß preisgegeben. Mittig im Vordergrund kniet ein an den Händen gebundener Delinquent und wartet auf seine Enthauptung durch den hinter ihm stehenden Scharfrichter, der bereits mit dem Schwert ausholt. Ein Beichtvater steht ihm in dieser letzten Lebensminute bei. Die Stadtkulisse links im Hintergrund verbildlicht nicht nur, dass derlei Strafvollstreckungen in der Regel vor den Mauern der Stadt vollstreckt wurden, sondern erinnert auch daran, dass die Stadttore und Türme währenddessen stets besetzt sein sollten, um auf mögliche Unruhen reagieren zu können.[19]

Die dargestellten Szenen greifen die im Laienspiegel beschriebene Rechtslage in weiten Teilen exakt auf.[20] So heißt es wegen *fridbrieff-, Ayd- oder glübdbrechen* solle man dem Täter *sein gerechte hand, vel die drey vinger, damit er gesworn vnd nit gehalten hat* [...] *abnemen* (fol. y 4v). *Umb gotzlösterung* ist das Abschneiden der Zunge am Pranger vorgesehen (fol. y 4v).

Bei einem gewöhnlichen Diebstahl solle der Täter den Schaden drei- oder vierfach ersetzen und die Verfahrenskosten tragen, könne er dies nicht, *so mögt ir dem nachrichter alßdann beuelhen, jn mit růten auß der statt zů schlagen, wie der gebrauch im hayligen reich vnd disem hochgericht von alter herkommen* (fol. y 2r). *Umb grossen diebstal* solle man den Täter hingegen *an den liechten galgen hencken*

18 Denkbar wäre auch, dass die Strafe des Entdärmens illustriert werden soll, dies ist aber schon deshalb unwahrscheinlich, weil sie in der deutschen Praxis, soweit bekannt, nicht üblich war. Zur übereinstimmenden Beschreibung des Vierteilens im Text des Laienspiegels sogleich.

19 Vgl. Tengler, Laÿen Spiegel [1509] (wie Anm. 9), fol. y 5v.

20 Nicht im Laienspiegel erwähnt ist das Blenden. Vermutlich ersetzt es hier bildlich schwer darstellbare Strafen wie beispielsweise das Lebendigbegraben und Pfählen.

(fol. y 2r). Bei *straszraub, todsleg, landtzwang* solle man dem Täter das *haubt mit dem swert vel spattel* [= Richtschwert, Anm. AD] [...] *abnemen* (fol. y 3r). Im Abschnitt *Uom mord vnd radbrechen* wird erläutert, man solle dem Mörder *seine glider also lebendig mit ainem rad zerstossen, vnd allso zerbrochen, auff ain rad in die höch gebunden ligen lassen, biß vom leben zum tod gericht werd* (fol. y 3r). Wenig darunter zählt Tengler auf, welche Straftaten *nach Kaißerlichen rechten* mit dem *verbrennen* als geschärfter Todesstrafe geahndet werden sollen, so etwa *wer falsch müntz macht. Item Kätzer, vnholden, warsager vnd zaubrer. Item so ain dienstman mitt seines aygen herrn frauwen vnkeüscht* (fol. y 3r f.). Die Auflistung ist noch deutlich länger. Es folgen Erläuterungen zum *ertrencken* als Strafe bei Ehebruch und Verwandtenmord. Hierzu solle man – ganz wie auf dem Bild dargestellt – den Delinquenten *mitt gepunden henden vnnd füssen in ainen tieffen wasser wag* [= Strudel, tiefe Stelle, Anm. AD] *werffen, darinn sein betrüglich hertz ertrencken, vom leben zům tod richten lassen* (fol. y 3v). Auch das *viertailen* wird von Tengler so beschrieben, wie es auf dem Holzschnitt abgebildet ist: Der Richter solle befehlen, dem Verurteilten *sein verräterisch valsch vnd vngetrew hertz mit allem ingewaid auß seinem lebenndigen corper schneiden, den leib zů vier stucken tailen, offentlich an die strassen auf henken* zu lassen (fol. y 3v).

Dass es sich bei dem Holzschnitt um eine Verbildlichung des obrigkeitlichen Rechts zur Verhängung von Leibes- und Todesstrafen (also sogenannter peinlicher Strafen) handelt, ist somit unzweifelhaft. Offen ist aber der mit den dargestellten Strafen intendierte Strafzweck. Fraglich ist zudem, weshalb man sich zu einer solchen Illustration in einem Rechtsbuch entschied.

2.1 Auf dem Weg zum herrschaftlichen Gewaltmonopol

Ein Blick in die Quellen zeigt, wie wenig selbstverständlich etabliert das herrschaftliche Gewaltmonopol zu Beginn der Neuzeit noch war. Private Rachehandlungen der Opferseite einer Gewalttat, die mittelalterliche Fehde und das Faustrecht waren zwar zurückgedrängt. Insbesondere im ländlichen Raum blieb es aber vielerorts selbst für Totschläger und Mörder möglich, einen Strafprozess und damit auch eine peinliche Bestrafung zu umschiffen, indem man sich mit der Opferseite einigte und einen sogenannten Sühnevertrag abschloss.[21] Darin verpflichtete sich der Täter zu Wiedergutmachungsleistungen und zu Handlungen zugunsten des Seelenheils des Verstorbenen (Aufrichtung eines Steinkreuzes unweit des Tatorts, Sühnewallfahrten, Gottesdienste), wofür die Opferseite auf eine

21 Ausführlich – auch zu den rechtlichen Hintergründen: Andreas Deutsch, Späte Sühne – Zur praktischen und rechtlichen Einordnung der Totschlagsühneverträge in Spätmittelalter und früher Neuzeit, in: ZRG GA 122 (2005), S. 113–149.

Strafanklage verzichtete. Bemerkenswerterweise akzeptierten bis ins 17. Jahrhundert hinein zahlreiche Obrigkeiten derartige Privatvereinbarungen und räumten ihnen Vorrang vor der staatlichen Strafverfolgung ein. Ab dem 16. Jahrhundert verlangten aber immer mehr Herrschaften, dass solche Sühneeinungen vor amtlichen Stellen vereinbart wurden, und machten deren Wirksamkeit von einer (gebührenpflichtigen) herrschaftlichen Zustimmung abhängig. Dieses Verfahren bescherte den Obrigkeiten Einnahmen anstelle eines kostspieligen Strafprozesses mit noch kostspieligerer Strafvollstreckung,[22] außerdem versprach es Rechtsfrieden. Wie schwer sich die Obrigkeiten noch um 1600 damit taten, Totschläger dingfest zu machen, wenn diese *unverteidingt* (also ohne Teiding, das heißt Sühneeinigung)[23] untertauchten oder einen Privatvergleich mit der Opferseite eingingen, ohne die teure herrschaftliche Zustimmung einzuholen, verdeutlicht die 1597 beschlossene und 1607 im Druck erschienene Bruchten-Ordnung für die Herzogtümer Jülich und Berg. Darin heißt es wörtlich:

> *Der Landtschreiber soll in jederm Ambt erfaren, ob auch einige vnd welche Thodtschleger vnd andere, so peinliche Capital vbertrettung begangen, vorhanden, so noch unuerthedigt* [oder] *ob sie gleich mit den partheien versönet, doch ohne vnser gleidt vnd erlangte gnadt,* [...] [damit diese] *in unsere Cantzley vberschickt werde*[n], *mit vermeldung, was der Todtschleger oder Vbertretter negst gesipten sich erbieten vnd derselben vermögen sei.*[24]

Und selbst wenn ein peinliches Gerichtsverfahren eingeleitet wurde, musste an dessen Ende durchaus nicht immer und überall eine obrigkeitliche Strafvollstreckung stehen: Denn auch wenn es in Augsburg schon 1275 einen Henker gab und in Braunschweig ab 1312 ein *scarperichtere* nachweisbar ist,[25] auch wenn

22 Heiner LÜCK, Zur Entstehung des peinlichen Strafrechts in Kursachsen – Genesis und Alternativen, in: Harriet Rudolph/Helga Schnabel-Schüle (Hrsg.), Justiz = Justice = Justicia?, Trier 2003, S. 271–286, insb. S. 281, 286; DERS., Sühne und Strafgerichtsbarkeit im Kursachsen des 15. und 16. Jahrhunderts, in: Hans Schlosser/Dietmar Willoweit (Hrsg.), Neue Wege strafrechtsgeschichtlicher Forschung, Köln/Weimar/Wien 1999, S. 83–99, S. 92.

23 Vgl. Art. Teiding, in: Deutsches Rechtswörterbuch (künftig: DRW), Bd. 14, Sp. 1006–1014, insb. Punkt IV. und V.

24 Bruchten-Ordnung für die Herzogtümer Jülich und Berg 1597, abgedruckt als Anhang zu: Policey Ordnung deß Durchleuchtigen Hochgebornen Fursten vnd Herrn, Herrn Wilhelms Hertzogen zu Gulich, Cleue vnd Berg [...] Sambt anderen Ordnungen vnd Edicten [...] Itzo auffs new auß gnedigem bevelch [...] Herrn Johans Wilhelm Hertzogen zu Gulich [...] vermehrt, und sambt angehengter Bruchten Ordnung in truck verfertigt, Düsseldorf 1609, S. 101–118, hier S. 107; hierzu: Wilhelm Joseph SONNEN, Totschlagssühnen im Bereich des Herzogtums Berg, in: Annalen des Historischen Vereins für den Niederrhein 132 (1938), S. 1–63, S. 35 f.

25 Vgl. Art. Henker, in: DRW, Bd. 5, Sp. 720; Art. Scharfrichter, in: DRW, Bd. 12, Sp. 240–248.

die meisten größeren Städte und Herrschaften im 15. Jahrhundert längst über einen eigenen Strafvollstrecker verfügten,[26] war das herrschaftliche Strafvollstreckungsmonopol selbst im 16. Jahrhundert durchaus noch nicht flächendeckend etabliert. Zu dieser Zeit versuchten indes auch kleinere Städte und ländliche Obrigkeiten, die bis dahin verbreiteten Hinrichtungen durch Privatleute sowie die vielerorts übliche gemeinschaftliche Vollstreckung durch die Gerichtsbeisitzer oder die gesamte Ortsbevölkerung zurückzudrängen.[27] So wurden im thüringischen Kahla privat organisierte Hinrichtungen damals ausdrücklich abgeschafft: Hinfort solle kein Bürger *seyn dyeb ader dyebe, wy formals gescheen, nicht hengen nach richten lassen, sundern ein iglicher burger, wenn her dem gerichte sein dyeb oder dyebe geantwort hadt* [...] *sal her dem rechten mit der klage folgen, so sal das gerichte das geilt, als vil dem scharfrichter geburt czu richtenne tragen und geben*, heißt es in einem Zusatz zum spätmittelalterlichen Stadtrecht von 1509.[28]

Aber noch 1588 beschrieb das Weistum von Treis an der Mosel die Hinrichtung durch die Gesamtheit der Gerichtsgemeinde als Regelfall:

> [A]*uf den berg genannt Exenbuwel, alda soll ein steyl* [das heißt aufragender Pfahl, Anm. AD] *stehen mit einem arm, dann soll die gemeinde dem missethätigen den schlopff in den hals thun unter einem mantel und das seil gengt und gemeinlich zusammen überziehen und das seil um den pal winden, der unterm seile stehen soll, und also den missthätigen würgen lassen. Wannehe aber die gemeind nicht selbst handthätig gern wird, müssten sie zu Echternach erwerben, dass auf ihre kosten der scharfrichter ihnen ihrentwegen richte.*[29]

Vor diesem Hintergrund leuchtet es ein, dass all jene Städte und Herrschaften, welche über eine obrigkeitliche Strafvollstreckung verfügten, dies allgemein sichtbar machen wollten, um allen Einwohnern und Fremden zu verdeutlichen, dass jeder im Fall der Begehung einer Straftat mit einer amtlichen Strafverfolgung zu rechnen hätte – und dass für alle unbescholtenen Bürger und Gäste somit Rechtssicherheit gewährleistet sei.

Neben baulichen Einrichtungen wie Galgen oder Pranger dienten einem solchen Zweck der Abschreckung und Generalprävention auch öffentliche Warnta-

26 Andreas Deutsch, Die Henker – Außenseiter von Berufs wegen? Versuch einer Chronologie vom Sachsenspiegel bis zum Ende des Alten Reiches, Leipzig 2001; ders., Das schwere Schicksal der Henker – zur privaten Seite eines grausamen Handwerks, in: ZRG GA 118 (2001), S. 420–437.

27 Schild, Geschichte der Gerichtsbarkeit (wie Anm. 14), S. 177.

28 Stadtgesetze zu Kahel von 1455, Zusatz von 1509 = Hans Patze, Die Rechtsquellen der Städte im ehemaligen Herzogtum Sachsen-Altenburg, Köln/Wien 1976, S. 207.

29 Jacob Grimm/Ernst Dronke/Heinrich Beyer (Hrsg.), Weisthümer, Bd. 2, Göttingen 1840, S. 335–338, 338.

Abb. 3 Muntattafel (Burgfriedenstafel) im Eingangstor der Meersburg am Bodensee.

feln, etwa die in Süddeutschland – und vor allem Österreich – verbreiteten sogenannten Muntattafeln:[30] Sie zeigen beispielsweise das Abhacken einer Hand als Verstümmelungsstrafe, um jeden Betrachter daran zu erinnern, dass bei Bruch des Burg- oder Stadtfriedens eine obrigkeitliche, gegebenenfalls peinliche Strafe drohte (vgl. Abb. 3).

In Münster war es nachweislich ab 1578 üblich, an den Sendtagen, das heißt jenen Tagen im Jahr, an denen – anlässlich des bischöflichen Sendgerichts – ein großer Jahrmarkt stattfand, an der Nordostseite des Rathauses das sogenannte Sendschwert aufzustecken, ein teils hölzernes, teils schmiedeeisernes Kunstwerk, das einen Arm darstellt, der ein Gerichtsschwert in die Höhe reckt (Abb. 4). Dieses Marktfreiheits- oder Marktfriedenszeichen sollte an die dem Bischof abgetrotzte städtische Justizgewalt während des Sends erinnern – und so zur Einhaltung des Sonderfriedens während der Markttage mahnen.[31] Auch andernorts

---

30 Vgl. Art. Muntat, in: DRW, Bd. 9, Sp. 1001 f.

31 Gerd Dethlefs, Münster-Send: Die Geschichte, in: Hans Galen (Hrsg.), 1200 Jahre Münster-Send. Synode – Markt – Volksfest, Stadtmuseum Münster 27. Februar 1986 – 24. Dezember 1986, Münster (Westf.) 1986, S. 11–24, 14 f. und Quellenanhang S. 25; Heinrich Offenberg, Bilder und Skizzen aus Münsters Vergangenheit, Münster (Westf.) 1898, S. 130 f.

Abb. 4 Sendschwert (Marktfriedenszeichen) von Münster; Kopie des 2000 gestohlenen Originals. Während der Markttage des Sends wird das Sendschwert seitlich an der Fassade des Münsteraner Rathauses ausgehängt, außerhalb der Sendzeiten – wie hier – in der Eingangshalle des Rathauses verwahrt.

war es üblich, ein solches *publicum signum* als Symbol für Marktfreiheit und Marktgericht aufzurichten. So verbreitet in Österreich, wo man solch einen Arm mit Schwert als *Freyung* bezeichnet.[32]

Die mit all solchen Maßnahmen intendierte öffentliche Wahrnehmung der obrigkeitlichen Strafgerichtsbarkeit erfuhr auch aufgrund der Etablierung des aus dem kanonischen Prozess entlehnten Inquisitionsverfahrens zusätzliche Relevanz, denn hierbei wurden wesentliche Teile der im Mittelalter noch in aller Öffentlichkeit durchgeführten Gerichtsverhandlung hinter geschlossene Türen verlegt beziehungsweise verschriftlicht. Um dem Interesse der Bevölkerung an solchen spektakulären Verfahren dennoch gerecht zu werden, wurden die zwei abschließenden Abschnitte regelrecht in Szene gesetzt: Beim sogenannten endlichen Rechtstag wurden die wesentlichen Verfahrensergebnisse öffentlich bekannt gegeben und wurde das Urteil verkündet. Zumeist geschah dies vom Verkündbalkon des Rathauses (das zumeist zugleich als Gericht diente) aus, wie ein

32 Hierzu der Bestandskatalog des Oberösterreichischen Landesmuseums, in: Ute Streitt/Gernot Kocher/Elisabeth Schiller (Hrsg.), Schande, Folter, Hinrichtung. Forschungen zu Rechtsprechung und Strafvollzug in Oberösterreich, Weitra 2011, S. 535 f.

weiterer Holzschnitt aus dem Laienspiegel illustriert.[33] Dem folgte die öffentliche Hinrichtung, der oft ein feierlicher, von Musikern begleiteter Umzug der Bevölkerung zur Richtstätte voranging. Insoweit bildet der Strafenholzschnitt im Laienspiegel auch ein Stück frühneuzeitlicher Realität ab.

2.2 Konkurrierende Strafzwecke zu Beginn der Neuzeit

Das bei solchen Herrschaftsinszenierungen zutage tretende Prinzip der Generalprävention durch Abschreckung konkurrierte in der Frühneuzeit mit zahlreichen anderen, meist älteren Strafzwecken, die in die Strafenpraxis hineinwirkten, was sich auf Abbildungen wie dem Strafenholzschnitt des Meisters H. F. zumindest in Teilen widerspiegelt.

2.2.1 Talionsprinzip

Die in die Neuzeit hinein verstetigte Popularität des Gedankens der Talion, also der Wiedervergeltung, dürfte sich einerseits aus seinen biblischen Wurzeln, andererseits aus seiner Verankerung im römischen Recht erklären – das Wort Talion findet sich bereits im römischen Zwölftafelgesetz (*Si membrum rupsit, ni cum eo pacit, talio esto*, Tab. 8.2).[34] Die mittelalterliche Rechtspraxis war nicht nur im Bereich der Fehde und Rache vom Talionsgedanken getragen. Der alttestamentarische Grundsatz „Auge um Auge – Zahn um Zahn“ (2. Mose 21,22–25; 3. Mose 24,19–22 u. a.) prägte auch die strafprozessuale Praxis, so es denn zu einem Strafverfahren kam. Da das gerichtliche Verfahren den Vergeltungswunsch der Opferseite in geordnete Bahnen lenken sollte, um die Privatrache entbehrlich zu machen, musste an dessen Ende eine dem Tatunrecht gleichwertige Strafe stehen.[35] So heißt es im Schwabenspiegel (um 1275): *Swer dem andern [...] diu ougen ûz stichet, oder die zungen ûz snidet: dem sol man daz selbe tuon.*[36] So wurde der Talionsgedanke womöglich zu einem Motor bei der Einführung peinlicher Strafen.[37] Das Talionsprinzip behielt in der Frühen Neuzeit an Gewicht und er-

---

33 Zur Schwurszene vgl. TENGLER, Laÿen Spiegel [1509] (wie Anm. 9), fol. X 5v.

34 Vgl. Inst. 4.4.7.

35 Heinrich BRUNNER, Deutsche Rechtsgeschichte, Bd. 2, 2. Aufl., Leipzig 1928, S. 767 (neu bearb. von Claudius von Schwerin); zahlreiche Beispiele bei Eduard OSENBRÜGGEN, Die Talion im alten deutschen Recht, in: Zeitschrift für deutsches Recht und deutsche Rechtswissenschaft 18 (1858), S. 173–199.

36 Art. 150 Schwabenspiegel von um 1725 = Wilhelm von Wackernagel (Hrsg.), Das Landrecht des Schwabenspiegels in der ältesten Gestalt, mit den Abweichungen der gemeinen Texte und den Zusätzen derselben, Zürich/Frauenfeld 1840, S. 147. Vgl. bei Laßberg Art. 176.

37 Ekkehard KAUFMANN, Art. Talion, in: HRG, Bd. 5. 1. Aufl., Berlin 1998, Sp. 114–118, hier Sp. 116.

fuhr eine Überformung in den für das 16. Jahrhundert typischen „spiegelnden Strafen“ (Brandstifter werden verbrannt, Meineidige büßen die Schwurfinger ein, Dieben wird die Hand abgeschlagen usw.).[38] Dies wiederum ließ sich nicht nur sehr gut mit dem moderneren Prinzip der Abschreckung in Einklang bringen, sondern auch mit spezialpräventiven Aspekten: Die Todesstrafen bewirkten die Unschädlichmachung des Verurteilten, Leibesstrafen zielten auf die Stigmatisierung der Straftäter ab und erfüllten damit auch eine Warn- und Schutzfunktion: Jedermann erkannte die so Bestraften und konnte sich vor ihnen in Acht nehmen.[39]

Das Talionsprinzip spielt auch im Laienspiegel eine große Rolle – nicht zuletzt mit Bezug auf den beschriebenen Strafenholzschnitt. So erfolgt bei Totschlag und Mord – wie dargelegt – die Todesstrafe durch Enthaupten beziehungsweise Rädern. In Bezug auf das *mordprennen* wird bestimmt, man solle den Täter *mit feürin zangen am leib zerreissen, vel in öl, vel pley sieden, vel auff ainem rosch oder hurden, vel in ander weg gefeürter hand vom leben zům tod richten, vel zů äschen verbrennen*, so wie es auf dem Holzschnitt zu sehen ist (fol. y 3r). Und bei *gotzlösterung* soll die Zunge, ohne welche die frevelhaften Worte nicht hätten artikuliert werden können, abgeschnitten werden: *Beuelhen sein lasterliche zungen, hynden am genick, auß dem hals schneiden, vel offentlich vf den galgen, vel den pranger heften* (fol. y 4v).

2.2.2 Irdisches Strafen in Vertretung für Gott

Im von der mittelalterlichen Kirche propagierten theozentrischen Weltbild wurzelt die Vorstellung, alles Recht, zu strafen, gehe von Gott aus, für den die irdischen Gewalten allein in Stellvertretung agierten. Aufgabe der Justiz war es demzufolge, Gottes Willen auf Erden durchzusetzen, nicht zuletzt, um auf diese Weise ein unmittelbares Eingreifen Gottes – speziell dessen Zorn und Rache an der Menschheit in Form von Kriegen und Naturkatastrophen – abzuwenden.[40] Prägnant wird dieser Gedanke in der „Blume von Magdeburg“ (um 1390) zum Ausdruck gebracht: *welchim misteter vm seine mistat seine beschrebyn peine*

---

38 Udo Ebert, Talion und Spiegelung im Strafrecht, in: Wilfried Küper/Ingeborg Puppe/Jörg Tenckhoff (Hrsg.), Festschrift für Karl Lackner zum 70. Geburtstag am 18. Februar 1987, Berlin/Boston 1987, S. 399–422.

39 Andreas Deutsch, Art. Strafzweck, in: Enzyklopädie der Neuzeit, Bd. 12, Stuttgart 2010, Sp. 1120–1127.

40 Vgl. auch Schild, Geschichte der Gerichtsbarkeit (wie Anm. 14), S. 18; Andreas Deutsch, Justitia, Prudentia und der weise Salomo. Visuelle Gerechtigkeitspostulate bei Gericht, in: Lena Kunz/Vivianne Ferreira Mese (Hrsg.), Rechtssprache und Schwächerenschutz, Baden-Baden 2018, S. 233–272, hier S. 238–243.

[= Strafe, Anm. AD] *angeleyt wirt, der mistat ist vor Gote uorgessin und mit der peine wirt Gotis czorn gesenftit.*[41]

Trotz seiner praxisnahen Orientierung und den stetigen Bezügen zum römischen Recht ist auch der Laienspiegel stark religiös fundiert. Der Höchstädter Landvogt suchte in seinem Werk alles Recht christlich zu legitimieren.[42] Mehrere Holzschnitte kombinieren Rechtsszenen aus dem Diesseits mit Darstellungen von Gott und Heiligen im Himmel, so auch eine Gerichtsszene auf fol. C 6r (vgl. Abb. 5):

Mittig sitzt der Richter – mit dem Gerichtsstab in der linken Hand und (entsprechend der mittelalterlichen Bildtradition) mit überkreuzten Beinen – auf seinem Richterstuhl. Er wird umgeben von sechs Schöffen (beziehungsweise Ratsherren als Gerichtsbeisitzern), die zu seiner linken und seiner rechten auf Bänken Platz genommen haben, hinter denen als Sicht- und Windschutz Tücher drapiert sind.[43] Ein einzelner Mann tritt vor Gericht (Prozesspartei oder Zeuge), während rechts der Gerichtsschreiber an einem Tisch sitzt, um das Notwendige zu protokollieren. Der Schreiber hebt mit der rechten Hand ein Buch in die Höhe, möglicherweise die Gerichtsordnung mit der von dem Mann vorzutragenden Eidesformel, womit die religiöse Verantwortung bei jeder gerichtlichen Handlung veranschaulicht wird.

Der irdische Richter tritt auf dem Bild als Vertreter des himmlischen Richters auf. Denn über seinem Thron schwebt in einem Wolkenmedaillon der bekrönte, segnende Christus. Er ist anhand der beigegebenen Attribute – Lilienstängel und Schwert – der christlichen Ikonographie folgend als Weltenrichter dargestellt: Die Lilie ist den Seligen zugewendet, die nach ihrem Tod Aufnahme ins Himmelreich finden, das Schwert hingegen trifft die Verdammten, die in die Hölle gejagt werden (vgl. Offenbarung 1,16 und 2,16).[44] Sorgt der irdische Richter nicht für Ordnung in der Welt, droht – so wie in der Blume von Magdeburg beschrieben – göttliche Rache. Der hieraus erwachsenden besonderen Verantwortung sollen

---

41 Part. 1 Art. 148, in: Hugo Boehlau (Hrsg.), Die Blume von Magdeburg, Weimar 1868, S. 71.

42 Andreas Deutsch, „Das Römisch kaißertumb allain von Gott herkompt" – Zur Darstellung irdischer und himmlischer Macht im Laienspiegel von 1509, in: Andrzej Gulczynski (Hrsg.), Rechtsikonographie geistlicher und weltlicher Macht (Signa Iuris, 10), Halle (Saale) 2012, S. 123–156, insb. S. 126–129.

43 Zur Rolle dieser Tücher: Franz-Josef Arlinghaus, Inklusion – Exklusion, Funktion und Formen des Rechts in der spätmittelalterlichen Stadt. Das Beispiel Köln, Köln/Weimar/Wien 2018, S. 89 f., 99 f.

44 Vgl. nur Sabine Poeschel, Handbuch der Ikonographie, Darmstadt 2005, S. 205–209; Manfred Lurker, Wörterbuch biblischer Bilder und Symbole, München 1973, S. 198 f., 281–284; Wolfgang Menzel, Christliche Symbolik, Bd. 2, 2. Aufl., Regensburg 1856, insb. S. 34, 358, 557. Gernot Kocher, Zeichen und Symbole des Rechts – Eine historische Ikonographie, München 1992, S. 159, sieht im Schwert die „Schärfe der Gerechtigkeit" und in der Lilie die „Milde".

Abb. 5 Gerichtsszene aus dem Laienspiegel: Über dem irdischen Richter schwebt Christus als Weltenrichter mit Lilie und Schwert; Ulrich TENGLER, Laÿen Spiegel: Uon rechtmässigen ordnungen in Burgerlichen vnd peinlichen regimenten, Augsburg 1509, fol. C 6r. Abbildung vom Exemplar der Österreichischen Nationalbibliothek, Wien, Sign. 1514-C ALT MAG [https://rightsstatements.org/vocab/NoC-NC/1.0/].

der Richter und die Beisitzer stets gewahr sein.[45] Tengler mahnt im zugehörigen Text, bei der Gerichtssitzung solle *ain ernstliche bildung des jungstenn gerichts vor-augen steen.*[46] Denn auch das Gerichtspersonal müsse sich schließlich vor dem

45 Hierzu im TENGLER, Laÿen Spiegel [1509] (wie Anm. 9), fol. R 3v.

46 TENGLER, Laÿen Spiegel [1509] (wie Anm. 9), fol. C 6v. Zur verbreiteten Pflicht, in den Gerichtssälen eine Darstellung des Jüngsten Gerichts anzubringen: Andreas DEUTSCH, Justitia, Prudentia und der weise Salomo (wie Anm. 40), S. 233–272, hier S. 238–243; zu den nachweisbaren Bildnissen grundlegend: Ursula LEDERLE, Gerechtigkeitsdarstellungen in deutschen und niederländischen Rathäusern, Diss. Heidelberg 1937; Georg TROESCHER, Weltgerichtsbilder in Rathäusern und Gerichtsstätten, in: Wallraf-Richartz-Jahrbuch 11 (1939), S. 139–214; zur Ikonographie: Wolfgang SCHILD, Bemerkungen zur Ikonologie des Jüngsten Gerichts, in: Forschungen zur Rechtsarchäologie und Rechtlichen Volkskunde 10 (1988), S. 163–203; vgl. ferner Eva SCHUMANN, Von „Teuflischen Anwälten" und „Taschenrichtern" – Das Bild des Juristen im Zeitalter der Professionalisierung, in: Deutsch (Hrsg.), Ulrich Tenglers Laienspiegel (wie Anm. 10), S. 431–473, insb. S. 447–451; Barbara STOLLBERG-RILINGER, Die Würde des Gerichts. Spielten symbolisch-zeremonielle Formen an den höchsten Reichsgerichten eine Rolle?, in: Peter Oestmann (Hrsg.), Zwischen Formstrenge und Billigkeit. Forschungen zum vormodernen Zivilprozeß, Köln/Weimar/Wien 2009, S. 191–216, hier S. 195; Andreas WACKE, Rechtsprechen im Angesicht des Jüngsten Gerichts: nach Gemälden und Inschriften in Ratsstuben und Gerichtssälen, in: Forschungen zur Rechtsarchäologie und rechtlichen Volkskunde 24 (2007), S. 43–56, jeweils m. w. N.

Jüngsten Gericht verantworten, Richter und Beisitzer sollten bedenken, dass sie dort *dem almächtigen Gott vmb sollichen eernsitz, verliehenn gwalt, alle hanndlungen vnnd versaumnus schwäre rechnung zuthůn schuldig sein.*[47] Das Gericht darf demzufolge – aufgrund der besonderen Verantwortung vor Gott – weder einen Unschuldigen bestrafen noch einen Schuldigen zu milde[48] behandeln:[49]

> *Auch den malefitz richtern, so den pan über das blůt zů richten empfahen, deßgeleich den vrtailern, die erweltt vnd verordent werden, vrtail darinn zů schöpffen vnd mit zů handeln wol gebürt, will des gewislicher, vnnd mitt höchster sorckfaltigkait vast fürsichtigklich, vnnd nach rat, über des menschen blůt zůrichten, vnd vrtailn, geflissen vnd bedachtsein, das dem allmechtigen Gott am jungsten gerichtt, Auch im zeitt darumb schwärlich antwurt vnnd rechnung zů geben ist.*[50]

Obgleich Tenglers Argumentation mit der vorreformatorischen Kirchenlehre einhergeht, findet sich der nämliche Gedanke ebenso bei Luther:

> *Denn eyn Fuerst und herr mus hie dencken, wie er Gottes amptman und seyns zorns diener ist, dem das schwerd uber solche buben befolhen ist. Und sich eben so hoch fur Gott versůndigt, wo er nicht strafft und weret und seyn ampt nicht volfůret, als wenn eyner moerdet, dem das schwerd nicht befolhen ist. Denn wo er kan und strafft nicht,* [...] *so ist er schuldig an allem mord und ubel, das solche buben begehen.*[51]

Wie selbstverständlich die Kontrolle gerichtlicher Handlungen durch das göttliche Weltgericht zur Denkwelt der Menschen des Spätmittelalters und der Frühneuzeit gehörte, zeigt sich nicht zuletzt an der allseits gefürchteten Verfluchungsformel „ins Tal Josaphat“;[52] dort befand sich nach überlieferter Anschauung die Stätte des Jüngsten Gerichts (vgl. Joel 4,12). *Got unsir herre mit grimmigen witzen in dem wolken daz gerichte wil sitzen obir dem tale zu Josaphat*, beschreibt etwa

---

47 Tengler, Laÿen Spiegel [1509] (wie Anm. 9), fol. C 7r.

48 Im Zweifel soll er aber Milde walten lassen, da der Täter ja nötigenfalls noch vor dem Jüngsten Gericht zur Rechenschaft gezogen werden kann, vgl. Ulrich Tengler, Der neü Layenspiegel: Von rechtmässigen ordnungen in Burgerlichen vnd peinlichen Regimenten. Mitt Addition, Augsburg 1511, Abschnitt *Uom götlichen gericht*, fol. 221v.

49 Vgl. auch den Abschnitt *Uon tuglichait der Richter*, in: Tengler, Laÿen Spiegel [1509] (wie Anm. 9), fol. Av, sowie fol. A 2r. Ausführlicher noch in: Tengler, Der neü Layenspiegel [1511] (wie Anm. 48), Abschnitt *Uom götlichen gericht*, fol. 221v, und *Uom iungsten gericht*, fol. 222v.

50 Tengler, Laÿen Spiegel [1509] (wie Anm. 9), fol. S 2r.

51 Martin Luther, Widder die stürmenden bawren (1525), abgedruckt in: D. Martin Luthers Werke. Kritische Gesamtausgabe, Abt. 1: Schriften, Bd. 18, Weimar 1908, S. 357–361, zit. 360.

52 Hierzu jetzt grundlegend: Hans-Georg Hermann, Die provocatio in vallem Josaphat (Ladung vor Gottes Gericht) als Systemprovokation, in: Archivalische Zeitschrift 99 (2022), S. 449–474.

Brun von Schonebeck (1276).[53] Fühlte sich ein Delinquent zu Unrecht verurteilt, blieb ihm nach verbreiteter Vorstellung die Möglichkeit, den Richter und das weitere Gerichtspersonal (bis hin zum Scharfrichter) vor den dortigen Richterstuhl Gottes zu zitieren.[54] So heißt es in einer Quelle von 1522: *Ich lad dich in das thal Josaphat für den erschreckenlichen stůl Gotz, in einem jar mir zů sagen, warumb du mich also mit einem langen bittern dot last döten.*[55] Und noch 1705 schrieb ein aus Ansbach verbannter Kuppler an die Obrigkeit: [S]*obalt gehe ich den weg aller welt und lade den für das tall Josovat für den gerechten richter Jesu Cristy, der auf den stuell der gerechtigkeit sitzt, da ein jeder seinen lohn wird empfangen, wie er gehandelt hat.*[56]

Nach einer solchen Verfluchung eintretende plötzliche Krankheits- oder Todesfälle im Kreis der Richter und Beisitzer wurden im Volksglauben als Beleg für ein tatsächliches göttliches Eingreifen angesehen.[57] Obgleich Tengler – wie dargestellt – an der göttlichen Kontrolle der irdischen Gerichte keinen Zweifel lässt, lehnt er die Appellation vor den himmlischen Richterstuhl ab, weil es sich um eine separate Gerichtsbarkeit handele:[58]

> *Würd sich aber yemands von der obernhand für den allmechtigen Got berůfen oder yemants für das jungst gericht erfordern, das wär vngegrünt, wann daselbst ain ander proceß gehalten, als hienach in andern titeln vermerckt, mit wölher grausamen ordnung dz jungst gericht über seel vnd leib ergeen vnd geurtalt wirt.*[59]

---

53 Arwed Fischer (Hrsg.), Brun von Schonebeck (Bibliothek des Literarischen Vereins in Stuttgart, 198), Stuttgart 1893, V. 11048–11050, S. 330.

54 Vgl. auch Heinrich Zipffel, Civil- und Criminal-Händel, Bestehend in Fünff Tractaten, Frankfurt a. M./Leipzig 1720, Traktat III: Von der Appellation ad Vallem Josaphat, S. 241–289.

55 Vgl. Art. Tal (V), in: DRW, Bd. 14, Sp. 853–855, hier Sp. 855, und Art. Josaphatstal, in: DRW, Bd. 6, Sp. 512.

56 Karl-Sigismund Kramer, Volksleben im Fürstentum Ansbach und seinen Nachbargebieten (1500–1800), eine Volkskunde auf Grund archivalischer Quellen, Würzburg 1961, S. 156 f.

57 Vgl. etwa Hans von Hentig, Vom Ursprung der Henkersmahlzeit, Tübingen 1958, S. 168–172; Hildegard Nordhoff-Behne, Gerichtsbarkeit und Strafrechtspflege in der Reichsstadt Schwäbisch Hall seit dem 15. Jahrhundert (Forschungen aus Württembergisch-Franken, 3), Schwäbisch Hall 1971, S. 120 f.; sowie die Detailstudie: Kuno Ulshöfer, Ein Landsknechtleben – dargestellt am Beispiel des Hans von Kupferberg, genannt Großvogel, in: Der Haalquell 35 (1983), S. 17–20. Auch nach Tenglers Überzeugung kann Gott einen Menschen für begangenes Unrecht unmittelbar bestrafen, indem er ihm Armut, Krankheit oder vorzeitigen Tod beschert, vgl. (erst) im Neuen Laienspiegel: Tengler, Der neü Layenspiegel [1511] (wie Anm. 48), Abschnitt *Von götlicher straff*, fol. 221v.

58 Ausführlich, auch zur Rechtslage nach kanonischem Recht: Hermann, Die provocatio in vallem Josaphat (wie Anm. 52), S. 471 f.

59 Dies erst im Neuen Laienspiegel: Tengler, Der neü Layenspiegel [1511] (wie Anm. 48), Abschnitt *Von der ueurtailten übelthätter appellation*, fol. 220v–221v, zit. 221r f.

Der Umstand, dass Tengler die Frage in seinem Rechtsbuch thematisiert, belegt indes nicht nur deren praktische Relevanz. Tenglers Bemühen, dem Verurteilten diesen „Rechtsweg“ abzuschneiden, verdeutlicht zugleich seine ernste Sorge um die Richter und Beisitzer.

14 der 20 Holzschnitte der ersten Auflage des Laienspiegels weisen religiöse Bezüge auf. Und bei genauer Betrachtung enthält auch der oben beschriebene Holzschnitt mit peinlichen Strafen religiöse Elemente. So ist, um nur einen Punkt herauszustreichen, als zentrale Figur in der Bildmitte ein Geistlicher zu erkennen, der dem Verurteilten vor der Hinrichtung die Beichte abnimmt und mit ihm im Moment des Todes ein letztes Vaterunser betet, um so für den Verurteilten auf Gnade vor dem Jüngsten Gericht hinzuwirken. Hierbei kommt die Vorstellung zum Tragen, dass die Absühnung einer Schuld durch irdische Bestrafung bewirken kann, dass der Hingerichtete von dieser Schuld unbelastet vor den himmlischen Richter tritt, daher dort auf Gnade hoffen kann. Dementsprechend lautet eine verbreitete Inschrift auf Scharfrichterschwertern: *Wann ich thue mein Schwert auffheben, schenck ich dem Sünder das Ewige Leben.*[60] Fast ebenso heißt es auf dem Münsteraner Richtschwert: *Wan ich das Schwert thue aufheben, wunch ich dem armen Sunder das ewige Leben.*[61] Der Spruch war deshalb auf Richtschwertern derart beliebt, weil er den permanenten Verstoß der Henker gegen das fünfte Gebot religiös rechtfertigte. Auf diese Rechtfertigung konnten sich die mitverantwortlichen Richter (und damit auch Tengler) ganz gleichermaßen berufen.

3. Bambergensis 1507

Auch in der berühmten, auf den Bamberger Hofmeister und kaiserlichen Rat Johann von Schwarzenberg[62] zurückgehenden Bamberger Halsgerichtsordnung von 1507, der sogenannten Constitutio criminalis Bambergensis, findet sich ein Holzschnitt mit peinlichen Strafen (fol. 35v). Die 22 ausweislich überlieferter Belege und Abrechnungen von Wolfgang Katzheimer entworfenen[63] und von

---

60 So etwa zu lesen auf dem Schwert, das der Schwäbisch Haller Scharfrichter Andreas Bürck auf einem Ölporträt (um 1700) in Händen hält; heute im Germanischen Nationalmuseum Nürnberg. Eine Auflistung verwandter Sprüche bei: Ulrich KÜHN, Inschriften und Verzierungen auf Richtschwertern, ihre Deutung aus der Person des Scharfrichters, Diss. Erlangen-Nürnberg 1969, S. 129–158.

61 Ausgestellt in der Vorhalle des historischen Rathauses.

62 Andreas DEUTSCH, Art. Schwarzenberg, Johann Freiherr von, in: Neue Deutsche Biographie 24 (2010), S. 20 f.

63 Franz Friedrich LEITSCHUH, Georg III., Schenk von Limpurg, Bamberg 1888, S. 58, 80, 89 (dort

Fritz Hammer gerissenen[64] Holzschnitte der 1507 bei Johann Pfeil in Bamberg erschienenen Originalausgabe[65] fanden in Literatur und Forschung häufige Beachtung, kaum allerdings wurde die Frage nach dem Zweck der Illustrationen in der Straf- und Strafprozessordnung aufgeworfen,[66] obgleich solche Abbildungen zumindest aus heutiger Sicht ungewöhnlich erscheinen. Klaus F. Röhl beobachtet (irrtümlich) einen mangelnden Bezug der Holzschnitte zum Text der Bambergensis und erachtet die rechtlichen Illustrationen der nachmittelalterlichen Zeit generell für „weitgehend nur noch dekorativ und damit mehr oder weniger funktionslos".[67] Franziska Prinz meint hingegen, die Bilder dienten dazu, den Text einprägsamer zu machen.[68] Laufs betont den „erzieherischen Wert" der Illustrationen.[69] Leitschuh meint, die Justiz habe „sich der Kunst [bedient], um mit kräftiger, eindringlicher Stimme zum Herzen des Volkes zu sprechen".[70] Scheel schreibt, die „grässliche[n] Bilder aus der damaligen Justiz" hätten der „Abschreckungstheorie in Strafe und Vollzug" gedient.[71] Fehr, Künßberg und Radbruch erblicken zumindest in einzelnen Holzschnitten der CCB „Satire",

auch S. 24–26 über Katzheimers Werk); Renate BAUMGÄRTEL-FLEISCHMANN, Art. Katzheimer, Wolfgang, in: Neue Deutsche Biographie 11 (1977), S. 337–338.

64 Franz Friedrich LEITSCHUH, Die Bambergische Halsgerichtsordnung: Ein Beitrag zur Geschichte der Bücherillustration, in: Repertorium für Kunstwissenschaft 9 (1886), S. 59–70, hier S. 68 f.

65 Bambergische halszgerichts ordenung, Bamberg: Pfeil von 1507 = Staatsbibliothek zu Berlin – Preußischer Kulturbesitz, Sign. 3 in: 4" Inc. 1931.8, http://resolver.staatsbibliothek-berlin.de/SBB0001FF4000000000 (abgerufen am 29. September 2023); zahlreiche nachfolgende Ausgaben erschienen 1508–1543 in Mainz.

66 Keine Äußerung hierzu beispielsweise bei: Richard MUTHER, Die Deutsche Buchillustration der Gothik und Frührenaissance (1460–1530), Bd. 1, München/Leipzig 1884, S. 94 f., Nr. 669, dessen Beschreibung im Übrigen fehlerhaft ist. Vgl. ansonsten die grundlegende Untersuchung: Josef KOHLER/Willy SCHEEL, Die Bambergische Halsgerichtsordnung, unter Heranziehung der revidierten Fassung von 1580 und der Brandenburgischen Halsgerichtsordnung zusammen mit dem sogenannten Correctorium, einer romanistischen Glosse und einer Probe der niederdeutschen Übersetzung (Die Carolina und ihre Vorgängerinnen, 2), Halle (Saale) 1902, ND Aalen 1968, p. 10 f., 64 f., mit Beschreibung der einzelnen Holzschnitte im Vergleich mit den Nachdrucken, p. 28–63.

67 Klaus F. RÖHL, Bilder in gedruckten Rechtsbüchern, in: Kent Lerch (Hrsg.), Die Sprache des Rechts, Bd. 3, Berlin/New York 2005, S. 267–348, zur Bambergensis S. 317–320, 347. Hiergegen zu Recht Stephan PRINZ, Juristische Embleme: Rechtsmotive in den Emblemata des 16. bis 18. Jahrhunderts, Münster (Westf.) 2009, S. 107 f.

68 Franziska PRINZ, Der Bildgebrauch in gedruckten Rechtsbüchern des 15. bis zum Ausgang des 18. Jahrhunderts (Gesellschaft und Recht, 5), Hamburg 2006, S. 153 f.

69 Adolf LAUFS, Rechtsentwicklungen in Deutschland, 6. Aufl., Berlin/Boston 2006, S. 111.

70 LEITSCHUH, Georg III. (wie Anm. 63), S. 58, dort auch eine Beschreibung aller Holzschnitte, S. 51–61.

71 Willy SCHEEL, Johann Freiherr zu Schwarzenberg, Berlin 1905, S. 276 f.

ohne darauf einzugehen, warum sich diese ausgerechnet in einem Gesetzbuch finden sollte.[72]

Der hier interessierende Holzschnitt[73] auf fol. 35v zeigt zwei Bildszenen (Abb. 6): Im Vordergrund kniet ein zu Tode Verurteilter auf dem Grasplatz der Richtstätte. Seine Hände sind gebunden, der Oberkörper ist halb entblößt. Der Scharfrichter legt ihm seine linke Hand auf die Schulter, während er mit der rechten das Schwert für den tödlichen Schlag bereithält. Der Verurteilte blickt mit traurigen Augen auf den Beichtvater links, der seinerseits eindringlich auf das Kruzifix deutet, das er in seiner rechten Hand hält. Im Hintergrund recken drei Henkersknechte ein Rad, an dessen Speichen der unförmige Körper eines zuvor geräderten Mannes geknüpft ist, an einem Pfahl in die Höhe. Die Enthauptung unter Anwesenheit des Beichtvaters erinnert auffallend an die entsprechende Szene im zwei Jahre jüngeren Laienspiegel; sie könnte hierzu als Vorlage gedient haben. Handelt es sich also bei dem Strafenholzschnitt in der Bambergensis ebenfalls um eine Herrschaftsinszenierung?

Oberhalb des Holzschnittes ist ein Sinnspruch abgedruckt, der dem Holzschnitt einen mahnenden Charakter, insoweit auch eine generalpräventive Ausrichtung, verleiht; wer die rechte Bahn trotz warnender Maßregelungen verlasse, dem drohe schnell eine derartige vom Henkersmeister vollstreckte Strafe:

Wem trewe straff nit bringet frucht,
Der kumpt dick in des meysters zucht.
Des werck und zeug wirt hie anzeygt,
Wol dem, der sich zu tugent neygt.

Der Holzschnitt ist unmittelbar nach dem Abschnitt zur Verurteilung der Straftäter und einem Artikel zu den Aufgaben der *Beychtveter* einsortiert (Art. 124); dahinter folgt ab Art. 125 die Darstellung sämtlicher für die einzelnen Straftaten zu verhängenden Strafen. Vornehmlich geht es folglich um die Illustration dieses Textinhalts.

Nicht bei allen Holzschnitten der Bambergensis lassen sich die Bezüge zu den Vorschriften allerdings so leicht herstellen. Und manch eine Illustration weckt

72 Hans Fehr, Das Recht im Bilde, Zürich/München/Leipzig 1923, S. 159; Eberhard Freiherr von Künssberg, (Besprechung zu) Georg Frommhold, Die Idee der Gerechtigkeit in der bildenden Kunst, in: ZRG GA 47 (1927), S. 854 f., hier 855; Gustav Radbruch, Die peinliche Gerichtsordnung, in: Arthur Kaufmann (Hrsg.), Gustav Radbruch. Gesamtausgabe, Bd. 11: Strafrechtsgeschichte, Heidelberg 2001, S. 336; ders., Kriminalistische Goethe-Studien, in: Arthur Kaufmann (Hrsg.), Gustav Radbruch. Gesamtausgabe, Bd. 4: Kulturphilosophische und kulturhistorische Schriften, Heidelberg 2002, S. 278.

73 Zu dem Holzschnitt: Kohler/Scheel, Bambergische Halsgerichtsordnung (wie Anm. 66), p. 41.

Abb. 6 Hinrichtungsszenen, Holzschnitt aus der Constitutio Criminalis Bambergensis, vom Originaldruck Bambergische halszgerichts ordenung (Bamberg 1507), Exemplar der Staatsbibliothek zu Berlin – Preußischer Kulturbesitz, Sign. 3 in: 4“ Inc. 1931.8, fol. 35v, http://resolver.staatsbibliothek-berlin.de/BB0001FF4000000000 (abgerufen am 29. September 2023) [Public Domain Mark 1.0].

Zweifel am Konzept einer Herrschaftsinszenierung. So zeigt ein Holzschnitt auf fol. 11v durch einen steinernen Türbogen hindurch einen Tisch mit schlemmenden Personen (Abb. 7).[74] Auf der Bank vorne sitzen zwei Frauen. Hinter dem Tisch und an der rechten Seite haben insgesamt fünf Männer Platz genommen; die mittleren spielen Karten, während sich andere an den Wein halten. Der Mann am rechten Tischende scheint mit der neben ihm sitzenden Frau anzubandeln. Der Zweck der Darstellung erhellt erst durch den Sinnspruch im Spruchband über dem Bogen:

Vil vertan und wenig haben
Zaigt argkwenig dise knaben:
Zw vbel vil, dy streflich sein,
Da durch sy kumen offt in pein.

Es handelt sich somit um eine Warnung vor den drohenden Folgen eines sündenreichen Lebenswandels. Eine am Kopf der rechten Frau abgebildete Teufelsgestalt

74 Zu diesem Holzschnitt: Leitschuh, Bambergische Halsgerichtsordnung (wie Anm. 64), S. 62; Kohler/Scheel, Bambergische Halsgerichtsordnung (wie Anm. 66), p. 40 f.

Abb. 7 Zechende, schlemmende und kartenspielende Kriminelle, Holzschnitt aus der Constitutio Criminalis Bambergensis, vom Originaldruck „Bambergische halszgerichts ordenung" (Bamberg 1507), Exemplar der Staatsbibliothek zu Berlin – Preußischer Kulturbesitz, Sign. 3 in: 4" Inc. 1931.8, fol. 11v, http://resolver.staatsbibliothek-berlin.de/SBB0001FF4000000000 (abgerufen am 1. Oktober 2023) [Public Domain Mark 1.0].

versinnbildlicht ihren verdorbenen Charakter. Über den Köpfen der Männer sind die Strafen dargestellt, die ihnen in Anbetracht ihres frevelhaften Werdegangs bevorstehen: Das Rad über dem Mann links steht dafür, dass er gerädert wird. Über dem zweiten Mann schwebt ein Galgen. Beim dritten ist eine Fackel zu erkennen als Zeichen dafür, dass er sein Ende auf dem Scheiterhaufen finden wird. Über dem vierten schwebt ein Schwert, mit dem er enthauptet werden wird, während den fünften – gemäß dem ihm beigegebenen Bild – der Stock erwartet, das heißt Gefängnis mit in einen hölzernen Schließblock eingespannten Armen und Beinen.[75] Unter dem Tisch links neben der linken Frau steht ferner ein lederner Sack; offen ist, ob damit auf die zu erwartende Hinrichtung der Frau im Wege der Säckung (Ertränken in einem Sack, oft zusammen mit darin eingenähten Tieren) angespielt wird. Da der Sack etwas größer ist als die anderen abgebildeten Hinrichtungswerkzeuge, bleiben Zweifel.

Das Bild leitet Abschnitt 12 der Bambergensis ein, wo es um *redliche anzeigung, argwon oder verdacht* einer Straftat geht, also hinreichende Indizien zur Einleitung eines Inquisitionsverfahrens gegen eine Person, sowie nötigenfalls deren Folter. Niemand solle – so Art. 28 – ohne hinreichende Indizien gefoltert werden.

75 Vgl. Art. Stock (VI 1), in: DRW, Bd. 14, Sp. 321–336, hier Sp. 328–330.

Abb. 8 Holzschnitt vom „Taschenrichter“, also dem bestechlichen Richter, der die Taschen der anderen leert, um sich zu bereichern, aus: Bambergische halszgerichts ordenung (Bamberg 1507), Exemplar der Staatsbibliothek zu Berlin – Preußischer Kulturbesitz, Sign. 3 in: 4“ Inc. 1931.8, fol. 76v, http://resolver.staatsbibliothek-berlin.de/SBB0001FF4000000000 (abgerufen am 1. Oktober 2023) [Public Domain Mark 1.0].

Als ein erstes Indiz (von mehreren nötigen) genügte laut Art. 32, wenn der Verdächtige einen üblen Ruf hatte: *ob der verdacht ein soliche verwegne oder leichtuertige person von pösem leuümat vnd gerucht sey, das man sich der missetat zu ir versehen möge*. Als weiteres Kriterium zählte der schlechte Umgang des Verdächtigen: *ob die verdacht person bey solchen leuten wonung oder geselschaft habe, die der gleichen myßtat vben*. Genau dies wird auf dem Holzschnitt illustriert. Auch dieser Holzschnitt dient mithin primär der Verbildlichung des Rechtstexts; ein Aspekt der ermahnenden Abschreckung lässt sich aber weiterhin erkennen. Der Gedanke der Herrschaftsinszenierung tritt hingegen vollends in den Hintergrund.

Dass die Abbildungen in der Bambergensis weder den Strafzweck der Generalprävention durch Abschreckung intendieren noch eine irgend geartete Form der Herrschaftsinszenierung, verdeutlichen weitere Holzschnitte, in denen die Justiz geradezu als schwach und unfähig dargestellt wird.[76] Herausgegriffen sei der Holzschnitt auf fol. 76v des Originaldrucks von 1507 (Abb. 8):[77] Die untere

76 Den bekannten Holzschnitt mit närrischen Richtern (fol. 177v) bespricht u. a. Wolfgang SELLERT, Recht und Gerechtigkeit in der Kunst, Göttingen 1993, S. 109–113. Vgl. auch die Beschreibungen bei LEITSCHUH, Bambergische Halsgerichtsordnung (wie Anm. 64), S. 60–67.

77 Zu diesem Holzschnitt: SCHUMANN, Von „Teuflischen Anwälten“ (wie Anm. 46), insb. S. 445 f.;

Bildhälfte zeigt vier stehende Gestalten vor dunklem Hintergrund, während die obere Bildhälfte fast vollständig von Spruchbändern eingenommen wird. Eine Hand, die aus einer Wolke herausragt, hält das mittlere Spruchband, auf dem als göttliche Warnung zu lesen ist: *O Richter hie in diser welt / Ewr eer vnd sel gebt nit vmb gelt.* Dass dies in der Praxis anders ausschauen mag, wird unterhalb deutlich:

Rechts ist anhand von Richterstab, Barett und Pelzkragen der so gewarnte Richter zu erkennen. Links von ihm, etwas kleiner, spannt ein Gerichtsknecht gerade eine große Geldtasche in einen Gefängnisstock (Schließblock, in den sonst, wie zum vorherigen Holzschnitt beschrieben, die Arme und Beine eines Häftlings eingeschlossen werden); die Tasche steht hier metaphorisch für den Gefangenen und dessen Geld. Der Gerichtsknecht rät der Tasche ausweislich des Spruchbands, das aus seinem Mund aufsteigt: *Tasch, wölt jr lenger leben / Meim hern müst jr gelt geben.* Und der Richter fordert (laut Spruchband über ihm) ganz direkt: *Tasch was wilt du geben mir / Mein vrteyl wirdt gnedig dir.* Die Tasche selbst hingegen klagt: *Mit gelt was ich wol beschwert / Falsch richter haben mich gele*[e]*rt.* Dass Bestechlichkeit bei einem Richter kein Kavaliersdelikt ist, verdeutlichen die beiden Figuren in der linken Bildhälfte: Der Mann in ritterlicher Kleidung mit Streithelm und Schwert stellt einen Raubritter dar, der – gemäß dem Spruchband – nur staunen kann: *Auff landt vnd wasser raubt man ser / Noch rauben Taschenrichter mer.* Die Teufelsgestalt am Bildrand höhnt: *Sölte ich des nit lachen / im Feld vnd vnter dachen / kan ich dieb vnd rauber machen.* Drohend greift er mit seiner linken Kralle nach dem Raubritter und zeigt auf diese Weise, dass Räuber wie Richter nichts anderes als die ewige Verdammnis in der Hölle droht.

Die Darstellung des korrupten Richters ist alles andere als eine Inszenierung von Herrschaft. Auch ein Strafzweck der Abschreckung ist nicht zu erkennen, denn der Richter scheint rechtlich ungeschoren zu bleiben; erst im Jenseits erwartet ihn eine Bestrafung. Mehr noch: Selbst der dargestellte Raubritter erscheint von solch einem Gerichtswesen eher belustigt. Das Justizsystem scheint kapituliert zu haben.

Der Holzschnitt bezieht sich indes unmittelbar auf den auf derselben Doppelseite abgedruckten Art. 272, der es Amtleuten und Richtern gebietet, sie sollten *in peynlichen sachen niemant kein geltbuß auflegen, on vnser oder vnser nachkomen wissen vnd willen.* Hintergrund ist der Umstand, dass ein Teil der Strafgelder dem Gerichtspersonal zufloss, wodurch dieses womöglich geneigt war, lieber eine Geldbuße als eine peinliche Strafe zu verhängen. Auch dieser Holzschnitt diente somit in erster Linie der Verbildlichung der anschließenden Rechtsvorschrift.

LEITSCHUH, Bambergische Halsgerichtsordnung (wie Anm. 64), S. 65 f.; KOHLER/SCHEEL, Bambergische Halsgerichtsordnung (wie Anm. 66), p. 58 f.

Dennoch erstaunen derartige Illustrationen in einer Straf- und Strafprozessordnung. Sie wollen nicht zu unserer modernen Vorstellung einer neutralen, nüchternen Gesetzgebung passen. Welchem Zweck sollten sie also dienen? Fürstbischof Georg III. von Bamberg erläutert in seiner Vorrede erstaunlich offen, weshalb man sich – von Amts wegen – für die Beigabe der Holzschnitte entschlossen hat: Weil nämlich im Fürstbistum *die halsgericht nit anders dan mit gemeinen personen, die der recht nicht gelernet oder geübt haben (als zu diesen grossen sachenn die nodturft erfordert) beseczt werden mögen*, habe es nicht genügt, die Straf- und Prozessordnung *den keiserlichen Rechten vnnd guter gewonheit nach* aufzuzeichnen, vielmehr habe man auch *bedenken müssen, wie wir derselben leüt vnbegreifflikeit zu hilff komen*. So sei *die form vnd weiss der gerichtlichen handelung nit alwegen dermassen, Als so es vor den Rechtgelerten were gehaltenn.*[78] Und weiter: *wir haben auch in dieser vnser ordnung vmb eigentlicher merckung vnd beheltnus willen des gemeinen mans, figur vnd reumen (nach gelegenheit der gesecz so darnach folgen) orden vnd drucken lassen.*[79] Die Holzschnitte und Verse wurden demzufolge beigegeben, damit die im Recht ungeübten Laienrichter die Kernintentionen der Bambergensis leichter erfassen könnten. Wenig Zweifel kann daran bestehen, dass das Konzept der Illustrationen und die ihnen beigegebenen Sprüche auf Johann von Schwarzenberg zurückgehen.[80]

Der bischöfliche Hof ließ von der Erstausgabe lediglich 82 Drucke anfertigen, darunter ein illuminiertes, auf Pergament gedrucktes Exemplar.[81] Die Illustrationen der Constitutio criminalis Bambergensis von 1507 zielten mithin nicht auf Außenwirkung ab – im Sinne einer Herrschaftsinszenierung beziehungsweise einer Generalprävention durch Mahnung und Abschreckung. Die an die Gerichte verteilten Gesetzbücher waren vielmehr für das (rechtlich unausgebildete) Gerichtspersonal bestimmt, dem die rechtspolitischen Ziele des Gesetzes und wichtige Kernaussagen[82] durch die Abbildungen zugänglicher gemacht werden sollten.

---

78 Vorrede, Art. 1 Bambergische halszgerichts ordenung von 1507 = Staatsbibliothek zu Berlin – Preußischer Kulturbesitz, Sign. 3 in: 4“ Inc. 1931.8, fol. 3v–4r, http://resolver.staatsbibliothek-berlin.de/SBB0001FF4000000000 (abgerufen am 29. September 2023).

79 Vorrede, Art. 2 Bambergische halszgerichts ordenung von 1507 = Staatsbibliothek zu Berlin – Preußischer Kulturbesitz, Sign. 3 in: 4“ Inc. 1931.8, fol. 4r, http://resolver.staatsbibliothek-berlin.de/SBB0001FF4000000000 (abgerufen am 29. September 2023). Inhaltlich übereinstimmend die Vorrede der Ausgabe von 1580.

80 LEITSCHUH, Georg III. (wie Anm. 63), S. 60; Scheel, Schwarzenberg, S. 275 f.

81 Hierzu LEITSCHUH, Bambergische Halsgerichtsordnung (wie Anm. 64), S. 68, 70. Daneben konnte Druckerverleger Pfeil weitere Drucke auf eigene Rechnung anfertigen.

82 Die Vermittlung des Kerngehalts rückt auch Stephan PRINZ, Juristische Embleme (wie Anm. 67), S. 107 f., in den Vordergrund, der zudem meint, dies sollte „auf unterhaltsame Art“ geschehen.

4. Der „Eiserne Stier“ als (nur) legendäre Folter

Bei einem weiteren Holzschnitt könnte man auf den ersten Blick vermuten, dass er im hier thematisierten Sinne einer Herrschaftsinszenierung zum Zweck der Abschreckung dienen sollte: Ab 1558 findet sich in zahlreichen Druckausgaben der Peinlichen Gerichtsordnung Kaiser Karls V., der Constitutio Criminalis Carolina von 1532,[83] auf fol. 9r, sehr auffällig fast zu Beginn des Bandes, ein Holzschnitt mit Folterszenen (Abb. 9): In einem von Säulen getragenen Foltergewölbe sieht man vorne links einen weitgehend entblößten Mann auf einer Streckbank liegen; ein Folterknecht flößt ihm mit einer Art Trichter Wasser in den Mund ein – eine frühe Form des Waterboardings.[84] Derweil hebelt ein zweiter Folterknecht mit aller Kraft an einer Winde, um die Gelenke des Gestreckten noch weiter auseinanderzuziehen. Im Hintergrund wird ein zweiter Gefolteter gerade an einem Seil aufgezogen, also an seinen hinter dem Rücken zusammengebundenen Armen hoch ins Gewölbe gereckt. Mehrere Gewichte, die an seine Füße gebunden werden, verschärfen diese verbreitet übliche Tortur. Drei vornehm gekleidete Herren, die Abgeordneten des Gerichts, befragen den Gefolterten; der mittlere protokolliert an einem Tisch sitzend das Verhör.

Bemerkenswert ist eine dritte Folter, die auf der rechten Bildseite gezeigt wird: Über lodernden Flammen steht ein lebensgroßer Stier, der an der Seite seines Rumpfes eine Klappe mit Scharnieren hat, woraus zu erkennen ist, dass es sich um eine Tiernachbildung aus Metall handelt. Oben am Rücken dieses Eisernen Stiers ist eine weitere Öffnung, aus welcher der Kopf eines in das Gerät gesperrten Gemarterten ragt. Vorne rechts steht ein vornehmer Herr, der dem Folterknecht, der das Feuer anheizt, Anordnungen gibt.

---

83 Des Allerdurchleuchtisten großmechtigsten vnüberwindlichen Keyser Karls des Fünfften vnnd des Heyligen Römischen Reichs peinlich Gerichts ordnung, auff den Reichßtägen zu Augspurg vnd Regenspurg in jaren dreissig vnd zwey vnd dreissig gehalten, auffgericht und beschlossen, Frankfurt a. M.: David Zephelius 1558, fol. 9r. Übereinstimmend in den Ausgaben: Frankfurt a. M.: Johann Rasch 1559, fol. 9r; Frankfurt a. M.: David Zöpfel, Johann Rasch und Sigmund Feyerabend 1562, fol. 9r; Frankfurt a. M.: Johann Lechler, Sigmund Feyerabend und Simon Hüter 1563, fol. 9r; Frankfurt a. M.: Martin Lechler, Sigmund Feyerabend und Simon Hüter, 1565, fol. 9r. In der Ausgabe von Frankfurt a. M.: Peter Schmidt und Sigmund Feyerabend 1569, fol. 7v, ebenso Frankfurt a. M.: Martin Lechler 1571, fol. 7v; Frankfurt a. M.: Peter Schmidt und Sigmund Feyerabend 1573, fol. 7v; Frankfurt a. M.: Nikolaus Basse 1575, fol. 7v; Frankfurt a. M.: Sigmund Feyerabend 1577, fol. 7v; Frankfurt a. M.: Nikolaus Basseus 1581, fol. 7v; Frankfurt a. M.: Nikolaus Basseus 1587, fol. 7v; Frankfurt a. M.: Nikolaus Basseus 1590, fol. 7v, sowie Frankfurt a. M.: Johann Lechler d. J. und Nikolaus Basseus 1599, S. 23.

84 Eine vergleichbare Darstellung des Wassereinflößens findet sich bei Joost de Damhouder, Praxis Rervm Criminalium [...] in hoch Teutsche Sprach mit vleiß verwandelt [...] Durch Michaelem Beüther, Frankfurt a. M. 1565, fol. 68v.

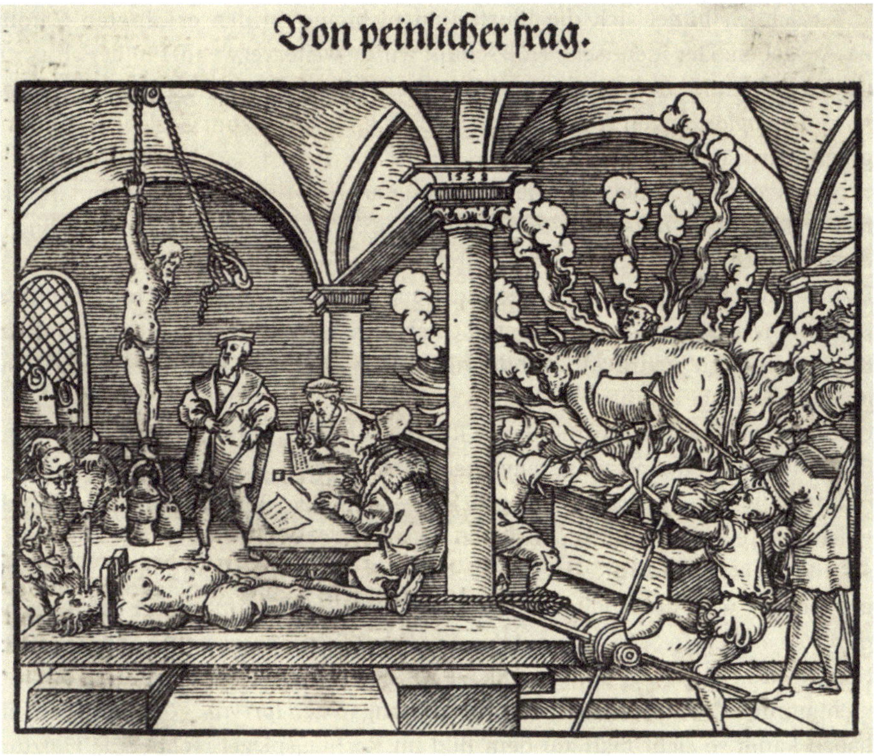

Abb. 9 Foltergewölbe mit dem „Eisernen Stier", aus: Keyser Karls des Fünfften vnnd des Heyligen Römischen Reichs peinlich Gerichts ordnung, Ausgabe Frankfurt a. M. 1558, fol. 9r. Abbildung aus dem Exemplar der Bayerischen Staatsbibliothek, München, Sign. 2 J.austr. 15#Beibd.5 [http://rightsstatements.org/vocab/NoC-NC/1.0/].

Der zu Beginn des Abschnittes *Von peinlicher Frag* einsortierte Holzschnitt suggeriert, die gemäß der Carolina üblichen Foltermethoden abzubilden. Obgleich eine Tortur des „Eisernen" oder auch „Ehernen Stiers" in der deutschen Praxis nirgendwo nachweisbar ist, wurde sie vereinzelt in der Literatur aufgrund dieser prominenten Abbildung als vermeintlich reale Foltermethode aufgegriffen.[85] Zu bedenken ist indes, dass es sich bei den genannten Carolina-Drucken um private Verlagsausgaben handelt. So wenig wie die gesamte Druckausgabe beruht der Holzschnitt auf einer amtlichen Legitimation.

85 Vgl. z. B. Hans-Jürgen Wolf, Geschichte der Hexenprozesse: Holocaust und Massenpsychose vom 16. bis 18. Jahrhundert, Erlensee 1995, S. 208; Ernst Berner, Geschichte des preußischen Staates, München/Berlin 1891, S. 89; Elmar Maria Lorey, Henrich der Werwolf: eine Geschichte aus der Zeit der Hexenprozesse, mit Dokumenten und Analysen, Frankfurt a. M. 1998, S. 71.

Tatsächlich findet sich die Illustration nicht nur in den erwähnten Carolina-Ausgaben: Der identische Holzschnitt wurde weiterverwendet in der ab 1572 bei Peter Schmidt in Frankfurt a. M. wiederholt gedruckten Ausgabe des *Promptuarii Exemplorum* von Andreas Hondorff als Illustration zum Gerichtsverfahren gegen Petrus und Paulus.[86]

Seitenverkehrt findet sich die Abbildung auch in der von Georg Lauterbeck bearbeiteten *Tortvralis Qvaestio* (Frankfurt a. M. 1589 und 1593), einem Buch, das alle Rechtspraktiker über die Durchführung der Folter informieren sollte.[87] Es handelt sich dabei um eine recht getreue Kopie des Carolina-Holzschnitts.[88] Die seitenverkehrte Darstellung ergibt sich daraus, dass der Reißer die ihm zur Kopie vorgelegte gedruckte Abbildung einfach auf den Druckstock abgepaust und dann nachgeschnitten hat; dies war die einfachste Methode zur Übernahme einer Vorlage, nahm allerdings keine Rücksicht darauf, dass die Illustration nach dem Drucken automatisch seitenverkehrt erscheint.

Ebenfalls seitenverkehrt findet sich die nämliche Bildszene aber auch auf einem älteren Holzschnitt, der demzufolge als Vorlage für den Carolina-Holzschnitt gedient hat: Im Rechtenspiegel des Justin Gobler (Frankfurt a. M. 1550 und öfter)[89] wird die Abbildung zur Einleitung des Abschnitts über die Anwendung der Folter im Strafprozess (*Von peinlicher Frage*) verwendet (Abb. 10). Die Komposition weicht in einigen Details ab, sodass klar ist, dass der Holzschnitt nicht unmittelbar als Vorlage für die Abbildung in der *Tortvralis Qvaestio* gedient haben kann; so sieht man auf dem Bild im Rechtenspiegel rechts eine Holztür als Eingang zum Foltergewölbe, die späteren Holzschnitte zeigen stattdessen ein vergittertes Fenster (in der Carolina links, bei Lauterbeck dann wieder rechts).

---

86 Andreas Hondorf, Promptvarium Exemplorvm. Das ist: Historien vnd Exempelbůch nach ordnung vnd Disposition der heiligen Zehen Gebott Gottes, Frankfurt a. M.: Peter Schmidt 1572, fol. 15r; ferner: Frankfurt a. M.: Peter Schmidt 1574, fol. 14v; Frankfurt a. M.: Peter Schmidt 1577, fol. 14v; Frankfurt a. M.: Peter Schmidt 1580, fol. 14v; Frankfurt a. M.: Peter Schmidt 1584, fol. 14v.

87 Georg Lauterbeck, Tortvralis Qvaestio, Das ist: Gründtliche vnd rechte Vnderweysung von Peinlichen Fragen wie ein Richter Vogt Schuldtheiß oder andere Amptspersonen darinn verfahren sollen, Frankfurt a. M.: Basseus 1589, über dem Epigramm (vor der Vorrede) und nochmals S. 73; ebenso: Frankfurt a. M.: Basseus 1593, an denselben Stellen.

88 Dass es sich um einen Nachschnitt des für die CCC verwendeten Holzschnitts handelt, lässt sich leicht an den zur Verschärfung der Folter auf der Fensterbank bereitstehenden zusätzlichen Gewichten erkennen, die bei den älteren Holzschnitten fehlen.

89 Justin Gobler, Der Rechten Spiegel: Ausz den beschribenen Geystlichen, Weltlichen, Natürlichem vnd andern gebreuchlichen Rechten, Auch gemeynen im Heiligen Reich Teutscher Nation Constitutionen vnd übungen, zůgericht, Frankfurt a. M.: Christian Egenolff 1550, fol. 169r. In der Ausgabe Frankfurt a. M.: Christian Egenolff 1552, fol. 172v; Frankfurt a. M.: Christian Egenolff 1558, fol. 173r; Frankfurt a. M.: Christian Egenolff 1564, fol. 173r; Frankfurt a. M.: Christian Egenolff (Erben) 1573, fol. 172r.

Der 1550 im Rechtenspiegel abgedruckte Holzschnitt ist tatsächlich noch einige Jahre älter: Er findet sich bereits in der berühmten Augsburger Petrarca-Ausgabe *Von der Artzney bayder Glück* aus dem Jahre 1532, wo er das Kapitel *Von peynigung* einleitet, das den menschlichen Schmerz thematisiert.[90] Der nämliche Holzschnitt wurde von 1551 bis 1620 wiederholt in verschiedenen deutschsprachigen Petrarca-Drucken verwendet, die allesamt bei Frankfurter Verlagen erschienen.[91]

Die Verwendung des Motivs bei Petrarca deutet schon darauf hin, dass es sich beim „Eisernen Stier" nicht um ein reales Folterinstrument des 16. Jahrhunderts handelt, sondern um eine humanistische Entlehnung aus der Antike. Wie Wolfgang Schild nachweisen konnte, geht es in Wirklichkeit um die Darstellung eines – wohl nur legendären – antiken Hinrichtungsgeräts, des sogenannten sizilianischen Bullen:[92] Nach den Berichten von Diodor, Polybios, Lukian und anderen antiken Autoren habe der griechische Erzgießer Perilaos (Perillus) dieses eherne Gerät für den sizilianischen Tyrannen Phalaris von Akragas (amtierend um 570 bis 555 v. Chr.) geschaffen. Man habe den Hinzurichtenden in den ehernen Stier gesetzt und darunter ein Feuer gemacht; die Todesschreie des gequälten Mannes wurden durch eine Vorrichtung an den Nasenlöchern in Stiergebrüll verwandelt beziehungsweise übertönt. Phalaris habe das Gerät an seinem Erfinder austesten lassen, sodass dieser als Erster damit umgekommen sei.[93]

Die Begebenheit wurde auch bei Ovid[94] erwähnt und in der Naturalis Historia von Plinius,[95] weshalb sie den (mit der antiken Literatur vertrauten) gebildeten

---

90 Francesco Petrarca, Von der Artzney bayder Glück, des gůten vnd widerwertigen. Vnnd weß sich ain yeder inn Gelück vnd vnglück halten sol. Auß dem Lateinischen in das Teütsch gezogen, Augsburg: Heinrich Steiner 1532, im 2. Buch vor Kap. 65, fol. 76v.; ebenso: Francesco Petrarca, Das Glückbůch, Beydes deß Gůtten und Bösen, darinn leere und trost, Augsburg: Steiner 1539, Bd. 2, fol. 63v.

91 Francesco Petrarca, Von Hülff vnd Rath in Allem anligen: Des hochweisen, fürtreflichen Francisci Petrarche zwei Trostbücher, Von Artznei, beydes des guten vnd widerwertigen Glücks, Frankfurt a. M.: Christian Egenolff 1551, fol. 162r.; Francesco Petrarca, Hülff, Trost und Rath in allen anligen der Menschen, Frankfurt a. M.: Christian Egenolff 1559, fol. 162r.; Francesco Petrarca, Trostspiegel in Glück vnd Vnglück. Francisci Petrarche [...] Trostbücher, Frankfurt a. M.: Christian Egenolff (Erben) 1572, fol. 162r.; ferner unter demselben Titel: Frankfurt a. M.: Christian Egenolff (Erben) 1584, fol. 162r.; Frankfurt a. M.: Christian Egenolff (Erben) 1596, fol. 162r.; Frankfurt a. M.: Johann Sauer für Vincent Steinmayer 1604, S. 162r.; Frankfurt a. M.: Johann Bringer (Witwe) für Vincent Steinmayer 1619, S. 278; Frankfurt a. M.: Johann Bringer (Witwe) 1620, S. 278.

92 Wolfgang Schild, Die Feuerfolter im oder am glühenden Ochsen, in: Forschungen zur Rechtsarchäologie und zur Rechtlichen Volkskunde 19 (2001), S. 97–109.

93 Ausführlich zur literarischen Überlieferung: Edward Augustus Freeman, Geschichte Siciliens, Deutsche Ausgabe von Bernhard Lupus, Bd. 2, Leipzig 1897, S. 406–428.

94 Ovid, Tristia, 11. Elegie, V. 39–54.

95 Plinius der Ältere, Naturalis historia, 34, 89.

Abb. 10 Foltergewölbe mit dem „Eisernen Stier“, aus: Justin GOBLER, Der Rechten Spiegel, Frankfurt a. M. 1550, fol. 169r. Vom Exemplar der Bayerischen Staatsbibliothek, München, Sign. Res/2 J.pract. 137#Beibd.1 [http://rightsstatements.org/vocab/NoC-NC/1.0/].

Menschen an der Wende zur Frühneuzeit derart bekannt war, dass Sebastian Brant in seinem Narrenschiff ohne weiteres darauf anspielen konnte:

Beryllus sang selb jn der ků,
Die er het andern gerüstet zů.
Des glich geschach ouch Busyris,
Diomedi vnd Phalaris.
Mancher eym andern macht eyn loch,
Dar jn er selber fallet doch.[96]

Und auch Anton Praetorius erwähnte den Stier des Phalaris in seinem Werk *Von Zauberey und Zauberern* (Heidelberg 1613) wie selbstverständlich als Beispiel:

96 Sebastian BRANT, Das Narren Schyff, Basel 1494, Kap. 69, V. 13–18.

Wenn die Henker etwas grausames rahten, soltet jhrs sie selbst versuchen lassen, wie Phalaris Perillum seinen Marter-Ochsen versuchen ließ, Ovid. in Ibin. So würden sie lernen, was andere erleyden köndten, vnd nicht so Tyrannisch ding rahten.[97]

Anders als die Verwendung des Folter-Holzschnitts in verschiedenen Ausgaben der Constitutio Criminalis Carolina vermuten ließ, zielte dessen Verwendung somit nicht auf Herrschaftsinszenierung oder generalpräventive Zwecke ab. Vielmehr wurde ein eindrückliches Motiv, das ursprünglich eine literarische Szene illustrierte, von geschäftstüchtigen Buchdruckern/Verlegern im rechtlichen Kontext wiederverwendet, weil es, an prominenter Stelle im Buch platziert, den Absatz fördern sollte.

Der soeben beschriebene Holzschnitt hat übrigens Bezüge zum Tagungsort: Justin Gobler, der Verfasser des Rechtenspiegels (1550), aus dem – wie erwähnt – eine der Stierabbildungen stammt, war von 1545 bis 1549 Kanzler des Münsteraner Fürstbischofs Franz von Waldeck, das Handbuch dürfte mithin zumindest in Teilen in Münster entstanden sein.

5. Der Kaiser und die Kurfürsten?

Es soll daher im Folgenden noch ein weiteres Werk von Gobler aufgegriffen werden: sein 1553 gedrucktes *Statutenbuch*.[98] Dort findet sich prominent auf der Vorderseite von Blatt 2 ein mehr als die halbe Druckseite einnehmender Holzschnitt (Abb. 11): Mittig sitzt auf einer Art Thron ein Mann in Ritterrüstung mit Krone. Er ist umgeben von vornehm gekleideten Herren, die auf großen Kissen zu seinen Füßen sitzen. Über dem Thronenden steht in einem Textfeld: *Suprema salus populi Lex esto* – das Wohl des Volkes möge das höchste Gesetz sein. Im Hintergrund rechts ist ein bärtiger Mann zu sehen, der etwas in ein Buch schreibt; ein kleines Textfeld über diesem Mann ist ohne Schriftinhalt. Ausweislich der Titelüberschrift handelt der Abschnitt *Vom Gewalt, Freiheyt vnd Ampt eines Römischen Keysers oder Königs, In auffrichtung, handthabung vnd selbshaltung der Gesatz*. Es scheint sich mithin um eine Darstellung von Kaiser und Kurfürsten zu handeln, die sich – ausweislich der Inschrift – für das Wohlergehen der Untertanen einsetzen. Geht es also um Herrschaftsinszenierung?

---

97 Anton PRAETORIUS, Von Zauberey und Zauberern gründlicher Bericht, Heidelberg 1613, S. 221.

98 Justin GOBLER, Statuten Bůch, Gesatz, Ordnungen vnd Gebräuch Kaiserlicher, Allgemainer vnd etlicher Besonderer Land vnd Stett Rechten, Frankfurt a. M.: Egenolff 1553; ebenso: Frankfurt a. M.: Christian Egenolff (Erben) 1558, jeweils fol. 2r.

Scheinbar bestätigt wird diese These durch eine weitere Verwendung des Holzschnitts im eben bereits erwähnten Rechtenspiegel (1550),[99] wo das identische Bild gleich zweimal abgedruckt ist: zum einen zu Beginn des Werks unter der Überschrift *Von Keyser, Könige, Fürsten vnd Herrn Ampt* (fol. 2r), zum anderen auf fol. 237v unter dem Titel *Die Guldin Bulla, weylant Karl des vierdten, Römischen Kaisers vnd Königs zu Behem;* demnach wäre mit dem bekrönten, von den Kurfürsten umgebenen Mann auf dem Thron sogar konkret Kaiser Karl IV. gemeint.

Verwunderlich ist allerdings, dass die Kaiserfigur eine Ritterrüstung trägt, dass die Kurfürsten auf Kissen Platz genommen haben – und dass es sich, wie erst bei genauerer Betrachtung auffällt, um acht Männer handelt, obgleich die Kurfürsten zu dieser Zeit bekanntlich sieben waren.

Derselbe Holzschnitt findet sich zwischen Inhaltsübersicht und erstem Textblatt in einer weitverbreiteten Ausgabe der Rottweiler Hofgerichtsordnung (Frankfurt a. M. 1564).[100] Hier wurde die Szene – naheliegenderweise – als „Der Kaiser als Richter des Rottweiler Hofgerichts" gedeutet und sogar als Hinweis darauf herangezogen, dass der Kaiser, so es sich ergab, dem Hofgericht selbst vorsaß.[101] Hierfür spricht scheinbar, dass auf der Folgeseite die Einsetzung des Rottweiler Hofrichters durch den König oder Kaiser abgehandelt wird und das Gericht im Folgenden als *des Römischen Keisers oder Königs Hoffgericht* bezeichnet wird.[102]

Bereits 1552 wurde der Holzschnitt allerdings bereits als Titelillustration für ein weiteres Werk Goblers verwendet: *Keyserlicher und des H. Reichs Rechten: die vier Bücher der Instituten*,[103] eine kommentierende Übersetzung der 533 n. Chr. unter dem römischen Kaiser Justinian als amtliches Lehrbuch für angehende Juristen eingeführten Institutionen. Demnach dürfte hier der Holzschnitt als Justinian und seine Berater zu interpretieren sein. All diese Werke erschienen übrigens bei demselben Verleger: Christian Egenolff in Frankfurt a. M.

---

99 Zu den verschiedenen Ausgaben des Rechtenspiegels vgl. bereits oben Anm. 89.

100 Des Heiligen Römischen Reichs Hoffgerichts zu Rotweil Ordnung, Proceß vnd besondere Gesatz: In zwölff Theylen oder Tractaten verfasset, Frankfurt a. M.: Egenolff (Erben) 1564, fol. A 6v.

101 So wohl zuerst: Heinrich Glitsch/Karl Otto Müller (Hrsg.), Die alte Ordnung des Hofgerichts zu Rottweil (um 1435): erstmals nach der Originalhandschrift hrsg., Weimar 1921, S. 29.

102 Zum Ganzen: Andreas Deutsch, Das Rottweiler Hofgericht im Spiegel seiner bildlichen Darstellungen, in: Signa Iuris – Beiträge zur Rechtsikonographie, Rechtsarchäologie und rechtlichen Volkskunde 16 (2018), S. 173–224, hier 189 f.

103 Justin Gobler, Keyserlicher vnd des H. Reichs Rechten: die Vier Bücher der Instituten vnd Vnderweisung Keysers Justiniani, Frankfurt a. M.: Egenolff 1552, Titelblatt. Übereinstimmend in der Ausgabe Frankfurt a. M.: Egenolff 1557.

Abb. 11 Vermeintliche Darstellung von Kaiser und Kurfürsten, in: Justin Gobler, Statuten Bůch, Frankfurt a. M. 1553, fol. 2r. Abbildung vom Exemplar der Bayerischen Staatsbibliothek, München, Sign. 2 J.germ. 127 [http://rightsstatements.org/vocab/NoC-NC/1.0/].

Und abermals zwei Jahre zuvor wurde von Egenolff noch ein ganz anderes Werk veröffentlicht, das die rechtsgeschichtliche Forschung bislang weniger im Blick hatte:

> *Vonn Gebüre und Billichkeit des Fürtreflichen, hochberümpten Römers, Marci Tullii Ciceronis, drei Bücher an seinen Sun Marcum, Von Gebürlichen wercken, Tugentsamen ämptern* […] *auß dem Latin*, Frankfurt a. M.: Egenolff 1550.

Auf Blatt 34r kann man dort den nämlichen Holzschnitt entdecken. Auf dem über der Kaiserfigur als eine Art vormoderne Spruchblase drapierten Vorhang steht dort aber nun IVLIVS CESAR zu lesen. Hier stellt das Bildnis somit den römischen Herrscher im Kreise seiner Berater dar. Für die nachfolgenden Verwendungen des Holzschnitts hat man die eingravierte Inschrift einfach abgehobelt, um den abgebildeten Figuren eine neue Rolle zuweisen zu können.

Tatsächlich hat der Holzschnitt aber noch eine andere Herkunft: Er diente bereits 1531 als Titelillustration für Johann von Schwarzenbergs berühmte deutsche Cicero-Übersetzung:

> Johann von Schwarzenberg, *Officia M. T. C.: Ein Buch, so Marcus Tullius Cicero der Römer, zů seynem Sune Marco von den tugentsamen ämptern* […] *in Latein geschriben,* […] *in zyerlicher Hochteütsch gebracht, Mit vil Figuren vnnd Teütschen Reymen,* Augsburg: Heinrich Steiner 1531.[104]

In diesem Druck verfügt auch noch das zweite Textfeld auf dem Holzschnitt (oben rechts) über einen Inhalt: Dort steht CICERO, um zu erläutern, dass der vornehm gekleidete bärtige Mann, der rechts im Bildhintergrund an einem Schreibtisch sitzt, Cicero darstellt, wie er gerade seine Officia verfasst.

Fragt man sich nun, warum der zuerst in Augsburg verwendete Druckstock nach jahrelanger Nichtverwendung plötzlich in Frankfurt auftaucht – und dort mit einem Mal aufs Intensivste in den unterschiedlichsten Kontexten eingesetzt wurde, so liefert die Antwort zugleich ein eindrucksvolles Beispiel für die kommerziellen Verwicklungen im aufgeheizten Buchmarkt zur Mitte des 16. Jahrhunderts: Als der berühmte Augsburger Buchdrucker Heinrich Steiner 1548 in Konkurs ging und starb, erwarb der Frankfurter Druckerverleger Christian Egenolff eine große Zahl von Druckstöcken von Steiners Witwe.[105] Anders als Steiner, der die Druckstöcke zur Illustration seiner hochwertigen Bücher gezielt hatte anfertigen lassen, nutzte Egenolff die im Paket erworbenen Abbildungen immer da, wo es irgend passte – in der sicherlich nicht falschen Erwartung, die Käufer würden eher darauf Wert legen, dass die Bücher mit Illustrationen versehen waren, und weniger darauf achten, ob diese Abbildungen bis ins Detail passend und durchdacht waren.[106]

---

104 Ebenso in den Ausgaben: Augsburg: Steiner 1532, Augsburg: Steiner 1533, Augsburg: Steiner 1535, Augsburg: Steiner 1537, Augsburg: Steiner 1540 und Augsburg: Steiner 1545.

105 Ausführlich: Hermann GROTEFEND, Christian Egenolff, der erste ständige Buchdrucker zu Frankfurt a. M., Frankfurt a. M. 1881, S. 16; Heinrich RÖTTINGER, Der Frankfurter Buchholzschnitt 1530–1550, Straßburg 1933, S. 23, 136.

106 Zur Verlagspolitik von Egenolff: Andreas DEUTSCH, Immer wieder Egenolff: Ein Verlagshaus der frühen Buchdruckära unter Plagiatsverdacht, in: Stephan Meder (Hrsg.), Geschichte und Zukunft des Urheberrechts, Göttingen 2018, S. 39–66.

Die Verwendung des Holzschnitts zur Darstellung von Kaiser und Kurfürsten im *Statutenbuch* ist folglich allein auf verlegerische Erwägungen Egenolffs zurückzuführen. Es ging weder um Herrschaftsinszenierung noch um Generalprävention.

6. Hamburger Stadtrecht 1497/98, Tafel zu Abschnitt O

Als abschließendes Beispiel soll die Bildtafel zu Abschnitt O der wohl kurz nach 1510 entstandenen,[107] in der Literatur bereits wiederholt besprochenen Prunkhandschrift[108] des Hamburger Stadtrechts von 1497/98 dienen.[109] Anlass für die damalige Stadtrechtsneufassung könnte die 1495 erfolgte Gründung des Reichskammergerichts gewesen sein, denn bei Klagen vor diesem neuen Höchstgericht des Reichs musste gemäß Art. 3 seiner Gerichtsordnung im Streitfall die örtliche Rechtslage bewiesen werden.[110] Auch wenn 1497 der Anspruch bestand, das *stad bock* [...] *tho reformerende*,[111] handelt es sich doch eher nur um eine

---

107 Instruktiv Beate Binder, Illustriertes Recht. Die Miniaturen des Hamburger Stadtrechts von 1497 (Veröffentlichungen des Vereins für Hamburgische Geschichte, 32), Hamburg 1988, S. 88–94; zur Datierung ferner Jürgen Bolland, Nachwort, in: Heinrich Reincke, Die Bilderhandschrift des Hamburgischen Stadtrechts von 1497 erläutert, neu hrsg. von Jürgen Bolland (Veröffentlichungen aus dem Staatsarchiv der Freien und Hansestadt Hamburg, 10), Hamburg 1968 [Neuausgabe von: Gesellschaft der Bücherfreunde zu Hamburg (Hrsg.), Die Bilderhandschrift des Hamburgischen Stadtrechts von 1497 im Hamburgischen Staatsarchiv, Hamburg 1917], S. 192 f. Einzelne Figuren in den Hamburger Miniaturen könnten an den Laienspiegel angelehnt sein, was dafür sprechen würde, dass die Handschrift erst nach 1509 angefertigt wurde.

108 Grundlegend Johann Martin Lappenberg, Die Miniaturen zu dem Hamburgischen Stadtrechte vom Jahre 1497, Hamburg 1845; die Erläuterungen von Reincke, Bilderhandschrift (wie Anm. 107), S. 137–191; Binder, Illustriertes Recht (wie Anm. 107). Vgl. ferner Hanna Sofia Hayduk, Rechtsidee und Bild: zur Funktion und Ikonografie der Bilder in Rechtsbüchern vom 9. bis zum 16. Jahrhundert, Wiesbaden 2011, S. 122–129; Carl Trummer, Rechtshistorische Notizen über die Miniaturbilder zu dem Hamburgischen Stadtrechte von 1497, in: ders. (Hrsg.), Vorträge über Tortur, Hexenverfolgungen, Vehmgerichte, und andere merkwürdige Erscheinungen in der hamburgischen Rechtsgeschichte, Bd. 2, Hamburg 1847, S. 56–61; Carl von Amira, (Besprechung zu) Die Bilderhandschrift des Hamburgischen Stadtrechts von 1497, in: ZRG GA 40 (1919), S. 308–318; Max Pappenheim, (Besprechung zu) Die Bilderhandschrift des Hamburgischen Stadtrechts von 1497, in: Zeitschrift des Vereins für Lübeckische Geschichte und Altertumskunde 20 (1920), S. 135–140.

109 Zu dieser Miniatur außer den soeben Genannten auch: Schild, Geschichte der Gerichtsbarkeit (wie Anm. 14), S. 40 f.; Kocher, Zeichen und Symbole des Rechts (wie Anm. 44), S. 18 f.

110 Frank Eichler, Einleitung, in: ders. (Hrsg.), Die Langenbeck'sche Glosse zum Hamburger Stadtrecht von 1497, Hamburg 2008, S. 7–25, hier S. 7; Johann Martin Lappenberg, Hamburgische Rechtsalterthümer, Bd. 1, Hamburg 1845, Einleitung, p. 118.

111 Zu Beginn der Vorrede, abgedruckt u. a. in: Lappenberg, Rechtsalterthümer, Bd. 1 (wie Anm. 110), S. 165–320, 165.

Neuredaktion des alten Rechts, basierend auf dem *Ordeelbook* von 1270 und dem roten Stadtbuch von 1301.[112] Federführend war hierbei der gelehrte Jurist und Bürgermeister Dr. Hermann Langenbeck (1452–1517), der zum Stadtrecht auch eine gelehrte Kommentierung (Langebeck´sche Glosse)[113] anfertigte. Vermutlich wurde Langenbeck vom Hamburger Syndikus Dr. Albert Krantz und dessen Lübecker Kollegen Dr. Matthäus Packebusch unterstützt.[114] Das Stadtrecht erschien nie im Druck, jedoch gab es neben dem sogenannten Ratsexemplar, also der kostbaren Bilderhandschrift, um die es hier geht, weit über hundert Abschriften.[115]

Die kunstvoll gestaltete Handschrift – und damit auch das hier beschriebene Bild – diente der städtischen Repräsentation nach innen, nämlich seitens der Ratsobrigkeit gegenüber der Bürgerschaft, ebenso wie nach außen, so etwa zum Vorzeigen, wenn hochgestellte Persönlichkeiten oder Vertreter anderer Städte Einblick in das Stadtrecht nehmen wollten. Das Stadtrechtsbuch wurde während der Ratssitzungen auf dem Tisch vor den Bürgermeistern ausgelegt.[116] Die Illustrationen dienten mithin durchaus nicht nur dekorativen Zwecken, sondern der hier thematisierten Inszenierung von Herrschaft. Aus diesem Grund erhielten die Miniaturen der Stadtrechtshandschrift ein derart aufwendiges Bildprogramm und wurden bis ins letzte Detail durchdacht. Es liegt nahe, die dahinterstehende Konzeption dem Hauptverfasser und Kommentator des Stadtrechts Hermann Langenbeck zuzuschreiben, zumal dessen Wappen in einer Verzierung auf der ersten Seite des Inhaltsverzeichnisses erscheint und es als wahrscheinlich erachtet wird, dass er die Prunkhandschrift der Stadt gestiftet hat.[117]

Abschnitt O, zu dessen Beginn die hier behandelte Bildtafel steht (Abb. 12), handelt *Van pynliken saken, dat hogeste belangende* (Von Strafsachen, die das höchste, das heißt Leib und Leben, berühren). Die Miniatur illustriert exemplarisch die im nachfolgenden Kapitel des Stadtrechts abgehandelten schwerwiegenden Straftaten – und vor allem deren Sanktionierung. Vor dem in Goldfarbe

112 Andreas Deutsch, Vom Stadtrecht zur Stadtrechtsreformation, in: ders. (Hrsg.), Stadtrechte und Stadtrechtsreformationen, Heidelberg 2021, S. 11–130, hier S. 91–94.

113 Zur Glosse: Eichler, Einleitung 1497 (wie Anm. 110), S. 13–25.

114 Vgl. Sammlung der hamburgischen Gesetze und Verfassungen, Bd. 3, Hamburg 1767, S. 105; Lappenberg, Rechtsalterthümer, Bd. 1 (wie Anm. 110), p. 118; Ulrich Andermann, Albert Krantz: Wissenschaft und Historiographie um 1500, Weimar 1999, S. 113 f. Für eine Alleinautorschaft Langenbecks: Eichler, Einleitung 1497 (wie Anm. 110), S. 8 f.

115 Lappenberg, Rechtsalterthümer, Bd. 1 (wie Anm. 110), p. 118 f.

116 Reincke, Bilderhandschrift (wie Anm. 107), S. 149.

117 Binder, Illustriertes Recht (wie Anm. 107), S. 100; Pappenheim, Besprechung (wie Anm. 108), S. 139; Reincke, Bilderhandschrift (wie Anm. 107), S. 149 f., 171 f.; Amira, Besprechung (wie Anm. 108), S. 311.

Abb. 12 Bildtafel zu Abschnitt O des Hamburger Stadtrechts von 1497/98 (*Van pynliken saken, dat hogeste belangende*) aus der Prunkhandschrift des Hamburger Magistrats (um 1510); aus: Heinrich Reincke, Die Bilderhandschrift des Hamburgischen Stadtrechts von 1497 erläutert, neu hrsg. von Jürgen Bolland (Veröffentlichungen aus dem Staatsarchiv der Freien und Hansestadt Hamburg, 10), Hamburg 1968.

gefassten Himmel rankt sich ein Spruchband: *Peccantes coram omnibus argue, ut ceteri timorem habeant* (Die da sündigen, die strafe vor allen, auf dass sich auch die andern fürchten, 1. Tim. 5,20). Darunter finden sich neun Bildszenen, die dieses Motto aufgreifen:

1. Vorne links wird ein blonder, an den Prangerpfahl gefesselter Mann gestäupt. Der Henkersknecht hält in beiden Händen einen Staupbesen und schlägt damit abwechselnd auf den entblößten, hageren Oberkörper, dessen Haut bereits voller blutiger Striemen ist.[118] Bemerkenswert ist, dass der Mann (anders als andernorts üblich) vor dem Ausstäupen nicht geschoren wurde.[119] Einige vornehm gekleidete Männer schauen der Vollstreckung zu. Die Szene bezieht sich auf Art. O. 17 des Stadtrechts, worin angeordnet wird, dass der Diebstahl von Sachen unter 16 Schilling Wert mit Staupen (*to der stupe slan*) zu bestrafen ist. Anschließend war der Bestrafte aus der Stadt zu verweisen.
2. Dahinter sieht man eine – auf wesentliche Elemente reduziert dargestellte – Sitzung des alten Vogtgerichts, das in älteren Quellen als Dingbank und seit dem Stadtrecht von 1497/98 als Niedergericht bezeichnet wird.[120] Anders als der Name vermuten lässt, oblag diesem Gericht auch die peinliche Justiz, wobei eine Urteilsschelte an den Hamburger Magistrat vorgesehen war.[121] Verbildlicht wird die Sitzung des *neddersten gherichtes* so, wie es in B. 1 bis 18 des Stadtrechts beschrieben wird: Mittig sitzt der (landesherrliche) Vogt mit rotem Umhang, umgeben von den zwei Richteherren (Ratsherren als Ratsgesandte) in blauen Röcken; alle drei tragen rote Barette.[122] Entsprechend der

---

118 Reincke, Bilderhandschrift (wie Anm. 107), S. 188, erkennt in der gestäupten Person eine Frau mit herabhängenden Brüsten, hiergegen zu Recht Amira, Besprechung (wie Anm. 108), S. 318, der auf die männlichen Gesichtszüge sowie auf die zur Entstehungszeit für Männer typische offene Haartracht verweist und die vermeintlichen Brüste überzeugend als Rippenbogen deutet. Es wäre für die Zeit um 1500 schwer vorstellbar, dass eine Frau derart öffentlich entblößt wird. Undenkbar erscheint eine solche Darstellung in einem amtlichen Zwecken dienenden Stadtrechtsbuch (man vergleiche nur direkt oberhalb im Bild die sehr züchtig darstellte Ehebrecherin am Pranger).

119 Elsa Hennings, Strafen in den hamburgischen Rechten des 15. und 16. Jahrhunderts, in: Zeitschrift Monatsschrift für Kriminologie und Strafrechtsreform 29 (1938), H. 3, S. 113–125, hier S. 122.

120 Vgl. zum Niedergericht auch die Bildtafeln 6 (zu Abschnitt B), 9 (zu Abschnitt E) und 16 (zu Abschnitt M).

121 Grundlegend: Daniel Heinrich Jacobj, Geschichte des Hamburger Niedergerichts, Hamburg 1866; zur Struktur des Niedergerichts: Elsa Hennings, Das hamburgische Strafrecht im 15. und 16. Jahrhundert und seine Verwirklichung: ein Beitrag zur Geschichte des deutschen Strafrechts, Hamburg 1940, insb. S. 100–116.

122 Amira, Besprechung (wie Anm. 108), S. 312, weist zu Recht auf die Ähnlichkeit dieser Kleidung zu den anderen Darstellungen des Niedergerichts in der Handschrift hin, insb. in Tafel 16.

Überlieferung[123] sind die Fensterläden während der Sitzung heruntergeklappt, das Gericht tagt öffentlich. Der Vogt soll laut B. 2 *horen vor richte twier manne rede* und dann einen dritten *twysschen erer twyer rede vraghen eyn recht ordel*; dementsprechend sieht man auf dem Bild drei Männer entblößten Hauptes vor dem Gericht verhandeln: die Fürsprecher der Anklage- und der Angeklagtenseite und dazwischen den Urteiler.

Wie die Bezeichnung „Niedergericht“ andeutet, hatte der (durch die Grafen von Holstein eingesetzte) Vogt 1497/98 bereits große Teile seiner Kompetenzen eingebüßt, sodass den vom Rat entsandten Richteherren im Niedergericht besondere Bedeutung zukam. Wiederholt begegnen unter ihnen gelehrte Juristen, so wirkte 1480 auch Hermann Langenbeck in dieser Funktion.[124]

Dem Vogt kamen mit der Zeit mehr und mehr ordnungspolizeiliche Aufgaben zu. So oblag es ihm gemäß M. 18, an verdächtigen Orten nach ehebrecherischen Paaren Ausschau halten zu lassen. Gemäß M. 19 hatte das Niedergericht die Ehebrüchigen kraft Amtes zu bestrafen – nötigenfalls mit dem Pranger (niederdeutsch: *kack*) – eine Abweichung vom sonst in Hamburg im Strafrecht weiterhin vorherrschenden Verfahren der Privatanklage.

3. Hierzu passend ragt unmittelbar vor der Niedergerichtsszene ein hölzerner Pranger hoch auf. Eine Frau und ein Mann stehen darauf in einer Art Käfig ans Halseisen gefesselt.[125] Damit wird die in M. 19 bestimmte Strafanordnung, man solle nackt oder bei nachtschlafender Zeit ertappte Ehebrecher *vp den kack* stellen oder mit Gefängnis- und Geldstrafe belegen, unmittelbar ins Bild umgesetzt. Wegen der häufigen Nutzung für Ehebrecher[126] wurde der Kak scherzhaft auch *brudtstol* (Brautstuhl) genannt.[127]
4. Ein inhaltlich verwandter Rechtsbruch wird gleich daneben im Hintergrund verbildlicht: Eine schotterweiße Serpentinenstraße führt aus der Stadt hinaus in ein Wäldchen. Dort reitet gerade ein Pärchen auf einem Schimmel. Sichtlich fliehen die beiden aus der Stadt. Damit wird das in O. 11 abgehandelte todeswürdige Verbrechen der Entführung einer Frau oder Jungfrau thematisiert: *We eyne frowen edder iuncfrowen entforet, de schal yd beteren myt sineme halse.*
5. Rechts daneben, direkt vor dem Goldbrokat, ragen drei an Pfählen aufgereckte Räder und ein Galgen in die Höhe. Man erkennt, dass an den Rädern jeweils Personen festgebunden sind; und auch am Galgen hängt ein Hingerichteter in

123 Hierzu Jacobj, Geschichte des Hamburger Niedergerichts (wie Anm. 121), Tafel 1 und S. 19, 21; Lappenberg, Miniaturen (wie Anm. 108), S. 18.

124 Hennings, Das hamburgische Strafrecht (wie Anm. 121), S. 107.

125 Ausführlich zu dieser Szene: Reincke, Bilderhandschrift (wie Anm. 107), S. 188.

126 Hierzu Beispiele bei Hennings, Strafen (wie Anm. 119), S. 122 f.

127 So etwa in der Langenbeck´schen Glosse zu M. 19: *vp den brudtstole, de kaeck ghenometh.*

luftiger Höhe. Der Bezug zum Stadtrecht ist schnell hergestellt: Gemäß O. 18 sind Mörder und Kirchendiebe zu rädern. Und in O. 17 heißt es, dass Diebstahl von Gegenständen über 16 Schilling Wert mit dem Galgen zu bestrafen ist.[128]

6. Unterhalb, ein wenig näher an der Stadt, ist eine Enthauptungsszene dargestellt. Sie ist deutlich drastischer als auf den Holzschnitten von Bambergensis und Laienspiegel, denn der Rumpf des armen Sünders liegt bereits geköpft zu Füßen des Scharfrichters, Blut spritzt aus dem Hals, während der Kopf etwas unterhalb ins Gras gerollt ist. Der Scharfrichter hingegen steckt sein Schwert nach getaner Arbeit zurück in die Scheide. Hierzu passend heißt es im eben erwähnten Art. O. 17, Räuber soll man enthaupten, wenn die Beute wenigstens *dree pennynge werd ys.*
7. Links, innerhalb der backsteinernen Stadtmauer, steht das mehrstöckige weiße Gefängnisgebäude mit strohbedecktem Dach. Es ist vermutlich das in B. 12 erwähnte Haus des Waltboten (*woltbaden hus*), also des Fronboten, der in Hamburg damals auch für die Verwahrung der Gefangenen zuständig war.[129] Durch ein übergroßes, vergittertes Fenster kann der Betrachter in die Haftzelle hineinblicken und erkennt zwei – zur zusätzlichen Sicherung – in einem Stock festgeschlossene gefangene Männer. Das Gefängnis diente – wie allgemein bis in die beginnende Neuzeit hinein –[130] in Hamburg vornehmlich[131] der Untersuchungshaft (B. 12, M. 7, Glosse zu O. 10); daneben wurde Haft bei Wasser und Brot als Ersatzstrafe verhängt, wenn ein zu einer Geldstrafe Verurteilter die betreffende Summe nicht aufbringen konnte (B. 14). Immerhin bestimmt der bereits zitierte Art. M. 19, dass ertappte Ehebrecher auch mit Gefängnis- und Geldstrafe belegt werden können.
8. Beinahe in der Bildmitte, linker Hand neben dem Gefängnis, befindet sich das Haus einer Hexe. Durch den Türbogen sieht man die Frau in ihrer düsteren Hexenküche. Auf ihren Schultern sitzt ein Dämon und verbildlicht so ihre bösen Absichten.[132] Vor dem dunklen Hintergrund des Raums blitzt ein Fadengespinst zwischen ihren hellen, hageren Händen. Sichtlich treibt sie ge-

128 Weitere Straftaten, die in Hamburg in der Praxis mit Enthauptung oder Rad bestraft wurden, nennt HENNINGS, Strafen (wie Anm. 119), S. 119.

129 LAPPENBERG, Miniaturen (wie Anm. 108), S. 52.

130 Vgl. etwa Thomas KRAUSE, Geschichte des Strafvollzugs von den Kerkern des Altertums bis zur Gegenwart, Darmstadt 1999, S. 16–29; Rudolf HIS, Das Strafrecht des deutschen Mittelalters, Bd. 1, Leipzig 1920, S. 556–569.

131 Einzelne Beispiele meist kurzzeitiger Turmhaft führt HENNINGS, Strafen (wie Anm. 119), S. 116, an.

132 Die Darstellung erinnert an die Tiergestalt, die der rechten Frau auf dem Bambergensis-Holzschnitt mit den schlemmenden Straftätern beigegeben ist.

rade einen Fadenzauber, über dessen Art und Zweck in der Literatur vielfältig spekuliert wurde.[133] Dahinter steht ein Zauberkessel, unter dem rot ein Feuer lodert. Helle Blasen steigen auf. Derlei Hexenkessel (typischerweise für einen Wetterzauber) gehörten in der Kunst um 1500 zu den üblichen Merkmalen einer Hexe, so zu finden beispielsweise bereits auf einem Holzschnitt von 1489 im Hexenbuch des Molitoris.[134] Wie wichtig die Szene aus Sicht des Bildkompositeurs (also mutmaßlich aus der Sicht von Langenbeck) war, zeigt das Spruchband links am unteren Rand der Bildtafel: *Maleficos ne pacieris vivere super terram* (Zauberer sollst du nicht auf der Erde leben lassen, vgl. 2. Mose 22,18). Hiermit stimmt die Bestimmung in O. 19 zur Zauberei überein: Einen Christenmann oder eine Christenfrau, die dabei angetroffen werden, dass sie mit Zauberei (*toueryе*) umgehen oder Giftmischerei betreiben, denjenigen oder diejenige solle man auf dem Scheiterhaufen verbrennen. Diese schwere Todesstrafe drohte sonst noch Verrätern.

9. Komplexer zu deuten ist die Bildszene rechts im Vordergrund: Vor der Stadtmauer sitzt ein dreiköpfiges Gerichtsgremium; es handelt sich erneut um das sogenannte Niedergericht, was sich auch daran ablesen lässt, dass die Kleidung der Herren mit jener in der vorbeschriebenen Gerichtsszene übereinstimmt. Mittig hat der Vogt Platz genommen, er ist umrahmt von den beiden Richteherren. Vor ihnen ist ein hölzerner, offener Sarg aufgebaut, in dem ein Toter mit Blutwunden am Kopf liegt. Er trägt ein weißes Totengewand; seine Arme und Beine sind zusammengebunden. Dahinter erhebt der Waltbote (*woltbade*, Fronbote) das Gerichtsschwert, das Zeichen der Blutgerichtsbarkeit.[135] Weitere Männer stehen rundherum. Zweifellos bezieht sich die Bildszene auf die Bestimmungen zum Totschlag in O. 5 bis 9.[136] Gemäß O. 6 war die Tötung eines Menschen mit dem Tode zu bestrafen.

Lappenberg und Reincke interpretieren die Szene als sogenanntes Straßenrecht,[137] bei dem der Getötete zur Verfahrenseinleitung vor Gericht gebracht werden

---

133 Lappenberg, Miniaturen (wie Anm. 108), S. 52 f.; Reincke, Bilderhandschrift (wie Anm. 107), S. 189; Binder, Illustriertes Recht (wie Anm. 107), S. 73; vgl. auch Amira, Besprechung (wie Anm. 108), S. 318.

134 Ulrich Molitoris, Won den vnholden oder Hexen [De lamiis et phitonicis mulieribus deutsch], Ulm 1489, fol. C 6r.

135 Kocher, Zeichen und Symbole des Rechts (wie Anm. 44), S. 18.

136 Vgl. auch die Beweisregel in E. 18.

137 Der Ausdruck ließ sich in dieser Bedeutung in den Quellen erst im späten 17. Jahrhundert ausmachen, vgl. Jacobus Rhenferd, Disputatio inauguralis De jure viarum circa clamorem violentiae, vulgo Strassen Recht das mordgeschrey betreffend, Franeker 1699, insb. S. 5, 11; Sammlung der hamburgischen Gesetze und Verfassungen in Bürger- und kirchlichen, auch Cammer-,

musste,[138] damit er „durch den Mund seiner Blutsfreunde gegen den bekannten oder unbekannten Täter die peinliche Mordklage anstellt“. Zur Verfahrenserleichterung hätten sich die Gerichtspersonen an den Ort der Tat oder auf den Kirchhof begeben.[139] Der Brauch wäre demnach in gewisser Weise verwandt mit der andernorts üblichen Abnahme eines Leibzeichens des Getöteten (zum Beispiel eines Fingers oder der Hand) vor der Bestattung als Beweis für die handhafte Tat.[140] Gernot Kocher deutet die Szene demgegenüber als Totenbeschau zur Verfahrenseinleitung (prozessuales Weisen).[141] Diese Interpretationen haben allerdings keinen Bezug zum Text des Hamburger Stadtrechts von 1497/98 beziehungsweise zu seiner Glosse, was merkwürdig erscheint, da ja alle anderen Bildszenen – wie aufgezeigt – auf bestimmte Bestimmungen oder Glossierungen rekurrieren. Zudem lassen die Interpretationen einige wichtige Details ungeklärt. So liegt der Leichnam ja bereits im Sarg und trägt ein Totengewand; es handelt sich folglich nicht (mehr) um ein bei handhafter Tat vorgefundenes Opfer. Zudem blutet der Tote aus dem Mund – das Blut fließt ihm über das Kinn den Hals hinunter; es handelt sich sichtlich um eine frische Blutung. Und schließlich ist der Getötete an den Händen und Füßen gebunden.

Dargestellt ist mithin eine sogenannte Bahrprobe:[142] Wenn sich anderweitig nicht ermitteln ließ, wer der Totschläger war, wurde der Getötete nach damals verbreitetem Rechtsbrauch im offenen Sarg (oder auf einer Bahre) vor dem versammelten Gericht ausgestellt. Nun mussten alle Tatverdächtigen nacheinander vor den Toten treten. Die Hamburger Miniatur zeigt, wie die einzelnen Verdächtigen in einer Reihe hintereinander warten; wie im Vordergrund links und mittig zu sehen ist, erschienen einzelne nicht freiwillig und mussten von Hilfsbütteln (zu erkennen durch das Schwert am Gürtel) vorgeführt werden. Man glaubte, dass die Leiche, wenn der tatsächliche Täter vor sie trat, reagieren würde; als typisches Zeichen wurde das Bluten der tödlichen Wunde angesehen. Um zu verhindern, dass der Tote gegen seinen Mörder heftiger vorging, hat man ihm sicherheitshal-

---

Handlungs- und übrigen Policey-Angelegenheiten und Geschäften samt historischen Einleitungen, Bd. 5, Hamburg 1768, S. 559–568.

138 Zu diesem Rechtsbrauch vgl. etwa Heinrich Brunner, Die Klage mit dem toten Mann und die Klage mit der toten Hand, in: ZRG GA 31 (1910), S. 235–252; Dieter Werkmüller/Bernd Schildt, Art. Klage mit dem toten Mann, in: HRG, Bd. 2. 2. Aufl., Berlin 2012, Sp. 1860–1862.

139 Reincke, Bilderhandschrift (wie Anm. 107), S. 190.

140 Vgl. beispielsweise die im Münsteraner Rathaus verwahrte mumifizierte Hand.

141 Kocher, Zeichen und Symbole des Rechts (wie Anm. 44), S. 18 f.

142 Ausdrücklich abgelehnt von Reincke, Bilderhandschrift (wie Anm. 107), S. 190; Lappenberg, Miniaturen (wie Anm. 108), S. 49; unentschieden Binder, Illustriertes Recht (wie Anm. 107), S. 70. Allgemein zur Bahrprobe vgl. Werner Ogris, Art. Bahrprobe, in: HRG, Bd. 1. 2. Aufl., Berlin 2008, Sp. 408–410.

ber Arme und Beine zusammengebunden. Die Miniatur zeigt den Moment, in dem sich der wirkliche Täter vor den Sarg begibt: der Mann im grünen Umhang (weil er zugleich vor das Gericht tritt, ist er barhäuptig). Richter und Beisitzer erkennen, dass der Tote plötzlich zu bluten beginnt; sie gestikulieren, einer deutet mit der rechten Hand in Richtung des aus dem Mund fließenden Blutes.

Die Szene steht in unmittelbarem Bezug zu Langenbecks Glosse zu Art. O. 7, der sich mit der Frage auseinandersetzt, wie zu verfahren ist, wenn es mehrere Tatverdächtige gibt. Heißt es doch in O. 6 Abs. 2 zunächst, man dürfe, wenn nur eine todbringende Wunde vorhanden ist, nur einen dafür verurteilen: *Mer ene wunden mach men mer enem manne tosegghen; vnde also mennyge wunde alse eyn man heft, also mennygen man mach men darvmme bespreken.*

Langenbeck erklärt nun in der Glosse, man solle, wenn bei mehreren Beteiligten nicht klar sei, wer den Mord begangen hat, die Verdächtigen, erst den einen, dann den anderen und so weiter, zur Bahrprobe (*thom schine*)[143] treten lassen, um zu sehen, ob das Blut des Toten einen offenkundigen Beweis von sich geben würde, um den Schuldigen richten zu können. Nur wenn der Getötete kein Beweiszeichen von sich geben sollte, solle man zur Folter übergehen, wie es in Hamburg gute Gewohnheit sei:

> *Umme ein underscheit unde wetent tho hebbende des mordes under velen, dorch wehme he schole geschehen syn, leth men de bewanden minschen, den einen ersten, den anderen darnha und so vorth, thom schine gahn, dat is offt dat blot des doden minschen ene en apenbaren schin wolde van sick geven, umme den schuldigen tho richtende* [...] *Wor averst de wundede nene en schin van sick geve, effte noch so varsch* [= frisch, Anm. AD] *were van blode, holt men nha guder wise tho Hamborch den bewaneden minschen tho gahnde in de bekantenisse, dath is in de pinebanck.*[144]

Die Bildtafel zu Abschnitt O *Van pynliken saken, dat hogeste belangende* stellt mithin neun Szenen zu Straftaten und Strafen zusammen. Die Justiz wird hierbei als herrschaftliche Aufgabe inszeniert – als Element des Selbstverständnisses einer aufstrebenden, für die Sicherheit ihrer Bewohner und Gäste engagierten Stadt. Deutlich ist zugleich der Abschreckungsgedanke erkennbar.[145]

---

143 Vgl. hierzu Art. Schein (VI), in: DRW, Bd. 12, Sp. 380–387, hier Sp. 385.

144 Eichler, Langenbeck'sche Glosse (wie Anm. 110), S. 397.

145 Christoph H. F. Meyer, Das Publicum als Instrument spätmittelalterlicher Justiz, in: Vorträge und Forschungen 75 (2011): Politische Öffentlichkeit im Spätmittelalter, S. 87–145, hier S. 135 f.; Hennings, Das hamburgische Strafrecht (wie Anm. 121), S. 43.

7. Zusammenfassung

Um das Sicherheitsbedürfnis der Bevölkerung zu befriedigen, wuchs an der Wende zur Neuzeit nicht nur die Relevanz des peinlichen Strafrechts, es wurde für die Herrschaften auch immer wichtiger, ihre Strafgewalt jedermann vor Augen zu führen. Hierzu dienten zum einen die im öffentlichen Raum weithin sichtbar angebrachten Strafinstrumente und Hinrichtungsstätten, zum anderen auch warnende Schilder und Zeichen, beispielsweise Muntattafeln oder Marktfreiheitssymbole wie das Münsteraner Sendschwert. All dies lässt sich unter dem Begriff einer Herrschaftsinszenierung zum Zweck (zumindest auch) der Generalprävention (durch Abschreckung) zusammenfassen.

Bemerkenswert sind die zahlreichen Illustrationen zu peinlichen Strafen, Folter und Gericht, die in der Frühneuzeit entstanden – nicht zuletzt aufgrund des aufblühenden Buchdrucks. Sie überliefern die damalige Strafenpraxis sehr anschaulich und sind daher schon seit langem Gegenstand der Forschung. Will man allerdings die dargestellten Bildszenen korrekt deuten, ist es unumgänglich, zuvor den Zweck der jeweiligen Abbildung zu eruieren. Es liegt nahe, auch sie als Form der Herrschaftsinszenierung mit dem Ziel einer Generalprävention zu begreifen. Bei genauerer Betrachtung muss allerdings differenziert werden. Dies gilt nicht nur hinsichtlich der jeweils intendierten Strafzwecke. So ist es wichtig, bei der Interpretation der Illustrationen deren ursprüngliche Zielgruppe im Blick zu behalten: Manche Abbildungen waren eigentlich gar nicht für die Öffentlichkeit bestimmt, sondern beispielsweise (wie die Holzschnitte der Bambergensis) nur für das Gerichtspersonal; eine breite Außenwirkung zu Herrschaftsinszenierung und/oder Abschreckung war mithin nicht beabsichtigt oder stand zumindest nicht im Fokus. Manche Buchholzschnitte entstanden ursprünglich für einen völlig anderen, beispielsweise literarischen Kontext und wurden dann – zumeist aus verlegerischen Gründen – in rechtlichen Werken wiederverwendet; aus dem wirklichen Zusammenhang gerissen werden derlei Holzschnitte von der Forschung häufig fehlgedeutet.

II. MITTELALTER

Karl Ubl

Strafnormen und Strafexzesse in der Zeit Karls des Großen

Für die Definition von Strafe wird häufig auf einen grundlegenden Text des britischen Rechtsphilosophen H. L. A. Hart aus dem Jahr 1959 zurückgegriffen. Darin benennt Hart fünf Kriterien: „(i) It must involve pain or other consequences normally considered unpleasant. (ii) It must be for an offence against legal rules. (iii) It must be of an actual or supposed offender for his offence. (iv) It must be intentionally administered by human beings other than the offender. (v) It must be imposed and administered by an authority constituted by a legal system against which the offence is committed."[1] Die fünf von Hart genannten Kriterien (Leid, Normverstoß, Täterprinzip, Vollstreckung und Autorität) beschreiben ein Paradigma der Strafe, das zugleich auch eine moralische Rechtfertigung enthält. Wenn eine Strafe demjenigen, der gegen eine Norm verstößt, Leid zufügt und dies durch eine Autorität vollstreckt wird, werden die moralischen Anforderungen an legitimes staatliches Handeln erfüllt. Bereits Hart wies aber auf eine Reihe von sekundären Fällen hin, bei denen das eine oder andere Kriterium nicht erfüllt ist, aber dennoch der Strafcharakter nicht zu leugnen ist.[2] Didier Fassin nahm die von Hart nicht berücksichtigten Fälle genauer in den Blick und zeigte auf der Grundlage soziologischer Analysen und Beobachtungen, dass Betroffene bestimmte staatliche Maßnahmen häufig als Strafe wahrnehmen, die nicht alle fünf Kriterien der Definition gleichermaßen erfüllen.[3] Fassin untersucht zum Beispiel *racial profiling* durch die Polizei, Razzien in sogenannten Problemvierteln oder den arbiträren Umgang von Wärtern mit Häftlingen. In diesen Bereichen der Strafpraxis kommt es nach seiner Analyse zu kollektiven und willkürlichen Strafen, wie es auch viele Normverstöße gibt, die überhaupt nicht oder nur nachlässig geahndet werden, wie die Missbrauchsfälle in der katholischen Kirche offengelegt haben.

Fassin zog aus diesem Gegensatz zwischen den philosophischen und strafrechtlichen Idealvorstellungen und der beobachtbaren Praxis des Strafens eine

1 H. L. A. Hart, Prolegomenon to the Principles of Punishment, in: ders. (Hrsg.), Punishment and Responsibility. Essays in the Philosophy of Law, 2. Aufl., Oxford 2008, S. 1–26, hier S. 4 f. (erstmals 1959/1960).

2 Ebd., S. 5.

3 Didier Fassin, Der Wille zum Strafen, Frankfurt am Main 2018, S. 45–84.

radikale Konsequenz: Im Kern des modernen Strafsystems verberge sich die Lust am Strafen, die weder Vergeltung noch Besserung bezwecke und in keinem Verhältnis zum Normverstoß stehe. Vielmehr äußere sich darin ein Überschuss an Gewalt, der als Ausdruck eines Machtverhältnisses zu deuten sei. Fassin verleiht dieser These zudem eine historische Dimension: Er leitet den „Willen zum Strafen" genealogisch aus der christlichen Vorstellung des Leidens als Form der Erlösung von individueller Schuld ab und erkennt in der mittelalterlichen Entwicklung von Kompositionen zu körperlichen Strafen einen Wendepunkt auf dem Weg zur abendländischen Strafkultur.[4] Seitdem seien andere Formen des Umgangs mit Unrecht wie Wiedergutmachung allmählich verdrängt worden.

Die von Fassin entworfene Genealogie des Strafens soll in diesem Aufsatz nicht diskutiert werden. Vielmehr möchte ich untersuchen, ob es in der Karolingerzeit eine ähnliche Spannung zwischen den normativen Vorstellungen und der Praxis des Strafens gegeben hat, wie ihn Fassin für die Gegenwart konstatiert. Da ein Überblick über die gesamte Karolingerzeit in diesem Rahmen nicht möglich ist, werde ich mich auf die Regierungszeit Karls des Großen (768–814) beschränken.[5] Das Quellenmaterial dafür ist gut, aber selbstverständlich nicht vergleichbar mit späteren Epochen. Eigenständige theoretische Abhandlungen über Begründung und Zielsetzung des Strafens fehlen, weshalb auf vereinzelte Äußerungen in Gesetzgebung und anderen gelehrten Schriften ausgewichen werden muss, um die normativen Vorstellungen über das Strafen zu rekonstruieren. Ebenso ist es schwierig, aber nicht unmöglich, bei der Untersuchung der Strafpraxis nach sozialer Schichtung in der freien Bevölkerung zu differenzieren, weil in den meisten Fällen nur über die Elite des Frankenreichs berichtet wird. Besondere Probleme wirft die Frage nach der Faktizität der berichteten Ereignisse auf. Da nur isolierte Quellenaussagen vorhanden sind, bleibt nichts anderes übrig, als das Strafen Karls des Großen, über das berichtet wird, zumindest als möglich anzunehmen.

Die folgenden Überlegungen bleiben also notgedrungen impressionistisch. Gleichwohl gibt es Indizien dafür, dass die normativen Quellen nicht die ganze Wahrheit über die Strafpraxis der Zeit Karls des Großen enthalten. Um dies zu zeigen, werde ich mit dem Massaker von Verden ein viel diskutiertes und mit einer Strafaktion Karls des Großen in dem Ort *Celtus* ein kaum bekanntes Bei-

4 Ebd., S. 72–83.

5 Um die Erschließung der Merowingerzeit hat sich besonders Jürgen Weitzel verdient gemacht: Jürgen Weitzel, Strafe und Strafverfahren in der Merowingerzeit, in: Zeitschrift für Rechtsgeschichte, Germ. Abt. 111 (1994), S. 66–147. In ders., Vorverständnisse und Eckpunkte in der Diskussion um ein frühmittelalterlich-fränkisches Strafrecht, in: Franz Dorn/Jan Schröder (Hrsg.), Festschrift für Gerd Kleinheyer zum 70. Geburtstag, Heidelberg 2001, S. 539–567, plädierte Weitzel energisch gegen ältere Ansichten über die „Geburt der Strafe" im Hochmittelalter für das Nebeneinander von Strafe und Kompensation im Frankenreich.

spiel vorstellen. In beiden Fällen kamen kollektive und willkürliche Strafen zur Anwendung, die in den normativen Quellen kein Pendant haben.

1. Vielfalt der Straflogiken

Im 9. Jahrhundert gab es keine Standarddefinition von Strafe. Vielmehr erfolgte das Strafen nach unterschiedlichen Logiken, je nachdem von welcher Art das Unrecht war, wer das Strafen organisierte und welche sozialen Gruppen davon betroffen waren. Vom König wurde verlangt, die öffentliche Ordnung aufrechtzuerhalten und das Handeln gefährlicher und verbrecherischer Menschen zu unterdrücken, indem er durch Strafen mit Vergeltung droht. Seit Augustinus wurde dafür der Begriff des Schreckens der Gesetze (*terror legum*) verwendet.[6] Nach einem weitverbreiteten Text Isidors von Sevilla muss die königliche Gewalt durch den Schrecken der Strafe (*terror disciplinae*) das befehlen, was der Geistliche durch die gelehrte Predigt nicht bewirken kann.[7] Welche Strafen dem Herrscher dafür zur Auswahl stehen, entfaltet Isidor in einem Abschnitt seiner Etymologiae, der als Exzerpt in vielen Rechtshandschriften der Karolingerzeit als *De penis in legibus conscriptis* begegnet: „Poena wird genannt, was straft, das heißt tötet: die Strafe des Kerkers, des Exils, des Todes und der Marter."[8] Diese Vorstellung von Strafe als Vergeltung ist ein zentrales Thema in den gelehrten Mahnschriften aus der Zeit Karls des Großen. Der König sollte Gleiches mit Gleichem vergelten, aber im Einzelfall auch Barmherzigkeit zeigen, wenn eigene Verwandte betroffen waren oder Einsicht bei den Tätern zu erkennen war. Für Alkuin soll der König den Mittelweg zwischen väterlicher Autorität und mütterlicher Nachsicht wählen.[9] Im Fürstenspiegel des Smaragd von St. Mihiel steht die angemessene

6 Alois Goldbacher (Hrsg.), Augustinus, Ep. 93 (Corpus Scriptorum Ecclesiasticorum Latinorum, 34/2), Wien 1898, S. 462 f. Vgl. Ernst-Dieter Hehl, Terror als Herrschaftsmittel des früh- und hochmittelalterlichen Königs, in: Annette Gerok-Reiter/Sabine Obermaier (Hrsg.), Angst und Schrecken im Mittelalter. Ursachen, Funktionen, Bewältigungsstrategien (Das Mittelalter, 12/1), Berlin 2007, S. 11–23.

7 Pierre Cazier (Hrsg.), Isidor von Sevilla, Sententiae III, 51, 4 (Corpus Christianorum, Series latina, 111), Turnhout 1998, S. 304.

8 Isidor, Etymologiae V, 27. Z. B. u. a. Bern, Burgerbibliothek, Cod. 263, fol. 8r–9v; Cologny, Bibliotheca Bodmeriana, Bodmer 107, fol. 3r; Vatikan, BAV, Reg. lat. 1050, fol. 12rb–14ra; Berlin, SPKB, lat. fol. 636, fol. 1v–7r; vgl. die Datenbank https://db.innovatingknowledge.nl/. In gekürzter Form erhalten in einer weiteren Gruppe von Handschriften: Ernest-Joseph Tardif, Un abrégé juridique des Étymologies d'Isidore de Séville, in: Mélanges Julien Havet. Recueil de travaux d'érudition dédiés à la mémoire de Julien Havet, Paris 1895, S. 659–681, hier S. 681: *Poena dicta quod puniat, id est occidat: poena carceris, poena exilii, poena mortis, poena supplicii.*

9 Ernst Dümmler (Hrsg.), Alkuin, Ep. 61 (MGH Epp., 4), Berlin 1895, S. 105. Vgl. auch ebd., Ep. 18,

Ausübung der Gerichtsgewalt im Zentrum seiner Ausführungen zum „königlichen Weg".[10] Daraus ergab sich ein Spielraum über das Ausmaß der Vergeltung. Besonders bei der Verhängung des Exils war dem Herrscher die Entscheidung über Ort und Dauer vorbehalten.[11]

Körperverletzungen und Tötungen unter Freien unterlagen dagegen nicht der Logik der Vergeltung, sondern der Logik der Wiedergutmachung.[12] Durch die Zahlung von Kompositionen konnte die Ehre der geschädigten Person bzw. seiner Familie wiederhergestellt und die Drohung mit Rache unterbunden werden. Beteiligt waren an diesem Ausgleichsverfahren nicht allein Individuen, sondern soziale Gruppen, die sich aus Verwandten und Freunden zusammensetzten und geistliche Institutionen als Vermittler heranzogen. Es besteht kein Zweifel daran, dass die Verpflichtung zur Zahlung von Wergeld für Karl den Großen von zentraler Bedeutung war. Sein erstes programmatisches Kapitular, das 779 im königlichen Palast in Herstal erlassen wurde, enthielt die Bestimmung, dass sich niemand weigern sollte, eine Fehde durch die Zahlung von Wergeld beizulegen, da er sonst ins Exil geschickt werden würde.[13] Die Rechtsbücher, die Karl der Große für die Nordostprovinzen des Frankenreichs schriftlich aufzeichnen ließ, beruhten weitgehend auf dem Prinzip der Wiedergutmachung durch die Zahlung von Bußzahlungen, die durch das Gericht festgelegt und durchgesetzt wurden.[14] Bei Thüringern, Sachsen, Friesen und Schwaben stand das Wergeld im Zentrum der Rechtsaufzeichnungen, auch wenn die Berechnung der Höhe von Bußzahlungen jeweils sehr unterschiedlich erfolgte.

Die Logik der Wiedergutmachung hatte folglich eine soziale Dimension, die im dritten Bereich, dem kirchlichen Bußverfahren, ausgeschlossen war, da es darin allein um die Schuld des Einzelnen ging, die auch unabhängig von den Folgen

---

S. 51; Ep. 30, S. 71; Ep. 257, S. 414. Vom *terror poenarum* spricht Alkuin in: De rhetorica et virtutibus (Migne PL, 101), Sp. 919–946, hier Sp. 945.

10 Smaragdus von St-Mihiel, Via regia c. 7–8 (Migne PL, 102), Sp. 933–970, hier Sp. 946–949. Vgl. Paul Kershaw, Peaceful Kings: Peace, Power and the Early Medieval Political Imagination, Oxford 2011, S. 177–183; Karl Ubl, Carolingian Mirrors for Princes. Texts, Contents, Impact, in: Noëlle-Laetitia Perret/Stéphane Péquignot (Hrsg.), A Companion to the „Mirrors of Princes" Literature (Reading Medieval Sources, 7), Leiden 2022, S. 74–107.

11 Kurt Metz, Die Exilierung als politische Maßnahme im Frankenreich sowie in Deutschland und Frankreich bis zum Ende des 10. Jahrhunderts, Heidelberg 1957 (Diss.), S. 13.

12 Lukas Bothe/Stefan Esders/Han Nijdam (Hrsg.), Wergild, Compensation, and Penance. The Monetary Logic of Early Medieval Conflict Resolution (Medieval Law and Its Practice, 31), Leiden 2021.

13 Alfred Boretius (Hrsg.), Capitulare Haristallense, a. 779, c. 22 (MGH Capit., 1), Hannover 1883, S. 51.

14 Vgl. Karl Ubl, The Limits of Government: Wergild and Legal Reform under Charlemagne, in: Wergild, Compensation, and Penance (wie Anm. 12), S. 240–260.

der Handlungen bewertet wurde.[15] Obwohl die Tarifbuße durch die Zählung in Fastenjahren eine oberflächliche Ähnlichkeit mit den gestaffelten Bußzahlungen hat, folgt sie nicht der Logik der Wiedergutmachung, sondern einer Logik der Besserung. Unabhängig davon, ob die Auferlegung der Buße öffentlich vom Bischof oder privat durch den Priester vonstattenging, sollte der Sünder zum Nachdenken über seine Schuld und zur Einsicht gebracht werden, um dadurch zu einem besseren Menschen zu werden. Der Buße eignete daher eine gewisse Freiwilligkeit, die je nach den Umständen mehr oder weniger ausgeprägt war.[16] Im öffentlichen Bußverfahren, das den karolingischen Bischöfen besonders wichtig war, drohte der Verlust der Ehre durch die Auferlegung von Ehelosigkeit, Rückzug von Ämtern oder Bußwallfahrten sowie durch den Ausschluss von der Kommunion.

Der vierte Bereich des Strafens war die Disziplinierung von Unfreien, über die man viel zu wenig weiß, aber die sicher nichts Freiwilliges an sich hatte.[17] Wir wissen deshalb so wenig darüber, weil sich Königtum und Kirche in die Disziplinargewalt der Herren nur dann einmischten, wenn das Eigentum oder die Interessen anderer betroffen waren.[18] Allgemein ist anzunehmen, dass die Herren gegenüber ihren Unfreien weit mehr auf körperliche Züchtigung zurückgriffen, als es für frei geborene Personen üblich war. In den Herrschererlassen wurde die Auferlegung einer Bußzahlung für Unfreie häufig in eine Prügelstrafe umgewandelt. Sollte ein Unfreier gegenüber dem eigenen Herrn tätlich werden, hatte er sein Leben verwirkt.[19] Den Körperstrafen wurden aber durch das Ziel, die Arbeitskraft der Unfreien zu erhalten, gewisse Grenzen gesetzt.

Fünftens entwickelte sich im Kloster ein ganz eigenes Regime der Bestrafung, das ebenfalls der Logik der Besserung verpflichtet war, aber gleichwohl dem Abt als Herrn über die Mönche umfassende Möglichkeiten der körperlichen Züchtigung durch Auspeitschung zukommen ließ.[20] Die dauerhafte körperliche Un-

---

15 Rob MEENS, Penance in Early Medieval Europe, 600–1200, Cambridge 2014, S. 101–139.

16 Raymund KOTTJE, „Buße oder Strafe?“ Zur iustitia in den libri paenitentiales, in: La giustizia nell'alto medioevo, secoli V–VIII (Settimane di studio del Centro italiano di studi sull'alto medioevo, 42), Spoleto 1995, S. 443–474.

17 Alice RIO, Slavery after Rome, 500–1100, Oxford 2017.

18 Hermann NEHLSEN, Sklavenrecht zwischen Antike und Mittelalter: germanisches und römisches Recht in den germanischen Rechtsaufzeichnungen, Bd. 1: Ostgoten, Westgoten, Franken, Langobarden, Frankfurt am Main 1972. Vgl. zukünftig Dominik LEYENDECKER, The Punishment of the Unfree between Merovingian and Carolingian Legal Texts, erscheint in: Dependency and Slavery Studies.

19 Claudius von Schwerin (Hrsg.), Lex Saxonum c. 25 (MGH Fontes iuris, 4), Hannover/Leipzig 1918, S. 25; Karl August Eckhardt/Albrecht Eckhardt (Hrsg.), Lex Frisionum c. 20, 3 (MGH Fontes iuris, 12), Hannover 1982, S. 64.

20 Maximilian MCCOMB, Strategies of Correction. Corporal Punishment in the Carolingian Empire, 742–900 (Ithaca 2018, unpublished PhD-thesis), S. 89–155.

versehrtheit der Mönche blieb dabei jedoch oberstes Gebot. Daneben etablierte sich innerhalb des Klosters die Kerkerhaft in Isolation als eine neue Form der Bestrafung, die in besonders schweren Fällen angewandt wurde und zur Einsicht in die eigene Schuld führen sollte.[21]

Aufmerksamen Zeitgenossen blieben die Spannungen zwischen diesen unterschiedlichen Straflogiken nicht verborgen. Theodulf von Orléans kritisierte in einem Gedicht aus der Zeit Karls des Großen das Aufwiegen von Menschenleben durch die gängigen Bußzahlungen, distanzierte sich aber auch von der Grausamkeit des alttestamentarischen Prinzips der Talion und von den brutalen Todesstrafen des römischen Rechts, um am Ende für die Anwendung der kirchlichen Bußdisziplin und für das christliche Prinzip der Vergebung zu werben.[22] Diese gelehrte Reflexion belegt, dass am Hof des Kaisers über die Vielfalt der Formen des Strafens diskutiert wurde. Trotz dieser Divergenzen beruhten die in der Karolingerzeit vorherrschenden Straflogiken mehr oder weniger auf den von Hart identifizierten Prinzipien: Die Strafe sollte unangenehme Konsequenzen nach sich ziehen, sie setzte den Verstoß gegen eine Norm voraus, richtete sich primär gegen den Täter, wurde durch gerichtliche oder kirchliche Organe geregelt und beruhte auf der Autorität des Königs oder des Bischofs. Kollektive Strafen, die auch Unbeteiligte betrafen, waren ebenso wenig vorgesehen wie willkürliche Strafen, die unerwartet erfolgten oder deren Verhängung nicht erwartbar gewesen wäre.

2. Das „Blutgericht" von Verden

„Nachdem König Karl davon [nämlich von der Niederlage seiner Truppen] gehört hatte, brach er gemeinsam mit den Franken, die er in höchster Eile zusammenziehen konnte, dorthin auf und kam an den Ort, wo die Aller in die Weser einfließt. Dann unterwarfen sich erneut alle Sachsen, die gekommen waren, unter die Macht des Königs und lieferten alle Übeltäter aus, die jenen Aufstand vor allem beschlossen hatten, damit sie getötet werden – 4.500. Was auch so ge-

21 Mayke de Jong, Monastic Prisoners or Opting out? Political Coercion and Honour in the Frankish Kingdoms, in: Mayke de Jong/Frans C. W. J. Theuws (Hrsg.), Topographies of Power in the Early Middle Ages (The Transformation of the Roman World, 6), Leiden 2001, S. 291–328; Julia Hillner, Prison, Punishment and Penance in Late Antiquity, Cambridge 2015.

22 Ernst Dümmler (Hrsg.), Theodulf, Carmen XXIX (MGH Poetae, 1), Berlin 1881, S. 518 f. Vgl. Karl Ubl, Der Entwurf einer imaginären Rechtsordnung im 9. Jahrhundert: Die Kapitulariensammlung des Benedictus Levita, in: Philippe Depreux/Stefan Esders (Hrsg.), Die Produktivität einer Krise. Die Regierungszeit Ludwigs des Frommen und die Transformation des karolingischen Imperiums (Relectio, 1), Ostfildern 2018, S. 185–204.

schah – mit der Ausnahme Widukinds, der durch Flucht zu den Nordmännern entkommen ist."[23] Auf diese Weise wurde nur wenige Jahre nach dem Ereignis am Hof Karls des Großen in den Reichsannalen von dem schrecklichen Blutbad von Verden im Jahr 782 berichtet. Man kann davon ausgehen, dass Karl selbst die Kunde von dieser Tat verbreitet wissen wollte. Denn kein anderer Jahresbericht aus einem der Klöster des Frankenreichs beziffert die fast unglaublich anmutende Anzahl der Hingerichteten.[24] Im südhessischen Kloster Lorsch notierte man, dass „Karl einen gewaltigen Haufen von Sachsen mit dem grausamen Schwert durchbohren ließ"[25], während andere Annalen nur davon wissen, man habe „eine große Menge Menschen getötet" und „viele besiegte Sachsen ins Frankenreich verschleppt"[26]. Im Kloster der Schwester Karls, der Äbtissin Gisela von Chelles, wiederholte man dagegen um 805 den Bericht der Reichsannalen, schwächte die Zahl aber durch ein vorangestelltes *quasi* ab.[27] Nach dem Tod Karls schmückte dann ein am Hof wirkender Bearbeiter der Reichsannalen den Bericht aus, indem er alle 4.500 Sachsen „an einem Tag auf Befehl des Königs durch Enthauptung" sterben ließ.[28] Wir können uns also sicher sein: In Aachen schämte man sich nicht für diesen Strafexzess.

Die Historiker taten sich mit dem „Blutbad" erheblich schwerer. Bereits im 19. Jahrhundert ist erbittert darüber gestritten worden, ob an den Händen Karls des Großen tatsächlich so viel Blut klebte und ob ihm das Recht seiner Zeit überhaupt die Möglichkeit zu einer solchen Strafaktion gegeben hätte. Während des „Dritten Reiches" haben sich nationale Apologeten dieses Themas bemächtigt und Karl als Massenmörder an der „eigenen Rasse" entlasten wollen. In den Reichsannalen sei nur die Übergabe als „vollzogen" vermeldet worden, nicht die

---

23 *Hoc audiens domnus Carolus rex una cum Francis, quos sub celeritate coniungere potuit, illuc perrexit et pervenit usque ad locum, ubi Alara confluit in Wisora. Tunc omnes Saxones iterum convenientes subdiderunt se sub potestate supradicti domni regis et reddiderunt omnes malefactores illos, qui ipsud rebellium maxime terminaverunt, ad occidendum IIIID; quod ita et factum est, excepto Widochindo, qui fuga lapsus est partibus Nordmanniae.* Friedrich Kurze (Hrsg.), Annales regni Francorum a. 782 (MGH SS rer. Germ., 6), Hannover 1895, S. 62.

24 Engelbert Mühlbacher, Regesta Imperii I. Die Regesten des Kaiserreichs unter den Karolingern 751–918, Innsbruck 1908, Nr. 260b.

25 *Vastavit Saxoniam et ingentem Saxonum turbam atroci confodit gladio.* Georg Heinrich Pertz (Hrsg.), Annales Laureshamenses (= Annales Mosellani) (MGH Scriptores, 1), Hannover 1826, S. 32.

26 *… et cederunt Franci de Saxones multitudo hominum et multos vinctos Saxones adduxerunt Francia.* Gabriel Anhegger/Steffen Patzold/Louisa Schulz/Erik Waschek (Hrsg.), Annales Petaviani, Tübingen 2023, S. 22 f. (http://nbn-resolving.de).

27 Bernhard von Simson (Hrsg.), Annales Mettenses Priores (MGH SS rer. Germ., 10), Hannover/Leipzig 1905, S. 70.

28 Friedrich Kurze (Hrsg.), Annales qui dicunter Einhardi a. 782 (MGH SS rer. Germ., 6), Hannover 1895, S. 65.

Hinrichtung. In den anderen Berichten habe nicht *decollati*, enthaupten, sondern *delocati*, verschleppen, gestanden.[29] Karl habe daher nur die Exilierung von Sachsen angeordnet, nicht aber ihre Hinrichtung. Ein noch immer gern zitierter Beitrag aus dem Jahr 1940 argumentierte dafür, die Zahlenangabe als einen späteren Zusatz zu betrachten oder als einen Abschreibfehler zu bewerten.[30] Der Autor des Beitrags glaubte es besser zu wissen als alle Zeitgenossen, die den Text der Reichsannalen abschrieben oder ihn für andere Chroniken wiederverwendeten.

Auch in der gegenwärtigen Forschung scheiden sich an diesem Thema die Geister: Einerseits will der Karlsbiograph Dieter Hägermann im Jubiläumsjahr 2000 nur von „wenigen Dutzend Hingerichteter"[31] wissen, Matthias Becher bezeichnet die Zahlenangabe als eine „maßlose Übertreibung"[32] und Janet Nelson spekuliert über die Hinzufügung einer Null durch den Schreiber[33]. Andererseits halten Alessandro Barbero und Johannes Fried an der Faktizität des Geschehens fest. Alessandro Barbero wies auch einen Weg, wie dieser Fall gewaltiger Brutalität verständlich gemacht werden könnte.[34] Karl habe sich ein Vorbild an König

29 Karl BAUER, Die Quellen für das sog. Blutbad von Verden, in: Westfälische Zeitschrift 92 (1936), S. 40–73; Martin LINTZEL, Die Vorgänge in Verden im Jahre 782, in: Niedersächsisches Jahrbuch für Landesgeschichte 15 (1938), S. 1–41. Vgl. hierzu Peter LAMBERT, The Immediacy of a Remote Past. The Saxon Wars of 772–804 in the „Cultural Struggles" of the Third Reich, in: ders./Björn Weiler (Hrsg.), How the Past was Used. Historical Cultures c. 750–2000 (Proceedings of the British Academy, 207), London 2017, S. 181–200.

30 Wilhelm SCHMITT, Das Gericht zu Verden 782, in: Thüringisch-sächsische Zeitschrift für Geschichte und Kunst 27 (1940), S. 14–26, wiederabgedruckt in Walther Lammers (Hrsg.), Die Eingliederung der Sachsen in das Frankenreich (Wege der Forschung, 185), Darmstadt 1970, S. 243–257. Einzelne Argumente (z. B. über den vermeintlichen Nachtragscharakter der Bezifferung) werden aufgegriffen von Karl HENGST, Die Ereignisse der Jahre 777/78 und 782: Archäologie und Schriftüberlieferung, in: Peter Godman/Jörg Jarnut/Peter Johannek (Hrsg.), Am Vorabend der Kaiserkrönung. Das Epos „Karolus Magnus et Leo papa" und der Papstbesuch in Paderborn 799, Berlin 2002, S. 57–74; Matthias SPRINGER, Die Sachsen, Stuttgart 2004, S. 190; Ingrid REMBOLD, Conquest and Christianization: Saxony and the Carolingian World, 772–888, Cambridge 2018, S. 52, und Janet NELSON, King and Emperor. A New Life of Charlemagne, Princeton 2019, S. 196 mit Anm. 68.

31 Dieter HÄGERMANN, Karl der Große. Herrscher des Abendlandes, Berlin 2000, S. 214.

32 Matthias BECHER, Der Prediger mit eiserner Zunge. Die Unterwerfung und Christianisierung der Sachsen durch Karl den Großen, in: Hermann Kamp/Martin Kroker (Hrsg.), Schwertmission. Gewalt und Christianisierung im Mittelalter, Paderborn 2013, S. 2352, hier S. 44.

33 NELSON, Charlemagne (wie Anm. 30), S. 196: „It could well have resulted from a scribe mistakenly (or through deliberate inflation) adding a zero." (Wie darf man sich dies bei römischen Zahlzeichen vorstellen?) Bezeichnend ist das Schweigen über das Blutbad in den Biographien von Rosamond MCKITTERICK, Karl der Große, Darmstadt 2008, und Jennifer DAVIS, Charlemagne's Practice of Empire, Cambridge 2015.

34 Alessandro BARBERO, Charlemagne. Father of a Continent, Berkeley 2004, S. 46 f. Bekräftigend auch Bernard BACHRACH, Early Carolingian Warfare. Prelude to Empire, Philadelphia 2001,

David genommen, über den im zweiten Buch Samuel (8, 2) berichtet wird: „Er schlug auch die Moabiter also zu Boden, dass er zwei Teile zum Tode brachte und einen Teil am Leben ließ. Also wurden die Moabiter David untertänig, dass sie ihm Geschenke zutrugen." Karl erwies sich demnach als ein wahrer Nachfolger der Könige Israels. Auch Johannes Fried erklärt Gewalt durch Glauben, wie es bereits der Untertitel seiner Karls-Biographie andeutet. „Karl [...] drängte mit Macht auf die Christianisierung der Sachsen; sie legitimierte nicht zuletzt nach christlicher Auffassung den Krieg. [...] Der Kampf der Religionen war eine Sache auf Leben und Tod."[35]

Dass extreme Ausbrüche von Gewalt durch Religion und Glaube motiviert werden, erscheint nicht überraschend. Religiöse Gewalt gilt zwar für die moderne aufgeklärte und säkularisierte Gesellschaft als überwunden, scheint jedoch in den Regionen der Welt überhandzunehmen, die im Verdacht stehen, in „mittelalterliche Verhältnisse" zurückzufallen. Die Brutalität des Verdener Blutgerichts mit dem fanatischen Missionierungswillen Karls des Großen zu erklären, liegt somit nahe. Mit dieser Argumentation folgt man einer Traditionslinie, die bis in die Zeit des Geschehens selbst zurückreicht. Bereits der Abt von Fulda Eigil beschrieb um das Jahr 800 den ganzen Sachsenkrieg als ein einziges Missionsunternehmen: „Im vierten Jahr seiner Herrschaft begann König Karl, weil er sehr christlich war, darüber nachzudenken, wie er das sächsische Volk für Christus gewinnen könne. Er versammelte ein großes Heer und ist unter Anrufung Christi nach Sachsen aufgebrochen, indem er alle Bischöfe, Äbte und Priester sowie alle Verehrer des wahren Glaubens mitgenommen hat, damit sie veranlassen, dass dieses Volk durch heilige Lehre sanft und süß das Joch Christi auf sich nimmt. Als der König dort ankam, bekehrte er teils durch Kriege, teils durch Überredung, teils auch durch Geschenke den größten Teil des Volks zum christlichen Glauben; und nicht lange danach teilte er die ganze Provinz in Diözesen."[36]

Diese Reihung der Instrumente der Integration – Krieg, Überredung und Geschenke – verschob sich im Lauf des 9. Jahrhunderts, bis Karl der Große im Epos des Poeta Saxo als Apostel der Sachsen auftrat.[37] Nachdem die Sachsen selbst zu den Trägern des Reiches geworden waren, war es opportun, die Sachsen nicht als Rebellen und Aufständische zu schildern, sondern als Heiden, die durch die Mis-

---

S. 363.

35 Johannes Fried, Karl der Große. Gewalt und Glaube. Eine Biographie, München 2013, S. 158.

36 Eigil, Vita Sturmi abbatis Fuldensis c. 23, in: Pius Engelbert (Hrsg.), Die Vita Sturmi des Eigil von Fulda. Literaturkritisch-historische Untersuchung und Edition, Marburg 1968, S. 158.

37 Helmut Beumann, Die Hagiographie „bewältigt". Unterwerfung und Christianisierung der Sachsen durch Karl den Großen, in: Cristianizzazione ed organizzazione ecclesiastica delle campagne nell'alto medioevo (Settimane di studio del Centro italiano di studi sull'alto medioevo, 28), Spoleto 1982, S. 129–163; Robert Flierman, Saxon Identities, AD 150–900, London 2017, S. 119–162.

sion Karls des Großen für das Christentum gewonnen werden konnten. Mission und Christianisierung waren also schon lange ein Mittel, um von der brutalen Niederwerfung der Sachsen durch Karl den Großen abzulenken. Der eingangs zitierte Bericht in den Reichsannalen lehrt jedoch, dass der Chronist am Hof Karls des Großen die Tat nicht in ein religiöses Vokabular kleidete. Die Rebellen unterwarfen sich der Macht des Königs (*sub potestate regis*), lieferten die *malefactores*, die den Aufstand (*rebellium*) beschlossen hatten, zur Hinrichtung aus (*ad occidendum*) – und nicht etwa zur Taufe. In dasselbe Horn stößt die überarbeitete Fassung der Reichsannalen, in der von *scelus* und *facinus* der Sachsen die Rede ist.

Diejenigen, die über das Massaker von Verden berichten, stellen somit keine Verbindung zur Missionierung her. Der Anlass für das „Blutgericht" war vielmehr eine schwere Niederlage der fränkischen Truppen.[38] Nachdem Karl von einem Einfall der Slawen zwischen Elbe und Saale gehört hatte, schickte er drei Heerführer nach Sachsen, damit sie dort eine Armee von Sachsen und Franken aufstellten und die Slawen zurückschlugen. Die zum Krieg aufgebotenen Sachsen widersetzten sich jedoch unter dem herbeigekommenen Anführer Widukind und wandten sich überraschend gegen die Franken. Ohne einen Befehl Karls abzuwarten, fielen die fränkischen Heerführer mit ihren Truppen über die Sachsen her, wurden jedoch am Süntel zwischen Weser und Leine umzingelt und niedergemacht. Karls Kämmerer Adalgis, der Stallmeister Geilo und vier Grafen kamen dabei ums Leben. Karl reagierte mit außergewöhnlicher Härte. Er zog sofort nach Sachsen, konnte aber Widukind nicht habhaft werden, der sich erneut zu den Dänen geflüchtet hatte. In Verden an der Aller ließ Karl sich von den Sachsen dann die Rebellen ausliefern.

Karl bestrafte somit die Sachsen mit ungewöhnlicher Brutalität, weil sie im Rahmen eines fränkischen Heerzuges gegen die Slawen zum Krieg aufgeboten worden waren und deshalb der fränkischen Militärdisziplin unterstanden. Das Blutbad von Verden ist damit nicht als eine Kriegshandlung zu verstehen, sondern als Niederschlagung einer Meuterei. Die *rebellio* von 782 war somit seiner Tragweite nach etwas anderes als die *rebelliones* der Sachsen, welche in der fränkischen Historiographie seit dem 6. Jahrhundert immer wieder angesprochen worden waren. Vor 782 war es der Widerstand eines tributpflichtigen, aber nicht voll eingegliederten Volkes, 782 war es Meuterei. Schon früher sind die Sachsen von der Treue gegenüber dem König abgefallen und haben das Christentum wieder abgestreift; 782 haben sie darüber hinaus gegen die militärische Disziplin verstoßen. Darin liegt dem Bericht der Reichsannalen zufolge der Grund für die Hinrichtung von 4.500 Sachsen. Entscheidend für das Blutgericht war die Meuterei im Heer und nicht der Abfall vom Christentum. Bereits zuvor und auch da-

---

38 Hägermann, Karl der Große (wie Anm. 31), S. 213–215.

nach sind Sachsen immer wieder vom Glauben abgefallen und haben die Treue gegenüber dem Kaiser aufgekündigt, ohne dass von einer kollektiven Bestrafung dieses Ausmaßes berichtet worden wäre.

Die rechtliche Grundlage für die Hinrichtung bestand also in dem, was die Franken *herisliz* nannten. Es stand außer Zweifel, dass dieses Verbrechen als eine Form der Infidelität mit dem Tod bestraft werden konnte. In einem Erlass aus dem Jahr 811 ließ Karl der Große diese alte Regel erneut einschärfen: „Wer ohne Erlaubnis des Fürsten vom Kriegszug sich entfernt, was die Franken *herisliz* nennen: wir wollen, dass die alte Gewohnheit, das heißt die Kapitalstrafe, bei seiner Bestrafung eingehalten werde."[39] Bereits Jahre zuvor hatte Karl die Schwere dieses Verbrechens genutzt, um den bayerischen Herzog Tassilo III. auf der Versammlung von Ingelheim im Jahr 788 zum Tod verurteilen zu lassen. Dem Herzog wurde unter anderem zum Vorwurf gemacht, im Jahr 763 das Heer ohne Erlaubnis verlassen zu haben – ein Ereignis, über das nur die Reichsannalen retrospektiv berichten. Ein wesentlicher Anstoß zur Abfassung der Reichsannalen bestand darin, das Verbrechen Tassilos aus seiner zurückliegenden Illoyalität gegenüber dem fränkischen Königtum zu begründen.[40] Es besteht somit Grund zur Annahme, dass auch der darin enthaltene Bericht über das Blutgericht von Verden durch diesen Schreibanlass beeinflusst wurde. Gegenüber dem Massaker von Verden, dessen Darstellung in den Reichsannalen durch seine Deutlichkeit hervorsticht, musste die Aburteilung Tassilos in Ingelheim sowie die spätere Begnadigung zur Klosterhaft als Ausdruck von Milde erscheinen. Dass jeder, der gegen den König rebellierte, prinzipiell sein Leben verwirkt hat, stand somit fest; dass der König aber eine solche Exekution an einer sehr großen Anzahl von Rebellen durchführte, ist ein außergewöhnlicher Strafexzess. Da die Sachsen gezwungen wurden, die Rebellen aus ihren Reihen selbst auszuliefern, wird man kaum annehmen, dass das Strafgericht die Elite betraf, die zum Teil schon in die fränkische Administration eingebunden worden war. Unabhängig davon, wie groß die Menge der Hingerichteten tatsächlich war, wird darüber wie von einer Kollektivstrafe berichtet.

---

39 *Quicumque absque licentia vel permissione principis de hoste reversus fuerit, quod factum Franci herisliz dicunt, volumus ut antiqua constitutio id est capitalis sententia erga illum puniendum custodiatur.* Capitulare Bononiense c. 4 (wie Anm. 13), S. 166. Vgl. Adelheid Krah, Art. Herisliz, in: Handwörterbuch zur deutschen Rechtsgeschichte, Bd. 2. 2. Aufl., Berlin 2011, Sp. 962–964.

40 Matthias Becher, Eid und Herrschaft. Untersuchungen zum Herrscherethos Karls des Großen (Vorträge und Forschungen, Sonderband, 39), Sigmaringen 1993.

3. Karl der Große und die Bauern von Sault-Saint-Remy

Erzbischof Hinkmar berichtet in seiner 877/878 verfassten Vita des heiligen Remigius von einer besonders aufsässigen Ortschaft im bischöflichen Besitz.[41] Es handelt sich um einen Ort namens *Celtus*, der mit der heutigen Gemeinde Sault-Saint-Remy nordöstlich von Reims identifiziert wird.[42] Der erste Teil der Geschichte spielt in der Zeit um 500, als Remigius als Bischof amtiert hatte. Die Einwohner von Celtus zündeten nach einem Gelage die Getreidespeicher an, die Remigius nach einer üppigen Ernte überall in der Diözese errichten hatte lassen, um gegen zukünftige Hungersnöte gewappnet zu sein. Der Bischof hörte vom rebellischen Akt der Einwohner, kam aber aus dem acht Kilometer entfernten Bazancourt zu spät, um das Abbrennen der Speicher zu verhindern. Er konnte sich in der herbstlichen Kälte des Abends nur mehr am Feuer wärmen, belegte aber die Einwohner mit einem Fluch. Die männlichen Nachkommen sollten für alle Zeiten an den Hernien leiden, die weiblichen an Kröpfen. Wie Hinkmar berichtet, kam die eigentliche Strafe aber erst Jahrhunderte später, als die rebellischen Einwohner der Ortschaft in der Zeit Karls des Großen den bischöflichen Vogt auf grausame Weise ermordet hatten. Karl ließ die ganze Ortschaft niederbrennen, die Urheber hinrichten und diejenigen, die bei der Tat anwesend oder ihr zugestimmt hatten, in verschiedene Teile des Landes auf Ewigkeit in Verbannung schicken.[43] Zudem zwang er die Bewohner der umliegenden Ortschaften, die finanziellen Mittel für den Wiederaufbau von *Celtus* aufzubringen. Einige der Nachkommen sind in die Ortschaft zurückgekehrt und zeigten, wie Hinkmar selbst beobachten konnte, dieselben körperlichen Beeinträchtigungen, mit denen sie Remigius einst verflucht hatte.

Diese Geschichte veranlasst Hinkmar zu einem theologischen Exkurs über die Erbsünde und die Möglichkeit kollektiver Bestrafung aufgrund gemeinsamer

---

41 Hinkmar von Reims, Vita S. Remigii c. 22, hrsg. von Bruno Krusch (MGH SS rer. Merov., 3), Hannover 1896, S. 250–341, hier S. 315 f. Zur Datierung vgl. Marie-Céline Isaïa, Remi de Reims. Mémoire d'un saint, histoire d'une Église (Histoire religieuse de la France, 35), Paris 2010, S. 528 f.

42 Flodoard von Reims, Historia Remensis ecclesiae I, c. 17, hrsg. von Martina Stratmann (MGH Scriptores, 36), Hannover 1998, S. 94.

43 *Nam usque ad tempora Karoli Magni imperatoris, qui eosdem homines de Celto, quoniam vicedominum in eadem villa morte crudelissima occiderunt, exterminavit, auctoribus interfectis, et consentientes per diversas provincias dispergi atque perpetuo exilio condempnari fecit et de ceteris villis episcopii Remensis eandem villam restaurari precepit, ita viri et feminae multati permanserunt, sicut sancti viri sententia promulgavit. Quosdam etiam de eorum progenie, qui tunc fuga lapsi, cum alii dispergebantur, remanserunt et ad eandem villam redierunt, nos hanc vindictae sustinentes sententiam vidimus, sicut et Giezi cum domo sua maledictione Helisei lepra multatus est.* Hinkmar von Reims, Vita S. Remigii c. 22 (wie Anm. 41), S. 315 f.

Herkunft, wie sie sowohl Remigius als auch Karl der Große praktizierten.[44] Er zitiert das Buch Exodus (Kap. 34, v. 7): „aber ungestraft lässt der Herr niemand, sondern sucht die Missetat der Väter heim an Kindern und Kindeskindern bis ins dritte und vierte Glied", um dann zu erklären, wie der Sündenfall die Sterblichkeit des Menschen herbeigeführt hat und durch die Taufe die Erbschuld abgewaschen werde. Keine Sünde, ob groß oder klein, bleibe ungestraft, weil sie entweder durch die Buße der Menschen oder durch das Urteil Gottes bestraft werde. Die göttliche Strafe aber höre auf, wenn die menschliche Umkehr vorangehe. Gott liebe es nämlich, die Beichtenden zu schonen, und jene, die sich selbst verurteilen, nicht zu verurteilen. Man müsse nämlich wissen, dass das Strafurteil des Remigius gegen die Einwohner von *Celtus* nicht aus Wunsch nach Rache oder aus Missgunst, sondern aus einer gerechten Untersuchung hervorgegangen sei.[45] Solange die Heiligen, die Verfluchungen ausstoßen, nicht vom Urteil Gottes abweichen, sündigten sie nicht, wie auch Petrus nicht sündigte, als er Simon Magus verfluchte.

Hinkmars Erzählung ist zunächst eine Geschichte der Straflosigkeit, ja der Machtlosigkeit des Bischofs im Angesicht einer dörflichen Rebellion. Es bleibt Remigius nichts anderes übrig, als die Bewohner für das Niederbrennen seiner Getreidespeicher mit einem Fluch zu belegen. Karl der Große reagierte dagegen auf den Mord am bischöflichen Vogt mit einem Strafexzess, bei dem er die ganze Ortschaft zerstörte und auch die umliegenden Dörfer in Mitleidenschaft gezogen wurden. Die Herausforderung der königlichen und bischöflichen Autorität wurde mit einer Kollektivstrafe sanktioniert. Wie vertrauenswürdig der Bericht ist, kann nicht abschließend geklärt werden. Es muss zwar in Hinkmars Interesse gewesen sein, den Herrscher als Wahrer der Rechte und Besitzungen des Erzbistums darzustellen, da er gegenüber den Königen seiner eigenen Zeit nicht selten vergeblich die Unterstützung der weltlichen Macht zum Schutz des Kirchenguts einforderte.[46] Gleichwohl legt die Erörterung über die Erbsünde

---

44 *Apte quidem sententia viri Dei spiritu eius repleti, quo sicut presentes vidit, ita posteros eorum rebelles ac sediciosus previdit, vindictam huiusmodi presumptores non solum in se, verum et in genere contraxerunt, ut, sicut peccato primi parentis per traducem seminis cuncti ex eo geniti peccatum eius et mortem corporis pro peccato illatam traxerunt, ita et genitalibus horum presumptorum generati vindictam illatam generantibus sustinerent, et quia in femineo sexu non erat, ubi vindicta similis in membris similibus monstraretur, sicut per guttur prime matris gustus illicitus transiens, ad prevaricatricis sobolem dirivavit in culpam, sic et ad genitas de hac stirpe propagaretur ignominiosa hereditas.* Ebd., S. 316.

45 *Sciendum quoque est de illata a beato Remigio in Celtenses vindictae prolatae sententia, quia cum sancti viri maledictionis sententiam proferunt, non ad hanc ex voto ultionis vel livore vindicte, sed ex iustitiae examine erumpunt.* Ebd., S. 316 f.

46 Jean Devisse, Hincmar, archevêque de Reims 845–882 (Travaux d'histoire éthico-politique, 29), Genf 1975–1976, Bd. 1, S. 500–510; Isaïa, Remi de Reims (wie Anm. 41), S. 465–500.

nahe, dass Hinkmar die Strafaktion Karls des Großen, von der er möglicherweise aus mündlichen Erzählungen gehört hatte, nachträglich rechtfertigen wollte und deshalb von deren Faktizität ausging. Darauf verweist auch seine Beschreibung des Mordanschlags als „überaus grausam" (*crudelissima*), was dazu diente, die brutale Reaktion des Herrschers nachträglich zu legitimieren.

An dieser Anekdote erscheint auf den ersten Blick merkwürdig, dass Karl der Große wegen der Bestrafung eines kirchlichen Amtsträgers intervenierte. Hinkmar bezeichnete das Opfer als *vicedominus* und benutzte damit einen Begriff, den er in seinen Schriften alternativ zu *advocatus* verwendete, um einen Amtsträger zu bezeichnen, der als *legis procurator vel causedicus*[47] für die Vertretung der rechtlichen Interessen des Erzbischofs zuständig war. In einem Brief Hinkmars erscheint der *vicedominus* in der Verantwortung für die Instandsetzung eines Gefängnisses.[48] Man wird also davon ausgehen können, dass der Anschlag in Sault-Saint-Remy mit der Ausübung der Gerichtsgewalt durch den Vogt des Reimser Erzbischofs in Zusammenhang gestanden haben könnte, die auch sonst bezeugt ist.[49] Aus dieser Funktion ergab sich, dass Karl die Vögte in seinen Herrschererlassen wie andere Amtsträger ermahnte und den Äbten und Bischöfen einschärfte, nur solche Personen zu Vögten zu ernennen, die im Recht bewandert und gottesfürchtig sind, sich der Gerechtigkeit verpflichtet fühlen und nicht auf den eigenen Vorteil bedacht sind.[50] Für sie galten also dieselben Maßstäbe, die der Herrscher auch an die Richter, Grafen und Königsboten anlegte. Ungeeignete Vögte sollten des Amtes enthoben und durch geeignete ersetzt werden.[51] Die Auswahl sollte im Beisein des zuständigen Grafen getätigt werden.[52] Auch eine historiographische Quelle zeigt den Herrscher im direkten Kontakt mit dem Vogt einer Bischofskirche: Nachdem sich der Bischof von Le Mans über die Entfremdung von Kirchengut beim Herrscher beschwert hatte, soll Karl „in großem Zorn" den Vogt von seinem Hof verbannt haben.[53]

---

47 Hinkmar von Reims, Collectio de ecclesiis et capellis, hrsg. von Martina Stratmann (MGH Fontes iuris, 14), Hannover 1990, S. 104.

48 Flodoard von Reims, Historia Remensis ecclesiae III c. 28 (wie Anm. 42), S. 356

49 Vgl. Charles West, The Significance of the Carolingian Advocate, in: Early medieval Europe 17 (2009), S. 186–206, hier S. 201; Dietmar Willoweit, Römische, fränkische und kirchenrechtliche Grundlagen und Regelungen der Vogtei, in: Kurt Andermann/Enno Bünz (Hrsg.), Kirchenvogtei und adlige Herrschaftsbildung im europäischen Mittelalter (Vorträge und Forschungen, 86), Ostfildern 2019, S. 21–50.

50 Capitulare missorum generale c. 13 (wie Anm. 13), S. 93; Capitulare Aquisgranense c. 11 (wie Anm. 13), S. 149; Capitula de causis cum episcopis et abbatibus tractanda c. 6 (wie Anm. 13), S. 163.

51 Capitulare missorum in Theodonis villa datum secundum, generale c. 12 (wie Anm. 13), S. 124.

52 Capitulare missorum Aquisgranense primum c. 22 (wie Anm. 13), S. 151; Pippini capitulare Italicum c. 11 (wie Anm. 13), S. 210.

53 Margarete Weidemann, Geschichte des Bistums Le Mans von der Spätantike bis zur Karolinger-

Gleichwohl überrascht vor dem Hintergrund der zeitgenössischen Rechtsquellen die Strafaktion auf verschiedenen Ebenen. Zunächst ist für die Tötung eines Amtsträgers in der Regel nur ein erhöhtes Wergeld vorgesehen, nicht aber die Todesstrafe. Für den Grafen wie für den Priester galt zum Beispiel das dreifache Wergeld.[54] Der in Hinkmars Erzählung erwähnte *vicedominus* wird in keiner Rechtsquelle mit einer erhöhten Bußsumme ausgestattet. Auch Widerstand gegen Amtsträger wurde in der Zeit Karls des Großen für die Vögte nicht thematisiert, aber für andere königliche Amtsträger. Ein derartiger Fall scheint um 802 aufgetreten zu sein, da damals am Kaiserhof über diejenigen Menschen beraten wurde, die Amtsträger des Kaisers getötet haben. Es wurde untersagt, Gewalt gegen sie anzuwenden oder Rache an ihnen zu üben.[55] Täter seien zur Zahlung des Königsbanns (60 Schilling) verpflichtet und sollen bei einem größeren Vergehen vor den König gebracht werden.[56] Ein schwerwiegender Fall wurde in einem anderen Erlass behandelt: Wer einen Königsboten mit einem bewaffneten Trupp angreift und sich seinem Auftrag widersetzt, müsse mit dem Leben büßen, wenn ihm nachgewiesen werden kann, dass er dies wissentlich getan hat. Andernfalls ist er zur Zahlung des Königsbanns verpflichtet. Handelte es sich um Unfreie, unterliegen sie der körperlichen Züchtigung.[57]

Es ist nicht auszuschließen, dass auch die Ermordung des erzbischöflichen Vogts in Sault-Saint-Remy durch eine bewaffnete Truppe von Einwohnern vollbracht worden war. Der Bericht Hinkmars ist zu karg, als dass man dies aus-

---

zeit: Actus Pontificum Cenomannis in urbe degentium und Gesta Aldrici. 1: Die erzählenden Texte (Römisch-Germanisches Zentralmuseum. Monographien, 56/1), Mainz 2002, S. 94.

54 Priester: Capitulare legibus habitum c. 1 (Anm. 13), S. 113. Graf: Franz Beyerle/Rudolf Buchner (Hrsg.), Lex Ribuaria 54, 1 (MGH LL nat. Germ., 3), Hannover 1954, S. 103; Rudolf Sohm (Hrsg.), Lex Francorum Chamavorum 7 (MGH Fontes iuris, 6), Hannover 1883, S. 117. Konfiskation des Eigenguts verordnet dagegen die Capitulatio de partibus Saxoniae c. 30 (wie Anm. 13), S. 70.

55 Capitulare missorum item speciale c. 55 (wie Anm. 13), S. 104: *Ut inquiratur si aliquis homo propter iustitiam domni imperatoris annuntiando occisus sit vel aliquid mali passus sit.* Capitularia missorum specialia c. 16 (wie Anm. 13), S. 101: *De illis hominibus qui nostram iustitiam adnunciantes occisi sunt.*

56 Capitulare missorum generale c. 31 (wie Anm. 13), S. 97: *Et his qui iustitiam domni imperatoris annuntiant nihil lesiones vel iniuria quis machinare praesumat neque aliquid inimicitiae contra eos movere. Qui autem praesumpserit, bannum dominicum solvat, vel, si maioris debiti reus sit, ad sua praesentia perduci iussum est.*

57 Capitula Karoli apud Ansegisum servata c. 1 (wie Anm. 13), S. 160: *Si quis super missum dominicum cum collecta et armis venerit et missaticum illi iniunctum contradixerit aut contradicere voluerit, et hoc ei adprobatum fuerit, quod sciens contra missum dominicum ad resistendum venisset, de vita componat: et si negaverit, cum XII suis iuratoribus se idoniare faciat; et pro eo quod cum collecta contra missum dominicum armatus venit ad resistendum, bannum dominicum componat. Simili modo domnus imperator de suis vassis iudicavit. Et si servus hoc fecerit, disciplinae corporali subiaceat.*

schließen könnte. Dennoch geht die Strafaktion weit über das hinaus, was in den Rechtsquellen über den Widerstand gegen Amtsträger zu entnehmen ist. Die ganze Ortschaft wurde ausgelöscht und die benachbarten Dörfer wurden in die Bestrafung einbezogen, indem sie zum Wiederaufbau von Sault-Saint-Remy verpflichtet wurden. Hinkmar berichtet über eine Strafaktion, die darauf abzielte, die Herrschaftsverhältnisse in einer aufmüpfigen Dorfgemeinde wiederherzustellen.

4. Fazit

Die beiden hier besprochenen Fälle weisen erhebliche Unterschiede auf: Das Strafgericht in Verden erfolgte inmitten eines erbittert geführten Krieges zwischen Sachsen und Franken, während die Strafaktion gegen die Einwohner von Sault-Saint-Remy im Kernland des Frankenreichs stattfand. Gegenüber den rebellischen Sachsen konnte sich der Herrscher auf die „alte Gewohnheit" der Hinrichtung von Aufständischen berufen, während die Auslöschung der Ortschaft von Sault-Saint-Remy in keinem Bezug zu den normativen Quellen des Frankenreichs steht. In dem einen Fall handelt es sich um einen hochpolitischen Akt, der von vielen Zeitgenossen als berichtenswert eingestuft wurde, im anderen Fall richtete sich die Strafaktion gegen einfache Dorfbewohner, weshalb wir davon nur beiläufig in einer deutlich später aufgezeichneten Heiligenvita erfahren. Was die beiden Beispiele aber eint, ist der Strafexzess, der einem Kollektiv auf unberechenbare Weise widerfahren ist. Das Strafgericht von Verden sticht durch die ungewöhnlich große Zahl an Hinrichtungen heraus. Bei den beiden Rebellionen Hardards (786) und Pippins „des Buckligen" (792) sind viele durch Exil, Konfiskation oder Blendung bestraft, aber jeweils nur wenige Verschwörer hingerichtet worden.[58] Der Widerstand Tassilos III. wurde ganz ohne Blutvergießen zunichtegemacht. Auch innerhalb der sächsisch-fränkischen Auseinandersetzungen kam es nicht noch einmal zu einer derart brutalen Strafaktion, obwohl weiterhin Aufstände gegen die fränkische Okkupation stattfanden. In Sault-Saint-Remy wurde eine ganze Dorfgemeinschaft bestraft, nachdem der kirchliche Vogt auf „grausamste" Weise ermordet worden war. Offenbar waren in beiden Fällen die Grundfesten der sozialen Ordnung so tief erschüttert worden, dass die vielfältigen Straflogiken, die in der Zeit um 800 nebeneinander existierten, nicht ausreichten und der Herrscher zu außergewöhnlichen Maßnahmen der Disziplinierung griff.

---

58 Nelson, Charlemagne (wie Anm. 30), S. 214–221, 285–288.

Es ist nicht unwahrscheinlich, dass in der Zeit um 800 noch mehr Strafexzesse stattfanden. Die meisten verfügbaren Quellen sind nicht nur aus karolingischer Sicht geschrieben, sie sind auch tief geprägt von den normativen Vorstellungen gerechten Regierens und zeigen daher wenig Interesse, von kollektiven und unberechenbaren Strafaktionen zu berichten. Die zwei Fälle legen nahe, dass es neben den normativ begründeten Straflogiken eine Latenz möglicher Reaktionen des Herrschers gab, die über das hinausging, was der Chronist Nithard als „maßvollen Schrecken" bezeichnete. In der viel zitierten Würdigung seines Großvaters Karls des Großen schrieb er: „Das aber meine ich verdient vor allem Bewunderung, dass er – ein Werk, welches selbst Rom nicht zu vollbringen vermochte – die wilden und eisernen Herzen der Franken und Barbaren, er allein, durch gemäßigten Schrecken (*moderato terrore*) so bändigte, dass sie offen in seinem Reich nichts zu unternehmen wagten, als was mit dem allgemeinen Wohl und Besten sich vertrug."[59] Nithard bezog sich damit auf einen Diskurs über das rechte Regieren, in dem seit dem Zeitalter der Kirchenväter ein hartes Durchgreifen des Herrschers gegenüber Übeltätern und Bösewichten gefordert wurde. Was Karl jedoch den Sachsen in Verden und den Einwohnern von Sault-Saint-Remy antat, ging wohl auch für die Zeitgenossen über das akzeptierte Maß hinaus.

Es wäre aber verfehlt, von diesem Befund ausgehend anzunehmen, dass sich darin eine Vorstellung des Strafens zeigt, die grundlegender ist als die expliziten Diskurse über Vergeltung, Wiedergutmachung, Besserung und Disziplinierung. Didier Fassin argumentiert in der eingangs genannten Untersuchung für eine radikale Infragestellung der philosophischen und juristischen Begründung der Strafjustiz, indem er den tieferen Sinn des Strafens mit der lustvollen Zufügung von Leid und mit der Aufrechterhaltung von Machtverhältnissen identifiziert. Eine Begründung von Strafexzessen im Rahmen der fünf Merkmale von Hart hält Fassin für ausgeschlossen und begreift sie daher als Ausdruck von Machtverhältnissen. Dieser Schluss ist für die Zeit Karls des Großen nicht zwingend. Hinkmar von Reims zeigt in seinem Kommentar zur Bestrafung in Sault-Saint-Remy, dass die Theologie der Erbsünde eine Möglichkeit bereithält, Formen des kollektiven Strafens zu begründen, die nicht durch die fünf Merkmale von Hart abgedeckt werden. In der Karolingerzeit ist somit der Strafexzess nicht ein Fremdkörper, sondern er tritt als weitere, theologisch legitimierte Straflogik neben die anderen legitimen Praktiken.

---

59 Nithard, Historiae I c. 1, hrsg. Ernst Müller (MGH SS rer. Germ., 44), Hannover/Leipzig 1907, S. 1.

Markus Hirte

Cum dilecti filii (X 5.1.18.), Innozenz III. und das Inquisitionsverfahren

Der Prozess gegen den Bischof von Agde und die Entwicklung der kirchlichen Verfahrensarten zwischen 1198 und 1216

In memoriam Stephan Haering OSB 1959–2020

1. Einführung[1]

Kaum eine Prozessform evoziert sinistrere Imaginationen als das Inquisitionsverfahren. Untrennbar verbunden scheint es mit schwersten Kirchenstrafen,[2] menschenunwürdiger Tortur[3] und Hexenwahn.[4] Der sich diesen Themenfeldern sachlich nähernde Rechtshistoriker erntet nicht selten die Anwürfe und Insinuationen einer versuchten Verharmlosung früheren Unrechts, und dies nicht nur vermittels wikingerwüster Verbalinjurien in sozialen Netzwerken, sondern auch von Fachkollegen.[5] Ungeachtet dieses „Berufsrisikos" nimmt sich die Strafrechtsgeschichte seit langer Zeit gerade auch dieses „verminten Terrains" an mit einem besonderen Fokus auf der Genese des Inquisitionsverfahrens, und zwar in seinen beiden Ausformungen als erst geistlicher und dann rasch auch weltlicher Prozesstypus.

Als fächerübergreifende *communis opinio* bildet das Pontifikat Innozenz' III. einen Kristallisationspunkt in der Geschichte des (kirchlichen) Inquisitionsverfahrens. Wie wenige Rechtshistoriker hat sich Winfried Trusen um die Erfor-

---

1 Gewidmet dem leider viel zu früh verstorbenen bedeutenden Kirchenrechtler Stephan Haering OSB. Ich danke Gianni Pignone (Universität Heidelberg) sowie Salome Deinert und Lukas Scheler (beide Universität Jena) für die Unterstützung bei der Recherche und dem Lektorat dieses Beitrags.

2 Zum Strafrecht in der Kirche instruktiv Stephan Haering, Strafrecht in der Kirche – gestern und heute, in: Markus Hirte (Hrsg.), 100 Jahre Mittelalterliches Kriminalmuseum – Festschrift zum Museumsjubiläum (Schriftenreihe des Mittelalterlichen Kriminalmuseums XIII), Darmstadt 2021, S. 163–180, hier S. 163–167.

3 Günter Jerouschek, Die Folter, in: Hirte (Hrsg.), Mittelalterliches Kriminalmuseum (wie Anm. 2), S. 181–204, hier S. 182 f.

4 Markus Hirte, Hexereidelikt und Hexenprozess, in: Wolfgang Wüst (Hrsg.), Historische Kriminalitätsforschung in landesgeschichtlicher Perspektive. Fallstudien aus Bayern und seinen Nachbarländern 1500–1800 (FRANCONIA 9), Erlangen 2017, S. 83–98, hier S. 83.

5 Etwa Eva Scheller, Das verdrängte Entsetzen – zur Aktualität einer 400 Jahre alten Streitschrift wider den Hexenwahn und der Folterdebatte, in: Neue Juristische Wochenschrift (künftig: NJW) 2009, S. 705–712, hier S. 706 f.

schung des (kirchlichen) Inquisitionsverfahrens verdient gemacht mit mehreren wegweisenden Beiträgen zu dessen Entstehung.[6] Eine zentrale Rolle nimmt für ihn ein bereits bei älteren Kirchenrechtlern zu findendes Infamationsverfahren ein, aus dem sich der Inquisitionsprozess durch Zwischenschaltung einer *inquisitio veritatis* (Wahrheitsermittlung) entwickelt habe. Als frühesten Quellenbeleg identifizierte Trusen eine Dekretale Papst Innozenz' III. aus dem achten Pontifikatsjahr.[7] Ob und inwieweit diese Dekretale *Cum dilecti filii* tatsächlich als erstes Inquisitionsverfahren gesehen werden kann und wie das ihr zugrunde liegende Verfahren gegen den Bischof von Agde in den Kanon der kirchlichen Verfahrensarten des beginnenden 13. Jahrhunderts einzuordnen ist, soll dieser registergestützte Beitrag näher beleuchten.

2. Das Verfahren gegen Raimund II., Bischof von Agde

Die Vorgänge um Raimund II., Bischof von Agde (1192–1213),[8] lassen sich durch die Aufnahme des diesen Fall betreffenden Briefes in die Register Papst Innozenz' III. als Br. VIII/77 (76) Po. 2516[9] quellenmäßig gut nachvollziehen.

---

6 Vor allem Winfried TRUSEN, Der Inquisitionsprozeß. Seine historischen Grundlagen und frühen Formen, in: Zeitschrift der Savigny-Stiftung für Rechtsgeschichte, Kanonistische Abteilung (künftig: ZRG KA) 74 (1988), S. 168–230, hier S. 205, zu *Cum dilecti filii* sowie dessen folgend zitierte Beiträge. Vgl. auch die Kompilation Trusens wegweisendster Beiträge in: DERS., Gelehrtes Recht im Mittelalter und in der frühen Neuzeit, Goldbach 1997.

7 Vgl. DERS., Von den Anfängen des Inquisitionsprozesses zum Verfahren bei der *inquisitio haereticae pravitatis*, in: Peter Segl (Hrsg.), Die Anfänge der Inquisition im Mittelalter. Mit einem Ausblick auf das 20. Jahrhundert und einem Beitrag über religiöse Intoleranz im nichtchristlichen Bereich (Bayreuther Historische Kolloquien 7), Köln/Weimar/Wien 1993, S. 39–76, hier S. 44, mit Verweis auf eine eher spontane Entstehung im päpstlichen Konsistorium im Laufe des Verfahrens Br. VIII/77.

8 Vgl. Zu Raimund II: Dictionnaire D'Histoire et de Géographie Ecclésiastiques (künftig: Dict. HGE), Tome Premier, Paris 1912, Sp. 928; Conrad EUBEL, Hierarchia catholica medii aevi [...], Bd. 1. Monasterii 1913, S. 76; Gallia Christiana, in provincias ecclesiasticas distributa [...], Bd. 6: Ubi de Provincia Narbonensi, Paris 1739, Sp. 679–680; Pius GAMS, Series episcoporum ecclesiae catholicae: quotquot innotuerunt a beato Petro apostolo, Ratisbonae/Manz 1873, S. 478, sowie Michel ROQUEBERT, L'épopée cathare. Tome 1, L'invasion 1198–1212, Paris 2006, S. 214.

9 Hier vor allem Br. VIII/77 (76) Po. 2516 X 5.1.18. *Cum dilecti filii*, in: Othmar Hageneder/Andrea Sommerlechner/Christoph Egger/Rainer Murauer/Herwig Weigl (Bearb.); Die Register Innocenz' III., Bd. 8: 8. Pontifikatsjahr, 1205/06. Texte und Indices, Wien 2001, S. 139–140. Im Folgenden werden alle bereits in vorbenannter Editionsreihe edierten Registerbriefe dieses Pontifikats mit „Br.", Pontifikatsjahr (römische Zahl) und Briefnummer (arabische Zahl) angegeben, gefolgt von der Potthast-Nummerierung („Po.") in August POTTHAST, Regesta Pontificum Romanorum – inde ab anno post christum natum 1198–1304, Bd. 1. Berlin 1874.

Durch die Einverleibung dieses Registerbriefs in den gemeinrechtlichen Normbestand des Liber Extra als *Cum dilecti filii* X 5.1.18.[10] erlangte die Entscheidung Geltungskraft bis ins 20. Jahrhundert. Ausweislich der vorbenannten Quellenbelege präsentiert sich der Sachverhalt um den Bischof von Agde wie folgt:

Den Ausgangspunkt dieses Falles markiert eine Legationsreise prominenter päpstlicher Legaten durch Südfrankreich, konkret im Erzbistum Narbonne.[11] Wie für diese Zeit üblich, übertrug Innozenz die Legatentätigkeit an Brüder des Zisterzienserordens,[12] im vorliegenden Fall an niemand Geringeren als den Abt von Cîteaux, Arnald Amaury, sowie an die Zisterzienser Peter von Castelnau und Radulf (beide aus dem Zisterzienserkloster Fontfroide)[13]. Während ihrer Reise vernahmen die Legaten über den Bischof Raimund II. einen *frequentem clamorem* [bzgl.] *insinuata sinistra,*[14] etwa *super dilapidatione, naufragio et simonia,*[15] weshalb sie die Diözese visitierten. Dieses mit Genesis 18, 21 umschriebene Vorgehen (*voluerunt descendere ac videre, si clamorem opere complevisset*)[16] bestand aus einer eidlichen Befragung aller Kleriker *super statu ecclesie.*[17] Nachdem die Aussagen an die Kurie zu Papst Innozenz III. übersandt wurden, erschien Raimund II. vor dem Papst, um sich zu exkulpieren. Der Pontifex enthob ihn gleichwohl des Amtes (*ab aministratione Agathensis ecclesie duximus suspendendum pro eo, quod in quibusdam eum culpabilem deprehendimus et confessiones ipsius* [Aussagen des Bischofs, Anm. MH] *contra eum prima facie faciebant, reddentes eum nobis de iure suspectum*)[18], gab ihm jedoch die Möglichkeit, die Exkulpa-

10 X 5.1.18. in: Aemilius Friedberg (Hrsg.), Corpus Iuris Canonici. Pars Secunda. Decretalium Collectiones, Leipzig 1879, ND Graz 1955, Sp. 739.

11 Zu der Legation in Südfrankreich und den Legaten siehe auch Br. VII/76 (75) Po. 2224, Br. VII/77 (76, 77) Po. 2229/2230 und Br. VII/209 Po. 2380, alle in: Othmar Hageneder/Andrea Sommerlechner/Herwig Weigl u. a. (Bearb.), Die Register Innocenz' III., Bd. 7: 7. Pontifikatsjahr, 1204/1205. Texte und Indices, Wien 1997, S. 118–122, 122–126 und 368–370.

12 Vgl. Beverly Mayne Kienzle, Cistercians, Heresy and Crusade in Occitania, 1145–1229. Preaching in the Lord's Vineyard, Woolbridge/Rochester (N. Y.) 2001, und Jörg Oberste, Der „Kreuzzug" gegen die Albigenser. Ketzerei und Machtpolitik im Mittelalter, Darmstadt 2003 (Sonderausgabe WBG 2016), S. 44, 52, sowie ders., Die Pastoralbeschlüsse des IV. Lateranums und die europäische Ketzerfrage, in: Michele C. Ferrari/Klaus Herbers/Christiane Witthöft (Hrsg.), Europa 1215. Politik, Kultur und Literatur zur Zeit des IV. Laterankonzils, Köln/Weimar/Wien 2018, S. 109–122, hier S. 119.

13 Beide gehörten dem Zisterzienserkloster Fontfroide an. Zu diesem vgl. auch Franz J. Felten, Art. Fontfroide, in: Lexikon des Mittelalters (künftig: LexMA), Bd. 4. 3. Aufl. München 2002, Sp. 629.

14 Br. VIII/77 (wie Anm. 9), S. 139, Z. 19–20.

15 Ebd., S. 140, Z. 26–27.

16 Ebd., S. 139, Z. 20–21.

17 *Ideoque tam episcopum quam canonicos iuramenti vinculo astrinxerunt, ut super statu ecclesie sibi dicerent veritatem*, ebd., S. 139, Z. 21–22.

18 Ebd., S. 140, Z. 2–4.

tionen zu beweisen. Da für Innozenz III. die Frage ungeklärt war, worauf sich der vor den Legaten abgelegte Eid (aller Kleriker) bezog, sollte untersucht werden, ob der Eid auf die völlige Offenbarung des Status der Kirche oder lediglich auf die wahrheitsgemäße Antwort der Fragen gerichtet war. In letzterem Fall respektive dann, wenn sich der Bischof exkulpieren könne,[19] sei er freizusprechen *huiusmodi levis culpa leviter ei valeat indulgeri*,[20] andernfalls sei er aus dem Amt zu entfernen und ein neuer Bischof zu wählen.

3. Der *status ecclesiae* um die Wende vom 12. zum 13. Jahrhundert

Der Fall um den inkriminierten Bischof Raimund II. und die gegen ihn vorgebrachten Gravamina der Simonie, Verschleuderung von Kirchengut und Vernachlässigung seiner bischöflichen Pflichten dürften exemplarisch für Tausende Fälle jener Zeit stehen. Nicht nur aus der Kirchenprovinz Narbonne;[21] aus vielen Diözesen des Abendlands drangen laute Beschwerden zum Papst. Vielerorts schienen Sitten und Vorbildfunktion des Klerus derart brachzuliegen, dass alternative Glaubenslehren massivsten Zulauf erhielten. In Südfrankreich avancierten die Katharer/Albigenser innerhalb kürzester Zeit zu einer den religiösen Alleinvertretungsanspruch der römisch-katholischen Kirche ernsthaft gefährdenden Glaubensgemeinschaft.[22]

Dabei hatte die Kirche des beginnenden 13. Jahrhunderts schon länger mit alternativen Glaubenslehren zu kämpfen.[23] Anfangs versuchte man den Häresien noch mit Bekehrung zu begegnen – als das nichts half, mit Kriminalisierung. So wurde die Häresie zum *crimen laesae majestatis*[24] aufgewertet und immer öfter

---

19 Zu dem *probaverit evidenter* führt die Quelle weiter aus: *cum excusationes huiusmodi confessiones illas non perimant sed exponant, que tales sunt, ut et ad bonum et ad malum valeant retorqueri, et ideo iudicari debent ex causa*, ebd., S. 140, Z. 20–23.

20 Ebd., S. 140, Z. 25–26.

21 Ursula Vones-Liebenstein, Zentrum und Peripherie? Das universale Papsttum und die Kirchenprovinz Narbonne im Hochmittelalter: 1050–1215, in: Jochen Johrendt/Harald Müller (Hrsg.), Rom und die Regionen. Studien zur Homogenisierung der lateinischen Kirche in Hochmittelalter, Berlin/Boston 2012, S. 209–249, u. a. 237–238.

22 Vgl. dazu auch Katrin Utz Tremp, Von der Häresie zur Hexerei. „Wirkliche" und imaginäre Sekten im Spätmittelalter, Hannover 2008, S. 48–58.

23 Vgl. dazu m. w. N. Mathias Schmoeckel, Humanität und Staatsraison. Die Abschaffung der Folter in Europa und die Entwicklung des gemeinen Strafprozeß- und Beweisrechts seit dem hohen Mittelalter, Köln/Weimar/Wien 2000, S. 300–322; Sascha Ragg, Ketzer und Recht. Die weltliche Ketzergesetzgebung des Hochmittelalters unter dem Einfluß des römischen und kanonischen Rechts, Hannover 2006, S. 56–100.

24 Vgl. zu der maßgeblichen innozentischen Dekretale „Vergentis in senium" statt vieler nach wie vor

der weltliche Arm zur Vollstreckung hinzugezogen. Dies gipfelte in verheerenden Ketzerkreuzzügen, etwa dem Albigenserkreuzzug (1209–1229), dessen Initial in der Ermordung des päpstlichen Legaten Peter von Castelnau am 15. Januar 1208 nahe der Abtei Saint-Gilles lag,[25] jenes Legaten, der gut drei Jahre zuvor auch das Bistum Agde visitiert hatte und insoweit in vorliegendes Verfahren eng involviert war.

Gleichwohl war sich die Kirchenspitze durchaus bewusst, dass das Problem tiefer lag und auch hausgemacht war. So gab es bereits im 12. Jahrhundert immer wieder Versuche seitens der Kurie, die Kirchendisziplin zu verbessern. Es war dann jedoch einer der jüngsten Päpste auf dem Stuhl Petri, der der Nachwelt am ehesten mit der Klerusdisziplinierung in Erinnerung geblieben ist. Die Rede ist von Lothar von Segni.

4. Von Lothar von Segni zu Papst Innozenz III.

Lothar wurde 1160/61 in eine Landadeligenfamilie geboren mit besten Verbindungen an den Stuhl Petri.[26] Nachdem er in seiner Schulzeit in Rom am St.-Andreas-Kloster eine Ausbildung in den *artes liberales* und Liturgie genoss, widmete er sich in den frühen 1180er Jahren dem Studium in Paris und in der zweiten Hälfte der 1180er Jahre auch in Bologna. Ob und inwieweit Lothar in

Othmar HAGENEDER, Studien zur Dekretale „Vergentis" (X V,7,10). Ein Beitrag zur Häretikergesetzgebung Innocenz' III., in: ZRG KA 49 (1963), S. 138–173.

25 Vgl. Jaques PAUL, Le meurtre de Pierre de Castelnau, in: Centre national de la recherche scientifique (Hrsg.), L'anticléricalisme en France méridionale (fin XIIe–début XIVe siècle) (Cahiers de Fanjeaux 38), Toulouse 2003, S. 257–288, und Marco MESCHINI, Innocenz III. und der Kreuzzug als Instrument im Kampf gegen die Häresie, in: Deutsches Archiv für die Erforschung des Mittelalters (künftig: DA) 2005, S. 537–583, hier S. 546 f.

26 Zu der mittlerweile fast unübersehbaren Literatur zu Innozenz III. in chronologischer Folge und exemplarisch Helene TILLMANN, Papst Innocenz III. (Bonner historische Forschungen 3), Bonn 1954; Wilhelm IMKAMP, Das Kirchenbild Innocenz' III. (1198–1216) (Päpste und Papsttum 22), Stuttgart 1983; Kenneth Pennington (Hrsg.), Popes, Canonists and Texts 1150–1550 (Collected studies series 412), Aldershot 1993; Jane SAYERS, Innocent III. Leader of Europe 1198–1216 (The Medieval World), London 1994; Thomas Frenz (Hrsg.), Papst Innozenz III. Weichensteller der Geschichte Europas. Interdisziplinäre Ringvorlesung an der Universität Passau, 5.11.1997–26.05.1998, Stuttgart 2000; John C. MOORE, Pope Innocent III (1160/61–1216). To Root Up and to Plant (The Medieval Mediterranean 47), Leiden u. a. 2003; Olivier HANNE, De Lothaire à Innocent III. L'ascension d'un clerc au XIIe siècle (Le temps de l'histoire 27), Aix-en-Provence 2014. Zum ganzen Kapitel vgl. auch Markus HIRTE, Papst Innozenz III., das IV. Lateranum und die Strafverfahren gegen Kleriker. Eine registergestützte Untersuchung zur Entwicklung der Verfahrensarten zwischen 1198 und 1216 (Rothenburger Gespräche zur Strafrechtsgeschichte 5), Tübingen 2005, S. 21–32.

Bologna auch Kanonistik studierte und mit dem berühmten Huggucio in Kontakt kam, beschäftigt die Literatur seit langem.[27] Diese *prima-facie*-Detailfrage erheischt jedoch insoweit eine größere Bedeutung, als sich daraus Argumente für oder gegen die Einordnung Innozenz' III. als Juristenpapst deduzieren lassen könnten (vergleiche dazu sogleich unten).[28]

Aktenkundig wird Lothar wieder im Sommer 1187 durch seine Teilnahme an einer Frankreich-Legation von Kardinaldiakon Oktavian von SS. Sergio e Bacco, Bischof Hugo Nonant von Chester und Bischof Ademar von Périgueux, die sich mit den Zuständen im Orden von Grandmont beschäftigen musste. Spätestens ab 1187 und seiner Weihe zum Subdiakon dürfte der junge Segni auch in kurialen Angelegenheiten tätig geworden sein. Einer weiteren steilen Karriere an der Kurie, etwa seiner Ernennung zum Kardinaldiakon von SS. Sergio e Bacco im Jahr 1189, vermochte es sicher nicht abträglich gewesen sein, dass sein Onkel als Papst Clemens III. von 1187 bis 1191 die Lenkung der Kirche übernahm. Die folgenden Jahre trat der Kardinaldiakon an der Kurie nicht besonders hervor, ist jedoch als Unterzeichner der meisten Privilegien Coelestins III. auszumachen und war fest in den päpstlichen Jurisdiktionsapparat eingebunden. Noch am Todestag des greisen Papstes Coelestin III., am 8. Januar 1198, wurde Lothar als jüngstes Mitglied des Kardinalkollegiums in das römische Papsttum investiert unter dem Namen Innozenz III.[29]

Der seit Stephan Kuttner und Kenneth Pennington schwelende Diskurs um Innozenz III. als „Lawyer-Pope" wird nach wie vor befeuert, etwa jüngst durch Christoph H. F. Meyer,[30] Constance M. Rousseau[31] und Cesare Edoardo Varalda[32].

---

27 Vgl. Hirte, Innozenz (wie Anm. 26), S. 25 f. m. w. N. sowie aus der jüngeren Literatur auch Peter H. Görg, „Vineam Domini Sabaoth" – Die bleibenden dogmatische Bedeutung Innozenz' III. und des IV. Laterankonzils, in: Theologisches. Katholische Monatsschrift, Bonn 2012, Sp. 427–442, hier S. 429.

28 Vgl. hier u. a. Kenneth Pennington, The Legal Education of Innocent III, in: ders. (Hrsg.), Popes (wie Anm. 26), S. 1–10.

29 Zu möglichen Hintergründen der Wahl vgl. Marie-Luise Heckmann, Humilitas oder Ambitio? – Die Wahl Papst Innozenz' III., in: Jochen Burgtorf/Christian Hoffarth/Sebastian Kubon (Hrsg.), Von Hamburg nach Java. Studien zur mittelalterlichen, neuen und digitalen Geschichte. Festschrift zu Ehren von Jürgen Sarnowsky, Göttingen 2020, S. 277–294.

30 Christoph H. F. Meyer, Das Vierte Laterankonzil als Einschnitt der kirchlichen Rechtsgeschichte, in: Ferrari u. a. (Hrsg.), Europa 1215 (wie Anm. 12), S. 29–92, hier S. 55–62, u. a. 58, mit der Distinktion „rechtlich versierter Theologe" versus „theologisch bewanderter Kanonist" und seiner Einordnung von Innozenz III. als „mutiger Erneuerer" (S. 62).

31 Vgl. Constance M. Rousseau, Innocent III: A Lawyer-Pope and His Consensual „Policy" of Marriage? A Reconsideration, in: ZRG KA 107 (2021), S. 172–218, hier S. 217 f.

32 Cesare Edoardo Varalda, Il contributo di Innocenzo III alla formazione della cultura giuridica occidentale: in particolare in relazione al noto principio „rei publicae interest ne crimina remaneant impunita", in: Vergentis Vol. 1 No. 3 (2016), S. 145–169, hier S. 151 und 166.

Zu wenig Beachtung finden in der Debatte jedoch Lothars Pariser Studienjahre sowie die Tatsache, dass dieser bereits als Kardinaldiakon spätestens unter Coelestin III. auch mit Rechtsprechungsfragen betraut war und bis zur Papstwahl in den wöchentlichen Konsistoriumssitzungen regelmäßig die teils höchst komplizierten Fälle an der Kurie (mit)verhandelte.[33] Allein die mindestens siebenjährige Tätigkeit in der kirchlichen Gerichtsbarkeit würde ein weitaus kürzeres (mögliches) Rechtsstudium in Bologna mehr als kompensieren. Insoweit kann Innozenz III. mit Fug und Recht als Juristenpapst gesehen werden.[34]

Losgelöst von dieser Frage ist Innozenz III. für die rechtsgeschichtliche Forschung auch insofern höchst interessant, als er zu den ersten Päpsten gehörte, die sogenannte Register führten, also Sicherheitskopien von Dokumenten, die die Kurie verließen.[35] Hinzu kommt, dass dieses Register das erste einigermaßen vollständig erhaltene ist und über dieses mehr als 4.000 Briefe[36] und Entscheidungen zwischen 1198 und 1216 auf uns gekommen sind – eine für das Hochmittelalter stattliche Quellenlage. Dass mittlerweile für die ersten 15 Registerjahre hervorragende Editionen mit Texten und Indices vorliegen, erleichtert die rechtshistorische Forschung umso mehr.[37] Bei Rekursen auf die Register muss freilich immer vergegenwärtigt werden, dass nur ein kleiner Teil des tatsächlichen Urkundenausstoßes der Kurie überhaupt registriert wurde.

Dass – trotz dieses Caveats – die strafrechtsgeschichtliche Forschung zur Entwicklung der Verfahrensarten (im Pontifikat Innozenz' III.) sich nach wie vor primär auf die wenigen Liber-Extra-Quellen fokussiert, nimmt sich freilich etwas befremdlich aus. Konsultiert man den gesamten Quellenbestand der kurialen Register von 1198 bis 1216, findet sich nämlich nicht nur das Verfahren um den Bischof von Agde in einem weiteren Kontext. Auch für die Entwicklung der Verfahrensarten bieten sich neue Erkenntnisse. Aus diesem Grund sollen vor der konkreten Einordnung des Verfahrens gegen Raimund II. zunächst die anderen

---

33 Vgl. dazu und folgend Hirte, Innozenz (wie Anm. 26), S. 32–33 m. w. N.

34 So auch Hans-Jürgen Becker, Päpstliche Gesetzgebung und päpstlicher Gesetzgebungsanspruch von Innozenz III. bis zu Innozenz IV., in: Gerhard Dilcher/Diego Quaglioni (Hrsg.), Die Anfänge des öffentlichen Rechts, Bd. 2: Von Friedrich Barbarossa zu Friedrich II., Bologna/Berlin 2008, S. 157–193, hier S. 160, und Peter Oestmann, Wege zur Rechtsgeschichte: Gerichtsbarkeit und Verfahren, 2. Aufl. Köln/Weimar/Wien 2021, S. 81.

35 Vgl. dazu und zum ganzen Absatz, Hirte, Innozenz (wie Anm. 26), S. 36–37 m. w. N.

36 Zu den kurialen Briefen vgl. aus der neueren Literatur Tanja Broser/Andreas Fischer/Matthias Thumser (Hrsg.), Kuriale Briefkultur im späteren Mittelalter. Gestaltung – Überlieferung – Rezeption, Köln/Weimar/Wien 2015.

37 Othmar Hageneder u. a. (Bearb.), Die Register Innocenz' III., Bde. 1 bis 15, Graz/Wien/Rom 1964–2022. Für die bislang nicht edierten Pontifikatsjahre 1213/14 bis 1216 muss noch auf Jacques P. Migne (Hrsg.), patrologiae cursus completus …, series latina, tomus 216–217, Paris 1890–91, rekurriert werden.

Verfahrensarten im Pontifikat Innozenz' III. skizziert werden, beginnend mit den (tradierten) Parteiverfahren des Akkusations- (Nr. 5), Denunciations- (Nr. 6) und Exceptionsprozesses (Nr. 7) und endend mit dem Vorgehen auf Notorietät (Nr. 13).

5. Das Akkusationsverfahren

Im Kanon der kirchlichen Verfahrensarten prävaliert der Akkusationsprozess als ältester und bis ins Hochmittelalter häufigster *modus procedendi.*[38] Er wurzelt im spätrömischen Anklageprozess und übernahm dessen paradigmatische Konstituenzien wie Anklagelibell, Beweisführungspflicht und Anklägertalion. Das lange Zeit einem Kamaldulensermönch[39] mit Namen Gratian(us)[40] zugeschriebene Decretum Gratiani[41] (bis 1140) widmete sich intensiv diesem Verfahrenstypus, ohne zwischen Zivil- und Strafverfahren zu differenzieren. Diese Trennung wurde erst durch die Dekretisten initiiert[42] und war auch in den Registern Innozenz' III. terminologisch noch nicht endgültig konturiert.[43]

Der idealtypische Verlauf dieses Verfahrens lässt sich kurz wie folgt skizzieren: Zunächst überreichte der Ankläger auf einem Zitationstermin ein schriftliches Anklagelibell mit *essentialia* und einer *inscriptio*, welche eine Anklägertalion beinhaltete. Dem schloss sich eine Deliberationsfrist des Beklagten an, innerhalb derer der Beklagte seine Exceptionen vorbringen und beweisen musste. Dann folgte die Litiskontestation (das heißt Streitfestsetzung) mit Kalumnieneid. Im

38 Vgl. zu diesem Prozesstyp Günter Jerouschek, Art. Akkusationsprozess, in: Handwörterbuch zur deutschen Rechtsgeschichte (künftig: HRG), Bd. 1. 2. Aufl. 2008, Sp. 126–128, hier Sp. 127, und zum ganzen Kapitel Hirte, Innozenz (wie Anm. 26), S. 44–83.

39 Dazu bereits kritisch John T. Noonan Jr., Gratian Slept Here: The Changing Identity of the Father of Systematic Study of Canon Law, in: Traditio 35 (1979), S. 145–172, hier S. 145 und 172, sowie mit neueren biographischen Erkenntnissen Kenneth Pennington, The Biography of Gratian, The Father of Canon Law, in: Villanova Law Review 59 (2014), S. 679–706.

40 Vgl. dazu aus der neueren Literatur vor allem von Anders Winroth, The Making of Gratian's Decretum, Cambridge 2000, der eine Autorenschaft zweier Gratiane und zweier Bücher nahelegt, S. 193, 142 ff., ders., Recent Work on the Making Of Gratian's Decretum, in: Bulletin of Medieval Canon Law 26 (künftig: BMCL) 2004–2006, S. 1–29.

41 Decretum Gratiani, in: Aemilius Friedberg (Hrsg.), Corpus Iuris Canonici. Pars Prior. Decretum Magistri Gratiani, Leipzig 1879, ND Graz 1955.

42 Erwin Jakobi, Der Prozeß im Decretum Gratiani und bei den ältesten Dekretisten, in: ZRG KA 3 (1913), S. 223–343, hier S. 226–230.

43 Zum „zivilistischen" Akkusationsprozess vgl. Knut Wolfgang Nörr, Romanisch-kanonisches Prozessrecht. Erkenntnisverfahren in erster Instanz *in civilibus*, Berlin/Heidelberg 2012, S. 9–210.

nun anberaumten Beweisverfahren musste der Kläger sein Vorbringen beweisen; anschließend folgte das Urteil.

Papst Innozenz III. reformierte das Verfahren *per accusationem* mittels Beschleunigungsnovellen, Modifikationen bei den Klägervoraussetzungen sowie im Exceptionsrecht.[44] Er führte die Eventualmaxime ein[45] und limitierte die Zeugenzahl auf 40. Im Übrigen blieb während des ganzen Pontifikats der Akkusationsprozess der vorherrschende *modus procedendi*. Eine Zurück- oder Verdrängung dieses Verfahrenstypus aufgrund vermeintlicher Nachteile kann auf Grundlage der untersuchten Registerbriefe nicht konstatiert werden. Verfahrenshürden wie Anklägertalion und Beweislast wurden – entgegen verbreiteter Stimmen in der Literatur und meist gestützt auf Trusen[46] – von Innozenz III. nicht als reformbedürftige Nachteile gesehen, sondern als gerechtigkeitsfördernd explizit weiter gefordert.

Im Verfahren gegen den Bischof von Agde lässt sich ein Akkusationsprozess exkludieren, fehlte es doch bereits an einer förmlichen Anklage mit Klägertalion, Litiskontestation und Kalumnieneid.

6. Das Denunciationsverfahren

Als zweiten – mit dem Akkusationsverfahren verwandten – Parteiprozess offerierte das Kirchenrecht das Denunciationsverfahren.[47] Es wird als einziges Verfahren unmittelbar in der Heiligen Schrift erwähnt, und zwar unter Matthäus 18, 15–18.[48] Inhaltlich umfasst es ein Verfahren, welches vermittels Denunciation eingeleitet wurde, der wiederum eine brüderliche Ermahnung vorangehen musste. Ziel dieses Vorgehens war die Besserung des Denuncierten. Bis ins

44 Vgl. dazu und folgend HIRTE, Innozenz (wie Anm. 26), S. 59–75.

45 NÖRR, Prozessrecht (wie Anm. 43), S. 41 und 99.

46 Etwa TRUSEN, Inquisitionsprozeß (wie Anm. 6), S. 168–230, hier S. 184, 189–210.

47 Angesichts der pejorativen Konnotation des Terminus „Denunziation" ist die von Arnd Koch in seiner wegweisenden Habilitationsschrift Arnd KOCH, Denunciatio. Zur Geschichte eines strafprozessualen Rechtsinstituts, Frankfurt a. M. 2006, insbesondere auf S. 6 angeregte, an der zeitgenössischen lateinischen Rechtssprache orientierte und insoweit neutralere Bezeichnung als „Denunciation" vorzugswürdiger. Vgl. zur Denunziation auch Günter JEROUSCHEK, Mit Worten töten. Historische und psychologische Überlegungen zur Denuntiation, in: Historical Social Research (künftig: HSR) 26 (2001), S. 44–54.

48 Die Wurzeln dieses Verfahrens sind weniger in Christus persönlich als in der frühchristlichen Gemeindebildung zu suchen, Günter JEROUSCHEK/Daniela MÜLLER, Die Ursprünge der Denuntiation im Kanonischen Recht, in: Heiner Lück/Bernd Schildt (Hrsg.), Recht – Idee – Geschichte. Beiträge zur Rechts- und Ideengeschichte für Rolf Lieberwirth anläßlich seines 80. Geburtstags, Köln/Weimar/Wien 2000, S. 3–24, hier S. 5–7.

Hochmittelalter stand dieses Verfahren mit starkem Fokus auf der brüderlichen Ermahnung noch in primär sakramentalem Kontext. Auch Gratian kannte diesen Verfahrenstyp, wenngleich im Dekret Hinweise auf ein strukturiertes Verfahren noch nicht auszumachen sind. Spätestens unter Rufinus wird das Denunciationsverfahren in ein Strafverfahren transformiert.[49]

Eine Untersuchung der überlieferten Registerbriefe Innozenz' III. zeigt, dass auch in diesem Pontifikat der Denunciationsprozess seine Gestalt als Parteiprozess beibehielt.[50] Erforderlich war nach wie vor ein Denunciator, auf den die Voraussetzungen für Ankläger anwendbar waren. Dieser musste seine vorherige Ermahnung (*caritativa commonitio*) beweisen und Zeugen für das vorgeworfene Delikt benennen. Dann folgte ein dem Akkusationsprozess vergleichbares Vorverfahren. Ein Scheitern im Vorverfahren konnte für den Denunciator zu einer Arbiträrsanktion führen. Im Gegensatz zum förmlichen Akkusationsprozess war jedoch keine *inscriptio* erforderlich.[51] Auch das Hauptverfahren folgte in Grundzügen dem Akkusationsprozess, abgesehen von der Beweispflicht des Denunciators. Das Hauptverfahren stützt sich auf die Belastungszeugen, wobei ein Scheitern bei der Überführung nicht mehr zu Lasten des Denunciators ging. Im Verhältnis zu anderen Prozessarten stand es somit dem Akkusationsprozess nahe, schied sich jedoch von diesem durch die milderen Sanktionen und starke Fokussierung auf Besserung. Die Verfahrensvoraussetzung einer Denunciation rückt diesen noch kontradiktorisch ausgestalteten *modus procedendi* jedoch in eine gewisse Nähe zum Inquisitionsprozess.

Die Einordnung des Vorgehens gegen den Bischof von Agde als denunciatorisch scheitert sowohl an der fehlenden brüderlichen Ermahnung als auch an der avisierten Sanktion im Überführungsfalle.

7. Das Exceptionsverfahren

Beim Exceptionsverfahren handelte es sich um einen besonderen Verfahrenstypus im Kirchenrecht, mit dem man gegen die Wahl eines Klerikers auf eine

---

49 Vgl. Jakobi, Der Prozeß (wie Anm. 42), S. 223–343, hier S. 328–331. Andere Auffassung Paul Hinschius, System des katholischen Kirchenrechts mit besonderer Rücksicht auf Deutschland, Bd. 5. Berlin 1893, S. 356.

50 Vgl. dazu und zum ganzen Absatz Hirte, Innozenz (wie Anm. 26), S. 84–107.

51 Br. V/152 Po. 1824 X 5.1.16.; 5.37.8.; 2.21.8. *Super his* in: Othmar Hageneder/Christoph Egger/Karl Rudolf/Andrea Sommerlechner (Bearb.), Die Register Innocenz' III., Bd. 5: 5. Pontifikatsjahr, 1202/1203. Texte, Wien 1993, S. 296 f.; vgl. so auch Br. II/227 Po. 896, in: Othmar Hageneder/Werner Maleczek/Alfred A. Strnad (Bearb.), Die Register Innocenz' III., Bd. 2: 2. Pontifikatsjahr, 1199/1200. Texte, Rom/Wien 1979, S. 435 f. und Br. II/250 (X 5.3.31.) Po. 888, S. 477–480.

Stelle beziehungsweise gegen eine Pfründenvergabe vorgehen konnte. Seinen Namen verdankt der Prozess der römisch-rechtlichen *exceptio* (Einrede)[52] im Akkusationsverfahren. Das Dekret sowie die Dekretisten sahen in der ordinationsrechtlichen *exceptio* eine in der Verhandlung mündlich zu erhebende Gegenklage, die zu einer Bestrafung des Widerbeklagten führen konnte.[53] Die Register der frühen Pontifikatsjahre Innozenz' III. überliefern diverse – an das Akkusations- respektive Zivilverfahren angelehnte parteigetragene – Vorgehen gegen Stellenbesetzungen, ohne dass die Quellen sie explizit als Exceptionsverfahren benennen.[54] Im vierten, spätestens jedoch im fünften Pontifikatsjahr (Br. V/152 Po. 1824 X 5.1.16. *Super his*) wird das Exceptionsverfahren dann als solches neben den anderen Verfahrensarten explizit benannt *quod tribus modis valet crimen opponi: denuntiando, excipiendo et accusando,*[55] ohne dass Indizien für eine Konstituierung eines solchen Verfahrens als neu auszumachen wären.

In der Gesamtschau aller überlieferten Registerbriefe entfaltet sich der innozentische Exceptionsprozess als ein kontradiktorisch ausgestalteter Rechtsgang zwischen einem Stellenanwärter und einem Excipienten. Durch die Ausrichtung des Streitgegenstandes auf Amt oder Pfründ mutete dieses Prozedere mitunter wie eine „Geeignetheitsprüfung" des Kandidaten an. Der Verfahrensablauf ähnelte dem Akkusations- bzw. Zivilprozess, wobei gerade bei höheren Ämtern oder konkreten Anhaltspunkten eine Frist verkündet wurde, innerhalb derer Beschwerden gegen den Elekten oder die Wahl vorgebracht werden sollten. Der Betroffene konnte daraufhin seinerseits Exceptionen gegen die Excipienten und deren Zeugen vorbringen. Beweispflichtig waren die Excipienten. Eine verfahrensrechtliche Zäsur markierte die Wahlkonfirmation, nach der ein Verfahren als kriminaler Akkusations- oder Denunciationsprozess weitergeführt werden musste. Im Exceptionsverfahren nachgewiesene Verbrechen zeitigten außerhalb der Frage der Stellenbesetzung keine Rechtsfolgen. Weitergehende Sanktionen waren nur möglich, wenn dieses Verbrechen noch einmal gesondert in einem anderen Verfahrenstypus bewiesen wurde.

Mit Blick auf Voraussetzung und Rechtsfolge stand das Exceptionsverfahren systematisch zwischen dem strengen Akkusationsprozess und dem weiter im Ermessensbereich liegenden Denunciationsverfahren, war jedoch keine *causa criminalis* im engeren Sinne und soll deshalb auch an dieser Stelle nicht weiter

52 Vgl. dazu Peter Oestmann, Art. Exceptio, in: HRG, Bd. 1. 2. Aufl., Berlin 2008, Sp. 1450 f.

53 Vgl. Jakobi, Prozeß (wie Anm. 42), S. 223–344, hier S. 293.

54 Vgl. zum ganzen Kapitel Hirte, Innozenz (wie Anm. 26), S. 262–268.

55 Br. V/152 Po. 1824 (wie Anm. 51), S. 296 Z. 14 f. Vgl. auch Br. II/227 Po. 896 (wie Anm. 51), S. 434–436, hier S. 435 Z. 17–18, und Br. II/250 Po. 888 (ebd.), S. 477–480, hier S. 478 Z. 3–4, die Akkusations- und Denunciationsverfahren neben dem Inquisitionsverfahren inserieren.

vertieft werden; dies umso mehr, als das Verfahren in *Cum dilecti filii* mangels wahlrechtlichen Kontextes kein Exceptionsverfahren sein konnte.

8. Das Inquisitionsverfahren unter Innozenz III.

Neben den drei soeben skizzierten Parteiverfahren umfasste das kanonische Recht auch Verfahren, die dem Amtsermittlungsgrundsatz folgten. Prominentestes Beispiel ist der auf Ermittlung der materiellen Wahrheit gerichtete (kirchliche) Inquisitionsprozess, den die ganz herrschende Meinung spätestens im Pontifikat Innozenz' III. ausmacht.[56]

Eine Gesamtschau aller in den Registern überlieferten Inquisitionsverfahren im Pontifikat Innozenz' III. belegt, dass Voraussetzung für die Initiierung eines Inquisitionsverfahrens zu dieser Zeit ein verbreiteter *clamor* (Geschrei) im Volk war.[57] Dieser *clamor* musste von ehrbaren Personen rühren und weitverbreitet sein. Die Richter hatten zunächst den *clamor* festzustellen. In diesem Vorverfahren konnte der Inquisit die üblichen Exceptionen vorbringen. Stand der *clamor* fest, folgte ein Beschluss zur Spezialinquisition. Im anschließenden Beweisverfahren prävalierte, im Ergebnis wie bei anderen Prozessen auch, der Zeugenbeweis. Bei der Zeugengewinnung waren die Richter nicht auf die Parteien angewiesen. Sie konnten alle Kleriker sowie den Inquisiten vereidigen und zur Aussage zwingen, sodass es an Beweismitteln nicht gemangelt haben dürfte. Exceptionsmöglichkeiten des Inquisiten waren mit Verweis auf den zivilistischen Charakter des Verfahrens eingeschränkt. Im Gegenzug erwartete den Inquisiten nur eine – verglichen mit dem Akkusationsprozess – mildere Sanktion.[58] Das

---

56 Vgl. statt vieler und exemplarisch Markus HIRTE/Ronny HÜBSCH, Juristische Arbeitsblätter (JA) 2009, S. 606–611, hier S. 608; Markus HIRTE, „Woher kommt eigentlich ...?" Das Inquisitionsverfahren, in: Ad Legendum 2021, S. 61–63, hier S. 62 f.; Günter JEROUSCHEK/Hinrich RÜPING, Grundriss der Strafrechtsgeschichte, 6. Aufl. München 2011, S. 15 f.; Peter LANDAU, Innocenz III. und die Dekretalen seiner Vorgänger, in: Andrea Sommerlechner (Hrsg.), Innocenzo III – Urbs et Orbis. Atti del Congresso Internazionale Roma, 9–15 settembre 1998, Bd. 1. Rom 2003, S. 175–199, hier S. 198; DERS, Lehrbuch contra Fälschung. Die Bamberger Anfänge der europäischen Strafrechtswissenschaft und die Würzburger Güldene Freiheit, in: DA 62 (2006), S. 505–536, hier S. 522; Kenneth PENNINGTON, Introduction to the Courts, in: Wilfried Hartmann/Kenneth Pennington (Hrsg.), The History of Courts and Procedure in Medieval Canon Law, Washington D. C. 2016, S. 3–29, hier S. 7; Mathias SCHMOECKEL, Kanonisches Recht, München 2020, S. 220 f.; OESTMANN, Wege (wie Anm. 34), S. 127 f.

57 Vgl. dazu und zum ganzen Absatz HIRTE, Innozenz (wie Anm. 26), S. 198–220.

58 Zu den Klerikerstrafen vgl. bereits Markus HIRTE, Poenae et poenitentiae. Sanktionen im Recht der Kirche des Mittelalters, Budapest 2003, S. 16.

innozentische Inquisitionsverfahren präsentiert sich folglich noch ganz als Zivilprozess.

9. Ein „Infamationsverfahren"?

Im Kontext der jahrhundertelangen Diskussion um die Genese des Inquisitionsprozesses finden sich immer wieder Hinweise auf ein sogenanntes Infamationsverfahren, welches anlässlich einer *mala fama*/Infamie einen Reinigungseid mit Eideshelfern forderte.[59] Voraussetzung war also eine Infamie (schlechter Ruf), die von guten, ehrbaren Personen ausgehen musste, was von Amts wegen zu untersuchen war. Wurde eine Infamie festgestellt, folgte die richterliche Anordnung des Reinigungseides. Mit diesem musste der Infamierte seine Unschuld beeiden, gegebenenfalls unter Hinzuziehung weiterer ehrbarer Eideshelfer, welche die Richtigkeit dessen Eides beschworen. Scheiterte der Eid, schloss sich die für den Fall der Überführung angedrohte Sanktion an. Gelang die Purgation, galt dies als Unschuldsbeweis.[60]

Viele Stimmen in der Literatur erkennen mit Winfried Trusen in der – diesem Verfahren inhärenten – fehlenden Wahrheitsermittlung und der Gefahr von Meineid und Eideshelferkauf ein enormes Verfahrensdefizit, welches Innozenz dazu getrieben habe, das Inquisitionsverfahren zu entwickeln.[61] Trusen machte diese prozessuale kopernikanische Wende für das achte Pontifikatsjahr aus, als Innozenz III. das Infamationsverfahren – in Ermangelung anderer Möglichkei-

---

59 Vgl. dazu und zum ganzen Kapitel Hirte, Innozenz (wie Anm. 26), S. 108–147.

60 In diese Verfahrensart ist auch der Prozess gegen Bischof Kalan von Pecs einzuordnen, vgl. Markus Hirte, „non iuris neccessitate sed importunitate petentis". Innozenz III. als Richter und Schlichter im Umfeld der Besetzung des Erzbistums Esztergom, Budapest 2011, S. 20–22.

61 Trusen, Inquisitionsprozeß (wie Anm. 6), S. 168–230, hier S. 201, und ihm folgend (lediglich exemplarisch und statt vieler) Peter Segl, Zur Einführung, in: ders. (Hrsg.), Die Anfänge (wie Anm. 7), S. 1–38, hier S. 17; Richard M Fraher, IV Lateran's Revolution in Criminal Procedure. The Birth of Inquisitio, the End of Ordeals, and Innocent III's Vision of Ecclesiastical Politics, in: Rosalio Iosepho Card. Castillo Lara (Hrsg.), Studia in honorem eminentissimi cardinalis Alphonsi M. Stickler, Rom 1992, S. 97–111, hier S. 108 f.; Konrad Breitsching, Das kirchliche Strafverfahren in seiner geschichtlichen Ausprägung und seiner gegenwärtigen Gestalt, in: Richard Puza/Andreas Weiß (Hrsg.), Iustitia in caritate. Festgabe für Ernst Rößler zum 25. Dienstjubiläum als Offizial der Diözese Rottenburg-Stuttgart, Frankfurt a. M. 1997, S. 101–124, hier S. 109 m. w. N.; Alexander Ignor, Geschichte des Strafprozesses in Deutschland 1532–1846. Von der Carolina Karls V. bis zu den Reformen des Vormärz, Paderborn 2002, S. 47; Utz Tremp, Häresie (wie Anm. 22), S. 393–395; Gianna Burret, Der Inquisitionsprozess im Laienspiegel des Ulrich Tengler. Rezeption des gelehrten Rechts in der städtischen Rechtspraxis, Köln/Weimar/Wien 2010, S. 22; Alexander Krey, Art. Inquisitionsprozess, in: HRG Bd. 2, 2. Aufl. 2012, Sp. 1243–1248, hier Sp. 1243.

ten einer amtlichen Strafverfolgung – durch Zwischenschaltung einer *inquisitio veritatis* zum Inquisitionsverfahren weiterentwickelte, und zwar spontan, wahrscheinlich mit Billigung des päpstlichen Konsistoriums, im Verfahren gegen Bischof Raimund.[62] Sofern frühere Briefe des Pontifex einen *modus procedendi per inquisitionem* inserierten, sei dort – so Trusen – das Infamationsverfahren gemeint[63].

10. Das Verfahren gegen Raimund als Geburtsstunde des Inquisitionsprozesses?

Vorbenannte Sicht stützt sich vor allem auf Dekretalen des Liber Extra sowie einzelne Briefe aus den Registern Innozenz' III. Zwar äußerte bereits Lotte Kéry vor gut 20 Jahren Zweifel an Trusens Herleitung, dies allerdings eher knapp im Wege einer gegenläufigen Interpretation von Br. II/250 (260) Po. 888 X. 5.3.31. *Licet Heli*[64] und lediglich gestützt auf „einige[n] ausgewählte[n] Dekretalen Innocenz' III.",[65] also ohne Heranziehung der päpstlichen Register in toto. Greift man jedoch auf den gesamten Quellenbestand der Register zurück, lässt sich die trusensche Transformationsthese an mehreren Punkten widerlegen.

Nach wie vor weitgehend unstrittig skizziert *Cum dilecti filii* ein Inquisitionsverfahren, welches bereits mit Blick auf die Ausführungen zum konkreten Inhalt des Eides von Petrus Beneventanus in die Compilatio tertia (3 Comp. 5.1.5.)[66] und später in den von Raymund von Peñaforte im Auftrag Papst Gregors IX. kompilierten Liber Extra übernommen wurde.[67] Dafür streiten neben dem in der Narratio wiedergegebenen Verfahrensablauf, dem keinerlei Anhaltspunkte für einen Parteiprozess zu entnehmen sind, auch die (recht milde) Sanktion im

62 Trusen, Anfänge (wie Anm. 7), S. 39–76, hier S. 44.

63 Ebd., S. 41–44, sowie ders., Inquisitionsprozeß (wie Anm. 6), S. 168–230, hier S. 194, 197, 201.

64 Lotte Kéry, Inquisition – denunciation – exceptio: Möglichkeiten der Verfahrenseinleitung im Dekretalenrecht, in: ZRG KA 87 (2001), S. 226–268, hier S. 242, wobei sich Trusens terminologische Interpretation dieser *inquisitio* als Infamationsverfahren nur schwerlich mit einem Hinweis auf spätere Kommentierungen der Dekretale durch Papst Innocenz IV. widerlegen lässt oder mit „andere Modalitäten des Verfahrens" bzw. der Verwendung des Terminus *inquisitio* in der Arenga von *Licet Heli*.

65 Dies., Inquisition (wie Anm. 64), S. 226–268, hier S. 229.

66 Petrus Beneventanus, Compilatio tertia, in Aemilius Friedberg (Hrsg.), Quinque Compilationes Antiquae nec non Colletio Canonum Lipsiensis, Leipzig 1882, ND Graz 1956, S. 130.

67 Zum konkreten Inhalt des Eides, auch mit Blick auf General- und Spezialinquisition sowie deren Behandlung bei den Dekretalisten, vgl. Heny Ansgar Kelly, Oath-taking in Inquisitions, BMCL 35 (2018), S. 215–241, hier S. 218–233.

Falle der Überführung des Bischofs (*ab amministratione Agathensis ecclesie removeatis*).[68]

Einer Einordnung dieses Verfahrens als „erstes Inquisitionsverfahren" sowie einer spontanen (konsistorialen) Umgestaltung widerspricht zunächst und vor allem bereits die Prozess(vor)geschichte. So erging *Cum dilecti filii* im Umfeld einer Vollmachtserteilung des siebten Pontifikatsjahres (Br. VII/77 [76, 77] Po. 2229/2230), mit dem der Papst den drei Zisterzienserlegaten Arnald Amaury, Radulf aus Fontfroide sowie Peter von Castelnau eine klassische *inquisitio veritatis* auftrug.[69] Eine Restriktion auf eine *inquisitio famae* ist in diesem Brief nicht erkennbar. Überdies wurde im Kontext von Br. VII/77 (76/77) bereits im siebten Pontifikatsjahr ein Inquisitionsverfahren gegen den Bischof von Viviers geführt (Br. VII/209 Po. 2380). Da dieser Brief jedoch nicht in die Compilatio tertia oder den Liber Extra übernommen wurde, scheint er bislang in der Literatur noch keine größere Berücksichtigung gefunden zu haben. Grob skizziert bestätigt Innozenz III. mit Br. VII/209 die Abdankung des Bischofs (Nikolaus B.) von Viviers im Rahmen der Südfrankreichlegation. Dass die Narratio namentlich nur Radulf und Peter von Castelnau als in diese Diözese[70] gesandte Legaten aufführt (*ut vice nostra corrigerent corrigenda, que secundum Deum ordinanda cognoscerent statuentes*[71]), nicht jedoch den in Br. VII/77 explizit benannten Arnald,[72] könnte

68 Br. VIII/77 (76) Po. 2516 (wie Anm. 9), S. 139–140, hier S. 140 Z. 34.

69 Br. VII/77 (76, 77) Po. 2229/2230 (wie Anm. 11), S. 122–126.

70 Br. VII/77 (76, 77) Po. 2229/2230 enthält eine Legation für die Erzdiözesen Aix, Arles, Narbonne sowie *vicinis etiam diocesibus, si que sunt hereticorum labe pollute*, ebd. (wie Anm. 11), S. 122–126, hier S. 125 Z. 8–9. Unter Letzteres müsste das der Erzdiözese Vienne angehörende Bistum Viviers fallen. Eine explizite (d. h. namentliche) Ausweitung der Legation auf die Provinz Vienne wurde erst nach dem Tod Peter von Castelnaus mit Po. 3348, vgl. auch Br. XI/29 (32) Po. 3357, in: Othmar Hageneder/Andrea Sommerlechner/Christoph Egger/Rainer Murauer/Reinhard Selinger/Herwig Weigl (Bearb.), Die Register Innocenz' III., Bd. 11: 11. Pontifikatsjahr, 1208/09. Texte und Indices, Wien 2010, S. 40–41, hier S. 41 Fn. 5), angeordnet.

71 Br. VII/209 Po. 2380 (wie Anm. 11), S. 368–370, hier S. 369 Z. 12–14.

72 In den Registerbriefen wurden regelmäßig alle drei Legaten benannt, vgl. Br. VIII/9 Po. 2441 (wie Anm. 9), S. 22 f., hier S. 23 Z. 17 f., oder Br. VIII/98 (97) Po. 2540 (wie Anm. 9), S. 176 f., hier S. 177, Z. 1 f., weshalb davon auszugehen ist, dass zu dem (in Br. VII/209 benannten) Zeitpunkt Abt Arnald noch nicht als Legat auftrat. Eine personale Ausweitung der Legation auf weitere Zisterzienser wurde mit Br. VI/242 (243) Po. 2103, in: Othmar Hageneder/John C. Moore/Andrea Sommerlechner/Christoph Egger/Herwig Weigl (Bearb.), Die Register Innocenz' III., Bd. 6.: 6. Pontifikatsjahr, 1203/1204. Texte und Indices, Wien 1995, S. 405–407, bekannt gegeben, weshalb der Beitritt des Abtes von Cîteaux zwischen diesem Mandat und Br. VII/77 erfolgt sein muss; vgl. auch Heinrich Zimmermann, Die päpstliche Legation in der ersten Hälfte des 13. Jahrhunderts. Vom Regierungsantritt Innocenz' III. bis zum Tode Gregors IX. (1198–1241), Paderborn 1913, S. 58 (Br. VII/77).

indizieren, dass Grundlage gar ein noch früheres Legationsmandat war.[73] Nach den Untersuchungen der Legaten

> *ad vestram ecclesiam accedentes, ut iuxta mandati nostri tenorem tam in capite quam in membris ... corrigenda corrigerent, a .. quondam episcopo vestro* [Bischof von Viviers, Anm. MH], *vobis* [Domkapitel, Anm. MH] *et clericis civitatis receperunt corporaliter iuramentum, ut plenam de ipsius episcopi et vestris excessibus tam vos quam illi dicerent veritatem*[74]

schien – vor allem aufgrund der Aussagen und nach dem Geständnis des Bischofs – eine Amtsenthebung unausweichlich. Daraufhin bat der Metropolit von Vienne, *ut non ad depositionem dirigeretur ipsorum intentio, sed ad ipsius episcopi potius cessionem.*[75] Als Begründung führte er die angespannte Lage in der Region und die Gefahr eines langen Verfahrens an. Da der Bischof einer Abdankung bereits im Vorfeld zugestimmt hatte, kam Innozenz III. der Bitte des Erzbischofs mit diesem Brief nach.

Sowohl die Vorgeschichte von Br. VIII/77 (76) als auch das zeitlich kurz vorher beendete Verfahren gegen den Bischof von Viviers in Br. VII/209 erhärten, dass bereits im siebten Pontifikatsjahr Inquisitionsverfahren geführt wurden und Br. VIII/77 (76) nicht das erste Verfahren sein kann. Überdies zeigt sich, dass die hier benannten Legaten bereits vor Ende des sechsten Pontifikatsjahres als mit einem *plenae legationis officium* ausgestattete Legaten in Südfrankreich tätig waren.

Gegen die Transformationsthese streitet secundo die Persistenz des „Infamationsverfahrens" durch das gesamte Pontifikat. Hätte Innozenz III. mit *Cum dilecti filii* das Infamations- in ein Inquisitionsverfahren überführt, dürften die Registerbriefe ab diesem Zeitpunkt keine „Infamationsverfahren" mehr inserieren. Dennoch finden sich bis zum Ende des Pontifikats immer wieder Mandate zur Purgation nach festgestellter Infamie.[76] All diese Reinigungen auf Infamie waren

---

73 Die in Br. VI/241 (242) Po. 2129 (wie Anm. 72), S. 404 f., benannte Legation zur Häretikerverfolgung könnte noch weiter zurückreichen, denn Peter von Castelnau (damals noch Archidiakon von Maguelonne cf. Br. I/267 Po. 267 und Br. I/538 Po. 579, beide in: Othmar Hageneder/Anton Haidacher [Bearb.], Die Register Innocenz' III., Bd. 1: 1. Pontifikatsjahr, 1998/99. Texte, Graz/Köln 1964, S. 367–371 und 778 f.) war bereits unter dem Legaten Rainer (Raynerio) in Südfrankreich in diesem Aufgabenfeld tätig. Folgt man Zimmermann, Legation (wie Anm. 72), S. 58, der die Legation von Raynerio auf Peter von Castelnau übergehen lassen wollte, wäre das *plenae legationis officium* aus Br. II/113 Ursprung der (noch) hier geführten Legation, welche auch inquisitorische Absetzungen von Prälaten umfassen konnte.

74 Br. VII/209 Po. 2380 (wie Anm. 11), S. 368–370, hier S. 369 Z. 14–19.

75 Ebd., S. 369 Z. 23 f.

76 Hirte, Innozenz (wie Anm. 26), S. 114 Fn. 46, S. 135–138, 147 sowie auch zum gesamten Absatz ebd.

solemne Rechtsfolgen auf inquisitorisch festgestellte Infamie. Es gab sie in allen Verfahren[77] und selbst bei Freispruch musste noch ein Eid erfolgen. Sie waren also keine dem Akkusations- oder Denunciationsprozess vergleichbare Verfahren. Vor diesem Hintergrund sollte der Terminus Infamationsverfahren aufgegeben werden. Da sich die Purgatio immer an die festgestellte Infamie schloss, ist hier der Neologismus Famapurgationen weniger fehlvorstellungsgeneigt.[78]

Gegen die Transformationsthese spricht schließlich tertio auch das Erfordernis der Famapurgationen mit alleiniger Bindung an eine Reputation im seinerzeitigen Kirchenrecht.[79] Unabhängig von parallel immer möglichen Disziplinarmaßnahmen waren Mechanismen erforderlich, um Prälaten, welche keinen Rückhalt mehr im Volk hatten, zur Vermeidung weiteren Schadens für die Kirche aus ihren Ämtern zu entfernen. Dafür war der Reinigungseid ein probates Mittel. Ob der exponierten Stellung eines Klerikers und seiner seelsorgerischen Hirtenfunktion war deshalb in Kauf zu nehmen, dass notfalls auch ein Unschuldiger sein Amt verlor. Als Zwischenfazit ist festzuhalten, dass die Famapurgationen durch das gesamte Pontifikat Innozenz' III. bestehen blieben, nicht im Inquisitionsverfahren aufgingen[80] und der *terminus ante quem* vor *Cum dilecti filii* angesetzt werden muss.

11. Wurzeln des kirchlichen Inquisitionsverfahrens

Frühe Kirchenrechtler, etwa Friedrich August Biener, Aemilius Ludwig Richter und Nicolaus München, verorteten die „Geburt" des Inquisitionsverfahrens zeitlich in den ersten zwei innozentischen Pontifikatsjahren und – ähnlich wie Trusen – entwicklungsgeschichtlich aus einem Infamationsverfahren heraus.[81] Wil-

---

77 Zur *mala fama* im Akkusations- und Inquisitionsprozess vor und bei Innozenz III. mit besonderem Hinweis auf die Bedeutung des *tractaturus magister* Paris BN lat. 15994 (zwischen 1181 und 1185) für die Genese des Inquisitionsverfahrens vgl. auch Antonia Fiori, *Quasi denunciante fama.* Note sull' introduzione del processo tra rito accusatorio e inquisitorio, in: Mathias Schmoeckel/Orazio Condorelli/Franck Roumy (Hrsg.), Der Einfluss der Kanonistik auf die Europäische Rechtskultur. Bd. 3: Straf- und Strafprozessrecht, Köln/Weimar/Wien 2012, S. 351–367, hier S. 363, 365–367.

78 Siehe auch Mario Müller, Verletzende Worte. Beleidigung und Verleumdung in Rechtstexten aus dem Mittelalter und aus dem 16. Jahrhundert, 2. überarb. Aufl., Hildesheim 2022, S. 151–153.

79 Vgl. dazu und zum ganzen Absatz Hirte, Innozenz (wie Anm. 26), S. 131–134.

80 Insoweit zutreffend relativierend Schmoeckel, Kanonisches Recht (wie Anm. 56), S. 221, Rn. 128.

81 Friedrich August Biener, Beiträge zur Geschichte des Inquisitionsprozesses und der Geschworenengerichte, Leipzig 1827, ND 1965, S. 45, und Aemilius Ludwig Richter, Lehrbuch des katholischen und evangelischen Kirchenrechts mit besonderer Berücksichtigung auf deutsche Zustände, Leipzig 1842, S. 402 f., in Br. I/368, Nicolaus München, Das kanonische Gerichtsverfahren und

helm Molitor hingegen betonte die grundsätzliche Selbständigkeit beider (sich ähnelnden) Verfahren.[82] Willibald Maria Plöchl erkannte den Ursprung dieses Verfahrens im germanischen Rügeverfahren.[83] Dietrich Oehler gar vermutete eine Geburt ohne jede sichtbare unmittelbare Vorbereitung.[84]

Eine umfassende Untersuchung aller noch überlieferten Registerbriefe im Pontifikat Innozenz' III. auf die Entwicklung der Verfahrensarten zeigt – auch jenseits der wenigen in den Liber Extra übernommenen Dekretalen –, dass das Inquisitionsverfahren weder 1205 noch 1199 konstituiert wurde und auch kein päpstliches Sonderrecht darstellte.[85] Vielmehr stand es bereits 1199 neben dem Anklageverfahren und dem Denunciationsprozess als drittes reguläres Kirchenrechtsverfahren, und zwar auf allen kirchlichen Ebenen.

Gleichwohl kam Innozenz III. eine besondere Rolle bei der Entwicklung des Inquisitionsverfahrens zu.[86] Er führte die vielen einzelnen Fäden zusammen und setzte damit den Schlusspunkt einer längeren Entwicklung. Bereits weit vor 1198 gab es disziplinarrechtliche Vorgehensmöglichkeiten für Prälaten, von Amts wegen Straftaten Untergebener mit Blick auf die materielle Wahrheit zu untersuchen – vor allem im Stellenrecht, bei Ungehorsam und Visitationen (siehe unten). Dabei sind eine gewisse Strukturlosigkeit und ein weites Ermessen des Prälaten zu erkennen. Aus dieser Masse der disziplinarrechtlichen Möglichkeiten wurde das Inquisitionsverfahren herausgelöst, indem gefordert wurde, besonders publike Verbrechen (mit *clamor* umschrieben) unbedingt zu verfolgen. Gleichwohl blieb das Vorgehen zunächst noch im disziplinarischen Kontext.

Für eine Entwicklung aus dem Disziplinarrecht sprechen noch weitere Punkte.[87] Zunächst wurden Inquisitionsverfahren in der Mehrzahl wegen (durchaus gravierenden und schweren) Wirtschaftsdelikten geführt, so vor allem bei *dilapidatio* (Verschleuderung von Kirchengut) und Simonie; nicht jedoch bei dem Kapitalverbrechen der Häresie, wo es zunächst beim Akkusationsprozess mit Reinigung blieb. Ferner erhärtet eine Entwicklung aus dem Disziplinarrecht zum

---

Strafrecht, Bd. 1: Das kanonische Gerichtsverfahren, 2. Aufl. Köln/Neuss 1874, S. 472 f., hingegen erst in Br. II/60 und Br. II/250.

82 Wilhelm Molitor, Über kanonisches Gerichtsverfahren gegen Kleriker. Ein rechtsgeschichtlicher Versuch zur Lösung der praktischen Fragen der Gegenwart, Mainz 1856, S. 174, betonte die grundsätzliche Selbständigkeit beider (sich ähnelnden) Verfahren.

83 Willibald Maria Plöchl, Geschichte des Kirchenrechts, Bd. 2: Das Kirchenrecht der abendländischen Christenheit – 1055 bis 1517, Wien 1955, S. 317.

84 Dietrich Oehler, Zur Entstehung des strafrechtlichen Inquisitionsprozesses, in: Hans Joachim Hirsch/Günther Kaiser/Helmut Marquardt (Hrsg.), Gedächtnisschrift für Hilde Kaufmann, Berlin 1986, S. 847–861, hier S. 849.

85 Siehe Hirte, Innozenz (wie Anm. 26), S. 168–176, 183 f.

86 Vgl. dazu und zum ganzen Absatz ebd., S. 185–193, 199–204, 213 f., 219 f.

87 Vgl. ebd., S. 191–193.

Strafverfahren auch das immer wieder postulierte Erfordernis einer Personendivergenz zwischen Ankläger beziehungsweise Denunciator und Richter. Diese war den Parteiverfahren wesenseigen, im Disziplinarrecht jedoch gerade nicht erforderlich. Indem Innozenz III. dem *clamor* die Anklägerstellung zuordnete, umging er dieses Problem für den Inquisitionsprozess. Diese Entwicklung ist spätestens im zweiten Pontifikatsjahr abgeschlossen.

12. Korporalinquisitionen

Dass – einem Amtsermittlungsgrundsatz folgende – Verfahren mit Fokus auf einer *inquisitio veritatis* kein Novum des Pontifikats Innozenz' III. darstellten, erhärten die Registerbriefe um die Korporalinquisitionen. Darunter sind vor allem die seit dem letzten Viertel des 9. Jahrhunderts nachweisbaren[88] bischöflichen Visitationen (Send) zu verstehen; die alljährlichen Reisen eines Bischofs durch seine Provinz, um Kirchen zu untersuchen sowie Korrekturen und Reformen durchzuführen.[89] Hier vernahm der Bischof von Amts wegen die Kleriker unter Eid über den Zustand der Kirche, woran sich die Überprüfung der Pfarrgemeinde (Laien) anschloss.[90] Der Ablauf ähnelte dem Inquisitionsprozess und war auch auf die Erforschung der materiellen Wahrheit gerichtet, wobei es zur Frage, inwieweit die *testes synodales* im frühen Sendverfahren auch Urteiler waren, unterschiedliche Auffassungen gibt.[91] Für Strafrechtshistoriker interessant ist das Faktum, dass

---

88 Vgl. dazu und zum Einstieg empfehlenswert Stephan Dusil, Zur Entstehung und Funktion von Sendgerichten. Beobachtungen bei Regino von Prüm und in seinem Umfeld, in: Schmoeckel, Der Einfluss (wie Anm. 77), S. 369–409, hier S. 369 f.

89 Zu den Sendgerichten vgl. v. a. die Arbeiten von Wilfried Hartmann, etwa ders., Kirche und Kirchenrecht um 900. Die Bedeutung der spätkarolingischen Zeit für Tradition und Innovation im kirchlichen Recht (MGH Schriften 58), Hannover 2008, S. 243–286 (zu den Voraussetzungen der Send S. 246).

90 Vgl. zur Bedeutung der Sendgerichte bei der Verfolgung von inzestuösen Verbindungen auch Karl Ubl, Inzestverbot und Gesetzgebung. Die Konstruktion eines Verbrechens (300–1100) (Millennium-Studien zu Kultur und Geschichte des ersten Jahrtausends n. Chr. 20), Berlin/New York 2008, S. 359–373.

91 Während Jürgen Weitzel, Dinggenossenschaft und Recht. Untersuchungen zum Rechtsverständnis im fränkisch-deutschen Mittelalter (Quellen und Forschungen zur höchstrichterlichen Gerichtsbarkeit im Alten Reich 15/2), Teilband 2, Köln/Wien 1985, S. 1124–1139; ders., So scheiden sich die Geister. Zu Franz Kerffs Kritik, in: Rechtshistorisches Journal 8 (1989) (künftig: RJ), S. 407–413, hier S. 409 f., in den Sendzeugen Urteiler sah, vermochten Franz Kerff, Die Urteilfindung im Sendgericht, in: RJ 8 (1989), S. 397–407, hier S. 406 f.; Wilfried Hartmann, Probleme des geistlichen Gerichts im 10. und 11. Jahrhundert. Bischöfe und Synoden als Richter im ostfränkisch-deutschen Reich, in: La giustizia nell'alto medioevo (secoli IX–XI) (Settimane di studio del centro italiano di studi sull'alto medioevo 44), Bd. 2. Spoleto 1997, S. 631–674, hier

bei den Korporalinquisitionen Ankläger und Richter in der Person des Bischofs konfusionierten und auch der *clamor* nicht den Ankläger substituieren musste,[92] war dies doch ureigenste Aufgabe des Prälaten.[93] Die Regeln und Mandate zu bischöflichen Visitationen zeigten ein ausgeklügeltes Instrument eines amtlichen Vorgehens zur Verifizierung der Wahrheit lange vor Innozenz III. Für dessen Pontifikat kann konstatiert werden, dass er den Korporalinquisitionen nicht nur treu blieb, sondern diese im Zuge seiner kirchenreformatorischen Bemühungen auf allen Ebenen kontinuierlich vorantrieb und sich des gesamten zur Verfügung stehenden rechtlichen Instrumentariums bediente.[94] Durch diese Zweckbindung standen die Korporalinquisitionen noch in eher administrativer Nähe.

Grundsätzlichen Veränderungen schickte Innozenz III. eine langjährige Versuchsphase voraus und legte Neuerungen als solche offen. Eingedenk dieser Tatsache und der inhaltlichen Vergleichbarkeit von Inquisitionsverfahren und Korporalinquisitionen deutet bei der Frage der Genese des kirchlichen Inquisitionsverfahrens vieles auf einen Ursprung aus den parochialen beziehungsweise regularen Visitationen durch Klarstellung einer Vorgehensmöglichkeit aufgrund eines *clamor* hin.

13. Das Notorium

Nur der guten Ordnung halber soll abschließend das Vorgehen auf Notorietät angerissen werden. Dieses beschreibt die Verhängung einer Sentenz auf festgestelltes Notorium ohne weiteres Verfahren. Die Absenz eines Rechtsfindungsprozesses stellt es neben die Famapurgationen. Konkret wurde eine Straftat immer dann als notorisch klassifiziert, wenn bei ihr aufgrund einer besonderen Offenkundigkeit keinerlei Verfahren mehr erforderlich war.[95]

S. 674, und Jörg Müller, Karl von Amira und das kanonische Recht am Beispiel des Rügeverfahrens, in: Peter Landau/Hermann Nehlsen/Mathias Schmoeckel (Hrsg.), Karl von Amira zum Gedächtnis (Rechtshistorische Reihe 206), Frankfurt a. M. 1999, S. 273–289, hier S. 286 f., keine urteilende Tätigkeit der Sendzeugen zu erkennen. Ebenfalls kritisch gegenüber Weitzel Lotte Kéry, Gottesfurcht und irdische Strafe. Der Beitrag des mittelalterlichen Kirchenrechts zur Entstehung des öffentlichen Strafrechts, Köln/Weimar/Wien 2006, S. 78 f.

92 A. A. Trusen, Inquisitionsprozeß (wie Anm. 6), S. 168–230, hier S. 173 f., wonach die Sendzeugen die Funktion des öffentlichen Anklägers übernommen hätten.

93 So bereits August Michael Koeniger, Die Sendgerichte in Deutschland (Veröffentlichungen aus dem Kirchenhistorischen Seminar München, III. Reihe Nr. 2), München 1907, S. 155 f. Vgl. auch Hirte, Innozenz (wie Anm. 26), S. 230–234, sowie Kéry, Gottesfurcht (wie Anm. 91), S. 68–70, 669.

94 Vgl. dazu und auch zum nächsten Absatz Hirte, Innozenz (wie Anm. 26), S. 259.

95 Vgl. Mathias Schmoeckel, Art. Notorietät, in: HRG Bd. 3. 2. Aufl. 2016, Sp. 1985–1987, hier Sp. 1986.

Die Wurzeln dieses Verfahrens reichen bis ins römische Recht bzw. Neue Testament (Galater 5, 19–21). Das Kirchenrecht des 9. Jahrhunderts (Hincmar von Reims, Papst Nicolaus I.) arbeitete Fälle heraus, in denen Zeugen in manifesten Fällen nicht zu hören seien.[96] Gratian griff diese auf (vor allem in der zweiten Causa) und verband sie (partiell) mit dem Terminus notorium.[97] Dort befand er in der ersten Questio, dass bei Notorietät ein reguläres Verfahren nicht erforderlich sei. Ferner sei auch beim *manifestum* kein Verfahren nötig (C.2 q.1 c.16).[98] Gleichwohl scheint Gratian beide Termini nicht synonym zu verwenden.[99] Auch die kuriale Rechtsprechung der Folgezeit sowie die dekretistische Literatur nahmen sich der Differenzierung von *notorium* und *manifestum* an.[100]

Wenngleich sich die Quellenlage zu beiden Termini in den Registern Papst Innozenz III. eher spärlich ausmacht, zieht sich das von Gratian benannte und von den Dekretisten und Innozenz' III. Vorgängern weiter ausgestaltete Vorgehen bei Notorietät durch das gesamte Pontifikat.[101] Unter Innozenz III. wurde es terminologisch von den *manifesta* separiert, stellte jedoch einen Sonderfall von ihnen dar und wurde deshalb gelegentlich auch mit *manifestum* (im weiteren Sinne) umschrieben. Inhaltlich umfasste es seinerzeit all jene Fälle des *manifestum*, bei denen aufgrund ihrer besonderen Offenkundigkeit keinerlei Verfahren mehr erforderlich war, wobei Innozenz III. noch eine besondere auflehnende Haltung gegen die Rechtsordnung forderte. Erst in nachinnozentischer Zeit erfolgte eine vollständige Gleichsetzung der Termini *manifestum* und *notorium* mit den daraus folgenden Differenzierungsschwierigkeiten.[102]

96 Vgl. DERS, „Excessus notorius examinatione non indiget". Die Entstehung der Lehre der Notorietät, in: Orazio Condorelli (Hrsg.), „Panta rei". Studi dedicati a Manlio Bellomo, Bd. 5, Rom 2004, S. 133–164, hier S. 148.

97 Ebd., S. 133–164, hier S. 154–157. Andere Auffassung A. Castillo LARA, Los primeros desarrollos doctrinales del „notorium" en la canonistica clasica, Salesianum 22, Rom 1960, S. 410–433, hier S. 418, der von Gratians Autorenschaft dieser Lehre ausgeht.

98 Decretum Gratiani (wie Anm. 41), Sp. 445.

99 Vgl. HIRTE, Innozenz (wie Anm. 26), S. 278 f.

100 Vgl. Mathias SCHMOECKEL, Requisitos de prueba, la exigencia de un mínimo de prueba y la notoriedad en el Derecho procesal medieval (siglos IX–XII), Anuario Argentino de Derecho Canónico (AADC), Vol. XIV, Buneos Aires 2007, S. 241–267, hier S. 264 f. m. w. N.

101 Vgl. HIRTE, Innozenz (wie Anm. 26), S. 280–291, hier S. 291.

102 Zur Notorietät im Kirchenrecht der Frühen Neuzeit und jünger vgl. auch Mathias SCHMOECKEL, Vom Allgemeinbekannten zum Gerichtsbekannten: Das allmähliche Verschwinden der Notorietät und die Veränderungen des römisch-kanonischen Beweisrechts in der Frühen Neuzeit, ZRG KA 102 (2016), S. 200–241.

14. Zusammenfassung

Für die Reform der Kirche sowie zur Bekämpfung der Häresie standen im Pontifikat Innozenz' III. eine Vielzahl von Verfahren zur Verfügung. In der forensischen Praxis dominierte das kirchliche Akkusationsverfahren, welches vom Papst reformiert und modifiziert wurde. Zu diesem gesellten sich weitere – parteigetragene – *modi procedendi*, etwa das dem Vorbenannten vergleichbare, jedoch sanktionsseitig mildere Denunciationsverfahren sowie das auf Wahl- und Stellenkontexte beschränkte Exceptionsverfahren. Eine besondere Wirkmächtigkeit bei der Kirchenreform ist den Amtsermittlungsverfahren zu attestieren, insbesondere dem kirchlichen Inquisitionsverfahren, als welches auch *Cum dilecti filii* identifiziert werden kann. Wie bereits der konkrete Verfahrensverlauf und seine Einbettung in die Südfrankreichlegation, aber auch eine Gesamtschau der Register aufzeigen, ist dem Verfahren gegen Raimund II. das Prädikat eines erstmaligen Inquisitionsverfahrens zu versagen. Auch eine Genese dieses Rechtsganges aus einem sogenannten Infamationsverfahren durch Zwischenschaltung einer *inquisitio veritatis* ist auf der Grundlage der Registerbriefe schwerlich haltbar. Beredtes Zeugnis dagegen legen überdies die im gesamten Pontifikat noch omnipräsenten Famapurgationen (Reinigungseide zur Revidierung einer *mala fama* auf nachgewiesene *infamia*) ab.

Der Inquisitionsprozess hypostasiert bereits zu Beginn dieses Pontifikats als ein auf allen Stufen der kirchlichen Gerichtsbarkeit ubiquitäres zivilistisches Verfahren, das sich bis spätestens 1199 aus dem innerkirchlichen Disziplinarrecht durch Klärung, Benennung und Strukturierung des *clamors* als Eingriffsgrundlage entwickelte. Diesen disziplinarrechtlichen Ursprung manifestieren die Ähnlichkeiten zu den Korporalinquisitionen. So imponiert dieses Pontifikat dann auch in der verfahrensrechtlichen Gesamtschau eher evolutionär denn revolutionär und lässt wenig Zweifel an der Einordnung von Papst Innozenz III. als Juristenpapst.

Hendrik Baumbach

Strafsachen innerhalb der höchsten Gerichtsbarkeit des Heiligen Römischen Reiches im Spätmittelalter

Auf die Frage, inwieweit peinliches Strafrecht – dem Titel nach – am „Gericht des deutschen Königs" im Hoch- und Spätmittelalter vorgekommen sei, stellte Bernhard Diestelkamp in einem kleinen Aufsatz vor etwas mehr als 30 Jahren fest, dass zum Ausgang des 15. Jahrhunderts im Heiligen Römischen Reich die Kriminalgerichtsbarkeit „fest in der Hand der Partikulargewalten" gelegen habe.[1] Kurzum, mit Strafsachen haben sich die höchsten Gerichte des Reiches an der Wende vom Mittelalter zur Neuzeit kaum noch befasst. Geradezu folgerichtig erscheint dann das im Jahr 1530 erlassene Verbot, in Strafsachen aus den Territorien heraus an das Reichskammergericht zu appellieren.[2] Die Strafgerichtsbarkeit, soweit die Fälle von den Gerichten der Reichsstände bereits behandelt worden waren, war damit auf der Ebene von Kaiser und Reich rechtlich beendet worden. Dieser Beitrag beabsichtigt nun herauszuarbeiten, inwieweit sich die Strafgerichtsbarkeit innerhalb der höchsten Gerichtsbarkeit des Reiches im Laufe des Spätmittelalters bis hin zu ihrer Marginalisierung verändert hat und welche Bedingungen diesem Wandlungsprozess zugrunde liegen.

Um diese Fragen zu untersuchen, muss vorab entschieden werden, welche Konflikte überhaupt als Strafsachen zu betrachten und demzufolge in die Ausführungen einzubeziehen sind. Da sich die Zeitgenossen innerhalb der weltlichen Gerichtsbarkeit des Spätmittelalters nach allem, was wir wissen, keiner formalen Kategorisierung etwa in Straf- und Zivilrecht bedient haben, sind Strafsachen hier stets als Forschungsbegriff zu verstehen.[3] Es existieren mindestens

1 Bernhard Diestelkamp, Das Gericht des deutschen Königs im Hoch- und Spätmittelalter und das peinliche Strafrecht, in: Gerhard Lingelbach/Heiner Lück (Hrsg.), Deutsches Recht zwischen Sachsenspiegel und Aufklärung. Rolf Lieberwirth zum 70. Geburtstag dargebracht von Schülern, Freunden und Kollegen (Rechtshistorische Reihe, 80), Frankfurt a. M. u. a. 1991, S. 37–45, hier S. 44, ähnlich S. 37 f.

2 Vgl. Peter Oestmann, Wege zur Rechtsgeschichte: Gerichtsbarkeit und Verfahren, Köln/Weimar/Wien 2015, S. 180.

3 Einwände dagegen, Klagsachen seien bereits ab der Mitte des 13. Jahrhunderts mehr und mehr in *causae civiles* und *causae criminales* unterschieden worden, wie sie Gerhard Köbler, Deutsche Rechtsgeschichte: ein systematischer Grundriß der geschichtlichen Grundlagen des deutschen Rechts von den Indogermanen bis zur Gegenwart, 4. Aufl., München 1990, S. 134, vorbringt, lassen sich in den hier untersuchten Quellen zur höchsten Gerichtsbarkeit des Mittelalters im Allgemeinen nicht bestätigen.

drei verschiedene Definitionen und Erklärungsansätze, anhand derer Strafrecht bzw. Strafsache für das ausgehende Mittelalter zu fassen ist. In den Vordergrund wird dabei erstens etwa das obrigkeitliche Strafen gerückt, wenn etwa Harald Maihold den Kern des Strafrechts als „hoheitliche, mit einem sittlichen Tadel behaftete Sanktion" begreift.[4] Weil hierbei die Konfliktregelung von der Sanktion, also vom Ende her, gedacht wird, schließt dieser Ansatz womöglich Streitfälle aus, deren Bestrafung an den höchsten Gerichten nicht geleistet werden konnte und sollte. Vom Standpunkt des Prozessrechts könnten zweitens auch ausschließlich diejenigen Verfahren betrachtet werden, die als Strafprozess geführt wurden. Dass sich innerhalb der königlichen Gerichtsbarkeit im Spätmittelalter der Strafprozess als spezifischer Verfahrenstypus, zum Beispiel nach dem Muster des kanonischen Inquisitionsprozesses, ausgeformt hat, gilt jedoch bisher als nicht erwiesen. Als geeigneter erscheint somit die dritte Vorgehensweise, Konflikte anhand der Streitgegenstände den Strafsachen zuzuweisen.[5] Für diesen Beitrag sind als Delikte Totschlag und Mord, Verwundung und Körperverletzung, Brandstiftung, Vergewaltigung, Heimsuchung, Raub, Diebstahl, Gefangennahme, Münz-, Siegel- und Urkundenfälschung, Meineid, Zauberei und Hexerei, (Majestäts-)Beleidigung und (Land-)Friedensbruch untersucht worden. Diese Aufstellung korrespondiert teilweise mit der Aufzählung der sogenannten Hochgerichtsfälle bei Hans Hirsch[6] sowie den todeswürdigen Verbrechen nach der Darstellung des Sachsenspiegels[7].

4 Harald MAIHOLD, Konfliktlösung und Ausdifferenzierung des Strafrechts, in: David von Mayenburg (Hrsg.), Handbuch zur Geschichte der Konfliktlösung in Europa, Bd. 2: Konfliktlösung im Mittelalter, Berlin 2021, S. 201–211, hier S. 201.

5 Auf diese Weise ist z. B. auch Julia MAURER, Das Königsgericht und sein Wirken von 1451 bis 1493, in: Bernhard Diestelkamp (Hrsg.), Das Reichskammergericht. Der Weg zu seiner Gründung und die ersten Jahrzehnte seines Wirkens (1451–1527) (Quellen und Forschungen zur höchsten Gerichtsbarkeit im Alten Reich [künftig: QFHG], 45), Köln 2003, S. 79–115, vorgegangen. Sie hat sich dabei an der für das spätere Reichskammergericht entwickelten Kategorisierung von Filippo RANIERI, Recht und Gesellschaft im Zeitalter der Rezeption. Eine rechts- und sozialgeschichtliche Analyse der Tätigkeit des Reichskammergerichts im 16. Jahrhundert, 2 Bde. (QFHG, 17), Köln/Wien 1985, orientiert.

6 Vgl. Hans HIRSCH, Die hohe Gerichtsbarkeit im deutschen Mittelalter, 2. Aufl., Darmstadt 1958, S. 13–49, der Diebstahl, Raub, Brandstiftung, Verwundung, Totschlag, Mord und Notzucht nennt.

7 Vgl. Karl A. Eckhardt (Hrsg.), Sachsenspiegel. Landrecht (MGH Fontes iuris Germanici antiqui. Nova series, 1,1), 2. Aufl., Göttingen/Berlin/Frankfurt a. M. 1955, Ldr. II, 13, wonach mit der Todesstrafe Diebstahl über drei Schilling, falsches Maß und Gewicht, betrügerischer Verkauf, Mord, Raub, Vergewaltigung, Friedensbruch, Ehebruch, Hehlerei, Häresie, Zauberei und Giftmischerei zu sanktionieren seien. Vgl. auch Heiner LÜCK, Sühne und Strafgerichtsbarkeit im Kursachsen des 15. und 16. Jahrhunderts, in: Hans Schlosser/Dietmar Willoweit (Hrsg.), Neue Wege strafrechtsgeschichtlicher Forschung (Konflikt, Verbrechen und Sanktion in der Gesellschaft Alteuropas, 2), Köln/Weimar/Wien 1999, S. 83–99, hier S. 88. Vor einer inhaltlichen Verkürzung, als Strafsachen

Der Beitrag gliedert sich in drei Abschnitte: Die beiden ersten widmen sich der höchsten, vor allem königlichen Gerichtsbarkeit in Strafsachen im 13. und im 15. Jahrhundert. Ausgewählt werden somit zwei Zeitebenen, die Beginn und Ende des Spätmittelalters repräsentieren und im Vergleich die Grundlage dafür bilden, Wandlungsprozesse innerhalb der Strafgerichtsbarkeit zu identifizieren. Ausgehend von dieser chronologischen Betrachtung werden im dritten Abschnitt Bedingungen für die zuvor festgestellten Entwicklungen erläutert. Dabei ist insbesondere zu erklären, warum Strafsachen zum Ende des Mittelalters in der höchsten Gerichtsbarkeit geradezu marginalisiert waren.

1. Strafsachen innerhalb der höchsten Gerichtsbarkeit im 13. Jahrhundert

Die persönliche Streiterledigung durch den König nahm im 13. Jahrhundert, gemessen am gesamten Konfliktaufkommen im römisch-deutschen Reich, noch einen größeren Raum ein. So hat eine quantitative Analyse der Überlieferung gezeigt, dass Friedrich II., aber auch die nach dem sogenannten Interregnum regierenden Könige Rudolf I., Adolf, Albrecht I. und selbst Heinrich VII. am Beginn des 14. Jahrhunderts regelmäßig selbst zu Gericht saßen, urteilten oder als Schiedsrichter und Vermittler auftraten.[8] Anlässe ergaben sich hierbei auf den Hoftagen sowie aus der Reisetätigkeit der Throninhaber, wodurch Streitende die Gelegenheit erhielten, ihre Auseinandersetzung vor den König zu bringen.

Soweit es Strafsachen betrifft, sind insbesondere Mordfälle an den Großen des Reiches auf den Reichsversammlungen behandelt worden und haben sich entsprechend in den Quellen niedergeschlagen. Für den Mord an König Philipp von Schwaben wurden die Täter auf dem Hoftag in Frankfurt am Main am 11. November 1208 geächtet, nachmals in Augsburg am 6. Januar 1209 endgültig verurteilt.[9] Zum Mord an Erzbischof Engelbert von Köln wurde am 1. Dezember

---

nur diejenigen Delikte zu betrachten, die einen Friedensbruch darstellen, hat Barbara Frenz, Frieden, Gemeinschaft und Gerechtigkeit durch Stadtherr, Rat und Bürger – Strafgerichtshistorische Aspekte in deutschen Stadtrechtstexten des 12. und 13. Jahrhunderts, in: Schlosser/Willoweit, Neue Wege strafrechtsgeschichtlicher Forschung, S. 111–145, hier S. 124–126, zu Recht gewarnt.

8 Vgl. Hendrik Baumbach, Königliche Gerichtsbarkeit und Landfriedenssorge im deutschen Spätmittelalter. Eine Geschichte der Verfahren und Delegationsformen zur Konfliktbehandlung (QFHG, 68), Köln/Weimar/Wien 2017, S. 40–51, hier S. 50, Abb. 1.

9 Vgl. Julius Ficker (Hrsg.), Die Regesten des Kaiserreichs unter Philipp, Otto IV., Friedrich II., Heinrich (VII.), Conrad IV., Heinrich Raspe, Wilhelm und Richard 1198–1272, Abt. 1 (Regesta Imperii, V,1,1 [künftig: RI V,1,1]), Innsbruck 1881, Nr. 240d und 251a. Siehe dazu Peter Landau, Die Ermordung des deutschen Königs Philipp von Schwaben in Bamberg am 21. Juni 1208. Rechtsgeschichtliche Fragen zum ersten deutschen Königsmord, in: Johannes Gießauf (Hrsg.), Päpste, Privilegien, Provinzen. Beiträge zur Kirchen-, Rechts- und Landesgeschichte. Festschrift für Werner

1225 eine Gerichtssitzung in Nürnberg abgehalten. Hier war es nicht der König, sondern Gerlach von Büdingen, der das Urteil fand.[10] König Heinrich (VII.) war insoweit involviert, als dass er später Graf Friedrich von Isenburg als überführten Mörder aufgrund der Tat seines Erbanspruchs auf die Vogtei im hessischen Kaufungen enthob.[11] Die Reichsversammlungen bildeten damit ein wichtiges Forum, Strafsachen im Kreise der anwesenden Herrschaftsträger zu verfolgen. Bemerkenswert ist dabei, dass in den meisten Fällen die Beschuldigten und Täter den weltlichen und geistlichen Großen zuzurechnen sind. In Mainz 1235 etwa beurkundete Kaiser Friedrich II. auf Klage des Grafen Stephan von Burgund, Graf Egino von Urach halte seine Tochter gefangen und habe sie einiger Güter beraubt, dass der Beschuldigte die Geschädigte unverzüglich freizulassen und das Geraubte zurückzuerstatten habe.[12] Der Graf von Burgund profitierte dabei von seiner persönlichen Teilnahme am Hoftag oder reiste womöglich gerade aus dem Grund nach Mainz, um seiner Klage das erforderliche Gehör zu verschaffen. Auf welche Art und Weise dies glückte, ist in den Quellen nicht im Detail überliefert. Am wahrscheinlichsten ist, dass er zunächst informelle Gesprächsanlässe dafür nutzte, den Fall bekannt zu machen. Saßen der König und die anwesenden Großen einmal als situativ konstituiertes Gericht zusammen, bot sich dann auch formal die Gelegenheit, mündlich Klage zu erheben. Eine aktive Verfolgung durch den Throninhaber im Sinne des modernen Offizialprinzips ist bei Strafsachen an der Wende vom Hoch- zum Spätmittelalter jedenfalls nicht zu beobachten.

Strafen, die sich gegen Leib und Leben der beklagten Großen richteten, gab es ebenfalls nicht, zumindest nicht unmittelbar. Die Urteile konzentrierten sich darauf, die eingetretene Schädigung gutzumachen. Typischerweise wurde der

---

Maleczek zum 65. Geburtstag (Mitteilungen des Instituts für Österreichische Geschichtsforschung. Erg.-Bd. 55), Wien 2010, S. 229–244; zugl. in: Deutsche Rechtsgeschichte im Kontext Europas. 40 Aufsätze aus vier Jahrzehnten, Badenweiler 2016, S. 301–320; Andreas Bihrer, König Philipp von Schwaben – Bamberg, 21. Juni 1208, in: Michael Sommer (Hrsg.), Politische Morde. Vom Altertum bis zur Gegenwart, Darmstadt 2005, S. 117–126.

10 Vgl. Julius Ficker (Hrsg.), Die Regesten des Kaiserreichs unter Philipp, Otto IV., Friedrich II., Heinrich (VII.), Conrad IV., Heinrich Raspe, Wilhelm und Richard 1198–1272, Abt. 2 (Regesta Imperii, V,1,2 [künftig: RI V,1,2]), Innsbruck 1882, Nr. 3994a.

11 Vgl. Bernhard Diestelkamp (Hrsg.)/Ekkehart Rotter (Bearb.), Urkundenregesten zur Tätigkeit des deutschen Königs- und Hofgerichts bis 1451, Bd. 2: Die Zeit von Philipp von Schwaben bis Richard von Cornwall 1198–1272 (künftig: URH 2) (QFHG. Sonderreihe, 2), Köln/Weimar/Wien 1994, Nr. 240 = RI V,1,2 (wie Anm. 10), Nr. 4030. Graf Dietrich von Kleve, der verleumderisch des Mordes am Kölner Erzbischof beschuldigt wurde, wurde auf dem Hoftag zwar für unschuldig erklärt. Jedoch muss der Graf entgegen diesem Urteil weiterhin Nachteile erlitten haben, sodass dieser bei Heinrich (VII.) am 24. November 1226 ein Schreiben erwirkte, welches den Reichsgetreuen die Beachtung des Rechtsspruchs nochmals einschärfte, vgl. URH 2, Nr. 241.

12 Vgl. URH 2 (wie Anm. 11), Nr. 391 = RI V,1,1 (wie Anm. 9), Nr. 2101.

Versuch unternommen, den Status quo ante wiederherzustellen. So konstatierte König Konrad IV. am 1. Mai 1242 in einem Urteil mit Rat der Fürsten gegen Propst und Kloster von Berchtesgaden zunächst, dass diese sich betrügerisch den Kirchenbesitz zu Ellingen angeeignet hätten. Aus diesem Grund entsetzte er den Propst der Kirchenverwaltung und gab schlichtweg den Besitz an die geschädigten Deutschordensbrüder zurück.[13] König Rudolf von Habsburg verfügte am 13. Februar 1288, dass Bischof Simon von Worms, dem einiger Besitz im Odenwald geraubt worden war, nach erfolgreichem Nachweis seiner Rechte dort durch den Burggrafen von Starkenburg wiederum in die Güter eingesetzt werden sollte.[14] Die Wiedereinsetzung übernahm dabei nicht der Throninhaber selbst, sondern ein eigens zu diesem Zweck bestimmter Herrschaftsträger. Diese Vorgehensweise war kennzeichnend für das Anleiteverfahren, das am königlichen Hofgericht das Spätmittelalter hindurch praktiziert wurde.[15] Ob und wie schnell die Wiedereinsetzung in den strittigen Besitz gelang, hing dabei vom Einzelfall ab – im Zweifel besaß die Einweisung des Klägers in den Besitz „lediglich symbolischen Charakter".[16] Dass die Herrschaftsträger von einer körperlichen Bestrafung ausgenommen waren, dürfte erstens darauf zurückgehen, dass sie die Taten nicht notwendigerweise persönlich oder allein begingen, sondern leicht auf Helfer und Helfershelfer aus ihrem Gefolge und Untertanenverband zurückgreifen konnten. Wesentlicher erscheint aber zweitens, dass die Ausführung von Körperstrafen an Adligen niederrangigeren Personen oblegen hätte, sodass dieser ständische Vorbehalt eine solche Form der Bestrafung ausgeschlossen hat. Darauf weisen auch Fälle hin, in denen der König sehr wohl Körperstrafen bis hin zur Todesstrafe verhängte oder einer entsprechenden Verurteilung beiwohnte. Rudolf von Habsburg hielt beispielsweise am 20. Dezember 1289 in Erfurt eine Gerichtssitzung ab, in der 29 im Umland der Stadt gefangene Räuber gerichtet und für ihre Vergehen mit der Enthauptung bestraft wurden.[17] Die Beteiligung

---

13 Vgl. URH 2 (wie Anm. 11), Nr. 461.

14 Vgl. Bernhard Diestelkamp (Hrsg.)/Ute Rödel (Bearb.), Urkundenregesten zur Tätigkeit des deutschen Königs- und Hofgerichts bis 1451, Bd. 3: Die Zeit Rudolfs von Habsburg 1273–1291 (künftig: URH 3) (QFHG. Sonderreihe, 3), Köln/Wien 1986, Nr. 549.

15 Zum Anleiteverfahren innerhalb der königlichen Hofgerichtsbarkeit siehe Friedrich Battenberg, Reichsacht und Anleite im Spätmittelalter. Ein Beitrag zur Geschichte der höchsten königlichen Gerichtsbarkeit im Alten Reich, besonders im 14. und 15. Jahrhundert (QFHG, 18), Köln/Wien 1986, S. 304–345. In der Neuzeit hatte das Anleiteverfahren seine Bedeutung zugunsten effektiverer Säumnisverfahren verloren, vgl. Werner Ogris, Art. Anleite, in: Handwörterbuch zur deutschen Rechtsgeschichte (künftig: HRG), Bd. 1. 2. Aufl., Berlin 2008, Sp. 246 f., hier Sp. 247.

16 Battenberg, Reichsacht und Anleite (wie Anm. 15), S. 317.

17 Vgl. Oswald Redlich (Hrsg.), Die Regesten des Kaiserreichs unter Rudolf, Adolf, Albrecht, Heinrich VII. 1273–1313, Abt. 1 (Regesta Imperii VI,1 [künftig: RI VI,1]), Innsbruck 1898, Nr. 2263. Siehe dazu ferner Otto Franklin, Das Reichshofgericht im Mittelalter, Bd. 1: Geschichte, Weimar 1869,

des Reichsoberhauptes an derartigen Strafmaßnahmen waren jedoch auch im 13. Jahrhundert ausweislich der Überlieferung die Ausnahme. In den Erfurter Fall mag der König wohl auch deshalb involviert gewesen sein, weil er an der Verfolgung der Täter vor Ort mitgewirkt hatte und 1290 gegen weitere Räuber in Thüringen gewaltsam vorging, wofür die Gerichtssitzung wiederum eine Legitimationsgrundlage bildete.

Ein Schaden an Leib und Leben drohte Herrschaftsträgern allenfalls als Folge einer verhängten Achtstrafe. Unternahm ein Geächteter keine Anstalten, sich von einer gegen ihn verkündeten Achterklärung wieder zu lösen, konnte durch die geschädigte Seite eine Verfestigung der Acht durchgesetzt werden.[18] Da im Laufe des Spätmittelalters immerfort und in großer Zahl Achturteile vor allem innerhalb der königlichen Gerichtsbarkeit verhängt wurden, war diese Gefahr durchaus real. Demgegenüber hatten Geächtete mindestens ein Jahr Zeit, sich von der Proskription zu lösen, oder konnten alternativ Maßnahmen ergreifen, eine Schädigung zu verhindern, und so auch langfristig im Zustand der Acht verharren. Die Reichsacht wurde dabei sowohl bei Nichterscheinen zum Gerichtstag als Sanktion wegen gerichtlichen Ungehorsams als auch bei Verbrechen verhängt.[19] Die Äbtissin von Sonnenburg hatte beispielsweise ein Urteil der Fürsten gegen Otto von St. Martin wegen Notzucht erlangt, in dessen Folge Friedrich II.

S. 135 mit Anm. 3 und 4; Otto DOBENECKER, König Rudolfs I. Friedenspolitik in Thüringen, in: Zeitschrift des Vereins für thüringische Geschichte und Altertumskunde 12 (1885), S. 529–560, hier S. 554 f.; Winfried LEIST, Landesherr und Landfrieden in Thüringen im Spätmittelalter 1247–1349 (Mitteldeutsche Forschungen, 77), S. 42 mit Anm. 93, aber zum Jahr 1288. Richtig ist die Bemerkung von Oswald REDLICH, Rudolf von Habsburg. Das deutsche Reich nach dem Untergange des alten Kaisertums, Innsbruck 1903, S. 449, dass die Bestrafung der Räuber auf Geheiß des Königs zuerst in den erzählenden Quellen und damit nicht in Urkunden und Schreiben, die im Zusammenhang mit dem Gerichtsverfahren in Verbindung stehen, Niederschlag gefunden habe.

18 Zur Aberacht siehe BATTENBERG, Reichsacht und Anleite (wie Anm. 15), S. 285–291 und 417–432.

19 Vgl. BATTENBERG, Reichsacht und Anleite (wie Anm. 15), S. 221–230. Zur Bedeutung der Reichsacht in der Strafrechtsentwicklung siehe Rudolf HIS, Das Strafrecht des deutschen Mittelalters, Bd. 1, Leipzig 1920, S. 457 f. Die Verknüpfung der Reichsacht mit verschiedenen Verbrechen ist ab dem 12. Jahrhundert deutlich zu beobachten. Belege liefern vor allem die in der Regel auf den Reichsversammlungen verkündeten Landfrieden. Brandleger sollten nach einem Landfrieden Friedrichs I. explizit geächtet werden. Diese Regelung wurde auch in den Landfrieden von 1221 und 1224 wiederholt und bekräftigt, vgl. Arno BUSCHMANN, Landfriede und Landfriedensordnung im Hoch- und Spätmittelalter. Zur Struktur des mittelalterlichen Landfriedensrechts, in: ders./Elmar Wadle (Hrsg.), Landfrieden. Anspruch und Wirklichkeit (Rechts- und Staatswissenschaftliche Veröffentlichungen der Görres-Gesellschaft. Neue Folge, 98), Paderborn u. a. 2002, S. 95–121, hier S. 105–107. Abseits der Landfrieden finden sich auch Rechtssprüche, die verfügten, bestimmte Straftaten mit der Reichsacht zu ahnden. Beispielsweise entschied Heinrich (VII.) am 11. Februar 1234, dass das Verbrechen der Heimsuchung mit der Acht bestraft werden sollte, vgl. URH 2 (wie Anm. 11), Nr. 358 = RI V,1,2 (wie Anm. 10), Nr. 4305.

zunächst den Täter ächtete und Heinrich (VII.) dieses Urteil am 22. April 1226 gegenüber den Reichsgetreuen noch einmal bekräftigte.[20] Mit der Reichsacht belegt wurden 1232 auch Graf Konrad von Wasserburg und dessen Helfer wegen eines Raubes.[21] Untersuchungen, in wie vielen Fällen eine Achtstrafe tatsächlich zur Tötung oder Schädigung des Geächteten führte, liegen für das Mittelalter nicht vor. Sie dürften auf Basis der Quellenlage auch schwerlich anzustellen sein, weil solche Taten straffrei waren und daher in der Gerichtspraxis keinen schriftlichen Niederschlag erzeugt haben dürften.

Abseits der persönlichen Mitwirkung des Königs an der Gerichtsbarkeit in Strafsachen ist das Reichsoberhaupt im 13. Jahrhundert viel häufiger im Zusammenhang mit der Restitution von Tätern belegt. Für Rudolf von Habsburg existieren mehrere Rechtshandlungen – teils als Urkundenformular überliefert –, in denen er sich dafür einsetzte, dass Täter, nachdem sie Buße geleistet hatten, nicht weiterverfolgt wurden. Ein Mann, der wegen Totschlags an seiner Ehefrau und deren Liebhaber zunächst geächtet worden war, wurde durch den König restituiert und der Stadt, in der er wohnte, befohlen, ihn wiederum aufzunehmen und fortan unbehelligt zu lassen.[22] Demgegenüber finden sich ebenso Aufforderungen des Reichsoberhauptes, die ihm bekannt gewordenen Straftaten zu verfolgen. Diese Gebotbriefe richteten sich an Herrschaftsträger, in deren Nähe das Verbrechen stattgefunden hatte. Überliefert ist ein Formular König Rudolfs, in dem der Habsburger begehrte, den Mörder eines Stadtrichters zu bestrafen und mit königlicher Strenge zu verfolgen.[23] In einem anderen Formular forderte der Throninhaber dazu auf, gegen eine Person vorzugehen und sie gefangen zu setzen, weil sie mit Brandlegungen und Raub den Zisterzienserorden geschädigt hatte.[24] Zielobjekt solcher Strafmaßnahmen waren auch Burgen, von denen aus wiederholt Raubüberfälle – in der Regel an vorbeiziehenden Kaufleuten – begangen wurden. Von der Stadt Straßburg verlangte Gegenkönig Heinrich Raspe etwa, die Burg Wickersheim bei Straßburg aus diesem Grund anzugreifen und zu zerstören.[25] Da solche herrscherlichen Befehle auf Interventionen und Bitte der Geschädigten am Königshof zurückgingen, welche die Ausfertigung solcher Schreiben auch zu bezahlen hatten, dürfen sie nur als indirekte Reaktionen des Reichsoberhauptes auf augenfällig gewordene Verbrechen betrachtet werden.

20 Vgl. URH 2 (wie Anm. 11), Nr. 218.

21 Vgl. URH 2 (wie Anm. 11), Nr. 336 = RI V,1,1 (wie Anm. 9), Nr. 1980.

22 Vgl. URH 3 (wie Anm. 14), Nr. 294 sowie weiterhin Nr. 295–297 und 445.

23 Vgl. URH 3 (wie Anm. 14), Nr. 336 = RI VI,1 (wie Anm. 17), Nr. 1575.

24 Vgl. URH 3 (wie Anm. 14), Nr. 289 = RI VI,1 (wie Anm. 17), Nr. 1479.

25 Vgl. URH 2 (wie Anm. 11), Nr. 481. Ein Rechtsspruch König Rudolfs verfügte 1275 die Zerstörung der Burg Steckelberg bei Schlüchtern, die zuvor für mehrere Raubzüge genutzt wurde, vgl. RI VI,1 (wie Anm. 17), Nr. 445 = URH 3 (wie Anm. 14), Nr. 63.

Den Schreiben musste keine Gerichtssitzung oder vor Ort durchgeführte Untersuchung der Strafsache vorausgehen. Die Sanktionen waren dementsprechend oft auch nicht von geltenden Rechtsnormen abgeleitet oder im Kreise von Urteilern gefunden worden, sondern basierten auf Bitten und Klagen der Geschädigten, denen so lange vorbehaltlos Glauben geschenkt wurde, wie keine gegenteiligen Nachrichten den Hof erreichten und die Petenten in der Gunst des Königs standen und ihre Schreiben bezahlten. Umgekehrt galt für die Beschuldigten und Täter dasselbe. Konnten diese am Königshof glaubhaft machen, ein Verbrechen nicht begangen zu haben, unverhältnismäßiger Verfolgung ausgesetzt zu sein oder trotz erfolgter Wiedergutmachung keinen Frieden zu finden, konnten sie darauf insistieren, dass sich der Throninhaber für sie verwendete.[26]

Die vorgestellten Beispiele zeigen, dass Strafsachen im 13. Jahrhundert am Hof der Kaiser und Könige vorgebracht wurden, die Gesamtzahl der Fälle, in denen das Reichsoberhaupt diese Klagen durch einen Rechtsspruch entschied, aber eher die Ausnahme blieb. Wie für alle anderen Streitigkeiten auch bildeten die Reichsversammlungen das wichtigste Forum, um Konflikte an den Herrscher heranzutragen und Gerichtssitzungen abzuhalten. Die Aussage von Friedrich Battenberg, die „Strafjustiz“ sei nach dem Mainzer Reichslandfrieden 1235 nicht durch das königliche Hofgericht ausgeübt worden, sondern dem König persönlich vorbehalten gewesen,[27] muss ausgehend von den Quellen differenzierter beurteilt werden. Tatsächlich gibt es keine nennenswerten Belege, dass Strafsachen vom königlichen Hofrichter im 13. Jahrhundert gerichtet wurden – eine häufige Beschäftigung des Throninhabers mit diesen Verbrechen ist aber ebenfalls nicht

26 König Heinrich (VII.) verlangte 1230 von allen Reichsgetreuen, den Grafen Egino von Freiburg unbehelligt zu lassen, da er gegen den Grafen keinen Zorn hege, obwohl dieser die königlichen Juden gefangen genommen hatte, vgl. URH 2 (wie Anm. 11), Nr. 291. Im Falle der wegen Mordes und Gefangennahme angeklagten Mainzer Juden setzte sich Rudolf von Habsburg 1286 in einem an die Bürger der Stadt gerichteten Schreiben allerdings gegen die Verfolgung der Juden durch den Mainzer Erzbischof ein, vgl. RI VI,1 (wie Anm. 17), Nr. 2047 = URH 3 (wie Anm. 14), Nr. 496. Auch königliche Bestätigungen von andernorts ergangenen Urteilen dürften von den Petenten mit dem Ziel verbunden gewesen sein, eine größere Rechtssicherheit zu erlangen, die sie durch die Beschuldigung mit einer Straftat zunächst verloren hatten. Abt Hermann von Walkenried ließ sich von König Adolf von Nassau 1296 ein Urteil des Thüringer Landfriedensgerichts bestätigen, das ihn vom Vorwurf des Totschlags nach erfolgter Reinigung freigesprochen hatte, vgl. Ute Rödel (Bearb.), Urkundenregesten zur Tätigkeit des deutschen Königs- und Hofgerichts bis 1451, Bd. 4: Die Zeit Adolfs von Nassau, Albrechts I. von Habsburg und Heinrichs von Luxemburg 1292–1313 (künftig: URH 4) (QFHG. Sonderreihe, 4), Köln/Weimar/Wien 1992, Nr. 120 = Vincenz Samanek (Bearb.), Die Regesten des Kaiserreichs unter Rudolf, Adolf, Albrecht, Heinrich VII. 1273–1313, Abt. 2 (Regesta Imperii, VI,2 [künftig: RI VI,2]), Innsbruck 1948, Nr. 736.

27 Vgl. Friedrich Battenberg, Art. Reichshofgericht, in: HRG, Bd. 4. 1. Aufl., Berlin 1990, Sp. 615–626, hier Sp. 623.

nachzuweisen. In mehreren Fällen ist nur eine oberflächliche Beteiligung des Königs an der Verfolgung von Strafsachen belegt, wenn etwa Ge- und Verbotbriefe ausgefertigt wurden, um etwa Beschuldigte zu verfolgen, ohne dass zuvor ein gerichtliches Verfahren am Hof stattgefunden hatte. Ein substanzieller Unterschied hinsichtlich der Strafgerichtsbarkeit zwischen den staufischen Herrschern im frühen 13. Jahrhundert und jenen, die unmittelbar nach dem Interregnum regierten, ist zumindest für das römisch-deutsche Reich nicht festzustellen.[28]

2. Höchstgerichtliche Behandlung von Strafsachen im 15. Jahrhundert

Im Vergleich zum 13. Jahrhundert ist die Überlieferung zur höchsten Gerichtsbarkeit im römisch-deutschen Reich im 15. Jahrhundert um ein Vielfaches höher,[29] sodass die Konfliktregelung einzelner Auseinandersetzungen zum Teil detaillierter nachvollzogen werden kann. Ein quantitativer Vergleich, ob im 13. oder im 15. Jahrhundert die Strafgerichtsbarkeit einen größeren Anteil an der königlichen Konfliktbehandlung ausgemacht hat, kann nur mit äußerster Vorsicht vorgenommen werden, da die steigende Bedeutung von Schriftlichkeit innerhalb der Jurisdiktion einerseits[30] und die höhere Überlieferungswahr-

28 Die Behauptung, mit dem Ende der Herrschaft der Staufer sei es innerhalb der königlichen Strafgerichtsbarkeit zu einem Umbruch gekommen, wie sie Diestelkamp, Das Gericht des deutschen Königs (wie Anm. 1), S. 43, vertritt, hat sich auf Basis der hier untersuchten Quellen nicht bestätigen lassen.

29 Die urkundliche Überlieferung der römisch-deutschen Könige und Kaiser wird im Rahmen der „Regesta Imperii" erschlossen: Für Sigismund, dessen Urkunden gegenwärtig einer Neubearbeitung unterzogen werden, ist nach wie vor der Band von Wilhelm Altmann (Bearb.), Die Urkunden Kaiser Sigmunds (1410–1437) (Regesta Imperii, XI (künftig: RI XI)), 2 Teile, Innsbruck 1896–1900, zu verwenden, für Albrecht II. der Band von Günther Hödl (Bearb.), Albrecht II. 1438–1439 (Regesta Imperii, XII [künftig: RI XII]), Wien/Köln/Graz 1975, für Friedrich III. die inzwischen 36 Hefte der Regesten Kaiser Friedrichs III. (1440–1493) nach Archiven und Bibliotheken geordnet (Regesta Imperii, XIII [künftig: RI XIII]) und die ausgewählten Regesten zu Maximilian I., wobei die ersten drei Bände den Zeitraum seiner Regierung im ausgehenden 15. Jahrhundert umfassen. Nicht Bestandteil der Regesta Imperii sind die Urkunden König Ruprechts I., für den Lambert von Oberndorff/Manfred Krebs (Bearb.), Regesten der Pfalzgrafen am Rhein 1214–1508, Bd. 2: Regesten König Ruprechts (künftig: Reg. Pfgf. 2), Innsbruck 1912–1939, zu konsultieren sind.

30 Diese Bedeutungssteigerung der Schriftlichkeit bei der Erledigung von Gerichtsverfahren illustrieren Friedrich Battenberg/Bernhard Diestelkamp (Hrsg.), Die Protokoll- und Urteilsbücher des Königlichen Kammergerichts aus den Jahren 1465 bis 1480. Mit Vaganten und Ergänzungen, 3 Bde. (QFHG, 44), Köln/Weimar/Wien 2003, sowie die Edition von Daniel Luger, Das ‚Königliche Gerichtsbuch' des Michael von Pfullendorf aus den Jahren 1442 bis 1451 – Zu den Anfängen des Kammergerichts am römisch-deutschen Königshof. Einführung und Edition (QFHG, 77), Köln/Weimar/Wien 2022.

scheinlichkeit andererseits bei der Interpretation berücksichtigt werden müssen. Festzustellen ist zwar, dass in dem bislang erschlossenen Quellenmaterial einige Hundert Rechtshandlungen der Könige und Kaiser erhalten geblieben sind, die Strafsachen berühren, diese Fälle in der Gesamtschau jedoch nur einen kleineren Teil ausgemacht haben. Ausgehend von den Protokollbüchern des königlichen Kammergerichts hat Julia Maurer in einer ersten Quantifizierung bestimmt, dass sich im Zeitraum von 1440 bis 1493 im Durchschnitt ein Fünftel aller anhängigen Streitsachen den „strafrechtlichen Verfahren" zuordnen lassen.[31] Im Hinblick auf die Delikte dominieren im 15. Jahrhundert innerhalb der höchsten Gerichtsbarkeit vor allem Verbrechen, die nicht aus einer Einzeltat bestanden, sondern über einen längeren Zeitraum, in Kombination mehrerer Delikte und von mehr als einer Person begangen wurden. Mord, Raub und Brandstiftung wurden dabei oft summarisch genannt und gehen offenbar auf ein allgemeines Schadentrachten zurück, das sich nicht zwischen Einzelpersonen, sondern zwischen zwei oder mehr Herrschaften abspielte. Auf dieser Grundlage kann eine plausible Statistik über die einzelnen Delikte nicht erstellt werden.

Trotz der breiteren Überlieferung zum 15. Jahrhundert finden sich nur wenige Hinweise, dass das Reichsoberhaupt in personam über Straftaten richtete. Die Fälle berühren dabei wiederum Strafsachen, welche die Großen des Reiches betrafen, wie zum Beispiel den Totschlag an Herzog Friedrich I. von Braunschweig und Lüneburg im Sommer 1400. Der Herzog war als Aspirant auf den römisch-deutschen Königsthron im Gespräch gewesen und wurde auf dem Heimweg unweit von Fritzlar von Graf Heinrich VII. von Waldeck und dessen Helfern Ritter Friedrich von Hertingshausen und Ritter Konrad von Falkenberg, allesamt Parteigänger des Mainzer Erzbischofs, der die Wahl Ruprechts favorisierte, getötet. Nach seiner Königswahl beteiligte sich Ruprecht an der Konfliktbewältigung, die als Sühneverhandlung aller Beteiligten auf mehreren gütlichen Tagen bis 1403 durchgeführt wurde. In den ersten Verhandlungen einigten sich die Streitparteien, die Entscheidung über den Totschlag Ruprecht zu überlassen. Im Übri-

31 Maurer, Das Königsgericht und sein Wirken (wie Anm. 5), S. 114: Dabei gibt sie für den Zeitraum von 1440–1450 24 %, für 1451–1464 20 %, für 1465–1470 18 %, für 1471–1475 lediglich 14 % und für den langen Zeitraum von 1476–1493 wiederum 20 % an. Diese Angaben sind inzwischen aufgrund von Erschließungsarbeiten, die weitere Quellen zutage befördert haben, zu relativieren. Eine andere Übersicht über den Geschäftsanfall am Königlichen Kammergericht bieten die sogenannten virtuellen Prozessakten, siehe Battenberg/Diestelkamp (Hrsg.), Die Protokoll- und Urteilsbücher (wie Anm. 30), Bd. 3, S. 999–1363. Darin verzeichnet sind insgesamt 702 Prozesse, von denen sich meiner Zählung nach 48 mit strafrechtlichen Belangen in Verbindung bringen lassen, was noch nicht bedeutet, dass vor Gericht tatsächlich strafrechtliche Fragen im Vordergrund gestanden hätten oder ein Urteil darüber gesprochen worden ist. Das entspricht jedenfalls einem Anteil von gerade einmal knapp 7 %.

gen wurde den drei Beschuldigten und allen am Überfall beteiligten Personen die Tat verziehen.[32] Obgleich die Rechtsentscheidung damit dem König übertragen war, beauftragte und bevollmächtigte Ruprecht zunächst Landgraf Hermann von Hessen, für den fristgemäßen Fortgang der Verhandlungen zu sorgen.[33] Eine Entscheidung, die formal ein Schiedsspruch des Königs nach Recht war und zu diesem Zeitpunkt noch nicht alle Klagepunkte einschloss, wurde am 3. Februar 1403 in Nürnberg verkündet.[34] Separat und gütlich wurde vereinbart, dass Friedrich von Hertingshausen und Konrad von Falkenberg für den Totschlag in Fritzlar innerhalb eines Jahres eine ewige Messe von 40 rheinischen Gulden jährlich zu stiften hatten, den Herzögen auf ewig Urfehde schwören mussten, sich dem König als Gefangene stellen und nach dem Ende dieser Gefangenschaft für zehn Jahre das Land meiden sollten. Eine Begnadigung war nach vier Jahren möglich.[35] Das Beispiel des Totschlags an Herzog Friedrich I. von Braunschweig kennzeichnet, dass die Parteien zwar eine Rechtsentscheidung vom König forderten, dessen Rolle von Beginn an jedoch auf die eines Schiedsrichters festgelegt war. Eine peinliche Bestrafung der Täter wurde wahrscheinlich dadurch umgangen, indem bereits im Schiedsvertrag die Geschädigten und nachmals auch der König auf jegliche Ansprüche gegenüber den Beschuldigten verzichteten. Durch das Schiedsverfahren war allen Beteiligten Raum gegeben, eine alternative, das heißt von den Rechtsnormen abweichende Strafzumessung zu fordern und festzusetzen, die in diesem Fall der Schiedsspruch auch abbildet.

Einige Parallelen in der Konfliktbehandlung weist der Anschlag auf Herzog Ludwig VII. von Bayern-Ingolstadt auf, der sich auf dem Konstanzer Konzil ereignet hat. Herzog Heinrich XVI. von Bayern-Landshut, sein Vetter, hatte Ludwig am 20. Oktober 1417 mit einigen Bewaffneten angefallen und mit einem Schwert

32 Vgl. Ute Rödel (Bearb.), Urkundenregesten zur Tätigkeit des deutschen Königs- und Hofgerichts bis 1451, Bd. 15: Die Zeit Ruprechts 1400–1403 (künftig: URH 15) (QFHG. Sonderreihe, 15), Köln/Weimar/Wien 2009, Nr. 24, vom 20. Januar 1401. Inhalt dieser Vereinbarung war außerdem, dass die Beschuldigten alle Gefangenen an den König zu überstellen und jeglichen geraubten Besitz an die Erben des Getöteten zurückzugeben hatten. Ruprecht selbst verzichtete gegenüber den Beschuldigten ebenfalls auf alle Ansprüche aus jenem Überfall, vgl. URH 15, Nr. 58 = Reg. Pfgf. 2 (wie Anm. 29), Nr. 569, vom 28. Februar 1401. Zu dieser Auseinandersetzung siehe auch Heinrich E. Huckert, War Erzbischof Johann II. von Mainz der Urheber der Tötung Herzogs Friedrich von Braunschweig? (Schulprogramm Neisse 1888), Neisse 1888.

33 Vgl. URH 15 (wie Anm. 32), Nr. 57 = Reg. Pfgf. 2 (wie Anm. 29), Nr. 572. Der Landgraf dürfte auch deshalb beauftragt worden sein, weil er am Konflikt selbst nicht als Partei beteiligt war und die bisherigen Sühneverhandlungen in Marburg stattgefunden hatten. Es gibt mehrere Hinweise, dass sich Hermann während der Abwesenheit Ruprechts der Sache annahm, siehe z. B. URH 15 (wie Anm. 32), Nr. 62, 65, 67 f. und 70.

34 Zum Schiedsspruch siehe URH 15 (wie Anm. 32), Nr. 257 = Reg. Pfgf. 2 (wie Anm. 29), Nr. 2769.

35 Vgl. Reg. Pfgf. 2 (wie Anm. 29), Nr. 2771.

in den Rücken gestochen, sodass dieser nur mit Glück überlebte. Mit Hilfe einiger anwesender Fürsten, darunter Markgraf Friedrich von Brandenburg und den Herzögen Ernst und Wilhelm von Bayern-München, vermittelte König Sigismund. Am 3. Januar 1418 beurkundete der König, dass er einerseits Heinrich und dessen Helfern die Tat verziehen habe und jede Anfeindung gegen sie untersage, stellte andererseits aber fest, dass Heinrich wegen der Verwundung seines Vetters Genugtuung und Schadensersatz zu leisten habe.[36] Anders als beim Totschlag an Friedrich von Braunschweig scheint danach kein Schiedsverfahren in Gang gekommen, sondern ein Rechtsspruch durch den König mit zahlreichen Beisitzern auf einer Reichsversammlung in Nürnberg gefällt worden zu sein. Gut 15 Jahre nach dem Verbrechen urteilte Sigismund, dass Heinrich wegen der Tat seinen Vetter um Verzeihung bitten müsse, drei ewige Messen zu je 50 Gulden zu stiften habe, zudem persönlich oder durch einen Vertreter und binnen Jahresfrist zum Heiligen Grab nach Jerusalem, nach Rom, Aachen, Einsiedeln und Wilsnack reisen solle, alle Kosten inklusive des Arztlohns zahlen und für Ludwig 100 Gleven im Krieg gegen die Hussiten für drei Monate leisten müsse.[37] Bemerkenswert ist in diesem Zusammenhang, dass Sigismund in diesem Fall auf das Personal seines Hofgerichts zurückgriff. So findet sich ein Kanzleivermerk des Hofgerichtsschreibers Peter Wacker auf dem Urteilsbrief von 1431. Johann Kirchen, der bereits unter König Ruprecht im Hofgericht tätig war, war zuständiger Kanzlist für die Urkunde von 1418. Damit ist zumindest erwiesen, dass am Königshof im 15. Jahrhundert auch bei Strafsachen das Personal des Hofgerichts hinzugezogen wurde. Ein persönliches Eingreifen des Throninhabers kam außerdem dann vor, wenn in hohem Maße Eigeninteressen berührt waren. Die Reichs- und Aberacht, die Friedrich III. gegen die Städte Gent, Brügge, Ypern und deren Anhänger 1488 verkündete, nachdem diese Maximilian, den Sohn des Kaisers, gefangen genommen hatten,[38] ging auf eine persönliche Entscheidung des Habsburgers zurück, zumal er umgehend militärische Maßnahmen zur Befreiung Maximilians ergriff.[39]

Die Fallbeispiele belegen zwar, dass das Reichsoberhaupt auch im 15. Jahrhundert noch persönlich in die Bewältigung von Strafsachen involviert war, jedoch

36 Vgl. RI XI,1 (wie Anm. 29), Nr. 2773.

37 Vgl. RI XI,2 (wie Anm. 29), Nr. 8361. Als Beisitzer werden u. a. die Erzbischöfe von Mainz und Köln, der Bischof von Regensburg, die bayerischen Herzöge Wilhelm und Stephan sowie der Herzog von Berg, der Markgraf von Baden und die Landgrafen von Leuchtenberg genannt.

38 Vgl. Thomas R. Kraus (Bearb.), Die Urkunden und Briefe aus den Archiven und Bibliotheken des Regierungsbezirks Köln (RI XIII, H. 7), Wien/Köln/Graz 1990, Nr. 764, vom 17. November 1488.

39 Zum Konflikt siehe Susanne Wolf, Die Doppelregierung Kaiser Friedrichs III. und König Maximilians (1486–1493) (Forschungen zur Kaiser- und Papstgeschichte des Mittelalters. Beihefte zu J. F. Böhmer, Regesta Imperii, 25), Köln/Weimar/Wien 2005, S. 201–232.

existieren zahlreiche königliche Mandate, welche die Verfolgung von Straftaten an andere Herrschaftsträger delegierten.[40] Solchen Kommissionsaufträgen konnten Ladungen an den Hof vorausgehen, wie die Auseinandersetzung zwischen der Stadt Nürnberg und ihrem Bürger Sebald d. Ä. Pfinzing verdeutlicht. Dessen Sohn, Sebald d. J., hatte einen seiner Knechte derart geschlagen, dass dieser nach einiger Zeit verstorben war. Sebald d. Ä. klagte daraufhin am Königshof, dass er in Nürnberg ohne ein rechtliches Verfahren als Mörder betitelt und ein Kopfgeld von 2.000 Pfund auf ihn ausgesetzt worden sei, und erreichte ein Ladungsschreiben gegen die Stadt.[41] Offenbar um einem Prozess am königlichen Kammerge-

40 Beispielweise verlangte Sigismund von Erkinger von Seinsheim, von den Juden zu Regensburg, Straubing und Landshut eine für einen Meineid verhängte Geldstrafe einzutreiben, vgl. RI XI,1 (wie Anm. 29), Nr. 3743. Erzbischof Dietrich von Köln erhielt 1426 den Auftrag, die Klage des Caspar Torringer gegen Herzog Heinrich von Bayern zu untersuchen, vgl. RI XI,2 (wie Anm. 29), Nr. 6672. 1430 übertrug der König die Klärung und Verfolgung eines Mordes an einem Knaben in Ravensburg, der einem Juden zur Last gelegt wurde, an den Landvogt Johann Truchsess von Waldburg, vgl. RI XI,2 (wie Anm. 29), Nr. 7605. Ein Kommissionsmandat erließ der Luxemburger im Falle des Mordes am Bürgermeister von Stralsund 1433 und beauftragte Herzog Wilhelm von Bayern mit der Untersuchung und Entscheidung, vgl. RI XI,2 (wie Anm. 29), Nr. 9399. Herzog Ludwig VIII. von Bayern wurde von König Albrecht II. beauftragt, Bernhard von Westernach und Graf Johann I. von Öttingen wegen Gefangennahme, Raub und Schatzung der an den Hof reisenden Straßburger Gesandten zu einem Rechtstag zu laden, vgl. RI XII (wie Anm. 29), Nr. 1152. Friedrich III. überwies dem Erzbischof Dietrich von Köln die Auseinandersetzung zwischen dem Rat der Stadt Frankfurt am Main und dem Freigrafen Mangold von Freienhagen, der ein kaiserliches Gebot missachtet und das Reichsoberhaupt öffentlich durch Schmähreden beleidigt hatte, zur weiteren Entscheidung, vgl. Paul-Joachim Heinig (Bearb.), Die Urkunden und Briefe aus dem Stadtarchiv Frankfurt am Main (RI XIII, H. 4), Wien/Köln/Graz 1986, Nr. 59. Einen Fall übler Nachrede des Herzogs Heinrich von Braunschweig gegen den Rat der Stadt Hannover verwies der Habsburger an Graf Adolf von Nassau-Wiesbaden, vgl. Paul-Joachim Heinig (Bearb.), Die Urkunden und Briefe aus den Archiven und Bibliotheken Niedersachsens (mit Ausnahme der HAB Wolfenbüttel) (RI XIII, H. 33), Wien/Köln/Weimar 2018, Nr. 102, und mandatierte weiterhin Bischof Albrecht von Lübeck als Kommissar in der Klagesache des Gottschalk Barsterkenn, die Stadt Lübeck habe einen von dessen Untertanen aufgrund eines unrechtmäßigen Mordvorwurfs hingerichtet, vgl. Eberhard Holtz (Bearb.), Die Urkunden und Briefe aus den Archiven und Bibliotheken der deutschen Bundesländer Bremen, Hamburg und Schleswig-Holstein sowie der skandinavischen Länder (RI XIII, H. 31), Wien/Köln/Weimar 2016, Nr. 301. Zu den Kommissionsaufträgen siehe die Studie von Ralf Mitsch, Kommissionswesen als Herrschaftsinstrument Kaiser Friedrichs III. (1440–1493). Ein Beitrag zur Praxis königlich-kaiserlicher Regierung und Verwaltung in den königsnahen Landschaften des Reiches im ausgehenden Mittelalter, URL: http://www.regesta-imperii.de/fileadmin/user_upload/downloads/Mitsch_2015.pdf (abgerufen am 16. Dezember 2022), sowie zusammenfassend mit quantitativen Befunden Baumbach, Königliche Gerichtsbarkeit (wie Anm. 8), S. 331–335.

41 Vgl. Dieter Rübsamen (Bearb.), Die Urkunden und Briefe aus den Archiven und Bibliotheken der Stadt Nürnberg, Teil 2: 1450–1455 (RI XIII, H. 19), Wien/Weimar/Köln 2004, Nr. 343, vom 11. April 1453.

richt zu entgehen, intervenierte der Rat am Hof und erreichte mit Zustimmung Pfinzings am 8. August 1453, dass Friedrich III. den Fall an Pfalzgraf Friedrich bei Rhein zur Entscheidung überwies.[42] Als Grund für die Delegation wurden in der Regel andere Regierungsgeschäfte genannt, die eine persönliche Erledigung durch den Throninhaber in diesem Moment verhinderten.[43] Dass umgekehrt der König eine Strafsache zielgerichtet zur weiteren Regelung an seinen Hof zurückforderte, war dagegen eine seltene Ausnahme. Als Friedrich III. 1469 das Verfahren über den Totschlag an Henne Brune von der Stadt Frankfurt am Main wieder an sich zog, widerrief er lediglich einen zuvor an die Stadt ergangenen Kommissionsauftrag.[44]

Viele Petenten, insbesondere die reichsunmittelbaren Herrschaftsträger, waren daran interessiert, am Königshof anhängige Strafsachen und Klagen außerhalb eines Prozesses am Kammergericht zu halten, um ein ungünstiges Urteil zu vermeiden. Befördert wurde dadurch ein Verfahren, das auf königlichen Ge- und Verbotbriefen und Mandaten basierte, sodass eine strafrechtliche Aufarbeitung des Konfliktes vor Gericht eine nachrangige oder überhaupt keine Rolle spielte. In der Auseinandersetzung zwischen Graf Otto II. von Solms und der Stadt Wetzlar, der auch ein Totschlag zugrunde lag, beispielsweise wurden zwischen 1450 und 1470 mindestens zehn kaiserliche Gebotbriefe und Inhibitionsschreiben sowie sieben Kommissionsmandate ausgestellt, bevor ein Prozess am Kammergericht zustande kam.[45] Über den Totschlag wurde dabei gar nicht mehr verhandelt – vielmehr ging es den Streitparteien jetzt darum, die angefallenen Verfahrenskosten möglichst der Gegenseite aufzuerlegen. Zugleich lassen sich die königlichen Gebote als Parteinahmen für deren Begünstigte deuten, durch die Einfluss auf laufende Verfahren genommen werden konnte. Diesen Zweck hatte eine Aufforderung Friedrichs III. an die Stadt Aachen, ihren Bürger Wilhelm Prum dazu zu bringen, an den königlichen Diener Caspar Gutentag mit der Begründung Schadensersatz zu leisten, dass der Betrug Prums an Gutentag durch Zeugenaussagen belegt sei. Diese Aussagen wurden dem Gebotbrief direkt

42 Vgl. RI XIII, H. 19 (wie Anm. 41), Nr. 385. Falls der Kurfürst den kaiserlichen Kommissionsauftrag nicht annehmen sollte, wurde vereinbart, dass das Verfahren am Kammergericht fortgesetzt werden sollte.

43 Vgl. z. B. RI XI,2 (wie Anm. 29), Nr. 11070, in den Streitfällen zwischen Berkart Mufflinger von Nürnberg einerseits und Hans von Rythaim und Werner Roshaubter andererseits und bezüglich der Klage des Peter Beheim, derer sich der kaiserliche Rat Konrad von Weinsberg 1435 als Kommissar annehmen sollte.

44 Vgl. RI XIII, H. 4 (wie Anm. 40), Nr. 489, sowie den vorangegangenen Kommissionsauftrag ebd., Nr. 363.

45 Vgl. Battenberg/Diestelkamp (Hrsg.), Die Protokoll- und Urteilsbücher des Königlichen Kammergerichts (wie Anm. 30), Bd. 3, S. 1098–1101.

beigelegt.[46] Es ist offensichtlich, dass Gutentag als Diener sich vom Reichsoberhaupt Unterstützung im Prozess erhoffte, den er gegen einen Aachener Bürger an dessen Stadtgericht zu führen hatte, zumal er die Zeugenaussagen als Kläger auch ohne den König bei Gericht hätte vorbringen können.

Um den königlichen Ge- und Verbotschreiben weiteren Nachdruck zu verleihen, konnten Geschädigte in der Kanzlei eine Klausel hinzufügen lassen, die eine peremptorische Ladung des Beschuldigten an den Kaiserhof für den Fall beinhaltete, dass dieser sich nicht innerhalb einer festgesetzten Frist mit der Gegenseite aussöhnte.[47] Dahinter verbarg sich keine leere Drohung – die Aufnahme eines Verfahrens am Kammergericht blieb aber davon abhängig, ob die geschädigte Partei den Prozess am Hof dann tatsächlich forcierte. Noch größer war die Wahrscheinlichkeit, wenn die Interessen des Reichsoberhauptes selbst berührt waren. In der Auseinandersetzung zwischen Erzherzog Sigmund von Österreich mit den Eidgenossen, die den Herrschaftsbereich der Habsburger unter anderem durch Mord, Raub und Brandstiftung geschädigt haben sollen, verlangte Friedrich III. 1468 jedenfalls eine Wiedergutmachung für alle Schädigungen innerhalb von 15 Tagen und drohte bei Zuwiderhandeln mit einem gerichtlichen Verfahren.[48] Nachdem die Eidgenossen dieser Aufforderung nicht gefolgt waren, strengte er einen Prozess an seinem Kammergericht an, der gut ein Jahr später mit einem Urteil endete, in dem gegen die Beklagten die Reichs- und Aberacht sowie einige weitere Strafen verkündet wurden.[49] Darüber hinaus illustriert dieser Fall, auf

---

46 Vgl. RI XIII, H. 4 (wie Anm. 40), Nr. 134, vom 7. Dezember 1447.

47 Siehe z. B. erstens den kaiserlichen Befehl an den neuen Rat der Stadt Lüneburg, der die Mitglieder des alten Rates in ihren Häusern überfallen, teils ins Gefängnis gebracht und insgesamt 70.000 lübische Mark geschatzt hatte, alle Betroffenen freizulassen, das Genommene zurückzugeben und Schadensersatz zu leisten, vgl. RI XIII, H. 33 (wie Anm. 40), Nr. 105, vom 1. Juli 1456, zweitens das Schreiben an die Stadt Kaiserswerth, den dem Grafen Gerhard von Sayn zustehenden Zoll, dessen Einnahmen sie geraubt hatten, fortan unbehelligt zu lassen und auf Frist Schadensersatz zu leisten, vgl. Ronald Neumann (Bearb.), Die Urkunden und Briefe aus dem Hessischen Hauptstaatsarchiv Wiesbaden (RI XIII, H. 5), Wien/Köln/Graz 1998, Nr. 143, vom 26. Januar 1463, und drittens die Aufforderung an Herzog Gerhard von Jülich, sich über den verübten Raub und Totschlag seiner Hintersassen an den Amtleuten und Untertanen des Grafen von Sayn gütlich zu einigen, vgl. ebd., Nr. 163, vom 14. August 1465. Die Verknüpfung von herrscherlichem Gebot und Ladung zu einer Gerichtssitzung ist in Strafsachen auch am königlichen Hofgericht belegt, vgl. Ute Rödel (Bearb.), Urkundenregesten zur Tätigkeit des deutschen Königs- und Hofgerichts bis 1451, Bd. 16: Die Zeit Ruprechts 1404–1406 (QFHG. Sonderreihe, 16), Köln/Weimar/Wien 2013, Nr. 170, vom 26. Februar 1405.

48 Vgl. Paul-Joachim Heinig (Bearb.), Die Urkunden und Briefe aus dem Landesarchiv Baden-Württemberg, Abt. Hauptstaatsarchiv Stuttgart, Bestand A 602: Württembergische Regesten (RI XIII, H. 23), Wien/Weimar/Köln 2007, Nr. 572.

49 Vgl. Christine Ottner (Bearb.), Die Urkunden und Briefe des Österreichischen Staatsarchivs in Wien, Abt. Haus-, Hof- und Staatsarchiv: Allgemeine Urkundenreihe, Familienurkunden und

welche Art und Weise solche Prozesse im 15. Jahrhundert – und damit auch anders als zuvor – geführt wurden. Die Klage des Kaisers vertrat hier ein Prokuratorfiskal,[50] der die Ansprüche des Throninhabers durchzusetzen versuchte. Um diese zu begründen, wurden vermehrt Rechtsnormen explizit genannt, gegen die ein Beschuldigter verstoßen haben soll. Im Fall der Eidgenossen waren dies die Bestimmungen der Goldenen Bulle von 1356, der sogenannten Reformatio Friderici von 1442 und des auf fünf Jahre befristeten (Land-)Friedens von 1467.[51] Im weiteren Verlauf der Regierungszeit des Habsburgers traten die auf vier bzw. zehn Jahre verkündeten (Land-)Frieden von Regensburg (1471) und Frankfurt am Main (1486) als Rechtsnormkataloge hinzu, auf die die kaiserliche Kanzlei regelmäßig verwies.[52] Dadurch konnten auch königliche Gebotbriefe mit zu-

---

Abschriftensammlungen (1464–1469) (RI XIII, H. 22), Wien/Weimar/Köln 2007, Nr. 281, vom 31. August 1469.

50 Zum Amt des Prokuratorfiskals, das seit 1428 am Hof des Reichsoberhaupt belegt ist, siehe Baumbach, Königliche Gerichtsbarkeit (wie Anm. 8), S. 308–310; Ulrich Knolle, Studien zum Ursprung und zur Geschichte des Reichsfiskalats im 15. Jahrhundert, Diss. jur. Univ. Freiburg i. Br. 1965. Der Prokuratorfiskal führte auch die Klage gegen die Reichsstadt Regensburg, vgl. Franz Fuchs/Karl-Friedrich Krieger (Bearb.), Die Urkunden und Briefe aus den Beständen „Reichsstadt" und „Hochstift" Regensburg des Bayerischen Hauptstaatsarchivs in München sowie aus den Regensburger Archiven und Bibliotheken (RI XIII, H. 15), Wien/Weimar/Köln 2002, Nr. 144, den erwählten Bischof von Speyer, der einige Bürger seiner Bischofsstadt in Udenheim gefangen genommen hatte, vgl. Joachim Kemper (Bearb.), Die Urkunden und Briefe aus den Archiven und Bibliotheken der Stadt Speyer (RI XIII, H. 17), Wien/Weimar/Köln 2002, Nr. 184, die Burgmannen des Schlosses Lindheim, die Reichsuntertanen niedergeworfen, beraubt und gefangen genommen hatten, vgl. RI XIII, H. 4 (wie Anm. 40), Nr. 1026.

51 Siehe dazu Wolfgang D. Fritz (Bearb.), Dokumente zur Geschichte des Deutschen Reiches und seiner Verfassung 1354–1356 (MGH Constitutiones et acta publica imperatorum et regum, 11), Weimar 1992, Goldene Bulle, zu der auf dem Reichstag von Frankfurt am 14. August 1442 erlassenen Reformatio Friderici RI XIII, H. 4 (wie Anm. 40), Nr. 41, sowie zum auf dem Reichstag von Nürnberg verhandelten und später im Reichsabschied verkündeten Landfrieden vom 20. August 1467 ebd., Nr. 452. Diese Entwicklung zeichnete sich vor allem in der Regierungszeit Friedrichs III. ab. Zuvor wurde eher allgemein auf den Landfrieden verwiesen, um Sanktionen zu begründen. Als im Jahre 1405 gegen Bernhard von der Lippe und seine Helfer die Reichsacht verhängt wurde, weil diese Herzog Heinrich von Braunschweig gefangen genommen hatten, wurde diese Strafe damit gerechtfertigt, dass diese gegen den Landfrieden gehandelt, die Freilassung des Herzogs verweigert hatten und nicht vor dem königlichen Gericht erschienen waren, vgl. Reg. Pfgf. 2 (wie Anm. 29), Nr. 4275, sowie Ute Rödel (Bearb.), Urkundenregesten zur Tätigkeit des deutschen Königs- und Hofgerichts bis 1451, Bd. 17: Die Zeit Ruprechts 1407–1410 (QFHG. Sonderreihe, 17), Köln/Weimar/Wien 2018, Nr. 17 = Reg. Pfgf. 2 (wie Anm. 29), Nr. 4703.

52 Siehe zum Regensburger Landfrieden Helmut Wolff (Hrsg.), Deutsche Reichstagsakten unter Kaiser Friedrich III., Abt. 8, Teil 2: 1471 (Deutsche Reichstagsakten. Ältere Reihe, 22,2), Göttingen 1999, Nr. 127a, sowie zum Frankfurter Landfrieden vom 17. März 1486 Heinz Angermeier (Bearb.), Deutsche Reichstagsakten unter Maximilian I., Reichstag von Frankfurt 1486, Teil 1 (Deutsche Reichstagsakten. Mittlere Reihe, 1), Göttingen 1989, Nr. 335. Auf Letzteren rekurrierte

sätzlichen Sanktionsdrohungen versehen werden. Als der Nürnberger Bürger Lorenz Schürstab während eines laufenden Kammergerichtsprozesses Personen und Güter seines Streitgegners arrestierte, verlangte Friedrich III. auf Klage der Stadt Nürnberg, die Gefangenen auf Frist freizulassen, die strittigen Güter zurückzugeben und Schadensersatz zu leisten, denn Schürstab sei durch seine Taten den Strafen der Goldenen Bulle und der Reformatio Friderici verfallen.[53] Indem das Reichsoberhaupt bzw. die kaiserliche Kanzlei auf Rechtsnormen bei der Begründung eines Verbrechens oder einer Strafe abstellte, wurden zwar die auf den Reichsversammlungen beschlossenen Bestimmungen stärker eingefordert und bei den Reichsuntertanen eingeschärft, die Durchsetzung der Sanktionen verbesserte sich dadurch aber wahrscheinlich kaum.

Dieses Defizit bei der Verfolgung von Strafsachen wird auch daran deutlich, dass die Throninhaber im 15. Jahrhundert in vielen Fällen andere Herrschaftsträger beauftragen mussten, gegen die Beschuldigten und Täter an ihrer Stelle vorzugehen. 1412 forderte König Sigismund die bayerischen Herzöge und den Grafen von Görz auf, gegen Herzog Friedrich von Österreich zu den Waffen zu greifen, da dieser die Bischöfe von Trient, Chur und Brixen gefangen genommen hatte.[54] Die Straßburger sollten 1431 Otto von Helmlingen zur Rechenschaft ziehen, nachdem dieser die kaiserliche Gesandtschaft an den Großfürsten von Litauen überfallen hatte.[55] In der Strafsache des Propstes Eberhard Pfeil, der die Stadt Speyer beleidigt und Bürger gefangen gesetzt hatte, befahl der Habsburger dem Dekan und Domkapitel daselbst, die Freilassung der Gefangenen zu bewirken, Pfeil zu bestrafen und zu Schadensersatz anzuhalten.[56] Zur Bekämpfung von Straßenräubern sind zudem königliche Gebote überliefert, die nicht fallbezogen formuliert sind, sondern allgemein ihre Empfänger dazu bringen sollten, die Maßnahmen gegen

---

ein kaiserliches Schreiben vom 2. Januar 1487 in der Klagsache des Sigmund d. Ä. von Schwarzenberg, Sigmund von Thüngen habe das Dorf Geiselwind überfallen, geplündert und die Einwohner mit Mord, Brandstiftung und auf sonstige Weise geschädigt, vgl. Eberhard Holtz (Bearb.), Die Urkunden und Briefe aus den Archiven und Bibliotheken der Tschechischen Republik (RI XIII, H. 26), Wien/Köln/Weimar 2012, Nr. 762. Siehe weiterhin Hendrik Baumbach, Der König befiehlt Gewalt. Typologie, Aufbau und Sprache königlicher Gewaltaufforderungen in Konflikten aus dem römisch-deutschen Reich des 15. Jahrhunderts, in: Claudia Garnier (Hrsg.), Konzepte und Funktionen der Gewalt im Mittelalter (Geschichte. Forschung und Wissenschaft, 72), Berlin 2021, S. 129–163, hier S. 140 mit Anm. 30.

53 Vgl. Dieter Rübsamen (Bearb.), Die Urkunden und Briefe aus den Archiven und Bibliotheken der Stadt Nürnberg, Teil 3: 1456–1463 (RI XIII, H. 28), Wien/Weimar/Köln 2013, Nr. 168, vom 5. April 1459.

54 Vgl. RI XI,1 (wie Anm. 29), Nr. 226.

55 Vgl. RI XI,2 (wie Anm. 29), Nr. 8249.

56 Vgl. RI XIII, H. 17 (wie Anm. 50), Nr. 182, vom 16. August 1466.

diese schädlichen Leute zu intensivieren.[57] Dass Herrschaftsträger auf Geheiß des Reichsoberhauptes bei der Verfolgung von Strafsachen handeln mussten, dürfte auch mit der Größe des Reiches und der mangelnden persönlichen Präsenz des Throninhabers in einzelnen Regionen zusammenhängen. So erhielt Eckhard Westrans aus Danzig von Friedrich III. auch die Erlaubnis, selbst gegen die Stadt Wismar vorzugehen, um Schadensersatz für sein Schiff zu erlangen, das ihm die Wismarer 1429 ausgeraubt und einen der Seeleute umgebracht hatten.[58] Der Maxime, dass ein gerichtliches Verfahren vorauszugehen hatte, um die eigenen Ansprüche durchzusetzen, wie es seit dem 13. Jahrhundert in den Landfrieden gefordert wurde, wurde in diesem Fall offenbar wenig Beachtung geschenkt.

Das Achtverfahren, das am königlichen Hofgericht auch im 15. Jahrhundert und danach am Kammergericht in Gebrauch war,[59] basierte letztendlich auf einem ähnlichen Grundprinzip, dass nämlich die Getreuen und Untertanen einen Geächteten nicht mehr unterstützten, die Gemeinschaft mit ihm mieden und stattdessen selbst mit eigenen Mitteln (gewaltsam) gegen ihn vorgingen. Entsprechend konnten die Kläger nach erfolgtem Achtspruch einen kaiserlichen Befehl erwirken, der allen Reichsgetreuen die Reichsacht bekannt machte, ihnen jede Unterstützung der Geächteten untersagte und sie aufforderte, gegen diese vorzugehen. Auf diese Weise wurde Hans Bernhard von Eptingen mit seinen Helfern bestraft, die zuvor wegen Mord, Körperverletzung und Raub vom Landgericht im Elsass verurteilt wurden, ihre Schädigungen jedoch danach nicht eingestellt hatten. Da sie durch ihre Taten die Bestimmungen der Goldenen Bulle, der Reformatio Friderici sowie des Landfriedens verletzt hätten, seien sie in die Reichs- und Aberacht gefallen, sodass Friedrich III. alle Reichsgetreuen nun dazu aufrufe, diese nicht bei sich aufzunehmen, sondern sie vielmehr zu ergreifen und gegen sie vorzugehen.[60] Ähnliche Schreiben finden sich von König Maximilian.[61] Die Verkündung der Reichsacht setzte ein rechtliches Verfahren voraus, wobei nicht

57 Vgl. die Schreiben König Ruprechts an die Städte Frankfurt am Main und Friedberg URH 16 (wie Anm. 47), Nr. 162f., den Befehl König Sigismunds an Markgraf Bernhard von Baden, Graf Johann von Lupfen sowie den Eidgenossen behilflich zu sein, falls Angehörige ihrer Herrschaft auf den Straßen angegriffen und beraubt würden, in RI XI,1 (wie Anm. 29), Nr. 3439.

58 Vgl. RI XIII, H. 31 (wie Anm. 40), Nr. 3, vom 24. Mai 1440.

59 Vgl. die grundlegende Arbeit von Battenberg, Reichsacht und Anleite (wie Anm. 15), und weiterhin Baumbach, Königliche Gerichtsbarkeit (wie Anm. 8), S. 271–279.

60 Vgl. Alois Niederstätter (Bearb.), Die Urkunden und Briefe aus den Archiven des Kantons Zürich (vornehmlich aus dem Staatsarchiv Zürich) (RI XIII, H. 6), Wien/Köln 1989, Nr. 123, vom 15. September 1474.

61 Vgl. Hermann Wiesflecker (Bearb.), Ausgewählte Regesten des Kaiserreichs unter Maximilian I. 1493–1519, Bd. 1 (künftig: RI XIV,1), Köln/Wien 1990, Nr. 2250, von 1495; ders. (Bearb.), Ausgewählte Regesten des Kaiserreichs unter Maximilian I. 1493–1519, Bd. 2 (künftig: RI XIV,2), 2 Teile, Wien/Köln/Weimar 1993, Nr. 5312 und 8164, aus dem Jahr 1497.

notwendigerweise die Strafsache untersucht und sachlich entschieden werden musste, wenn die beklagte Partei zum Gerichtstag wiederholt nicht erschien. Durch die gerichtliche Ladung war ein Beschuldigter immerhin über die Klage der Gegenseite informiert. Formal wurde die Reichs- und Aberacht in Strafsachen durch den König verkündet,[62] aber auch diese Form der Bekanntmachung musste nicht zwangsläufig durch das Reichsoberhaupt persönlich erfolgen, zumal das königliche Kammergericht im Namen des Throninhabers entschied und seine Verfügungen unter dem Majestätssiegel – und damit anders als noch das Hofgericht, das ein eigenes Siegel führte – ergehen ließ.

Der Versuch, die königliche Strafgewalt im 15. Jahrhundert zu intensivieren, ist nicht nur innerhalb des Achtverfahrens zu beobachten, sondern offenbart sich auch in der vermehrten Anwendung des *crimen laesae maiestatis*. Für die Regierungszeit Ruprechts ist es innerhalb der königlichen Schreiben noch nicht belegt, wohl aber in unmittelbarer Nähe des Herrscherhofes an der Heidelberger Universität, die am 3. Mai 1401 den Wiener Magister Hermann Poll wegen eines Majestätsverbrechens aus ihrer Gemeinschaft ausschloss.[63] Im Zusammenhang mit der Erledigung von Strafsachen wurde es im oben bereits erwähnten Konflikt zwischen den Herzögen von Bayern auf dem Konstanzer Konzil explizit erwähnt, als Sigismund Herzog Heinrich von Bayern die Verwundung dessen Vetters Ludwig am 20. Oktober 1417 verzieh.[64] Unter Kaiser Friedrich III. wurde das *crimen laesae maiestatis* regelmäßig vom Throninhaber respektive von dessen Kanzlei exklusiv und zielgerichtet eingesetzt, um die Schädigungen an herrscherlichen Freiheiten zu bestrafen.[65] Einen Schwerpunkt machten dabei politisch brisante

62 Vgl. z. B. zur Verhängung der Reichsacht bei Strafsachen URH 16 (wie Anm. 47), Nr. 194; RI XI,1 (wie Anm. 29), Nr. 1576; RI XI,2 (wie Anm. 29), Nr. 8246 und 11380; RI XIII, H. 22 (wie Anm. 49), Nr. 281; Christine E. Janotta (Bearb.), Urkunden und Briefe aus Klosterarchiven im Bayerischen Hauptstaatsarchiv (München) (RI XIII, H. 2), Wien/Köln/Graz 1983, Nr. 168; Elfie-Marita Eibl (Bearb.), Die Urkunden und Briefe aus dem Staatsarchiv Bamberg und den Archiven und Bibliotheken des Regierungsbezirks Oberfranken sowie aus dem Bestand Rep. 106a (Fehdeakten) des Staatsarchivs Nürnberg (RI XIII, H. 32), Wien/Köln/Weimar 2018, Nr. 1090; RI XIII, H. 23 (wie Anm. 48), Nr. 766; RI XIV,2 (wie Anm. 61), Nr. 7353.

63 Vgl. Reg. Pfgf. 2 (wie Anm. 29), Nr. 824.

64 Vgl. RI XI,1 (wie Anm. 29), Nr. 2773.

65 Dem *crimen laesae maiestatis* zeitweise verfallen waren die Herren Jakob und Ludwig von Lichtenberg wegen Gefangennahme, vgl. Dieter Rübsamen (Bearb.), Die Urkunden und Briefe aus den Archiven der Regierungsbezirke Darmstadt und Gießen (RI XIII, H. 8), Wien/Weimar/Köln 1993, Nr. 168, die Stadt Hannover wegen neu eingeführter Rechtsordnungen, vgl. RI XIII, H. 33 (wie Anm. 40), Nr. 128, Herzog Ludwig von Bayern-Landshut wegen der Belagerung der Reichsstadt Donauwörth, vgl. RI XIII, H. 23 (wie Anm. 48), Nr. 189; RI XIII, H. 32 (wie Anm. 62), Nr. 520, der Bischof von Speyer wegen Gefangennahme, vgl. RI XIII, H. 17 (wie Anm. 50), Nr. 184. Zu den Drohungen mit der Strafe der Majestätsbeleidigung siehe z. B. RI XIII, H. 8, Nr. 444 und 476; Peter Gretzel (Bearb.), Die Urkunden und Briefe des Österreichischen Staatsarchivs in Wien, Abt. Haus-,

Fälle aus, in denen es als zusätzliche Sanktion benutzt oder angedroht wurde. Dazu zählten etwa die Fehdeansage des Kaisers an Pfalzgraf Friedrich den Siegreichen am 24. Mai 1462[66] oder die am 8. Januar 1488 ergangene Schulderklärung gegen einige Räte, die Erzherzog Sigmund von Österreich eingeredet hätten, dass Friedrich III. ihn mit Gift umbringen wolle.[67] Welche Verbrechen als Majestätsbeleidigung betrachtet und entsprechend bestraft wurden, wurde im Untersuchungszeitraum wohl nach den tagespolitischen Erfordernissen am Herrscherhof fallbezogen gehandhabt. Dazu passt auch, dass nach dem auf dem Reichstag 1467 verhandelten fünfjährigen Landfrieden letztlich jede Fehde und jeder Raubzug – als Bruch des Friedens – mit den Strafen des *crimen laesae maiestatis* bestraft werden sollte und konnten.[68] Inwiefern mit der Majestätsbeleidigung Verbrecher stärker oder anders bestraft werden konnten, als es die älteren Rechtsnormen bereits zuließen, ist für das römisch-deutsche Königtum nicht untersucht. Reichsoberhaupt und Reichskanzlei ging es womöglich in erster Linie darum, einen Rechtstitel zu etablieren, auf den ausschließlich der Throninhaber zurückgreifen konnte.

Zu den besonderen Vorrechten des Reichsoberhauptes gehörte es auch, Beschuldigte von den gegen sie verhängten Strafen absolvieren zu können. Solche Begnadigungen in Strafsachen waren die Ausnahme und erfolgten in der Regel mit einer Begründung. Hugo von Clairvaux, der 1397 an Petrus genannt Jasset, dem bischöflichen Einnehmer in Besançon, einen Totschlag begangen hatte, wurde am 2. September 1405 von König Ruprecht von allen Urteilen, Strafen und Ächtungen befreit und in seine früheren Rechte wieder eingesetzt, da er die Tat nicht aus Hinterlist, sondern jugendlichem Leichtsinn begangen habe. Hugo erklärte sich im Gegenzug bereit, der Kirche und den Nachfahren des Getöteten noch Genugtuung zu leisten.[69] Zugunsten des Erfurter Schneiders Hans Vischer,

---

Hof- und Staatsarchiv: Allgemeine Urkundenreihe, Familienurkunden und Abschriftensammlungen (1483–1488) (RI XIII, H. 30), Wien/Weimar/Köln 2014, Nr. 196.

66 Vgl. RI XIII, H. 32 (wie Anm. 62), Nr. 613.

67 Vgl. Elfie-Marita Eibl (Bearb.), Die Urkunden und Briefe aus den Archiven und Bibliotheken des Freistaats Sachsen (RI XIII, H. 11), Wien/Weimar/Köln 1998, Nr. 621.

68 Vgl. RI XIII, H. 4 (wie Anm. 40), Nr. 451; Heinz Angermeier, Königtum und Landfriede im deutschen Spätmittelalter, München 1966, S. 498; Ingeborg Most, Der Reichslandfriede vom 20. August 1467. Zur Geschichte des Crimen laesae maiestatis unter der Reichsreform unter Kaiser Friedrich III., in: Syntagma Friburgense. Historische Studien. Festschrift für Hermann Aubin zum 70. Geburtstag (Schriften des Kopernikuskreises, 1), Lindau/Konstanz 1956, S. 191–233. Von einem „Sammeltatbestand", der alle möglichen Handlungen gegen den König einschloss, spricht entsprechend Bernhard Diestelkamp, Recht und Gericht im Heiligen Römischen Reich (Ius Commune. Veröffentlichungen des Max-Planck-Instituts für Europäische Rechtsgeschichte. Sonderhefte: Studien zur Europäischen Rechtsgeschichte, 122), Frankfurt a. M. 1999, S. 56.

69 Vgl. URH 16 (wie Anm. 47), Nr. 269 = Reg. Pfgf. 2. (wie Anm. 29), Nr. 4144. Von den peinlichen

der wegen Mitwisserschaft an einem Hasendiebstahl aus der Schneiderzunft ausgeschlossen wurde, untersagte König Maximilian jede weitere Schädigung, weil dieser Diebstahl ohne böse Absicht geschehen sei.[70] In Einzelfällen erlangten Täter auch königliche Straffreiheit, nachdem sie dem Herrscherwillen entsprochen hatten. So absolvierte Friedrich III. Ulrich von Sax, Melchior von Landenberg und Bartholomäus Heidenhammer von allen Strafen, als sie Georg Moisse, den sie auf der Reichsstraße zuvor gefangen genommen hatten, wieder freiließen.[71] Conrad Berstringer, der einen Germersheimer Bürger gefangen gesetzt und diesem seine Tücher und andere Habe geraubt hatte, erhielt eine Zusage von König Ruprecht, nicht weiter bestraft zu werden, sobald er dem Geschädigten eine vereinbarte Geldzahlung geleistet hat.[72]

Häufiger finden sich dagegen Schreiben, in denen sich der Throninhaber für Beschuldigte oder überführte Täter erst verwendete, nachdem sich diese mit den Geschädigten ausgesöhnt hatten. Auch wenn im Einzelfall nicht erwiesen, muss davon ausgegangen werden, dass diese Gnadenerweise auf Klage oder Bitte der Beschuldigten bzw. Täter oder deren Fürsprecher zurückgingen. Ihr Ziel dürfte gewesen sein, durch das Eingreifen des Königs Vorteile innerhalb der weiteren Konfliktregelung zu erwirken oder die – aus ihrer Sicht unrechtmäßigen – Benachteiligungen, die sich etwa aus verhängten Strafen ergaben, abzustellen. Zu den Vorteilen im Verfahren gehörte, dass das Reichsoberhaupt eine Notwehr für eine Tat feststellte, sodass vor Ort von einer Strafe abgesehen werden konnte oder diese milder ausfiel. Einem solchen Ansinnen kam König Ruprecht zugunsten eines Totschlägers wohl auf Geheiß der Stadt Köln nach.[73] Jakob Rendeler aus Frankfurt am Main erwirkte am Königshof ein Schreiben, das die Straßburger aufforderte, seine Anwesenheit in der Stadt ohne Benachteiligung zu dulden, da er sich für einen dort einst verübten Totschlag mit den Geschädigten verglichen hatte.[74] Friedrich III. unterstellte Wilhelm am Stad gar dem Schutz des Reiches

---

Strafen wegen Totschlags absolvierte Friedrich III. Hans Michael gegenüber der Stadt Lübeck, vgl. RI XIII, H. 31 (wie Anm. 40), Nr. 405, von 1491/92.

70 Vgl. RI XIV,2 (wie Anm. 61), Nr. 8773, vom 27. August 1498.

71 Vgl. RI XIII, H. 6 (wie Anm. 60), Nr. 151. Siehe zu diesem Konflikt, der womöglich auch darauf abzielte, den Kaiser persönlich zu überfallen, Alois Niederstätter, Kaiser Friedrich III. und Lindau. Untersuchungen zum Beziehungsgeflecht zwischen Reichsstadt und Herrscher in der zweiten Hälfte des 15. Jahrhunderts, Sigmaringen 1986, S. 99 f.

72 Vgl. URH 16 (wie Anm. 47), Nr. 364 = Reg. Pfgf. 2 (wie Anm. 29), Nr. 4310, vom 21. Januar 1406.

73 Vgl. URH 15 (wie Anm. 32), Nr. 3 = Reg. Pfgf. 2 (wie Anm. 29), Nr. 6684, vom 28. Oktober 1400.

74 Vgl. URH 15 (wie Anm. 32), Nr. 396 = Reg. Pfgf. 2 (wie Anm. 29), Nr. 3093, vom 3. September 1403. Ein ähnlicher Fall betrifft einen Totschlag, den Heinrich Wagener, Heinrich Ehinger und Konrad Müller von Engen in der Nähe von Rottweil begangen hatten, die am Hof erreichten, dass die Stadt Rottweil sie nach erfolgtem Vergleich weiter als Bewohner dulden sollte, vgl. URH 16 (wie Anm. 47), Nr. 465 = Reg. Pfgf. 2 (wie Anm. 29), Nr. 4501, vom 26. August 1406, sowie den von

und hob alle gegen ihn ergangenen Urteile auf, da dieser für den Totschlag an Wilhelm im Turen vom Papst eine Buße erhalten und Entschädigung geleistet hatte. Zuwiderhandeln gegen die kaiserliche Willensbekundung war mit schwerer Ungnade und einer Pön von 50 Mark Gold bewehrt.[75] Die königlichen Gnadenerweise dürften nicht nur in der Kanzlei für zusätzliche Einnahmen gesorgt haben, Straf- und Ausgleichszahlungen der Täter für ihre Verbrechen konnten selbst auch der königlichen Kammer zugutekommen. Articus von Castello in Friaul verzieh Sigismund mehrere Überfälle und Morde und gab ihm seine Besitzungen zurück, nachdem dieser 20.000 Dukaten gezahlt hatte.[76]

Im Rahmen der höchsten Gerichtsbarkeit im 15. Jahrhundert, so ist zusammenfassend zu konstatieren, wurden zwar immer wieder auch Strafsachen behandelt. Ohne dass eine exakte Statistik erstellt werden kann, bewegt sich das Aufkommen von Strafsachen auf einem niedrigen Niveau und ist nicht höher als mit einem Fünftel aller Streitfälle zu bemessen.[77] Die Entscheidung, welche Fälle ausschließlich den Strafsachen oder spezieller einer Deliktform zuzuordnen sind, gestaltet sich aus der modernen Sicht der Forschung dahingehend schwierig, weil die Konflikte zwischen Herrschaftsträgern zumeist keine Einzeltaten, sondern ein über einen längeren Zeitraum und verschiedene Täter ausgeübtes Schadentrachten darstellten. Raub, Gefangennahme und Totschlag dominierten dabei im 15. Jahrhundert deutlich die Strafsachen am Königshof, Betrugs- und Fälschungsdelikte, Notzucht, Zauberei oder Hexerei, Meineid begegnen dagegen in den untersuchten Quellen nahezu nie. Zudem unterschieden die Zeitgenossen zwischen zivil- und strafrechtlichen Ansprüchen nicht – sie alle konnten als Klagepunkte in ein und demselben Verfahren behandelt werden. Es ist daher davon auszugehen, dass das Reichsoberhaupt keine spezifische Strafgerichtsbarkeit ausübte, die sich von der Bewältigung der übrigen Auseinandersetzungen abgrenzen lässt. So gibt es keine Hinweise auf eine besondere Form des Strafprozesses am königlichen Hof- oder Kammergericht. Die untersuchten Beispiele zeigen vielmehr, wie Strafsachen letztlich innerhalb der verschiedenen Verfahren

---

einem Totschlag amnestierten Colyn Beissel, vgl. RI XIII, H. 7 (wie Anm. 38), Nr. 11, vom 20. Juni 1440.

75 Vgl. RI XIII, H. 6 (wie Anm. 60), Nr. 70, vom 28. Mai 1460. Eine prinzipiell ähnliche Schutzwirkung dürfte von einer königlichen Geleitszusage ausgegangen sein, wie sie 1494 König Maximilian zugunsten des Totschlägers Hans Peringer für ein Jahr aussprach, vgl. RI XIV,1 (wie Anm. 61), Nr. 622.

76 Vgl. RI XI,1 (wie Anm. 29), Nr. 480, vom 14. Mai 1413.

77 Die Entwicklung im Spätmittelalter schließt also an die von Oestmann, Wege zur Rechtsgeschichte (wie Anm. 2), S. 207, für die Frühe Neuzeit getroffene Feststellung an, dass die obersten Gerichte „im Wesentlichen Zivilgerichte" gewesen seien und Strafsachen „zumeist nicht" behandelt hätten.

zur Konfliktbehandlung – durch persönliche Entscheidung des Throninhabers, am Hofgericht, am Kammergericht, durch Kommissionsaufträge oder kraft herrscherlicher Willensäußerung in Ge- und Verbotbriefen – gleichermaßen, wenn auch mit unterschiedlichem Gewicht vorkamen. Gerade unter diesem Gesichtspunkt unterschied sich das 15. Jahrhundert nicht von dem zuerst untersuchten 13. Jahrhundert. Dies gilt auch unabhängig von der abweichenden Überlieferungssituation und den Veränderungen innerhalb der Gerichtsbarkeit während des Spätmittelalters. Zumindest ausgehend von der schriftlichen Quellenüberlieferung scheint das peinliche Strafrecht am Königshof und insbesondere innerhalb der prozessförmigeren Verfahren am Hof- und Kammergericht keine Rolle gespielt zu haben. Möglicherweise haben Hoftage und sonstige Reichsversammlungen hierbei noch eine Ausnahme dargestellt, weil sie einen öffentlichen Raum dafür boten, peinliche Strafen als Exempel zu inszenieren, wie das Vorgehen Rudolfs von Habsburg gegen die gefangenen Räuber illustriert. Warum sich innerhalb der höchsten Gerichtsbarkeit im Spätmittelalter keine königliche Strafgerichtsbarkeit herausbildete, ist Gegenstand des abschließenden Abschnitts.

3. Bedingungen der höchsten Gerichtsbarkeit in Strafsachen im Spätmittelalter

Die Verfahren zur Behandlung von Konflikten entstanden und entwickelten sich ausgehend vom Fallaufkommen und damit ausgehend von der Rechtspraxis. Im Hinblick auf die Strafgerichtsbarkeit muss demzufolge nach den Ursachen dafür gefragt werden, dass diese Verbrechen den Königshof im Spätmittelalter nur in sehr reduziertem Maße erreichten. Die bisherige Forschung hat hierzu zum einen auf die Bannleihe oder den Blutbann verwiesen, durch die den weltlichen Herrschaftsträgern und Städten, auf Umwegen durch einen weltlichen Vogt auch geistlichen Großen die Gerichtsbarkeit in Strafsachen übertragen worden sei.[78] Zum anderen wurden Gerichtsstandsprivilegien angeführt, welche die Konflikterledigung bei Strafsachen auf Landesherren und Stadträte beschränkt hätten, da mit ihrer Hilfe Verfahren gegen ihre Untertanen vom Königshof abgefordert werden konnten.[79] Strafgerichtsbarkeit sei im Heiligen Römischen Reich deshalb

78 Zur Bannleihe vgl. Hirsch, Die hohe Gerichtsbarkeit (wie Anm. 6), S. 173–184; Heiner Lück, Art. Bannleihe, in: HRG, Bd. 1. 2. Aufl., Berlin 2008, Sp. 439–441. Ausgehend von der an Grafen übertragenen Gerichtsgewalt habe es ab dem 10. Jahrhundert eine zunehmend lehnsrechtliche Verleihung von Gerichtsgewalt an alle möglichen Großen des Reiches durch das Königtum gegeben, vgl. Stefan Geyer, Konfliktlösung durch Könige, in: von Mayenburg (Hrsg.), Handbuch zur Geschichte der Konfliktlösung 2 (wie Anm. 4), S. 111–123, hier S. 113.

79 Siehe Baumbach, Königliche Gerichtsbarkeit (wie Anm. 8), S. 239–248. Die Gerichtsstandspri-

vor allem ein Merkmal für die Herausbildung der Landes- und Stadtherrschaft,[80] die in wesentlichem Umfang bereits im Hochmittelalter stattgefunden hat. Dieser Erklärungsansatz wird auch dadurch gestützt, dass sich die Behandlung von Strafsachen durch die Könige in der ersten Hälfte des 13. Jahrhunderts nicht substanziell von den Throninhabern nach dem Interregnum unterschied. Weiterhin verdeutlicht die Quellengattung der Stadtrechte, wie sehr die Strafgerichtsbarkeit bereits am Beginn des Spätmittelalters in die Hände der städtischen Obrigkeiten gelangt war.[81] Außerdem sind für das Spätmittelalter weitere Urkunden überliefert, in denen der König die Empfänger mit der sogenannten Blutgerichtsbarkeit privilegierte.[82] Begünstigte waren dabei vor allem mindermächtige Reichsglieder,

---

vilegien für das römisch-deutsche Reich gesammelt hat Friedrich Battenberg, Die Gerichtsstandsprivilegien der deutschen Kaiser und Könige bis zum Jahre 1451 (QFHG, 12), 2 Bde., Köln/Wien 1983. Siehe aus der Rechtspraxis z. B. die Mordklage gegen einige Nürnberger Bürger, die der Rat unter Verweis auf ein Gerichtsstandsprivileg abforderte. Kaiser Sigismund leistete diesem Ansinnen Folge, vgl. RI XI,2 (wie Anm. 29), Nr. 11869, vom 10. Juli 1437.

80 Vgl. exemplarisch zur landesherrlichen Strafgerichtsbarkeit des Kurfürstentums Sachsen Lück, Sühne und Strafgerichtsbarkeit (wie Anm. 7). Lück konstatiert, dass das Kurfürstentum schon zur Mitte des 14. Jahrhunderts in verschiedene Ober- und Niedergerichte strukturiert war, wobei schwere Straftaten an den landesherrlichen Obergerichten verhandelt wurden (ebd., S. 93). Zur Strafgerichtsbarkeit der städtischen Räte im Spätmittelalter vgl. zusammenfassend Stephan Dusil, Konflikte in Städten, in: von Mayenburg (Hrsg.), Handbuch zur Geschichte der Konfliktlösung 2 (wie Anm. 4), S. 273–283, hier S. 275 f. So auch am Beispiel der herzoglich-mecklenburgischen Landstadt Wismar Bernd Kannowski, Der König und der Kohlenträger. Szenen eines spätmittelalterlichen Strafprozesses „van der koninkliken walt wegen" in Wismar, in: Zeitschrift der Savigny-Stiftung für Rechtsgeschichte, Germanistische Abt. (künftig: ZRG GA) 116 (1999), S. 498–503, hier S. 502 f. Detailstudien zur Strafgerichtsbarkeit in einzelnen Städten liegen vor von Kaspar Gubler, Strafjustiz im Spätmittelalter im Südwesten des Reichs. Schaffhausen und Konstanz im Vergleich, Zürich 2015; Dietmar Willoweit, Gewalt und Verbrechen, Strafe und Sühne im alten Würzburg. Offene Probleme der deutschen strafrechtsgeschichtlichen Forschung, in: ders. (Hrsg.), Die Entstehung des öffentlichen Strafrechts. Bestandsaufnahme eines europäischen Forschungsproblems (Konflikt, Verbrechen und Sanktion in der Gesellschaft Alteuropas, 1), Köln/Weimar/Wien 1999, S. 215–238; Hans Schlosser, Von der Klage zur Anklage. Spuren eines Wandels am Beispiel der Augsburger reichsstädtischen Strafpraxis, in: Willoweit (Hrsg.), Die Entstehung des öffentlichen Strafrechts, Köln/Weimar/Wien 1999, S. 239–262; Kilian Baur, Formular und Verfahren – die Totschlagsühne im Lübeck des 15. Jahrhunderts, in: Blätter für deutsche Landesgeschichte 155 (2019), S. 403–416.

81 Siehe insbesondere Barbara Frenz, *si convinci potest ydoneis testibus, eadem pena ac si in civitate contigisset puniatur.* Konzeptionen der Beweisführung und Sanktionierung beklagter Friedensverletzungen in Stadtrechten des 12. und 13. Jahrhunderts, in: Hans Schlosser/Rolf Sprandel/Dietmar Willoweit (Hrsg.), Herrschaftliches Strafen seit dem Hochmittelalter. Formen und Entwicklungsstufen (Konflikt, Verbrechen und Sanktion in der Gesellschaft Alteuropas, 5), Köln/Weimar/Wien 2002, S. 133–156; dies., Frieden, Gemeinwohl und Gerechtigkeit (wie Anm. 7), S. 115 f. Bestätigend äußert sich Maihold, Konfliktlösung (wie Anm. 4), S. 204.

82 Vgl. durch König Ruprecht zugunsten der Städte Biberach und Memmingen Reg. Pfgf. 2 (wie Anm. 29), Nr. 1378 und 3058; durch Sigismund zugunsten der Städte Isny, Weißenburg im

da zu diesem Zeitpunkt Reichsfürsten und Reichsstädte in der überwiegenden Mehrheit über dieses Privileg bereits verfügten. Die landesherrliche oder städtische Gerichtsbarkeit bot somit bereits ein breites Angebot, um Straftaten vor Ort zu verfolgen. Auch wenn in der Forschung immer wieder der Dualismus von Königtum und Landesherrschaft als Charakteristikum des Hoch- und Spätmittelalters betont worden ist, was die Bewältigung von Konflikten anbelangt, gibt es keinen Hinweis darauf, dass das Reichsoberhaupt danach trachtete, in Strafsachen persönlich oder mittels der an seinem Hof existierenden Gerichte entscheiden zu wollen. Im Gegenteil – in mehreren an die Reichsstädte ergangenen Schreiben forderte der König im 15. Jahrhundert ausdrücklich ein, dass Verbrechen durch sie energisch verfolgt und bestraft werden sollten.[83] Um gegen schädliche Leute im Umland der Städte vorzugehen, gewährte der Throninhaber ihnen sogar das Recht, außerhalb des städtischen Territoriums und damit abseits ihrer gerichtlichen Zuständigkeit Schädiger gefangen zu nehmen, in die Stadt zu führen und dort zu richten.[84]

Nordgau, Ehingen, Bad Saulgau, Pfullendorf, Dinkelsbühl, Buchhorn, Lauingen RI XI,2 (wie Anm. 29), Nr. 7260, 8830, 10032, 10484, 10623, 11097, 11750 und 12076, sowie an den Burggrafen in Eichhorn RI XI,1 (wie Anm. 29), Nr. 4733; durch Friedrich III. zugunsten der Stadt Eichstätt bei Dieter Rübsamen (Bearb.), Die Urkunden und Briefe aus Archiven und Bibliotheken der Stadt Nürnberg, Teil 1: 1440–1449 (RI XIII, H. 14), Wien/Weimar/Köln 2000, Nr. 364, zugunsten der Propstei St. Pölten bei Sonja Dünnebeil/Paul Herold (Bearb.), Die Urkunden und Briefe des Österreichischen Staatsarchivs in Wien, Abt. Haus-, Hof- und Staatsarchiv: Allgemeine Urkundenreihe, Familienurkunden, Abschriftensammlungen (1458–1463) (RI XIII, H. 18), Wien/Weimar/Köln 2004, Nr. 206, zugunsten des Verwesers des Klosters St. Gallen RI XIII, H. 6 (wie Anm. 60), Nr. 74; durch Maximilian I. zugunsten der Stadt Reutlingen RI XIV,1 (wie Anm. 61), Nr. 1715.

83 Vgl. RI XI,2 (wie Anm. 29), Nr. 9983, an die Stadt Rottweil; RI XIII, H. 4 (wie Anm. 40), Nr. 272, an die Stadt Frankfurt am Main, und Heinrich Koller (Bearb.), Die Urkunden und Briefe aus Stadtarchiven im Bayerischen Hauptstaatsarchiv (München) (mit Ausnahme von Augsburg und Regensburg) (RI XIII, H. 1), Wien/Köln/Graz 1982, Nr. 80, an Nördlingen. Siehe ferner das Gebot an die Stadt Laibach bei Joachim Kemper/Jure Volčjak/Martin Armgart (Bearb.), Die Urkunden und Briefe aus den Archiven und Bibliotheken der Republik Slowenien, Teil 1: Die staatlichen, kommunalen und kirchlichen Archive in der Stadt Laibach/Ljubljana (RI XIII, H. 29), Wien/Weimar/Köln 2014, Nr. 221, vom 17. Juni 1482.

84 Für die Privilegien Sigismunds an die Städte Regensburg, Dinkelsbühl, Breslau und Braunschweig, vgl. RI XI,2 (wie Anm. 29), Nr. 10893, 11097, 11442, 11556, und durch Albrecht II. zugunsten der Stadt Liegnitz, vgl. RI XII (wie Anm. 29), Nr. 668. Ähnliche Privilegien sind überliefert von Friedrich III. für Frankfurt, Nürnberg und Augsburg, vgl. RI XIII, H. 4 (wie Anm. 40), Nr. 288; Elfie-Marita Eibl (Bearb.), Die Urkunden und Briefe aus den Archiven und Bibliotheken der Bundesländer Berlin, Brandenburg und Mecklenburg-Vorpommern sowie des Archivum Państwowe w Szczecinie/Staatsarchiv Stettin für die historische Provinz Pommern (RI XIII, H. 20), Wien/Weimar/Köln 2004, Nr. 246 = RI XIII, H. 31 (wie Anm. 40), Nr. 322; Joseph Chmel (Bearb.), Regesta chronologico-diplomatica Friderici III. Romanorum Imperatoris (Regis IV.), ND Hildesheim 1962, Nr. 7770. Dazu zu zählen ist auch das Privileg Friedrichs III. zugunsten der Stadt Hamburg, das

Diese Beurkundungen unterstreichen auch, dass die Rolle des Königtums bei der Verfolgung von Straftätern im Spätmittelalter weniger darin bestand, weitere Verfahrensangebote bereitzustellen, an die sich Geschädigte mit ihren Ansprüchen und Klagen richten konnten. Durch die königlichen Kommissionsaufträge existierte sowieso ein Instrument, sodass Konfliktfälle dort von dem gewählten Kommissar untersucht oder gelöst werden konnten, wo die Streitenden ansässig waren oder sich die Auseinandersetzung ereignet hatte. Das erklärt auch, warum in vielen Fällen am Hof des Königs keine Sachklärung zu den vorgebrachten Verbrechen stattfand. Das Wirken des Reichsoberhauptes konzentrierte sich vielmehr – eben abseits der operativen Behandlung von Einzelfällen – auf die rechtlichen Rahmenbedingungen, innerhalb derer sich Strafgerichtsbarkeit im Reich vollzog. Ein zentrales Instrument, diese Rahmenbedingungen zu gestalten, bildeten die Landfrieden, die zwar durch den König beurkundet, tatsächlich aber auf den Reichsversammlungen mit den übrigen Reichsgliedern verhandelt wurden.[85] Gerade die Regierungszeit Friedrichs III. kann in dieser Hinsicht als Phase des beschleunigten Wandels begriffen werden, denn die Bestimmungen der Reformatio Friderici von 1442 sowie der späteren Friedensverkündungen von 1467, 1471 und 1486 wurden expliziter als die früheren Landfrieden bekannt gemacht und eingefordert. Friedensbruch, der Verstoß gegen einzelne oder zahlreiche Bestimmungen dieser Frieden, avancierte so im Laufe des Spätmittelalters zu einem von der königlichen Kanzlei am häufigsten monierten Verbrechen. Die einzelnen Straftatbestände wie Raub, Totschlag und Körperverletzung mussten dabei nicht mehr zwangsläufig explizit gemacht werden, denn die Sanktionen waren nicht mehr wie noch in den hochmittelalterlichen Landfrieden deliktbezogen festgelegt, sondern galten ab 1235 pauschal für den

---

die Verfolgung nicht nur im Umland, sondern auch auf der Elbe zuließ, vgl. RI XIII, H. 20, Nr. 154, vom 23. August 1468. Als die Frankfurter gegen zwei des Diebstahls beschuldigte Hintersassen des Herrn Johann von Schwarzenberg vorgegangen waren, unterstützte Friedrich III. dieses Handeln und erklärte Einwände des Schwarzenbergers – wieder mit Verweis auf die Bestimmungen der Goldenen Bulle, der Reformatio Friderici und des Friedens – für unberechtigt, vgl. RI XIII, H. 4 (wie Anm. 40), Nr. 1022, vom 1. Februar 1491.

85 Zur Bedeutung der hochmittelalterlichen Landfrieden für die Strafrechtsentwicklung siehe Elmar Wadle, Die peinliche Strafe als Instrument des Friedens, in: Landfrieden, Strafe, Recht. Zwölf Studien zum Mittelalter (Schriften zur Europäischen Rechts- und Verfassungsgeschichte, 37), Berlin 2001, S. 197–217; Elmar Wadle/Thomas Gergen, Die hochmittelalterlichen Gottes- und Landfrieden als Wegbereiter des Strafrechts, in: ZRG GA 136 (2019), S. 130–163; zum Beginn des Spätmittelalters siehe Marian L. Klementowski, Die Entstehung der Grundsätze der strafrechtlichen Verantwortlichkeit und der öffentlichen Strafe im deutschen Reich bis zum 14. Jahrhundert, in: ZRG GA 113 (1996), S. 217–246. Eberhard Schmidt, Einführung in die Geschichte der deutschen Strafrechtspflege (Jurisprudenz in Einzeldarstellungen, 1), 3. Aufl., Göttingen 1965, S. 50, hat sich sogar veranlasst gesehen, die Landfrieden mit „regelrechten Strafgesetzbüchern“ zu vergleichen.

Friedensbruch.[86] Die Aussage von Ernst Pitz, die peinlichen Strafen seien im Mainzer Landfrieden von 1235 nicht explizit erwähnt worden, weil diese bereits in das „gemeine deutsche Volksrecht" übergegangen seien,[87] kann daher um mindestens eine Begründung erweitert werden: Indem Friedensbruch als eigenständiges Delikt etabliert war, das zahlreiche Vergehen einschloss und mit der Verhängung der Reichsacht sanktioniert wurde, gab es keine zwingende Notwendigkeit mehr, Strafen für die einzelnen Delikte festzuschreiben. Eine feingliedrige Unterteilung und Abstufung der Sanktionen wie im peinlichen Strafrecht, findet sich entsprechend in den spätmittelalterlichen Landfrieden und demzufolge auch in der höchsten Gerichtsbarkeit, die auf sie rekurrierte, nicht. In der Rechtspraxis war damit gerade innerhalb der höchsten Gerichtsbarkeit im 15. Jahrhundert viel Spielraum gegeben, Sanktionen in Strafsachen einzelfallbezogen auszuwählen oder auch auf sie zu verzichten. An peinlichen Strafen dürften weder die Konfliktparteien noch das Reichsoberhaupt interessiert gewesen sein, denn die zuhauf vorgebrachten finanziellen Ansprüche, zuerkannter Schadensersatz und verhängte Strafzahlungen oder schlicht Kanzleitaxen boten viel günstigere Gelegenheiten, die eigene Machtposition und Herrschaft zu stärken und die wechselseitigen Forderungen der Parteien zu befriedigen. Die Ansprüche aus Verbrechen wie Totschlägen, Gefangennahme, Brandstiftungen dagegen wurden im Laufe der Streiterledigung regelmäßig für gegeneinander aufgehoben erklärt, sodass keine weitere Sanktion erforderlich war.[88] Peinliche Strafen haben gegenüber Reichsfürsten nicht zu den Sanktionsmöglichkeiten gehört[89] – auf die Räte der (Reichs-)Städte als Kollektive waren solche perso-

86 Vgl. His, Strafrecht (wie Anm. 19), Bd. 1, S. 14; Hirsch, Die hohe Gerichtsbarkeit (wie Anm. 6), S. 155.

87 Ernst Pitz, Verfassungslehre und Einführung in die deutsche Verfassungsgeschichte des Mittelalters (Schriften zur Verfassungsgeschichte, 75), Berlin 2006, S. 1076.

88 Siehe beispielsweise den Spruch von König Ruprecht zwischen den Geistlichen des Stiftes Unserer Lieben Frauen zu Wetzlar und der Stadt Wetzlar vom 11. August 1404, vgl. URH 16 (wie Anm. 47), Nr. 87, oder den am 4. April 1408 beurkundeten Vergleich zwischen den Bewohnern von Appenzell und der Stadt St. Gallen, vgl. Ute Rödel (Bearb.), Urkundenregesten zur Tätigkeit des deutschen Königs- und Hofgerichts bis 1451, Bd. 17: Die Zeit Ruprechts 1407–1410 (QFHG. Sonderreihe, 17) (künftig: URH 17), Köln/Weimar/Wien 2018, Nr. 211, sowie die ebenfalls vom Throninhaber und von Graf Eberhard von Württemberg am 2. September 1409 besiegelte Vereinbarung zwischen Graf Rudolf von Hohenberg und der Stadt Rottweil, vgl. URH 17, Nr. 400. Ohne weitere Bestrafung für erledigt erklärt wurden auch Brandschatzungen, vgl. URH 15 (wie Anm. 32), Nr. 53 und 155; URH 17, Nr. 212; RI XI,1 (wie Anm. 29), Nr. 5104; Paul Herold/Kornelia Holzner-Tobisch (Bearb.), Die Urkunden und Briefe des Österreichischen Staatsarchivs in Wien, Abt. Haus-, Hof- und Staatsarchiv: Allgemeine Urkundenreihe, Familienurkunden, Abschriftensammlungen (1447–1457) (RI XIII, H. 13), Wien/Weimar/Köln 2001, Nr. 354; RI XIII, H. 18 (wie Anm. 82), Nr. 331.

89 Die allgemeinere Behauptung, gegen Adlige sei überhaupt nicht mit Blutgerichtsbarkeit geurteilt worden, wie sie Rolf Sprandel, Neuralgische Punkte in der Strafrechtswirklichkeit des Spätmittel-

nenbezogenen Strafen sowieso schwerlich anwendbar. Damit schied ein Großteil der Konfliktparteien innerhalb der höchsten Gerichtsbarkeit von vornherein vom System der peinlichen Strafe aus. Insofern ist die mangelnde Durchsetzbarkeit peinlicher Strafen, die Diestelkamp als wesentlichen Nachteil des Königtums anführt,[90] nicht die einzige Erklärung für das Fehlen peinlicher Strafen innerhalb der höchsten Gerichtsbarkeit.

Soweit sich im 15. Jahrhundert Intensivierungen der Strafverfolgung, zum Beispiel in der Verknüpfung von Reichsacht und Aberacht, der Bestellung eines königlichen Prokuratorfiskals oder durch den zunehmenden Rekurs auf das *crimen laesae maiestatis*, feststellen lassen, so waren dies nicht etwa ernsthafte Versuche des Reichsoberhauptes, die Strafgerichtsbarkeit von den Territorialgewalten zurückzuerlangen. Diese Anpassungen betrafen nicht allein Strafsachen, sondern alle Arten von Konflikten. Sie dienten nicht dem Zweck, den Geschäftsanfall immer weiterer Auseinandersetzungen am Hof zu erhöhen – sie sollten vielmehr dafür Sorge tragen, dass königlichen Entscheidungen und herrscherlichen Willensäußerungen, wie sie sich in den Urkunden, Geboten und Briefen ausdrückten, umfassend und zeitnah entsprochen wurde. Solche Reservatrechte des Reichsoberhauptes waren damit – ob ihrer Exklusivität – ein wichtiges Instrument, die eigenen politischen Interessen durchzusetzen. Dass sich diese mit einem Zustand des Friedens innerhalb des Reiches besonders gut verbinden ließen, zeigen gerade die auf den Reichsversammlungen in der zweiten Hälfte des 15. Jahrhunderts gemeinsam mit den Großen des Reiches verkündeten (Land-) Frieden. Nur weil damit das Vorgehen gegen Verbrecher und schädliche Leute auf allen Ebenen des Reiches und im Konsens seiner Herrschaftsträger betrieben wurde, zeigten die Maßnahmen einer obrigkeitlichen Strafverfolgung zum Ende des Spätmittelalters Wirkung. Der Ausbau der königlichen und der landesherrlichen Gerichtsbarkeit und deren Professionalisierung während des Spätmittelalters – zuletzt auch durch Elemente des gelehrten Rechts – waren die zentralen Voraussetzungen einer immer dichter werdenden herrscherlichen Strafgerichtsbarkeit, in der Verbrechen von Untertanen und mindermächtigen Reichsgliedern gar nicht mehr vor dem König verhandelt werden mussten.

---

alters, in: Willoweit (Hrsg.), Die Entstehung des öffentlichen Strafrechts (wie Anm. 80), S. 177–213, hier S. 191, vornimmt, sollte noch einmal genauer untersucht werden, zumal die Gruppe der Adligen über weite Strecken des Mittelalters und insbesondere im Hinblick auf den Niederadel nur schwer abzugrenzen ist.

90 Vgl. Diestelkamp, Das Gericht des deutschen Königs (wie Anm. 1), S. 40.

Guido Rossi

Causation and criminal law in the medieval civil law[1]

1. Legal causation: the development of the concept of *ordinatio*

Among learned jurists there is little mention of legal causation up to the late thirteenth century. In the Great Gloss of the Bolognese jurist Accursius (d. 1263) the relationship between *culpa* and *casus* is sometimes described in causal terms,[2] but this causal relationship is nowhere explained. Most of the time, however, the Gloss describes this relationship not in terms of causality but rather chronology: *culpa* is typically described as *praecedens* the *casus.*[3] This preference for chro-

1 This work builds on my study Ordinatio ad Casum: Legal Causation in Italy, 14th–17th centuries (Studien zur europäischen Rechtsgeschichte, vol. 339, Max-Planck-Institute for Legal History), Frankfurt 2023. I would like to express my sincere gratitude to Professors Anja Amend-Traut and Peter Oestmann for hosting the conference 'Von Bußen und Strafen. Gerichtliche Verfolgung von Unrecht', where this paper was first presented.

2 Such cases are considerably few, and mostly found in the Gloss on the *Digestum Vetus.* There, sometimes *casus* is described as happening 'per culpam': gloss 'omne periculum', *ad l. Iuris gentium, § Sed et si quis, de pactis* (D.2.14.7.15): 'id est periculum adveniens per omnem culpam' (Pandectarum Iuris Civilis, Parisiis, apud Gulielmum Merlin … et Gulielmum Desboys …, ac Sebastianum Niuellium …, 1566, vol. 1, col. 269); gloss 'in factum', *ad l. Si fistulae, de servitutibus praediorum urbanorum* (D.8.2.18): '… vitium naturale, non per culpam factum …' (*ibid.*, col. 985). Other times the same *casus* is qualified as 'proveniens', 'evenit', 'veniens' and 'passus est' by *culpa*: gloss 'periculum', *ad l. Si ut certo, § Nunc videndum, commodati* (D.13.6.5.2) (*ibid.*, vol. 1, col. 1409): 'id est omnem culpam, vel id est periculum per culpam omnem proveniens'; gloss 'plus antem' *ad l. Damni infecti, § Ei qui, de damno infecto* (D.39.2.18.4) (*ibid.*, vol. 3, col. 70): '… cum verum sit culpam venire in acti. loca., ergo et vitium veniet propter praecedentem culpam …'; gloss 'absoluto', *ad l. De submersis navibus, §, Si vero, de naufragiis* (C.11.6.5.1) 'ab observatione iudicii qui culpa passus est naufragium …' (*ibid.*, vol. 5, col. 125); *additio ad* gloss 'item is cui', *ad l. Item is cui res, quibus modis re contrahitur obligatio* (Inst.3.14.2) (*ibid.*, vol. 5, col. 338): 'Si vero propter maiores casus commodatarius rem sibi commodatam amiserit, non tenetur: dum tamen propter culpam suam casus iste non evenerit.' In some occasions the verb adopted is 'arguari': gloss 'mandandas', *ad l. Eleganter, § Si vendiderit, De pigneraticia actione* (D.13.7.24.2) (*ibid.*, vol. 1, col. 1437), or even 'imputari': *casus ad l. Cum duobus, pro socio* (D.17.2.52) (*ibid.*, vol. 1, col. 1698).

3 Gloss 'vel ignem', *ad l. Si servus, § Si fornicarius, ad legem Aquiliam* (D.9.2.27.9) (*ibid.*, vol. 1, col. 1071); gloss 'dolum', *ad l. Qui furtum, de condictione furtiva* (D.13.1.16) (*ibid.*, vol. 1, col. 1378); gloss 'praestare debet', *ad l. In rebus, commodati* (D.13.6.18) (*ibid.*, vol. 1, col. 1419); gloss 'procul dubio est', *ad l. Ad eos qui, commodati* (D.13.6.19) (*ibid.*, vol. 1, col. 1420); gloss 'actionem', *ad l. Si vehenda, § Si ea conditione, de lege Rhodia* (D.14.2.10.1) (*ibid.*, vol. 1, col. 1466); gloss 'si hoc' *ad l. Videamus, § Si hoc, locati conducti* (D.19.2.11.1) (*ibid.*, col. 1850); gloss 'placuit' *ad l.*

nology over the explicit use of causal language was hardly the idiosyncrasy of a single jurist. Even Accursius' teacher, the famed Azo (d. ca. 1220) considered the temporal correlation as one of the three general cases of liability for *casus*,[4] going as far as stating as a general rule that 'when fault preceded a [fortuitous] mishap, one is liable for the fortuitous mishap'.[5] This temporal approach to causation is attested even before Azo himself.[6] In the work of a famed contemporary of Accursius, as well as his colleague in Bologna, Odofredus (Odofredo Denari, d. 1265), most situations where fault leads to *casus* are explained in purely chron-

---

Item quaeritur, § Si quis servum, locati conducti (D.19.2.13.3) (*ibid.*, vol. 1, col 1851); *casus ad l. Cum res legata, de legatis* (D.30(.1).47) (*ibid.*, vol. 2, col. 792); gloss 'convenietur' *ad l. Qui bona fide, § cum inter aedes, de damno infecto* (D.39.2.13.2) (*ibid.*, vol. 3, col. 50); gloss 'non permittit', *ad l. Cum proponas, de nautico fenore* (C.4.33.4(3)) (*ibid.*, vol. 4, col. 795); gloss 'convenit', *ad l. Si incursu, depositi* (C.4.34.1) (*ibid.*, vol. 4, col. 796); gloss 'periculo', *ad Auth. Novissime cautum est* [Auth.6.2=Nov.72.6], *de administratione tutorum* (C.5.37) (*ibid.*, vol. 4, col. 1093); gloss 'minime concedimus', *ad l. Cum quidam, § Itaque veterum, de condicionibus* (C.6.46.6.1) (*ibid.*, vol. 4, col. 1422); *casus ad l. Item is cui res, quibus modis re contrahitur obligatio* (Inst.3.14.2) (*ibid.*, vol. 5, col. 338); gloss 'exactam', *ad l. Item is cui res, quibus modis re contrahitur obligatio* (Inst.3.14.2) (*ibid.*, vol. 5, col. 339). Far less common is the use of 'praeveniens' to describe the anteriority of the *culpa* to the occurrence of the *casus*: gloss 'commodata', *ad l. Praetor ait, § Quod autem, de vi et de vi armata* (D.43.16.1.33) (*ibid.*, vol. 3, col. 680).

4 The other two general cases were *mora* and the specific undertaking to bear the risk: Azo, *ad l. Negotium, de negotiis gestis* (C.2.18.22), *s. v.* 'non interveniente speciali pacto' (Lectura Azonis et magni apparatus ad singulas leges duodecim librorum codicis Iustiniani …, Parisiis, apud Sebastianum Nivellium …, 1581, p. 114, n. 42).

5 Azo, *ad Auth. Novissime cautum est* (Auth.6.2=Nov.72.6), *de administratione tutorum* (C.5.37), *s. v.* 'mutui periculo' (*ibid.*, p. 424): 'Fortuiti casus, quia hic culpa praecessit casum, et generale est, quod cum culpa praecessit casum, teneatur quis de fortuitu casu …'. Cf. Id., *ad l. Cum te, ne uxor pro marito* (C.4.12.3), *s. v.* 'cum neque maritum pro uxoris' (*ibid.*, p. 274): 'Generale est quod hic dicit: recipit enim instantiam in casu, quia vir tenetur respondere pro uxore … vel ibi sua culpa videtur praecedere, quia duxit eam secum, et ideo tenetur pro ea respondere.'

6 A particularly clear example of the use of chronology to explain causality comes from the *Collectio Parisiensis* of the *Quaestiones Dominorum Bononiensium*. A carrier agreed to transport some merchandise on a specific day but then refused to perform his obligation, so the owner of the merchandise made a second contract with another carrier for a different date. The second carrier did perform his obligation as agreed, but along the way he was attacked by brigands, who stole the merchandise. Is the first carrier liable? Since the *casus* would not have occurred had the merchandise been transported on the day agreed upon with the first carrier, argued the *quaestio*, the first carrier is indeed liable for their loss. *Quaestiones Dominorum Bononiensium. Collectio Parisiensis*, Giovanni Battista Palmerio (ed.), *Bibliotheca iuridica Medii Aevi*, vol. 1, 2nd edn., Bononiae 1913), q. 123, p. 255; cf. Domenico Maffei, *Caso fortuito e responsabilità contrattuale nell'età dei glossatori*, Milano 1957, p. 127. A similar approach is also attested in the late twelfth-century treatise edited by Gero Dolezalek, Tractatus de diligentia et dolo et culpa et fortuito casu, in: Christoph Bergfeld (ed.), Aspekte Europäischer Rechtsgeschichte. Festgabe für Helmut Coing zum 70. Geburtstag, Frankfurt am Main 1982, pp. 87–121, lines 40–41, and 46–48, p. 106.

ological terms: one is liable for *casus* because his *culpa* preceded it, and therefore – Odofredus seems to imply – also caused it.[7] This of course does not mean that Accursius, Odofredus and their contemporaries all fell into the logical fallacy of narrowing down causation to temporal correlation (the famous maxim *post hoc ergo propter hoc*). Articulated discussions on legal causation do not really emerge until the late thirteenth century and the beginning of the fourteenth. Until then, specific descriptions of causal inference are usually omitted: what is left is just the simple fact that the fault came first, and loss or damage ensued.

Looking at causation through the lens of chronology entailed adopting a backward-looking approach, moving from *casus* back in time to *culpa*. This approach is usually applied, but not often stated expressly: what is typically said is just that a faulty behaviour preceded the mishap and therefore caused it. The implied rationale is that, without that faulty behaviour, the mishap would not have occurred. The backward direction of this approach implicitly conditions its outcome: moving from the event Y back in time towards the behaviour X, it would be difficult not to consider X as necessary for the occurrence of Y. Hence the closeness between temporal and causal languages – or rather, the temptation to infer causation from temporal correlation.

A properly causal approach to the relationship between *culpa* and *casus* begins to emerge only in the late thirteenth century. The earliest traces of it may be found in a *lectura* of the Orléanese law professor Jacobus Ravanis (Jacques de Révigny, d. 1296) on the various impediments to a court summons. One such impediment was pregnancy. The Accursian Gloss considered pregnancy as a valid excuse from the summons even when it was intentionally caused to avoid appearing in court, since the conjugal debt the woman owed to her husband derived from an institution of divine law such as marriage, which therefore trumped human law.[8] But what if the woman was not pregnant by her husband, asked Ravanis? Having pushed divine law aside (the woman was having an affair), Ravanis was

7 To mention only Odofredus' analysis of the *Vetus*, see *ad l. Si negotia, § Negociationes in eundo, de negotiis gestis* (D.3.5.10) (Domini Odofredi … in undecim primos pandectarum libros …, Lugduni, 1550; Bologna 1967 (Opera Ivridica Rariora, vol. 2, pt. 1), *fol.* 134rb); *ad l. Si ut certo, § Sed interdum, commodati* (D.13.6.5.7) (*Odoffredi … in Secundam Digesti Veteris partem Praelectiones …*, Lugduni, 1552; Bologna 1968 (Opera Ivridica Rariora, vol. 2, pt. 2), *fol.* 53vb); *ad l. Cum duobus, § Damna, pro socio* (D.17.2.52.3) (*ibid., fol.* 92ra); *ad l. Si quis domum, § Imperator Antoninus, locati conducti* (D.19.2.9.4) (*ibid., fol.* 115ra); *ad l. Videamus, § Si hoc, locati conducti* (D.19.2.11.1) (*ibid., fol.* 115ra).

8 Gloss 'gravida', *ad l. Non exigimus, § Si non propter, si quis cautionibus in iudicio* (D.2.11.2.4) (Pandectarum Iuris Civilis (note 2), vol. 1, col. 223): 'Sed nonne se arctavit ad hoc? Videtur ergo quod ei non prosit: ut infra eo § si quis tamen [D.2.11.2.8]. Sed dic quod duplex ratio eam excusat. Prima, quia lex pepercit vitio naturali mulieris: quod vitium naturale non imputatur mulieri … Item quia debitum viro reddit, ad quod iure divino tenetur …'

able to turn upside-down the position of the Gloss: far from irrelevant, the reason why the woman got pregnant in the first place now becomes of paramount importance to determine its validity as an excuse to avoid the summons: if she committed adultery 'propter libidinem' – and not to escape the trial – then her pregnancy excuses her.[9]

Ravanis' approach did not go unnoticed, and it likely influenced the position of another French jurist, the Toulouse law professor Guilelmus de Cugno (Guillaume de Cuhn, d. 1335). In using the solution devised by Ravanis, Cugno refined it: to determine whether the pregnancy excuses the woman from appearing in court, says Cugno, it is essential to establish whether her *culpa* is 'ordinata ad casum' or not.[10] The same concept of *ordinatio* of the *culpa* towards the *casus* is then used in Cugno's more general scheme on causation, found in his lengthy *lectura* on the *lex Si ut certo* (D.13.6.5), on the liability for *commodatum*, where he provides a general scheme on causation based on the concept of *ordinatio*: one is liable for the *casus* when his *culpa* is *ordained* to it.[11]

After Cugno, the concept of causal *ordinatio* spread quickly across the Alps towards Italy. While its use is already attested among jurists such as Cynus de Pistoia (Cino dei Sigisbuldi, ca. 1270–1336/37),[12] its importance would grow expo-

9 Ravanis, *ad l. Non exigimus, § Si non propter, si quis cautionibus in iudicio* (D.2.11.2.4), Leiden, University Library, Ms D'Ablaing 2, *fol.* 43rb, *in fine*: '… Dico quod si ex alio sit grauida tamen excusatur a pena quia ad hoc non deliquit, non commisit adulterium ut non venire ad iudicium sed propter libidinem ….'

10 Cugno, *ad l. Non exigimus, § Si quis municipalis, si quis cautionibus in iudicio* (D.2.11.2.1), Lucca, Biblioteca Capitolare Feliniana, Ms 373, *fol.* 24rb and Oxford, Bodleian Library, Ms Canon. misc. 472, *fol.* 5vb: 'Dico quod ymo idem est vnde semper excusatur, imo quia grauida est; si dicas sibi procurauit ergo sibi imputet, dico quod illud est uerum si culpa esset ordinata ad casum, secus si non esset ordinata ad casum ut in casu isto, ar. infra de fur. l. uerum [D.47.2.39], et de statu liber l. non omne [D.40.7.38]. Contrarium potestis dicere ad glo. quando dicit quod mulier tenetur reddere marito debitum suum etc. infra de op. lib. l. sicut i. [D.38.1.48.1]. In non uxorata uidetur est [*sic*] eadem ratio quamuis sit in culpa, tamen illa culpa non est ordinata ad casum infra de fur. l. uerum [D.47.2.39].'

11 Id., *ad l. Si ut certo, § Usque adeo, commodati* (D.13.6.5.9), Lucca, Biblioteca Capitolare Feliniana, Ms 373, *fol.* 64rb, and Oxford, Bodleian Library, Ms Canon. misc. 472, *fol.* 71vb: '… Si queritur nunquid culpa faciat teneri de casu, uel utrum casus excuset eum, aut ista culpa cadit in speciem more … aut ista culpa non cadit in speciem more, sed aliter est in culpa et tunc aut ista culpa non est ordinata ad casum tunc non tenetur de casu, ymmo casus excusat a culpa, infra quod ui aut clam l. si ali. § est alia [D.43.24.7.4] ar. infra de sta. liber. l. non omne [D.40.7.38], aut culpa potest esse ordinata ad casum et tunc aut casus non uenisset nisi culpa precessisset, et idem tunc dico quod tenetur de casu ut in isto § sed interdum [D.13.6.5.7] cum exemplis hic positis, aut econtra casus non uenisset nisi culpa non interuenisset ….'

12 E. g. Cynus, *ad l. Cum pro eo, de sententiis* (C.7.47.1) (Cyni pistoriensis … In Codicem, et Aliquot titulus primi Pandectorum Tomi … Commentaria …, Francoforti ad Moenum, impensis Sigismundi Feyerabend, 1578, *fol.* 460ra, n. 16)

nentially with Bartolus de Saxoferrato (1314–1357). Bartolus was Cynus' student, but most likely he read Cugno directly: Cugno's scheme on legal causation is reproduced almost verbatim in Bartolus.[13] While Bartolus made use of this concept in some other parts of his commentary on the Digest,[14] its enduring success will largely depend on Bartolus' causation scheme, which will soon become the cornerstone of legal causation among medieval and early modern jurists. A *culpa ordinata* to the occurrence of the *casus* is a faulty behaviour which, in common experience, tends to reach a certain result. Such an *ordinatio* implies a clear and immediate causal link between conduct and outcome, not merely the occurrence of something as a further (and so, indirect) consequence of one's actions. The difference, Bartolus explained – once again, while discussing contractual liability –, may be appreciated in case of unbalance of more than one-half between purchase price and value of the item (the so-called *laesio ultra dimidium* or *laesio enormis*). In that case, if the counterparty is unwilling to make up for the unbalance, the contract would be rescinded. Should that happen, concluded Bartolus, the rescission of the contract and the subsequent reversion of the item to the vendor would 'surely' (*certe*) be considered as depending on the will of the buyer, a 'will ordained to this' (*volunta[s] … ad hoc ordinata*).[15]

---

13 Compare Cugno, *ad l. Si ut certo, § Usque adeo, commodati* (D.13.6.5.9), partially transcribed *supra*, note 11, with Bartolus, *ad l. Si ut certo, § Sed interdum, commodati* (D.13.6.5.7) (In Secundam Partem Digesti Veteris, Bartoli a Saxoferrato Commentaria …, Basileae, ex Officina Episcopiana, 1588, p. 245, n. 1–2), which is here – also, partially – reproduced: 'Quando culpa precedit casum, utrum quis teneatur de casu, dic secundum Gul(ilelmum de Cugno) sic: aut illa culpa cadit in moram, et tenetur de casu … aut non cadit in moram, et tunc aut illa culpa non est ordinata ad casum, quia ex illa culpa nullo modo potuisset casus ille contingere: et tunc non tenetur de casu, l. non omne, de stat. lib. [D.40.7.38] facit. l. si alius, § est et alia, quod vi aut clam [D.43.24.7.4]. Quandoque culpa potest esse ordinata ad casum: quia ex ea potest contingere casus, tunc aut casus secutus est propter illam culpam, et tunc tenentur de casu, ut hic, aut casus nihilominus contigisset, posito quod culpa non intercessisset, et tunc aut culpa fuit commissa in non faciendo et quis non tenetur de casu, l. et in totum, infra de impe. [D.25.1.4], aut fuit commissa in faciendo, et tunc aut illud factum non cadebat in delictum: et tunc non tenetur de casu, ut l. fi. § i. infra ad l. Rho. de iac. [D.14.2.10.1] et l. si is qui, infra de ac. et obl. [D.44.7.18] facit d. l. si alius, § est et alia, quod vi aut clam [D.43.24.7.4]. Aut illud factum cadebat in delictum: et tunc tenetur quandocunque de casu postea eveniente, ut l. ita vulneratus, ad l. Aqui. [D.9.2.51], secundum Gul(ielmum) …'.

14 See e. g. Bartolus, *repetitio ad l. Iulianus, qui satisdare cogantur* (D.2.8.11) (Bartoli a Saxoferrato, In: Primam Digesti Veteris Partem Commentaria …, 1588, p. 219, n. 1); Id., *ad l. In diem addicto, de aqua* (D.39.3.9) (In Primam Partem Digesti novi Bartoli a Saxoferrato Commentaria …, Basileae, ex officina Episcopiana, 1588, p. 134, n. 2–3).

15 Bartolus, *ad l. In diem addicto, de aqua* (D.39.3.9) (In Primam Partem Digesti novi, note 14, p. 134, n. 3): 'sed quid si ideo, quia venditor dicit se deceptum ultra dimidiam iusti precii, et sic rem habuit? Certe hic fuit de voluntate emptoris ad hoc ordinata, quia voluit reddere, non precium supplere, quid est in suo arbitrio: l. 2 C. de rescin. ven. [C.4.44.2]'.

The most obvious difference between the new approach to causation and the older one – and, surely, one of the reasons for its great success – is also the most important: the direction of the analysis. While chronology is backward-looking, *ordinatio* is forward-looking. Looking from the *casus* backward, any prior *culpa* may look relevant: hence the *culpa* closest in time to the *casus* is also the one that would typically look more strongly connected with its occurrence. Thus, proximity in time blurs causality. Much on the contrary, moving 'forward' from *culpa* to *casus* means adopting the first as a starting point, to see whether it is possible to draw a straight line from that *culpa* to the *casus* that ensued, or whether anything is standing between them. This way, the issue at stake becomes whether that specific *culpa* should be qualified as what led to the occurrence of the *casus* or not. Thus, the causality net becomes considerably tighter.

After Bartolus, many jurists began to use *ordinatio* as the main criterion to solve causality problems.[16] Soon this criterion would spread across the Italian Peninsula. Not only in highly refined commentaries on the Justinianean corpus, but also in the jurisprudence of the law courts did the concept of *ordinatio* find application to assess and determine questions of legal causation, to the point that it became the standard approach to solve problems of legal causation in Italy throughout the whole early modern period – at least, for private-law matters.[17]

---

16 See for instance Baldus de Ubaldis (1327–1400), *ad l. Non exigimus, § Si non propter, si quis cautionibus in iudicio* (D.2.11.2.3) (Baldi Ubaldi Perusini ... In Primam Digesti Veteris Partem Commentaria ..., Venetiis [apud Iuntas], 1577, *fol.* 106rb, n. 5) and *additio ad l. Si ut certo, § Nunc videndum, commodati* (D.13.6.5.2) (Baldi Ubaldi perusini Iurisconsulti... In Secundam Digesti vet[eris] partem Commentaria ..., Venetiis [apud Iuntas], 1577, *fol.* 83ra); Paulus de Castro (ca. 1360–1441), *ad l. Non exigimus, § Si non propter, si quis cautionibus in iudicio* (D.2.11.2.4) and *ad l. Servitus, quemadmodum servitutes amittuntur* (D.8.6.5) (Pauli Castrensis ..., In Primam Digesti Veteris partem Commentaria ..., Lugduni [Antoine Blanc], 1585, respectively *fol.* 41ra and *fol.* 240va, n. 2), and *ad l. Si fundus, locati conducti* (D.19.2.33) (Pauli Castrensis ..., In Secundam Digesti Veteris partem Commentaria ..., Lugduni [Antoine Blanc], 1585, *fol.* 134va, n. 3), Alexander Tartagni (1424–1477), *ad l. Si fideiussor, § Si necessaria, qui satisdare cogantur* (D.2.8.7.1) (Commentariorum Alexandri Tartagni ... in Digestum vetus Tomus primus [et secundus] ..., Lugduni [Denis de Harsy], 1552, *fol. 72vb*, n. 4), and Jason de Mayno (1434–1519), *ad l. Si eum iudicio, § Qui iniuriarium, si quis cautionibus in iudicio* (D.2.11.10.2) (Excellentissimi ... domini Iasonis de mayno ... Lectura in primam partem ff. veteris ..., Venetiis, 1512, *fols.* 129vb, n. 6).

17 On the subject see Rossi, Ordinatio ad Casum, note 1.

2. *Ordinatio* and criminal law

When Cugno used the concept of *ordinatio* to sketch out a general rule on causation, it may be remembered that he did so while commenting on *commodatum* – and so, discussing about contractual liability. This is no coincidence: legal causation was initially developed in a contract-based context, and only then also applied to criminal law. In general terms, such an approach is perfectly normal: medieval jurists saw no clear-cut distinctions between different parts of the civil (that is, learned) law – so, any solution devised in one area could be easily applied to another. More specifically, however, this was also due to the fact that causation in criminal law commanded little attention among medieval lawyers. So for instance one of the earliest short treatises on the subject, *De percussionibus* (traditionally associated with Odofredus),[18] mentions causation only with regard to the distance in time between wound and death, whereas the slightly later one *De vulneribus* (associated with Guido da Suzaria, d. 1293) does not mention causation at all.[19] The same lack of interest in the subject appears in the far more elaborated, famous and influential *Tractatus de maleficiis* of Albertus Gandinus (d. ca. 1310).[20] Even toward the end of the Middle Ages, the few times that the problem of causation appears in the treatise *De maleficiis* of Angelus de Gambilionibus (Angelo Gambiglioni, d. ca. 1465, better known as Aretinus), the solution is found on the basis of simple chronology.[21]

The main issue of causation *in maleficiis* focused on the case of a wound leading to death: there, causation was assessed on the basis of certain elements, which would soon crystallise into presumptions of proto-forensic medicine, such as the specific kind of wound (both the way in which and the part of the body where it was inflicted), any pre-existing condition of the victim, the time elapsed between

18 Domenico Maffei, Il Tractatus percussionum pseudo-bartoliano e la sua dipendenza da Odofredo, in: Studi senesi 78 (1966), pp. 7–18.

19 The critical edition of both works may be read in Osvaldo Cavallar, Agli albori della medicina legale: I trattati 'De percussionibus' e 'De vulneribus', in: Ius Commune 26 (1999), pp. 27–89.

20 Gandinus, Tractatus de maleficiis, esp. § *De praesumpionibus et indicijs indubitatis, quibus condemnatio posset sequi,* n. 8; and § *De homicidiariis et eorum poena*, n. 23–24 (Hermann Kantorowicz ed., Albertus Gandinus und das Strafrecht der Scholastik, vol. 2, Die Theorie, Berlin 1926, pp. 96 and 304–305 respectively). Cf. Woldemar Engelmann, Die Schuldlehre der Postglossatoren und ihre Fortentwickelung: eine historisch-dogmatische Darstellung der kriminellen Schuldlehre der italienischen Juristen des Mittelalters seit Accursius, Berlin 1895, p. 50.

21 Angelus Aretinus, *Super maleficiis,* Lugduni [Joann. Moylin], 1535, esp. § *Syndico exitente, fol.* 25ra, n. 36, and § *Et appensate in civitate Bononie, fol.* 49vb, n. 1. Cf. Giorgio Zordan, Il Diritto e la Procedura Criminale nel Tractatus de Maleficiis di Angelo Gambiglioni, Padua 1976, pp. 45–48.

wound and death (so, for instance, dying *infra triduum* – within three days from the wounding – was clear proof of its lethal nature), and even the behaviour of the victim itself after being wounded (especially her diligence in following the doctor's advice).[22] Beyond this, no specific theory was elaborated. It was easy, therefore, to adapt the concept of *ordinatio* from private to criminal law, all the more since the punitive function of criminal liability was often considered more important than the need to ascertain with precision the exact dynamics of causation in criminal offences.[23]

As a matter of principle, criminal liability requires intentionality: *maleficia voluntas et propositum delinquentis distinguit*, states a famous text of the Digest (D.47.2.54[53]pr), supported by several others.[24] Medieval jurists however found an exception to this principle in another text (or, as they would rather say, another *lex*) of the same compilation of Justinian, C.9.12.6. This text punished the homicide that ensued during a violent ejectment (and so, most of the time, it was unintended) with capital punishment, regardless of whether the victim was one of the attackers or one of those who were attacked.[25] The Gloss of Accursius considered this *lex* a clear exception to the requirement of intentionality to punish for murder,[26] and Accursius' position was not questioned: in this *lex*, observed

---

22 Marzia LUCCHESI, *Si quis occidit occidetur: l'omicidio doloso nelle fonti consiliari, secoli XIV-XVI*, Padua 1999, pp. 25–32. For some specific cases where the victim's behaviour was considered the cause of death see *ibid.*, pp. 140–142 and 168–169. For some in-depth discussions on the issue among late medieval and early modern *consilia* see *ibid.*, pp. 143–147 and esp. 156–160, where the crystallisation of those presumption emerges very clearly. On the case of the short temporal distance between wound and death without a clear medical diagnosis, see *ibid.*, pp. 170–171. See further Serge DAUCHY, Le jurisconsulte et le médecin. La douleur vue à travers les recueils d'arrêts (XVIe-XVIIIe siècles), in: Bernard Durand/Jean Poirier/Jean-Pierre Royer (eds.), La Douleur et le Droit, Paris 1997, pp. 149–157, esp. 150–152.

23 So for instance the very complex case discussed by the Roman jurist Julian in D.9.2.51 (Jul. 81 Dig., about the slave who is mortally wounded by one, then instituted heir, and finally finished off by another) received little interest even among illustrious Commentators. For Paulus de Castro, for instance, both offenders ought to be punished for the slave's death since 'absurdius est maleficia remanere impunita, quam nocentes absolvere', Castro, *ad l. Ita vulneratus, ad legem Aquiliam* (D.9.51) (*In Primam Digesti Veteris partem Commentaria*, note 16, *fol.* 245ra, n. 4). For a very thorough and truly remarkable study of the text of Julian and its interpretation see Wolfgang ERNST, Justinian's Digest 9.2.51 in the Western Legal Canon, Cambridge 2019.

24 Especially D.48.8.17, D.48.8.1.3, D.48.8.7, D.48.19.11.2, D.48.19.16.8, D.47.2.54(53)pr, D.4.3.1.2, D.9.2.5.1. Cf. also PS.5.23.1.

25 The point is important, as in the Accursian Gloss self-defence was a valid justification for the killing of the adversary: gloss 'Interemptus sit', *ad l. Quoniam multa facinora, ad legem Iuliam de vi publica seu privata* (C.9.12.6) (*Pandectarum Iuris Civilis*, note 2, vol. 4, col. 2046).

26 Gloss 'supplicium', *ad l. Quoniam multa facinora, ad legem Iuliam de vi publica seu privata* (C.9.12.6) (*ibid.*, cols. 2046–47): '... Item nota hic puniri affectum ultra quam se extendat: quia hic violentus

for example Jacobus Butrigarius (ca. 1274–1348), the lack of intentionality does not even call for a lesser punishment than the capital one.[27] Far from being a marginal exception, however, this *lex* typified the situation in which the offence intended differed from the offence actually committed. Thus, dispensing with the intentionality requirement was even more problematic. It was a problem that needed a solution.

The solution was provided by Cynus using the concept of *ordinatio*. The case described in C.9.12.6, he reasoned, was that of the exercise of violence meant for one purpose (gaining the upper hand over the other party during a clash) but leading to another (the death of that other party). The aggressor therefore had intended to use violence; only, he did not want that violence to result in a certain outcome. If the violence that the perpetrator wanted to inflict was, in itself, 'ordained' to cause that outcome, however, it follows that this *lex* is in no way a contradiction to the requirement of intentionality in criminal law, but rather a further confirmation of it. In Cynus' own words:[28]

> *ratio est, quia violentia est crimen ordinatum ad illud, et alia facinora. Et sic est speciale propter istam rationem, secus est, si crimen quod ex animo debuit fieri, non ordinatur ad illud delictum, quia committitur sine animo*

In Cynus' reasoning, the concept of *ordinatio* would seem not too dissimilar from that of (objective) foreseeability: if a certain consequence may be reasonably expected from a certain action, then the action is ordained to the consequence. In order to fulfil the requirement of intentionality (as enshrined in [D.47.2.54(53)

---

solam possessionem habere affectavit, non occidere. Unde voluntas et propositum non distinguunt hic maleficium, quod est alibi: ut ff. ad legem Corneliam de sicariis, l. i, § divus [D.48.8.14], sic de termino moto etiam ignorans punitur: ut ff. de termino moto l. ii in fine [D.47.21.2: '...Quod si per ignorantiam aut fortuito lapides furati sunt, sufficiet eos verberibus decidere']. Sed in hoc est contra illa lex [*sic*]: quia ibi minus punitur ignorans, quod hic non est. Solu. hic plura delicta et mala sunt: vel ibi in splendidioribus dicit, vel ibi non fuit vis aliqua.' See further Engelmann, Schuldlehre der Postglossatoren, note 20, p. 73.

27 Butrigarius, *ad l. Quoniam multa facinora, ad legem Iuliam de vi publica seu privata* (C.9.12.6) (Iacobus Butrigarii Iuris utriusque profunditates et apices plenissime scrutatus super Codice hanc subtilissimam edidit lecturam ..., vol. 2, Parhisiis a Joanne paruo ... [1516], *fol.* 103rb).

28 Cynus, *ad l. Quoniam multa facinora, ad legem Iuliam de vi publica seu privata* (C.9.12.6) (In Codicem ... Commentaria, note 12, *fol.* 548vb, n. 3). See esp. Rosalba Sorice, La rilevanza penale della colpa nel Medioevo. Ricerche sulla Doctrina Bartoli, in: Rivista Internazionale di Diritto Comune 31 (2020), pp. 199–229 (pp. 210–214); Ead., Vittime colpevoli e colpevoli innocenti. Ricerche sulle responsabilità penali nell'età del diritto comune, Bologna 2018, p. 117, note 21. Cf. Franco Cordero, Criminalia. Nascita dei sistemi penali, Bari 1986, pp. 275–276; Engelmann, Schuldlehre der Postglossatoren, note 20, p. 77.

pr]), therefore, it is sufficient to ascertain whether the action was intended, and not also its consequence. Cynus applied this logic when looking at the case in which someone murders his victim with the assistance of some accomplices when the accomplices did not mean to kill but only beat the victim. Some decades before Cynus, Jacobus de Arena (d. 1297/98) advocated for a milder punishment for the accomplices: since they lacked the intention to kill, they are liable only for *culpa*, but not for *dolus*.[29] To this conclusion replies Cynus arguing on the contrary that they should share the same fate as the actual murderer, for they voluntarily inflicted a kind of violence that was ordained – in the sense of foreseeably leading to – the occurrence of the more serious crime of homicide: *cum violentia sit crimen ordinatum ad istud malum, et alia multa, cur non tenetur in totum, sicut et ipse principalis tenetur?*[30]

Bartolus built on what Cynus had said and elaborated the point further, distinguishing three possible cases in which the offence committed is more serious than the one intended. The crucial point is whether the intended offence objectively tends to the offence committed: if it does, then we should look at what happened, not at the *animus* of the perpetrator. If the lesser offence does not tend to the more serious one that occurred, then we should look at the subject matter. If the object of the offence is the same, then the *animus* is, once again, irrelevant: so for instance, if I steal a vessel ignoring that it was consecrated then I am still liable for sacrilege, for I intended to commit that action (theft) on that thing (the vessel). If, finally, the subject matter is different (I steal an object which I thought was mine), then it is the intention that matters, not the result. Of the three cases, what interests us is the first. But how should one interpret that criterion of 'to tend' (*tendere*)? In his text, Bartolus used the same example as Cynus (the case of C.9.12.6: the use of violence not intended to inflict death but nonetheless 'tending' to it), and then he provided an even more straightforward one: if I set fire to one house and the flames spread to the next one, I am liable for arson for both of them.[31] In developing Cynus' point, Bartolus stressed more the objective link

29 Jacobus de Arena, *ad l. Si confidis sponsam, ad legem Iuliam de vi publica seu privata* (C.9.12.3) (Iacobi de Arena Parmensis … Commentarii in universum Ius Civile …, Lugduni, 1541, *fol.* 60va).

30 Cynus, *ad l. Quoniam multa facinora, ad legem Iuliam de vi publica seu privata* (C.9.12.6) (In Codicem … Commentaria, note 12, *fol.* 549rb, n. 7).

31 Bartolus, *ad l. Divus Adrianus, ad legem Iuliam de vi privata* (D.48.8.14) (*In Secundam Partem Digesti novi Bartoli a Saxoferrato Commentaria* …, Basileae, ex officina Episcopiana, 1588, p. 493, n. 1): 'primo quaero, quid si aliquis deliquit plus quam cogitaret? Circa res, distingue tres casus: quia aut delictum quod facere proposuerat, ad hoc tendit: et tunc inspicitur delictum seu eventus, et non animus: l. quoniam C. ad l. Iul. de vi [C.9.12.6] et ideo violentia punitur secundum eventum, quia verisimiliter illud delictum tendit ad verbera, et homicidia, et similia. Vnde si aliquis proposuisset mittere incendium in domo una, et propter hoc essent combustae plures aliae, tenetur de

between act and outcome, leaving no room for any argument on subjective foreseeability of the event: regardless of whether the offender could foresee the outcome, if the act does tend to it, then he is liable for it. This is where Bartolus went beyond Cynus, who did not extend the concept of *ordinatio* to the case (an old problem discussed by generations of jurists) in which a man seduces a woman without knowing that she is married.[32] For Bartolus there is no doubt that foreseeability – a term that, significantly, he does not mention – is not a subjective condition but an objective feature of the conduct itself. Hence the stress on the (objective) relationship between the intended conduct and the actual result: if the first "tends" to the second, then its author should be punished for it. In Bartolus, causal *ordinatio* is not between intention and outcome, but between conduct (obviously, an intentional conduct) and outcome.

In the case of unintentional homicide, then, the question is whether the conduct, which was meant to commit a lesser crime, is 'compatible' with the more serious crime actually committed. This way, in Bartolus' analysis the subjective element is downplayed without being neglected – thereby not violating the requisite of intentionality imposed by the *lex Divus Hadrianus* for crimes. If the behaviour (leading in the intentions of the culprit to a certain crime) 'tends' towards the crime actually committed, then it makes little difference whether the culprit meant to commit that crime or not, because he intentionally pursued a conduct 'tending' to the crime that actually occurred. As the conduct aiming at the lesser crime also 'tended' towards the more serious one that happened, this second crime may be considered as somehow encompassing the first also. Physical violence fits this description well: a violent attack may well be considered as ordained both to the (lesser crime of) assault and to the (more serious crime of) homicide. Whether or not the actual outcome (homicide) was intended, the conduct (violence) was deliberate, and that conduct may well be construed as leading

omnibus: quia illud incendium ad hoc tendit verisimiliter, ut domus contiguae comburantur similiter, l. i. § ex incendio, supra, de incend. ruin. naufrag. [D.47.9.1.2]. Si vero delictum non tendit ad hoc: et tunc aut delinquit in plus circa eandem rem, et inspicitur eventus: l. vulgaris, § si quis aes. supra de furt. [D.47.2.21.2]. Et ideo si quis furaretur vas consecratum, cum putaret non consecratum, tunc inspicitur quod est secutuum, non quod putabat. Si vero delinquit in plus circa diversas res, tunc inspicitur animus, non eventus: d. l. vulgaris, § sed et si quis [D.47.2.21.3].' Cf. Sorice, La rilevanza penale, note 28, pp. 215–216.

32 Cynus, *ad l. Quoniam multa facinora, ad legem Iuliam de vi publica seu privata* (C.9.12.6) (In Codicem … Commentaria, note 12, *fol.* 549ra, n. 4): 'Solet quaeri si quis credat se rem habere cum soluta, et habet cum coniuncta, nunquid adulterium committit? Dicunt quidam quod sic … Dicendum est tamen contrarium. Nam ex quo simplicem fornicationem proposuit committere, non est ordinatum crimen ad adulterium. Et ideo tantum de fornicatione tenetur … Et ita sensit Pil. in quaestionib. suis, in quaest. quae incipit: Titius amore cuiusdam virginis, etc. [Pilei Modicensis Quaestiones Aureae (Romae apud Antonium Bladum), 1560, q. 23].'

straight to the occurrence of the more serious crime – even if the perpetrator had no intention of committing it, nor did he foresee it.[33]

A rather straightforward application of Bartolus' position may be found in a *consilium* attributed to him. Off the Apulian coast, three men were escorting a prisoner on a boat. The prisoner escaped. The leader of the group ordered the other two men to bring him back. While chasing after the prisoner, however, the two men hit him and he died. Those two men, Bartolus argued, were liable for homicide: while their actual purpose was simply to bring back the prisoner on-board, the violence they used in doing so was sufficiently 'ordained' to his death: *illa reductio ad barcham, in se violentiam continet, et ideo fuit satis ordinatum* [*sic*] *ad mortem*.[34]

At least initially, the application of *ordinatio* to criminal law met with success among jurists, to the point that it even took the name of *doctrina Bartoli*. The reason for its initial success probably lies also in that, far from being an easy way to circumvent the requirement of *animus*, it was meant precisely to avoid the indiscriminate application of the serious (often, capital) punishments prescribed by many city statutes, which city magistrates often applied in an almost automatic way – especially in case of homicide –, looking at the mere facts and neglecting to ascertain whether the crime was committed with intentionality.[35] Thus, Bartolus' application of *ordinatio* to involuntary manslaughter was not an 'extension

---

33 Two centuries after Bartolus the jurist Roberto Maranta would provide one of the most succinct and accurate summaries of Bartolus' position in a *consilium* where he referred to the 'doctrina Bart. in l. divus, in fin. ff. ad leg. Corn. de sicar. [D.48.8.14], ubi pulchre distinguit, quando quis extra propositum deliquit, an inspiciatur eventus, dicit enim quod *si id, quod quis principaliter facere intendit, tendit ad illum finem qui secutus est*, tunc tenetur, quia eventum inspicimus' (Consilia sive Responsa D. Roberti Marantae …, Coloniae Agrippinae, apud Ioannem Gymnicum, 1599, cons. 13, p. 66, n. 7, emphasis added).

34 Bartolus, cons. II.111 (Consiliorum Bartoli libri duo: his interiecti sunt eiusdem Tractatus, et Quaestiones… quae omnia Bernardi Landriani, et Thomae Diplovataei additamentis, et indice illustrantur, Lugduni, excudebat Blasius Guido, 1555, *fol.* 222rb, n. 1): 'illa reductio ad barcham, in se violentiam continet, et ideo fuit satis ordinatum ad mortem'. On this *consilium* see also Gigliola DI RENZO VILLATA, Bartolo consulente nel 'penale': un'actoritas indiscussa?, in: Victor Crescenzi/ Giovanni Rossi (eds.), Bartolo da Sassoferrato nella cultura europea tra Medioevo e Rinascimento, Sassoferrato 2015, pp. 25–62 (p. 60).

35 As Raphael Fulgosius (1367–1439) had it, 'statuta … communiter dicunt, si quis occiderit aliquem, occidatur, et sic puniunt affectum, non autem distinguunt voluntatem', FULGOSIUS, *ad l. Quoniam multa facinora, ad legem Iuliam de vi publica seu privata* (C.9.12.6) (Raphaelis Fulgosii … in D. Iustiniani Codicem Commentariorum Tomus secundus …, Lugduni, apud Hugonem et haeredes Aemonis a Porta, 1547, *fol.* 238rb, n. 2). On the growing tendency towards a sort of automatism in criminal punishment during the late Middle Ages and, especially, the first early modern period see LUCCHESI, *Si quis occidit*, note 22, pp. 49–55.

of the concept of *dolus*',[36] dispensing with the need of ascertaining volition, and so ultimately refining the canon law doctrine of the *versari in re illicita* doctrine (which provided that the author of an illegal activity would be responsible for all its consequences, even the involuntary ones) avoiding its strict liability implications.[37] Far from favouring strict liability, therefore, it sought to emphasise the voluntariness of the act.[38]

This voluntariness, however, did not also extend to the consequences of the act. As long as the criterion of *ordinatio* was applied within a private-law context, this was not problematic: seldom does a party need to prove the *dolus* of the other in private-law disputes. But the progressive differentiation between private and criminal law – which was increasingly considered as a discrete part of the law, with specific rules not necessarily applicable elsewhere – would soon lead to questioning the *ordinatio* approach set forth by Cynus and especially by Bartolus: should it be punished as voluntary and intentional the crime committed by that who sought to commit a different and lesser offence?

3. *Ordinatio* and foreseeability

The growth of importance of criminal law and its progressive emergence as a discrete subject during the late Middle Ages – and then, especially, in the first early modern period – led to an increasing friction with the concept of causal *ordinatio*: the more the peculiarities of criminal law began to acquire weight, the less it

36 Julius Beschütz, Die Fahrlässigkeit innerhalb der geschichtlichen Entwicklung der Schuldlehre, Breslau 1907, p. 97, who warned against this interpretation, which on the contrary was favoured by Engelmann, Schuldlehre der Postglossatoren, note 20, pp. 79–80, then followed – and so, consolidated – by other influential scholars such as Friedrich Schaffstein, Die allgemeinen Lehren von Verbrechen in ihrer Entwicklung durch die Wissenschaft des gemeinen Strafrechts, Berlin 1930; Amsterdam 1986, p. 109, and Georg Dahm, Das Strafrecht Italiens im Ausgehenden Mittelalter: Untersuchungen über die Beziehungen zwischen Theorie und Praxis im Strafrecht des Spätmittelalters, namentlich im XIV. Jahrhundert, Berlin 1931, pt. 1, pp. 262–263. Engelmann's approach is still followed even in recent times: see e. g. Lucchesi, *Si quis occidit*, note 22, p. 134; Giampaolo Demuro, Il dolo nel diritto comune. Dal versari in re illicita al dolus indirectus, in: Diritto@storia, Rivista Internazionale di Scienze Giuridiche e Tradizione Romana 8 (2009), pp. 1–39 (pp. 14–15).

37 The *versari in re illicita* doctrine is an extremely complex theme which may not be discussed here. It suffices to recall the famous work of Stephan Kuttner, Kanonistische Schuldlehre von Gratian bis auf die Dekretalen Gregors IX. Systematisch auf Grund der handschriftlichen Quellen dargestellt, Città del Vaticano 1935, pp. 186–187 and esp. 202–209. Cf. recently Sorice, Vittime colpevoli e colpevoli innocenti, note 28, esp. pp. 42–50.

38 See again Sorice, Vittime colpevoli e colpevoli innocenti, note 28, pp. 113–128, esp. p. 115, text and note 14.

was still possible to adapt concepts and solutions devised for private-law matters, especially where they might clash with criminal-law principles. One such case was that of *ordinatio*, which came to be seen as increasingly less compatible with intentionality.

A particularly significant example of this friction between *ordinatio* and intentionality is the so-called *mandatum ad delinquendum* (commissioning someone to execute a crime),[39] when the crime commissioned was only wounding or beating the victim, but it would result in his death. Is the instigator liable for the more serious offence of murder even if he did not want it to happen, and even gave precise instructions not to kill? If we applied the position of Bartolus, we should conclude in the affirmative. A straightforward example in this direction comes from Angelus de Ubaldis (1327–ca. 1407):[40]

> *licet ipsa violentia principaliter non esset ad hoc ordinata: tamen eius natura est ut in ea soleant intervenire cedes et vulnera. Nam ita sibi imputatur sicut si omnia essent commissa secundum suum propositum sicut videmus in eo qui mandat percuti, ita quod non occidat. Nam si mandatarius percutit et occidit, non solum ipse sed mandator de homicidio tenetur … et est ratio ut praedixi: quia dictum maleficium ordinatum ad hoc verisimiliter tendere poterat*

The tension between objective *ordinatio* and intentionality lies in the adverb 'verisimiliter': while Angelus de Ubaldis clearly used it in an objective sense – to assess whether a certain offence may be understood as *tending* towards the outcome that occurred – it could easily be construed in a slightly more subjective way – focusing on whether the offender did realise or should have realised that a certain outcome was probable. This second approach is already visible in the

39 The subject was often discussed among late-medieval and especially early modern jurists. See e. g. Dennis Bock, Die erste Europäisierung der Strafrechtswissenschaft: Das gemeine Strafrecht auf römischrechtlicher Grundlage, in: Zeitschrift für Internationale Strafrechtsdogmatik 1 (2006), pp. 7–16, esp. 11–13; Beatrice Pasciuta, De mandato aliorum et voluntate. Responsabilità e concorso nella dottrina penalistica di diritto comune: il Tractatus de maleficiis di Alberto Gandino, in: Rosalba Sorice (ed.), Concorso di persone nel reato e preatiche discorsive dei giuristi, Bologna 2013, pp. 23–41, esp. 25–34; Michele Pifferi, Generalia delictorum: il Tractatus criminalis di Tiberio Deciani e la 'Parte generale' di diritto penale, Milan 2006, pp. 424–451; Id., Il mandatum nella criminalistica del Cinquecento. Finzioni argomentative e logiche punitive, in Historia et Ius 1 (2012), paper 8, pp. 1–18, esp. 7–18; Giuseppe Speciale, Alteri ad delictum praebuit occasionem: a proposito di mandatum e consilium: voci dal discorso sulla responsabilità, in: Studi per Giovanni Nicosia, vol. 8, Milan 2007, pp. 1–56, esp. 32–42.

40 Angelus de Ubaldis, *ad l. Quoniam multa facinora, ad legem Iuliam de vi publica seu privata* (C.9.12.6), pr-1 (*Lectura domini Angeli de Perusio super C. …*, Lugduni, per Ioannem Moylin, 1534, *fol.* 256rb).

more famous brother of Angelus, Baldus de Ubaldis (1327–1400). In the same scenario as described by Angelus, Baldus reaches the same solution, with a single but significant difference: the instigator ought to have realised that the way in which the assault was to be carried out was 'suitable' (*aptum*) to killing the victim:[41]

> *nam tenetur de homicidio, quia cogitare debuit illud posse evenire ... sicut si per seipsum vulnerasset non animo occidendi, nam perinde tenetur ac si habuisset animum occidendi quando instrumentum cum quo percussit erat aptum ad inferendum mortem ... non sufficit igitur delinquenti dicere non putavi quando putare debuit*

The focus of this passage is not on the (objective) suitability of the conduct to bring about the undesired outcome, but rather on whether the (subjective) failure to appreciate that suitability – that is, to foresee the result – was justified or not. The shift in perspective is very nuanced, but it signals an important difference: from 'compatibility' between conduct and actual outcome, to foreseeability of the actual outcome given a certain conduct.

Shifting the analysis from whether A 'tends' to B to whether the offender should have realised that B was likely to ensue from A does not necessarily lead to different conclusions, but it marks the beginning of a progressive detachment from the (objective) criterion of *ordinatio* when discussing issues of criminal law. This progressive detachment can be seen more clearly in Bartholomaeus de Saliceto (d. 1411). At first, Saliceto's position would seem to echo that of Baldus: the aggressor *debuit praecogitare quod violentia est apta ad caedes et vulnera inducenda.*[42] Shortly thereafter, this 'aptitude' of the conduct to cause the actual event is referred to as *ordinatio*. Crucially, however, the reason to punish the wrongdoer despite the lack of intention to cause the actual event is explained in terms of foreseeability of that *ordinatio*:[43]

> *ratio est, quia violentia est crimen ordinatum ad hoc et caetera similia ... quod ipse scivit et scire debuit, et sic fuit in lata culpa si non praecogitavit*

---

41 Baldus, *ad l. Cum mandati, mandati* (C.4.35.12) (*Baldi de Perusio Iurisconsulti clarissimi, super Quarto, et Quinto Codicis Iust*[*iniani*] *lib*[*ris*] *Commentaria luculentissima* ..., Lugduni [typis Gaspar & Melchior Trechsel], 1539, *fol.* 96va).

42 Saliceto, *ad l. Quoniam multa facinora, ad legem Iuliam de vi publica seu privata* (C.9.12.6) (*Bartholomaei a Saliceto ... In VII. VIII & IX Codicis Libros* ..., Francofurti, Sumptibus Lazari Zetzneri Bibliop., 1615, col. 1009, n. 1).

43 *Ibid.*, col. 1010, n. 6.

The difference with Bartolus' own position is, again, nuanced, but very significant. This difference becomes more visible in all its subtlety towards the end of the same text of Saliceto, where he provides a short summary of his analysis:[44]

> *aut dabat operam rei illicitae, et tunc aut cogitatum tendit verosimiliter ad finem sequutum, et tunc punitur secundum finem ... ex quo collige, quod si Titium percutere volui, et eum et Martinum percussi vel Martinum tantum ego teneor, quia proiectio de verisimili ad hunc finem tendit ... Aut cogitatum non tendit verisimiliter ad finem sequtuum, et tunc non punitur quis ultra cogitatum*

On the face of it, Saliceto's approach would hardly seem different from that of Angelus de Ubaldis or from that of Bartolus himself. There is however a crucial difference: in Bartolus, the comparison is between the '*crime* which [one] intended to commit' (*delictum quod facere proposuerat*) and the crime actually committed;[45] in Saliceto, the comparison is between 'what was *intended*' (*cogitatum*) and the crime committed. What in Bartolus was a comparison between two crimes (intended crime versus committed crime) now becomes the juxtaposition between intentions and their outcome. Even if the terms used are still 'ordinatio' and 'tendere', the approach is very different: far from irrelevant, the wrongdoer's intentions are now at the very core of the analysis.

By the early fifteenth century, the shift from *ordinatio* to foreseeability was becoming increasingly apparent, especially in the case in which a certain consequence is well possible but not strictly necessary: here, stressing the foreseeability element served to highlight the role of the *animus* of the offender, thereby leaving in the background a more objective approach. Let us take for example Raphaelis Raymundus (ca. 1357–1427, also known as Raphaelis Cumanus as he was born in the city of Como). Raymundus paid lip service to the concept of *ordinatio*, but he narrowed down its scope enough to sidestep it, thereby linking the intention directly to its outcome. When a conduct may well result in a certain outcome (death), but it does not always necessarily have to produce that result, Raymundus argued, then the lack of causal certainty requires taking the intentions of the wrongdoer into account:[46]

44 *Ibid.*, n. 7–8.

45 *Supra*, note 31 (emphasis added).

46 Raymundus, *ad l. Divus Adrianus, ad legem Iuliam de vi privata* (D.48.8.14) (Raphaelis Cumani in secundam digesti novi Commentaria ..., Lugduni, 1554, *fol.* 120rb, n. 5).

quando ex actu non debeat sequi regulariter mors, poterat tamen satis verisimiliter tunc si deliberato animo percussit tenetur … Posset etiam dici, quod si quis verisimiliter voluit leviter delinquere, quamvis debuit considerare posse sequi mortem non teneri

Once it became possible to assess the *ordinatio* on the basis of one's intentions, the caveat that this should apply only in ambiguous cases would become of little use: legal disputes tend to arise precisely when the case is ambiguous – or is portrayed as such by a skilful counsel. The same Raymundus offered a good example of his skills in a *consilium* likely written for a defendant accused of homicide. The homicide took place during a brawl: someone was injured and died soon afterwards. Brawls are the typical case of violence inflicted intentionally but without necessarily the intent to kill.[47] On the face of it, the case looked straightforward: the wrongful conduct was intended (so the intentionality requirement is fulfilled), and the kind of violence inflicted on the victim clearly 'tended' to the outcome (so there is *ordinatio* between them). What Raymundus did was to restrict the causal *ordinatio* only to those cases in which the relationship cause-event was not only likely but completely certain. This way, Raymundus argued, wounding someone during a brawl may no longer be said to 'tend' to the outcome of death, because not all those injured during a brawl then necessarily die. Thus, by narrowing down the scope of *ordinatio*, Raymundus sought to neutralise its strength. This gave him a free hand in highlighting the intentions of the wrongdoer, stressing the fact that the attacker did not seek to kill but only to wound.[48] In so doing, Raymundus could argue against homicide – despite the fact that, from Cynus onwards,[49] intentional violence was precisely the prototypical conduct described as 'ordained' to the ensuing death of the victim.

4. Intentionality and the demise of causal *ordinatio*

From the middle of the fifteenth century, the concept itself of *ordinatio* would sometimes no longer be just marginalised, but even omitted altogether from

47 Lucchesi, *Si quis occidit*, note 22, pp. 173–194.

48 Raymundus, cons. 135 (Consilia sive Responsa Iuris Interpretum, Raphaelis Cumani, nempe et Fulgosii…, Venetiis, apud Gasparem Bindonum, 1575, *fol.* 69va, n. 5): 'casus magis quam voluntate admissum dicitur, quamvis daret operam rei illicitae, quia in rixa percussit … Cum ergo statutum excipiat homicidium casu fortuitu factum, et sine omni fraude, potest excipere hunc casum, quia non fuit fraus et animus occidendi, sed casus fortuitus, quamvis fuerit animus leviter percutiendi … Nec dicat quis statutum intelligendum de casu sine culpa, quia tunc frustra daretur arbitrium peccandi, cum nullam poenam meretur casus sine culpa …'.

49 *Supra*, note 28.

the reasoning of some jurists. Let us take for instance a *consilium* of Alexander Tartagni (1424–1477), that would be often cited by later jurists to highlight the importance of the mental element when assessing the outcome. Someone set up a trap below a window to catch thieves. While breaking in, a thief slipped on the trap, fell to the ground and died. Instead of enquiring as to the setting of the trap, to see whether it was likely to cause the intruder's fall (i. e., the relationship conduct-event), Tartagni focused on the intention of the defendant in setting it up. As his intention was merely to catch the thief and not to kill him, Tartagni concluded that the defendant was not liable for murder.[50] Tartagni's approach was carefully planned to reach the very opposite conclusion to that of Bartolus: interpreting the result in the light of the conduct, and qualifying the conduct on the basis of the intention. This way, far from being the cornerstone of the whole approach to causation, conduct was relegated to the secondary role of a link between intention and result.

The increasing emphasis on the foreseeability of the results of one's wrongful conduct – and, with it, the interpretation of such foreseeability in increasingly subjective terms – became fully manifest with some of the most important jurists of the mid and late fifteenth century and the early sixteenth century, such as Franciscus Accoltus (ca. 1416–1488, better known as Aretinus since he came from the city of Arezzo), Bartolomaeus Caepolla (ca. 1420–1475), Angelus de Castro (d. ca. 1477) and Philippus Decius (1454-ca. 1535).

It is probably with Accoltus that the link between foreseeability and the intentions of the wrongdoer (and so, the shift from objective *ordinatio* to subjective foreseeability) became fully manifest. By shifting the focus from the likelihood that a specific conduct could lead to a certain outcome to the foreseeability of that outcome by the author of the conduct, Accoltus was able to place greater emphasis on the wrongdoer's intentions in pursuing that conduct.[51] This approach is particularly visible in a well-known *consilium* of Accoltus, which would be often cited by later jurists. During a brawl, a man punched another with a gauntlet. While falling, the victim hit his head on a stone and died on the spot. In sim-

50 Tartagni, cons. II.140 (Consiliorum seu responsorum Alexandri Tartagni ..., vol. 2, Venetiis, apud Haeredes Alexandri Paganini, 1610, *fols.* 119vb–120vb). Cf. Engelmann, Schuldlehre der Postglossatoren, note 20, pp. 84–85, and Lucchesi, Si quis occidit, note 22, pp. 70–71. In the same *consilium* Tartagni also insisted on a very strict interpretation of the provisions related to murder: highlighting the difference between liability stemming directly from the *lex Aquilia* and liability deriving from its (praetorian) extensions, he argued that providing the cause of death (instead of killing directly) would not count as murder (*ibid.*, *fol.* 120ra-b, n. 5).

51 On Accoltus' approach see esp. the recent study of Sorice, Vittime colpevoli e colpevoli innocenti, note 28, pp. 143–148 (cf. also *ibid.*, pp. 148–153). See further Engelmann, Schuldlehre der Postglossatoren, note 20, p. 85.

ilar circumstances, as we have seen, previous authors had already insisted on the unlikelihood that a punch would lead to death. But Accoltus went beyond them, twisting the (quintessentially objective) concept of *ordinatio* into the subjective-based one of *prae-ordinatio*:[52]

> *ut quis puniatur l. corne. de sica* [D.48.8] *requiritur animus et dolus … sed percutere aliquem pugno etiam armato, sicut fecit iste, non est preordinatum verisimiliter ut ex eo debeat sequi id quod evenit quod quis cadat in terram et percutiendo in lapidem frangat os capitis. … ergo cum percussio ista non sit verisimiliter preordinata ad casum istum, et maxime quod quis cadendo percutiat caput in lapidem sequitur quod taliter percutiens non videtur percussisse animo occidendi, et per consequens non tenetur l. cornelia de sica.* [D.48.8] *… concludo ex premissis ut dixi quod quia percussio cum pugno etiam armata non tendit nec est preordinata verisimiliter ad hoc genus mortis ideo non potest teneri de occiso quia non videtur fuisse in dolo sed in culpa que non punitur l. cornelia de sica.* [D.48.8]

Prae-ordinatio is a term found only once throughout the whole of the Accursian Gloss (which took it from the text it was commenting upon), to signify 'scheming ahead', planning beforehand a wrongful conduct that would be put into execution later on.[53] Accoltus' use of the term *prae-ordinatio*, hitherto not used by previous jurists (and surely not in criminal-law *consilia*) does not seem fortuitous. Repeated three times in the space of a few lines, it is used to qualify the intentionality required in *maleficia*: not just wilful criminal conduct, but wilful design to achieve a certain end through that conduct. When the actual outcome of the conduct is different from the one envisaged, then the conduct may no longer be considered as pre-ordained to it. Even more than in his contemporary Tartagni, in Accoltus the wrongful conduct became the handmaiden of the intention to accomplish a certain crime. When that crime is not achieved, neither is the intentionality requirement fulfilled – which, as we know, is required to punish crimes. As he wrote in another *consilium*, 'sunt enim quaedam delicta que a dolo ipso quidditatem et essentiam accipiunt et sine ipso non sunt'.[54] *Dolus* is no longer seen as deliberate malice in pursuing a certain conduct, but as the specific design

---

52 Accoltus, cons. 146 (Consilia Domini Francisci de Aretio … [Venetiis], Iacobus Giunta, 1546, *fol.* 99ra, n. 8), emphasis added.

53 Nov.72.5(=Coll.6.2.5). The Novel prohibited the warden from acquiring any property of his ward even once the guardianship was over: 'sed neque postea gerere concedimus: ne forsan hoc considerans, abscondat rem, et *praeordinans* illud male, postmodum dum a cura cessaverit, et latere fecerit quod maligne egerit …' (emphasis added). On the point, the Accursian Gloss reads: 'scilicet prius, sic et alias praeordinatur fraus …' (gloss 'considerans', *ad l. Quod si quis sicuti, ut hi qui obligatas se habere* (Coll.6.2.5[=Nov.72.5]), Pandectarum Iuris Civilis, note 2, vol. 5, 1566, col. 297).

54 Accoltus, cons. 80 (Consilia Domini Francisci de Aretio, note 52, *fol.* 63rb, n. 1).

to accomplish a certain crime. Thus, when the crime committed is different from the one intended, *dolus* gives way to mere *culpa*. This way, a homicide that goes beyond the intentions of the offender can no longer be punished as murder, unless caused in such a way as to presume intentionality:[55]

> *ille qui delinquit preter propositum in diversa specie delicti non punitur ut dolosus nisi actus dolo factus verisimiliter ad aliud delictum dirigetur*

Likelihood is no longer used to examine whether a conduct 'tends' objectively to an event; rather, it is employed to ascertain whether the crime committed was actually intended – and so, whether the *dolus* was 'verisimiliter' pre-ordained to that crime. The accent, in other words, is no longer on the conduct that *tends* (in itself) to the result, but on the perpetrator *intending* to reach a certain result through a specific conduct.

The same emphasis on intentionality may also be seen in Decius, who relied on Tartagni and especially Accoltus, and in his turn contributed to strengthen their position by siding with them, as his name carried no small weight. Thus, in a case similar to Accoltus' *consilium* described above (brawl leading to death), Decius argued against the liability for murder when the actual crime that occurred was not likely committed with the intention to kill.[56] While Accoltus had changed the (objective) concept of *ordinatio* into the (subjective) one of *prae-ordinatio*, in his own *consilium* Decius dispensed with that concept altogether, avoiding even the use of verbs, such as 'to tend', which might have suggested some relationship between the conduct and its outcome. Instead, just like Accoltus, Decius sought to analyse the conduct on the basis of the intentions alone.[57]

This focus on the intentionality of a crime is particularly clear in another *consilium* of Decius, where it is used to deny the *ordinatio* between conduct and event. The case was a *mandatum ad delinquendum* where Decius built openly on Accoltus. The instigator paid some sailors to make a woman disappear. Having abducted the woman, however, the sailors then drowned her. Is the instigator liable for murder too? For Decius, he is not:[58]

---

55 *Ibid.*, n. 7.

56 Decius, cons. I.9 (Consiliorum sive Responsorum praestantissimi Iurisconsulti Philippi Decii Mediolanensis …, vol. 1, Venetiis, 1575, *fol.* 11va-b, n. 1): 'concludo … nullo modo debere puniri poena homicidii: quia talis poena non habet locum, quando homicidium committitur ab aliquo absque animo et voluntate occidendi.'

57 See Sorice, Vittime colpevoli e colpevoli innocenti, note 28, pp. 151–153; Engelmann, Schuldlehre der Postglossatoren, note 20, p. 94.

58 Decius, cons. I.233 (Consiliorum … Philippi Decii, note 56, *fol.* 253va-b, n. 3). Cf. Sorice, Vittime colpevoli e colpevoli innocenti, note 28, p. 152, note 147.

> *secundum Aretinum*[59] ... *licet quis daret operam rei illicitae, non tamen tenetur pro homicidio secuto, nisi praecise habuerit animum occidendi ... Nam licet iste actus rapiendi, et abducendi mulierem illicitus sit, debet pro minori delicto interpretari, et non facit, quod pro homicidio a nautis commisso debeat condemnari: quia non apparet illum animum occidendi habuisse: et hoc maxime in tali casu videtur procedere, quia iste actus rapiendi, et exportandi mulierem est penitus separatus ab homicidio et nullo modo erat ordinatus ad homicidium; et ideo nullo modo pro tali homicidio condemnari potest. ... In poena mortis, quae pro homicidio imponitur, dolus praecise requiritur, adeo quod lata culpa dolo non aequiparatur l. in lege Cornelia ff. ad l. Cor. de sica.* [D.48.8.7] *et ideo licet dictus Petrus* [the instigator] *fuerit in culpa faciendo talem commissionem, pro tali culpa, etiam si lata fuisset, non debet poena mortis puniri*

Perhaps the most interesting element in this passage is the way in which *ordinatio* itself is dismissed: intentionality is examined not on the basis of the conduct, but of the outcome. As there was no proof that the instructions to the sailors went beyond the mere abduction of the victim, it was not possible to prove that the instigator had intended to have her killed. This way, the conduct is no longer analysed on the basis of the event. Rather, it is now the event to be examined on the basis of the intentions with which the conduct was carried out. Just as in Accoltus, and perhaps even more than him, in Decius the evaluation is done between intentions and event, and no longer between conduct and event.[60]

While chronologically prior to Decius, Bartolomaeus Caepolla goes yet a step further in this slow process of detachment from the *doctrina Bartoli* and the concept of causal *ordinatio*, denying *ordinatio* itself when the intentionality requirement cannot be predicated on the actual outcome. Caepolla's approach to legal causation *in maleficiis* emerges from five of his printed *consilia*.[61] Just as Accoltus and Decius, Caepolla links the intentions directly to the result, and on this pre-

59 The reference is to the second of the two *consilia* of Accoltus that we have seen (cons. 80): *supra*, text and note 54.

60 See also Decius, cons. II.482 (Consiliorum ... Philippi Decii, note 56, vol. 2, 1580, esp. n. 9 and 15, *fols.* 140va–141ra) and II.622 (*ibid.*, esp. *fol.* 263rb-va, n. 3–4, a case of 1530 (*ibid.*, *fol.* 263vb, n. 5), in which the defendant was a member of the powerful Piccolomini family, Antonio Maria): the wrongdoer's *dolus*, argued Decius, must be related directly to the outcome, not to the conduct. As such, even not realising a possible outcome of one's behaviour (that a 'mandate to the wound' could lead to the victim's death) is sufficient to exclude the ordinary liability for homicide (i. e., death penalty), given the lack of intentionality. On these two *consilia* see more in depth Lucchesi, Si quis occidit, note 22, pp. 160–163 (who used the five-volume Lyon edition of 1550, and therefore referred to cons. IV.482 and cons. V.622, respectively).

61 Caepolla, cons. 29, 30, 31, 32 and 33 (Consilia Criminalia clarissimi ... Bartholomei Cepole veronensis [Venetiis, Pinzi, 1525], *fols.* 65ra–68vb, 69ra-vb, 69vb–72ra, 72rb–76vb and 76vb–79rb respectively).

mise he then qualifies the conduct as based on *dolus* or mere *culpa*. It is on this basis that he can deny *dolus* in a case where the defendant, during a violent confrontation, had shot an arrow to kill his opponent, but the arrow reached – and killed – someone else. Clearly the conduct was intentional, and it was perfectly ordained to cause the event; the only difference between volition and outcome lay in the person of the victim –, not in the conduct nor even in the gravity of the crime committed. On the basis of Bartolus' concept of *ordinatio*, there could be little doubt that the defendant was liable for murder. Highlighting the link between intention and outcome, however, Caepolla was able to deny *dolus*:[62]

> *licet fuerit in dolo quo ad adversarios suos et fuerit in culpa in feriendo illum quem nolebat quia debebat cautius sagittare ne offendere amicos. Tamen ex quo ille dolus non fuit ordinatus ad homicidium dicti Pauli* [the victim] *non debet teneri pena corporali seu sanguinis*

Not only did Caepolla link the intention directly to the outcome, but he qualified it as *ordinatio*. This way, Caepolla did what not even Accoltus was prepared to do: calling *ordinatio* a relationship entirely different from the one envisaged by Bartolus with that name. Accoltus, as we have seen, opted for a term close to but not identical with *ordinatio*: *prae-ordinatio*. This way he could build on Bartolus' own notion of *ordinatio* to deny his very conclusion. If *ordinatio* was the relationship between conduct and its outcome, the prefix *prae* would point to something happening before that – and so, to the purpose one had in mind when envisaging a certain conduct, before carrying it out.[63] Caepolla wanted to reach the same result as Accoltus, but using Cynus' and Bartolus' terminology. In so doing, he changed the meaning of the concept of *ordinatio* itself. To qualify as intentional homicide, Caepolla argued, the intentions of the wrongdoer must be necessarily ordained to the death of a specific person and no other. Thus, in the most un-Bartolian way, Caepolla wrote of *ordinatio* to refer to our modern concept of intentional murder.

The process of bending the concept of *ordinatio* to the point of making it look like its very nemesis – a technique very much refined among learned jurists in the course of time, and about to flourish even further with the age of the *communis opinio* – would find its completion in a *consilium* written by Angelus de Castro (d. ca. 1477), son of the even more famous Paulus.[64] Someone ordered the

---

62 Id., cons. 33, *ibid., fol.* 78ra (emphasis added).

63 *Supra*, this paragraph, text and note 52.

64 Angelus de Castro, in Caepolla, Consilia criminalia, note 61, cons. 37, *fols.* 81vb (*sed* 89vb)-91rb. This *consilium* was mistakenly printed twice in the 1525 edition, though the first time its last part is missing: this duplication might have caused the typo in the pagination. Angelus' *consilium* bears the date of 14 May 1459 (*ibid., fol.* 91ra). It would seem that, by then, Angelus had left Padua

wounding of his victim, telling the perpetrator to wound but not to kill. Regrettably, the victim died all the same of the wounds received. This case (which, for Bartolus, would have been a quintessential case of causal *ordinatio*) was used by Angelus to prove that the *doctrina Bartoli* was in fact meant to allow for a milder punishment than that warranted by intentional homicide – and so, it was a way to avoid the death penalty. Unfortunately, Angelus continued, that *doctrina* was often grossly misinterpreted by many judges:[65]

> *non intelligentes verba Barth(oli), nec eius mentem credunt quod pro homicidio commisso etiam sine dolo et animo occidendi imponenda sit pena mortis ex forma statuti cuius verbis inherendum sit iudeorum more … nec etiam considerant inconveniens quod sequiretur ita intelligendo, quia sequiretur quod pro homicidio commisso etiam culpa levissima, quinimmo etiam casu esset imponenda pena mortis*

The fact that the instigator had explicitly told his man to wound but not to kill, according to Angelus, rules out any intentionality in the homicide that ensued. Thus, there is no *dolus* but only *culpa* and, no matter how serious that *culpa* may be, *culpa* can never become fully-fledged intentionality:[66]

> … *Non autem est intentio Bar(toli) velle dicere quod non inspiciatur dolus et animus occidendi quantum ad hoc ut factum sine animo et dolo puniatur pena mortis … Cum ergo in casu nostro non intervenerit dolus et animus occidendi … non est imputandus ipsi Jo(anni)* [the instigator] *quantum ad hoc ut pro illo puniendus sit pena mortis, quia non habuit animum occidendi ut constat ex inhibitionem quam fecit, nec eius culpa quam commisit in mandando hoc factum illicitum vulnerandi sufficit ad puniendum ipsum pena mortis licet fuerit lata culpa. Et secundum predicta sane debet intelligi quod no(tat) Bart(olus) in d(icta) l. divus ff. ad l. cor. de sicca.* [D.48.8.14] *ubi vult quod inspiciatur eventus mortis, quia verum est quod inspiciatur quantum ad hoc ut puniatur pro homicidio et non pro vulnere, unde non ut pro ipso homicidio puniatur pena mortis: sicut*

---

for Bologna: Giuliana D'Amelio, *s. v.* 'Castro, Angelo da', in: Dizionario Bibliografico degli Italiani, vol. 22, Rome 1979, pp. 223–225. On Angelus' authorship of this *consilum* there can be little doubt. His name appears towards the end of the *consilium* both in the 1525 Venetian edition (*fol.* 91ra) and in the 1575 one (*fol.* 157v, n. 13). Besides, in a significant *consilium* written a few decades later Ippolito Marsili would confirm Angelus' authorship in the clearest terms: 'ut dicit Ang(elus) filius Pau(li) de ca(stro) in consi(lio) suo inci(pienti) "visa inquisitione" etc. in fi(ne), quod consilium est insertum inter consilia d(omini) Bar(tholomaei) cepol(lae) et in ordine est xxxvii' (Consiliorum ac Responsorum Hippolyti Marsiliensis a Bononia …, Lugduni, apud Hugonem, et haeredes Aemonis a Porta, 1544, vol. 1, cons. 67, *fol.* 101va-b, n. 36).

65 Angelus de Castro, in Caepolla, Consilia criminalia, note 61, cons. 37, *fol.* 82rb (*sed* 90rb).

66 *Ibid.*, *fol.* 82rb-va (*sed* 90rb-va).

puniretur si fuisset in dolo et habuisset animum occidendi, sed ut puniatur mitiori pena graviori tanquam si non fuisset mors sequuta

Instead of criticising the 'doctrine of Bartolus', Angelus de Castro sought to domesticate it. The *ordinatio* of a voluntary criminal conduct to an unintended specific crime now served to justify what had been advocated without, so far, a proper footing in the law: establishing a third genus between absolution (for lack of intentionality) and full 'ordinary' punishment for murder (i. e., death) – a milder 'extraordinary' punishment.

This new approach would soon become popular. The famed law professor of Bologna Ippolito Marsili (1450–1529), for example, was ready to accept this tamed version of the *doctrina Bartoli* as Bartolus' own approach (referring, quite significantly, to 'Bartolus and others [commenting] on the *lex Divus*'),[67] and to apply it to any case where death was the unintended consequence of violent and intentional behaviour.[68] Marsili continued to use the original concept of *ordinatio* in a properly Bartolian way in those cases where its application would not lead to death punishment:[69] this might confirm the impression that the 'taming' of the *doctrina Bartoli* was a deliberate operation. This new interpretation of Bartolus' doctrine may be seen in the two *consilia* that Marsili published on homicide. In the main one of them –[70] a complex, highly detailed and lengthy *consilium* – he mainly relied on Caepolla[71] and, especially, Angelus de Castro.[72] In the other,[73] he built

67 Marsili, *ad l. Divus Adrianus, ad legem Iuliam de vi privata* (D.48.8.14) (Excellentissimi … domini Hippolyti de Marsiliis Bononiensis Commentaria super titulis ff. ad l. cor. de sica. et ad l. pompe. de parica. et ad l. corne. de falsis …, Lugduni, Vincentius de Portonariis [1528], *fol.* 19vb, n. 9).

68 *Ibid.*, *fols.* 20ra–23ra, n. 10–42. Cf. Id., Practica criminalis D. Hippolyti de Marsiliis … Averolda nuncupata …, Venetiis, 1564, § *Ulterius*, *fol.* 157va-b, n. 6.

69 For example, Marsili, *ad l. In lege Cornelia, ad legem Iuliam de vi privata* (D.48.8.7), Commentaria super titulis ff. ad l. cor. de sica., note 67, *fol.* 30vb, n. 1; Id., *Practica criminalis D. Hippolyti de Marsiliis … Averolda nuncupata …*, [Venetiis, apud Cominum de Tridino Montisferrati, 1564], § *Pro complemento*, *fol.* 213ra, n. 15.

70 Marsili, cons. I.67 (Consiliorum ac Responsorum Hippolyti Marsiliensis, note 64, *fols.* 100rb–102rb). While riding with some friends, a nobleman was insulted by a peasant. Intending to give a good lesson to the impudent commoner, the group ended up killing him. But, while they carried swords, they used only some sticks to beat him up – clear proof (at least for Marsili) as to their lack of intention to kill him (*ibid.*, *fol.* 101ra-b, n. 16). On this *consilium* see Engelmann, Schuldlehre der Postglossatoren, note 20, pp. 95–97, and Lucchesi, Si quis occidit, note 22, pp. 164–165. Cf. Alessandro Bondi, I delitti aggravati dall'evento tra ieri e domani, Naples 1999, pp. 277–278.

71 Marsili, cons. I.67 (Consiliorum ac Responsorum Hippolyti Marsiliensis, note 64, *fol.* 101vb, n. 42), building on Caepolla's *consilia* on preterinentional homicide.

72 *Ibid.*, *fol.* 101va-b, n. 36.

73 Marsili, cons. II.91 (Consiliorum ac Responsorum Hippolyti Marsiliensis, note 64, vol. 2, *fols.* 18va–19rb), on a duel played for fun among two friends ending up with the death of one of them.

more on the opinions of Accoltus and Decius.[74] Marsili's was hardly an isolated case. Pietro Calefati (1499–1586) for instance summed up Bartolus' position in the sense that the conduct reveals the intentions of its perpetrator.[75] Thus, having lost its original meaning, the *doctrina Bartoli* was being 'adapted' to the new times.

With hindsight, the progressive detachment from the objective approach underpinning Bartolus' doctrine was probably unavoidable. By the eve of the early modern period, many were the jurists who considered the older views on capital punishment for unintentional homicide as no longer tenable. Let us take the famous case described in the Digest of the stabbing to death by multiple aggressors without knowledge of which of them struck the fatal blow (D.48.8.17). While Bartolus had no qualms in condemning all the offenders as co-murderers,[76] by the sixteenth century this position was openly criticised.[77] The more central the role of intentionality became, the less viable appeared any solution that could do without it, especially in serious crimes.[78] Yet precisely the same attention towards

---

74 *Ibid.*, *fol.* 19rb, n. 15.

75 Calefati, in: Giovanni Battista Ziletti (ed.), Criminalium consiliorum, seu Responsorum tam ex veteribus quam iunioribus celeberrimis iurisconsultis collectorum …, vol. 2 …, Venetiis, ex Officina Iordani Ziletti, ad Signum Stellae, 1560, cons. 92, p. 257, n. 10: 'Idque voluit Bartol(us) in praeallega. l. i. § Divus in fi. ff. de sicar. [D.48.8.14]'.

76 Bartolus, *ad l. Si in rixa, ad legem Iuliam de vi privata* (D.48.8.17) (In Secundam Partem Digesti novi, note 31, p. 495, n. 11).

77 See, for example, Rolando da Valle, cons. II.63 (*Consiliorum seu mavis Responsorum Rolandi a Valle* …, vol. 2, Lugduni, apud Claudium Ravot, 1573, *fol.* 214vb, n. 10): 'communi calculo receptum est, quod quando nescitur et incertum est ex quo vulnere mortuus sit vulneratus, quod omnes veniunt absoluendi poena mortis, sed tantum plectendi poena pecuniaria arbitrio iudicis relinquenda'; Marco Antonio Natta, Consiliorum sive Responsorum … Marci Ant. Nattae …, vol. 2, Venetiis, ad Signum Concordiae [apud Io. Antonium Bertranum], 1584, *fol.* 7rb-va, n. 9). One of the most direct attacks at Bartolus' approach was that of the Milanese jurist Egidio Bossi in his famed *Tractatus de homicidio*, where he stated clearly how Bartolus' position was against the common opinion, at least of modern jurists: Bossi, *De homicidio*, in *Aegidii Bossii … Tractatus Varii* …, 1566, p. 264, n. 26. Some criticism on Bartolus' views could already be seen in fifteenth-century authors such as Tartagni, cons. I.15 (*Consiliorum seu responsorum Alexandri Tartagni*, note 50, vol. 1, *fol.* 25rb-va, n. 8–9). This different approach may be seen even in someone as strict as the sixteenth-century jurist Giulio Claro. Claro was one of the few 'old-school' jurists to openly declare that, in case of mistake in the person of the victim, he would still cut off the head of the killer despite that many among his contemporaries would rather argue for a simple fine, since there is no intentionality with regard to the actual victim of the crime (*Iulii Clari … Opera Omnia, Quae Quidem hactenus in lucem prodierunt* …, Lugduni, Sumptibus Philippi Tinghi Florentini, 1575, lib. V, *s. v.* 'Homicidium', p. 220, n. 6). And yet, in case a number of people were to take part in a homicide, but no clear evidence could be found as to their intention to kill, even Claro argued in favour of a simple fine (*ibid.*, pp. 226–7, n. 37).

78 See for all Lucchesi, *Si quis occidit*, note 22, pp. 47–81, and Pifferi, *Generalia delictorum*, note 39, pp. 226–235. By the close of the seventeenth century, the inquisitor and theology professor

volition highlighted the importance of foreseeability, which was previously confined to a somewhat lower level of blameworthiness – sufficient to trigger *culpa* but not *dolus* proper. It was therefore necessary to find a way of imposing a lesser punishment than death (because of the lack of specific intention to kill) without, however, ignoring the *animus* of the offender, and its close ties with the crime that did take place.

It would not be wrong to see the beginnings of 'modern' criminal law in the sixteenth- and seventeenth-century debates on the precise relationship between volition and foreseeability. Within these debates *ordinatio* still played an important role: determining what ought to be foreseen because likely to happen when pursuing a certain conduct. In the words of Prospero Farinacci (1544–1618), 'illicita opera vel culpa' can be said to have caused the crime:[79]

> *quando scilicet illa causa, opera et culpa est ordinata, et tendit ad subseqütuum delictum, ita quod delicti author verisimiliter aut cogitavit, aut cogitare potuit, aut saltim cogitare debeat de eo quod inde facile successurum erat*

By contrast, wrongful conduct is not considered as ordained to the crime when the relationship between conduct and outcome is unlikely, because in such a case it is not reasonable to presume volition in the wrongdoer.[80] This way, the concept of *ordinatio* proved still useful – but no longer to measure the 'compatibility' between conduct and intended outcome (as in Bartolus), but rather as a way to bridge the gap between foreseeability and actual volition.[81]

Ludovico Maria Sinistrari (1622–1701) attested to the 'magna … caterva doctorum' opposed to inflicting the ordinary punishment (i. e., death) to the defendant who killed someone while aiming at another: Ludovici M. Sinistrari … De Delictis, et Poenis Tractatus Absolutissimus …, Venetiis, apud Hieronymum Albriccium, 1700, tit. 5, p. 435, n. 44.

79 *Prosperi Farinacii Iurisconsulti Romani … Praxis, et Theoricae Criminalis*, pt. 4 …, Lugduni, Sumptibus Iacobi Cardon, 1631, q. 126, p. 281, n. 77. See also *ibid.*, q. 126, p. 280, n. 69: 'qui illicite operando dat causam homicidio, det in quam causam versimiliter ordinata ad dictum homicidium, et ex qua verisimiliter homicidium nasci poterat.'.

80 'Secus si illicita opera, sed culpa, in qua quis existit, non est ordinata ad subsequutum casum, vel delictum, nec ad illud tendit, ita quod verisimiliter quis non poterat cogitare illud inde eventurum, quia tunc ex eodem subsequuto delicto praeter propositum, et cogitatum quis non ordinaria, sed extraordinaria poena puniri debet' (*ibid.*, q. 126, p. 281, n. 78).

81 As this contribution focuses on Italian jurists only, it would make little sense to provide, at its very conclusion, some hasty references to Carpzov's *dolus indirectus* theory. It is perhaps more interesting to note, albeit just in passing, how that very theory was developed against the background of the friction between an older and more objective approach focused on physical causation and the central role that intentionality would increasingly acquire after the promulgation of the criminal-law statute commonly known as *Carolina* (1532). See e. g. Ingeborg Puppe, Der Vorstellungsinhalt des dolus eventualis, in: Zeitschrift für die gesamte Strafrechtswissenschaft 103 (1991), pp. 1–42 (p. 26).

III. FRÜHE NEUZEIT

Wolfgang Sellert

Die Zuständigkeit des Kaiserlichen Reichshofrats für Verbrechen reichsunmittelbarer Adliger am Beispiel krimineller Reichsgrafen und Reichsritter

1. Grundsätzliches

Die strafrechtliche Kompetenz des Reichshofrats für unmittelbare Reichsangehörige ist kaum erforscht. Das Wenige, was ich dazu vor mehr als 55 Jahren in meiner Dissertation über die Zuständigkeitsabgrenzung von Reichshofrat und Reichskammergericht geschrieben habe,[1] ist von der rechtshistorischen Forschung nicht weiter vertieft oder diskutiert worden,[2] wie überhaupt die deutsche Strafrechtsgeschichte nach dem Ende des Zweiten Weltkriegs nicht zu den bevorzugten Gebieten der rechtshistorischen Wissenschaft gehörte.[3]

Die normativen Quellen zur strafrechtlichen Zuständigkeit des Reichshofrats sind rar. Immerhin haben sich einige zeitgenössische Juristen mit dem Thema beschäftigt[4] und hierfür sogar wie Johann Jakob Moser, Johann Stephan Püt-

1 Wolfgang SELLERT, Über die Zuständigkeitsabgrenzung von RHR und RKG (Untersuchungen zur deutschen Staats- und Rechtsgeschichte, N. F. 4), Aalen 1965, S. 90–97.

2 Das gilt auch für Arbeiten, die höchstrichterliche Zuständigkeiten im Rahmen von Gerichts- oder Gerichtsstandsprivilegien erörtern, darunter die Untersuchungen von Friedrich BATTENBERG, Die Gerichtsstandsprivilegien der deutschen Kaiser und Könige bis zum Jahre 1451 (Quellen und Forschungen zur Höchsten Gerichtsbarkeit im Alten Reich, künftig: QFHG, 12/I, 12/II), Köln/Wien 1983, und Ulrich EISENHARDT, Kaiserliche Gerichtsprivilegien (QFHG, 78), Wien/Köln 2023; vgl. dazu Anm. 144.

3 Arnd KOCH, Strafrechtsgeschichte in der alten Bundesrepublik 1949–1990. Eine wissenschaftshistorische Skizze, in: Arnd Koch/Andreas Popp/Georg Steinberg (Hrsg.), Strafrecht in der alten Bundesrepublik 1949–1990. Grundlagen, Allgemeiner Teil und Rechtsfolgenseite im zeitgeschichtlichen Spiegel von Gesellschaft und Politik (Grundlagen des Strafrechts, 8), Baden-Baden 2020, S. 585–610.

4 Philipp KNIP(P)SCHILT(D), Tractatus Politico-Historico-Juridicus de Juribus Privilegiis Nobilitatis et Ordinis Equestris S. R. I. Liberi et Immediati, in libros tres […], Campoduni (Kempten) 1693, Buch III, Kap. XXIII, S. 54–139, insbes. S. 64 f.; Johann Christian VON UFFENBACH, Tractatus Singularis et Methodicus, de Excelsissimo Consilio Caesareo-Imperiali Aulico, Wien/Prag 1700, S. 36–41 f.; Julius Friedrich MALBLANK, Anleitung zur Kenntniß der deutschen Reichs- und Provinzial- Gerichts- und Kanzleyverfassung und Praxis, 4. Teil, Nürnberg/Altdorf 1795, S. 295–323; Johann Ulrich CRAMER, De Iurisdictione Caesaris in causis criminalibus Immediatorum, in: ders. (Hrsg.), Opuscula, Bd. 4, Marburg 1756, ND Hildesheim/Zürich/New York 1996, Nr. XXIII,

ter und Ulrich Cramer einschlägige Judikatur ausgewertet. Letztere wurde jetzt durch die Erschließung der Akten des Kaiserlichen Reichshofrats ergänzt,[5] womit neue Erkenntnisse gewonnen werden konnten.

Nach den Lehren des frühneuzeitlichen Staatsrechts galt – ungeachtet der hier nicht weiter zu erörternden Austrägalgerichtsbarkeit –[6] der Grundsatz, dass in Strafsachen alle Personen, die dem Reich „ohne mittel“ unterworfen sind, der „Reichs-Criminalgewalt“, das heißt dem Kaiser und seinem Reichshofrat, unterliegen.[7] Zu diesem lehensrechtlich strukturierten Personenkreis gehörten sowohl die regierenden Landesherren als auch die übrigen Reichsstände, nämlich die Kurfürsten, Fürsten, Herren, Prälaten, Grafen und Ritter.[8] Das Reichskam-

---

S. 530–547; Johann Jakob Moser, Von der Teutschen Justiz-Verfassung, 1. Teil, Frankfurt/Leipzig 1774, S. 631–714; Johann Stephan Pütter, Historische Entwicklung der heutigen Staatsverfassung des Teutschen Reichs, 3. Teil, 2. Aufl., Göttingen 1788, S. 234–239; Carl August Tittmann, Grundlinien der Strafrechtswissenschaft und der deutschen Strafgesetzkunde, Leipzig 1800, S. 295 f.; Justus Christoph Leist, Lehrbuch des Teutschen Staatsrechts, Göttingen 1805, S. 462–468.

5 Wolfgang Sellert (Hrsg.), Die Akten des Kaiserlichen Reichshofrats, Serie I: Alte Prager Akten, Bde. 1–5, Berlin 2009–2014, und Serie II: Antiqua, Bde. 1–5, Berlin 2010–2019; https://www.archivinformationssystem.at/detail.aspx?ID=62 (abgerufen am 15 Juni 2023).

6 Michael Kotulla, Art. Austrägalinstanz, in: Handwörterbuch zur Deutschen Rechtsgeschichte (künftig: HRG), Bd. 1. 2. Aufl., Berlin 2008, Sp. 387 f. – Nach einer älteren, aber später nicht mehr vertretenen zeitgenössischen Ansicht sollten die Austräge auch für Verbrechen reichsunmittelbarer Adliger zuständig sein; vgl. dazu Malblank, Anleitung (wie Anm. 4), S. 300, 302. Tatsächlich sind keine Verfahren in Strafsachen gegen Reichsunmittelbare vor Austrägalgerichten überliefert; vgl. dazu Johann Friedrich Pfeffinger, Corpus Juris Publici, Bd. IV, Frankfurt a. M. 1754, Tit. V, S. 541 f.; Johann Jacob Prehn, Von den Austrägen, 2. Aufl., Halle 1779, S. 151 ff., insbes. 100 ff., 211 ff.

7 Leist, Lehrbuch (wie Anm. 4), S. 462 f.; Tittmann, Grundlinien (wie Anm. 4), S. 295 f.; Oswald von Gschliesser, Der Reichshofrat (Veröffentlichungen der Kommission für neuere Geschichte des ehemaligen Österreichs, 33), Wien 1942, ND Nendeln/Lichtenstein 1970, S. 25 (mit einer „Vorbemerkung zur Neuausgabe“ von W. Sellert sowie mit zahlreichen Korrekturen des Verfassers).

8 Dietmar Willoweit, Art. Reichsunmittelbarkeit, in: HRG, Bd. 4. 1. Aufl., Berlin 1990, Sp. 799–801. Kursachsen und Brandenburg wollten zwischen Fürsten und Grafen unterscheiden und schlugen eine entsprechende Regelung für die Wahlkapitulation Kaiser Karls VII. vor. Dort sollte es heißen, *daß zwar dem Kaiser die Gerichtsbarkeit über Fürstliche Personen, wenn sie nicht andern Chur- und Fürsten mit Diensten zugethan wären, oder sonst in einem besondern nexu gegen dieselben stünden, in dem ganzen Reiche und also auch in den Landen der Churfürsten, Fürsten und Stände zukomme, und verbleiben müsse, dahingegen die Kaiserliche Jurisdiktion gegen andere unmittelbare Personen von Gräflichem, Herrlichen und adlichen Stande, wenn sie in anderer Stände Lande sich befinden, oder darin sich vergangen, oder contrahirt haben, keine statt finde, sondern den Churfürsten und Ständen gebühre*; abgedruckt in: Malblank, Anleitung (wie Anm. 4), S. 313 f.; vgl. ferner Sellert, Zuständigkeitsabgrenzung (wie Anm. 1), S. 96. Im Übrigen galt nach der Lehre frühneuzeitlichen Staatsrechts der Grundsatz, dass nur derjenige, der „einen Richter über sich hat, […] auch in peinlichen Fällen vor demselben stehen und sich richten lassen muss“, Moser, Justiz-Verfassung (wie Anm. 4), S. 637 f. Daraus folgte, dass der Kaiser als Oberhaupt, oberster

mergericht hat nach Johann Jakob Moser diese besondere Zuständigkeit – abgesehen von Landfriedensbruchsachen – nie beansprucht.[9]

Als Straftatbestände kamen nach Gemeinem Recht öffentliche und private Verbrechen in Betracht. Zu den Ersteren zählten Delikte gegen Kaiser und Reich (Reichsstaatsverbrechen) sowie solche gegen regierende Landesherren und deren Territorien (Regierungsverbrechen).[10] Als Privatverbrechen bezeichnete man Straftaten, die von Reichsunmittelbaren gegen ihresgleichen oder gegen Personen begangen wurden, die entweder ihre oder die Untertanen anderer deutscher Territorien waren.[11] Einen eingeschränkten Schutz vor strafrechtlichen Sanktionen besaßen alle Reichsunmittelbaren, die im Reichstag Sitz und Stimme hatten. Ihnen durften nach der Wahlkapitulation von 1742 ihr Sitz- und Stimmrecht weder *provisorie* noch *in contumaciam* oder *auf irgendeine andere Weis* genommen werden, es sei denn mit Zustimmung der auf dem Reichstag stimmberechtigten Stände.[12] Die „Abgeordneten" des Reichstages genossen insoweit „Immunität".[13]

2. Rechtswirklichkeit und Rechtspraxis

2.1 Reichsstaats- und Regierungsverbrechen

Aber wie sah die Rechtswirklichkeit aus? Verfahren wegen Reichsstaats- und Regierungsverbrechen werden in der zeitgenössischen Literatur in der Form eines

---

Richter und Inhaber der *plena potestas imperiale* des Heiligen Römischen Reiches „der Begehung eines Verbrechens nicht fähig" war und dementsprechend auch nicht angeklagt werden konnte; LEIST, Lehrbuch (wie Anm. 4), S. 462 f.; Steffen SCHLINKER, Art. Princeps legibus solutus est, in: HRG, Bd. 4. 2. Aufl., Berlin 2020, Sp. 784–786. Strafrechtlich nicht verfolgt werden konnten auch die reichsunmittelbaren „Corporationen", darunter vor allem die unmittelbaren Reichsstädte und die Reichsritterschaften. Demgegenüber unterstanden die Reichshofräte und Kammergerichtsassessoren der kaiserlichen Gerichtsbarkeit; LEIST, Lehrbuch (wie Anm. 4), S. 463; Aloysius VON KREITTMAYR, Grundriss des allgemeinen Deutsch- und Bayrischen Staatsrechts. Erster Theil: Von dem allgemeinen Staatsrecht, München/Leipzig 1769, ND Goldbach 2006, S. 137.

9 MOSER, Justiz-Verfassung (wie Anm. 4), S. 677. Dabei dürfte die Grenze zwischen „privaten" Strafsachen und Landfriedensbruchsachen fließend gewesen sein, vgl. dazu SELLERT, Zuständigkeitsabgrenzung (wie Anm. 1), S. 93.

10 LEIST, Lehrbuch (wie Anm. 4), S. 463; MALBLANK, Anleitung (wie Anm. 4), S. 300.

11 LEIST, Lehrbuch (wie Anm. 4), S. 463.

12 Art. I, §§ 3, 4 der Wahlkapitulation Karls VII. von 1742 = Wolfgang BURGDORF, Die Wahlkapitulationen der römisch-deutschen Könige und Kaiser 1519–1792 (Quellen zur Geschichte des Heiligen Römischen Reiches, 1), Göttingen 2015, S. 366.

13 MALBLANK, Anleitung (wie Anm. 4), S. 300–302, ist der Ansicht, dass in solchen Strafverfahren die „Grundsätze des Völkerrechts" gelten und daher der Reichstag miteinbezogen werden müsse.

„crimen laesae majestatis“[14] nur gelegentlich erwähnt.[15] Sie spielen in der Praxis offenbar nur eine marginale Rolle.

2.2 Privatverbrechen regierender Landesherren und Reichsgrafen

Erhebliche Bedeutung hatten demgegenüber die „Privatverbrechen“ regierender Reichsstände wegen Missbrauchs ihrer landesherrlichen Hoheitsgewalt. So meint Johann Stephan Pütter, dass sowohl der Reichshofrat als auch das Reichskammergericht „auf Klage ganzer Landschaften“ gegen Mecklenburg und Württemberg sowie gegen Nassau-Weilburg und Lippe-Detmold mit Entscheidungen wegen „Mißbrauchs der Landeshoheit“ vorgegangen seien, „welche die Ausübung der landesherrlichen Gewalt in gewisse Gränzen zurückzuhalten die Absicht hatten“.[16] Bei derartigen Grenzüberschreitungen scheinen Reichsgrafen eine besonders unrühmliche Rolle gespielt zu haben. Dementsprechend beschreibt Pütter drei Verfahren aus den Jahren 1770, 1775 und 1778, in denen das kaiserliche Gericht in Wien „nach vorgängigen Reichshofrathsgutachten“ Mandate gegen die „regierenden Reichsgrafen“ Carl Friedrich Wilhelm von Leiningen-Guntersblum (* 1737, † 1809),[17] Carl Magnus zu Rheingrafenstein (* 1718, † 1753)[18] und Gebhard Xaver zu Wolfegg-Waldsee (* 1727, † 1791) erlassen habe, „vermöge deren dieselben wegen Mißbrauchs ihrer landesherrlichen Gewalt und anderer Vergehungen selbst in persönliche Haft genommen worden“ seien.[19]

Um Ordnung in die bisher nur wenig durchleuchtete Materie zu bringen, muss zunächst geklärt werden, wie es am Reichshofrat überhaupt zur strafrechtlichen Verfolgung reichsunmittelbarer Straftäter kommen konnte. Wie ist also die Aussage Pütters, dass die Reichsgerichte auf die Klage „ganzer Landschaften“ gegen Territorialherren wegen Missbrauchs ihrer Landeshoheit vorgegangen seien,[20] verfahrensrechtlich zu verstehen? Es waren die Untertanen der jeweiligen „Landschaften“, die „bey einem höhern Richter Schutz“ suchten und dort „wider

---

14 Rolf Lieberwirth, Art. Majestätsverbrechen, in: HRG, Bd. 3. 2. Aufl., Berlin 2016, Sp. 1194–1201.

15 Pütter, Historische Entwicklung (wie Anm. 4), S. 237; vgl. dazu auch Sellert, Zuständigkeitsabgrenzung (wie Anm. 1), S. 90 f.

16 Pütter, Historische Entwicklung (wie Anm. 4), S. 235 f.; Moser, Justiz-Verfassung (wie Anm. 4), S. 638, ist allerdings der Meinung, dass ihm Verfahren gegen Landesfürsten wegen Missbrauchs ihrer landesherrlichen Gewalt nicht bekannt seien.

17 https://de.wikipedia.org/wiki/Wilhelm_Carl_zu_Leiningen-Guntersblum (abgerufen am 5. Oktober 2023).

18 https://de.wikipedia.org/wiki/Carl_Magnus_von_Rheingrafenstein (abgerufen am 5. Oktober 2023).

19 Pütter, Historische Entwicklung (wie Anm. 4), S. 236–239.

20 Vgl. oben Anm. 16.

ihre Landesherrschaft als den beklagten Teil Beschwerde" führten.[21] Ein Beispiel ist der oben erwähnte Fall des Reichsgrafen Carl Magnus zu Rheingrafenstein.[22] Dort war der Reichsgraf wegen „selbst eingestandener schändlicher Betriegereyen [...], vielfältig begangener befohlner und zugelassener Fälschungen" und wegen „Mißbrauchs der landesherrlichen Gewalt"[23] von seinen Untertanen beim Kurfürsten Karl Theodor von der Pfalz (* 1724, † 1799) verklagt worden. Dieser erklärte sich jedoch für unzuständig und verwies die Angelegenheit an den Reichshofrat. In der Mehrheit der Strafrechtsfälle wandten sich die Opfer allerdings unmittelbar an den Reichshofrat. Außerdem gibt es Verfahren, in denen der kaiserliche Reichshoffiskal entweder auf Anweisung des Reichshofrats oder im Falle notorischer Verbrechen auch von Amts wegen tätig geworden ist.[24]

Das Strafverfahren selbst fand nicht vor dem Reichshofrat, sondern vor Kommissionen statt. So beauftragte der Reichshofrat in der Strafsache gegen den Grafen von Leiningen-Guntersblum zwar den „Churfürsten zu Mainz und Pfalz als kreisausschreibenden Fürsten des Oberrheinischen Kreises", den Täter wegen *abscheuungswürdigster Laster und Schandthaten*[25] in Hausarrest zu nehmen und ihn „mit militärischer Kreismannschaft bewachen zu lassen".[26] Das Verfahren aber sollte einer kaiserlichen Kommission übertragen werden, deren Aufgabe es war, gegen den Grafen wegen seiner „schreckbaren Gotteslästerung, attentirten homicidia, veneficium, Bigamie, crimen laesae majestatis, concussio seiner Unterthanen und unerlaubter Mißhandlungen fremder auch geistlicher Personen [...] mit einer General-Criminalinquisition" vorzugehen.[27] Auch in dem oben erwähnten Strafprozess gegen Gebhard Xaver zu Wolfegg-Waldsee entschied der Reichshofrat am 13. Februar 1778, dass der Fürst von Fürstenberg „von kaiserlichen Commissions wegen" den Grafen wegen seines „ahndungswürdigen"

---

21 PÜTTER, Historische Entwicklung (wie Anm. 4), S. 235, weist zutreffend darauf hin, dass sich die Untertanen auch mit einer Appellation, sofern es nicht Einschränkungen durch kaiserliche Appellationsprivilegien gab, oder mit einer Nichtigkeitsklage an den Reichshofrat wenden konnten.

22 Friedrich Christian LAUKHARD, Leben und Thaten des Rheingrafen Carl Magnus, den Joseph II. auf zehn Jahre ins Gefängniß nach Königstein schickte, um da die Rechte der Unterthanen und anderer Menschen respectieren zu lernen. Zur Warnung für alle winzigen Despoten, Leichtgläubige und Geschäftsmänner, Halle 1798; Johann Jakob MOSER, Von dem reichsständischen Schuldenwesen, Bd. 1, Frankfurt/Leipzig 1774, S. 479–517; DERS., Zusätze zu seinem neuen Teutschen Staats-Recht, Bd. 2, Frankfurt/Leipzig 1782, S. 455–459.

23 PÜTTER, Historische Entwicklung (wie Anm. 4), S. 238 f.

24 Vgl. dazu auch unten Anm. 139.

25 Vgl. kaiserliche Reskript v. 22. August 1770, abgedruckt in: PÜTTER, Historische Entwicklung (wie Anm. 4), S. 236 f.; SELLERT, Zuständigkeitsabgrenzung (wie Anm. 1), S. 90 f.

26 PÜTTER, Historische Entwicklung (wie Anm. 4), S. 236.

27 Ebd., S. 236 f. Schließlich hatte sich das Verfahren mit dem Tod des Grafen am 22. September 1774 erledigt.

Verbrechens „zwey Jahre nach Waldburg in Verwahrung [...] bringen" solle.[28] Im Falle des Reichsgrafen Carl Magnus zu Rheingrafenstein setzte der Reichshofrat eine kaiserliche Inquisitionskommission unter der Leitung von Fürst Karl Christian von Nassau-Weilburg (reg. 1735–1788) ein, nach deren Vorschlag das kaiserliche Gericht den Grafen am 21. Juli 1775 zu zehn Jahren peinlicher Haft *auf einer im Römischen Reiche gelegenen Festung* verurteilte.[29] Erwähnenswert ist ferner der Fall des Otto Heinrich Graf zu Lippe (* 1614), der von Johann Casimir Graf zu Leiningen auf dem Wege nach Hartenburg „durch den Kopf geschossen" wurde und am 9. März 1648 verstarb. Der Entscheidung des Reichshofrats ging ein „votum ad imperatorem"[30] voraus, das der Kaiser (Geheime Rat) am 4. August 1648 bestätigte und verfügte, der „Reichs-Hof-Fiskal" solle „vermög der Rechten und peinlicher Halß-Gerichts-Ordnung gegen den Thäter verfahren" und diesen in Arrest nehmen lassen,[31] wobei die Durchführung des sich anschließenden Inquisitionsverfahrens mit an Sicherheit grenzender Wahrscheinlichkeit einer kaiserlichen Kommission zu übertragen war.

Nach alledem ist festzuhalten: Strafverfahren gegen Reichsunmittelbare wurden grundsätzlich nicht am Reichshofrat durchgeführt. Stattdessen konstituierte dieser Untersuchungskommissionen mit dem Auftrag, gegen die verdächtigen Täter einen Inquisitionsprozess nach den Regeln der Peinlichen Halsgerichtsordnung von 1532 durchzuführen. Das Untersuchungsergebnis wurde einschließlich eventuell eingeholter Fakultätsgutachten dem Reichshofrat mitgeteilt, der sodann aufgrund der Aktenlage eine Entscheidung traf.

Im Ergebnis scheint es so, als hätten die den Reichsgrafen übergeordneten Landesfürsten die strafrechtliche Zuständigkeit des Kaisers (Reichshofrat), also die „Reichs-Criminalgewalt", für die auf ihrem Territorium begangenen Ver-

---

28 Ebd., S. 238 f.

29 Text des Urteilstenors abgedruckt in: Johann Jakob Moser, Zusätze (wie Anm. 29), S. 455–459. Auf ein Gnadengesuch des Grafen entschied die kayserliche Inquisitions Commission am 30. Oktober 1776: *kayserliche Maj. könnten, aus besonderen Gnaden, geschehen lassen, daß disem Arrestanten, innerhalb der Vestung zum frischen Luftgenuß herum zu gehen, mit seinen Anverwandten und anderen unverdächtigen Personen den nöthigen Briefwechsel zu pflegen, und hier und da den Zuspruch guter Freunde anzunehmen verstattet werde*; Text in: ebd.; ferner: https://de.wikipedia.org/wiki/Carl_Magnus_von_Rheingrafenstein (abgerufen am 5. Oktober 2023).

30 Zum Votum ad imperatorem vgl. Wolfgang Sellert, Imperial Control of the Aulic Council and the Imperial Chamber Court. Law and Reality, in: Kjell Åke Modéer/Martin Sunnqvist (Hrsg.), Suum Cuique Tribuere (Rättshistorika Studier, 27), Stockholm 2018, S. 57–73, hier S. 62–67; Ders., New Findings Regarding the Influence of the Ruler on the Supreme Jurisdiction in the Holy Roman Empire of the German Nation, in: Ignacio Czeguhn/José Antonio López Nevot/Antonio Sánchez Aranda (Hrsg.), Control of Supreme Courts in Early Modern Europe (Schriften zur Rechtsgeschichte, 181), Berlin 2018, S. 89–93, hier S. 90 f.

31 Vgl. dazu Moser, Justiz-Verfassung (wie Anm. 4), S. 639 f.

brechen Reichsunmittelbarer widerspruchlos anerkannt, sich – wie im Falle des Grafen Carl Magnus zu Rheingrafenstein – für unzuständig erklärt und die Untertanen mit ihren Beschwerden an den Kaiser verwiesen.[32]

Die wirkliche Lage war jedoch in vielen Fällen eine andere. Es gibt zahlreiche, ebenfalls gegen regierende Reichsgrafen gerichtete Strafverfahren, in denen es um die Frage ging, „ob der Kaiser und Reichshofrath allein oder die Obrigkeit des Orts, wo das Verbrechen begangen worden ist, jus cognoscendi et puniendi habe oder ob status delinquentes nirgend als vor einem niedergesetzten Fürstengericht judicirt werden könnten".[33] Es handelt sich um eine Streitfrage, die – wie noch zu zeigen sein wird – zu schweren Konflikten zwischen dem Kaiser (Reichshofrat) und den Reichsständen führte und zeitweise die Grundfesten der Reichsverfassung erschütterte.

Als der König von Preußen Friedrich Wilhelm I. (reg. 1713–1740) den streitbaren Reichsgrafen Christian Detlef zu Rantzau (* 1670, † 1721)[34] 1715 wegen Sodomie[35] in Arrest nehmen und in das Spandauer Gefängnis bringen ließ,[36] intervenierte Kaiser Karl VI. (reg. 1711–1740). Er forderte den König auf, weder die ausschließliche Strafkompetenz des Reichshofrats noch die „offenkundige Immedietät" des Grafen zu verletzen und diesen sofort aus der Haft zu entlassen.[37] Zu einer weiteren Konfrontation kam es zwischen dem Herzog von Holstein und dem Kaiser (Reichshofrat), nachdem der preußische König 1720 den Grafen zu Rantzau – vermutlich auf Einspruch des Kaisers – frei gelassen und dieser sich auf sein Schloss zurückgezogen hatte, das im Herrschaftsgebiet des Holsteiner Herzogs lag.[38] Dort wurde der Graf 1721 auf einer Schnepfenjagd erschossen. Weil der Tatverdacht auf seinen Bruder Wilhelm Adolf fiel, leitete der Herzog gegen diesen einen Inquisitionsprozess ein. Dagegen protestierte am 25. August 1722 der Kaiser und übertrug den Fall dem niedersächsischen Kreis zur Untersuchung. Dem Herzog warf er vor, er habe unter Vorspiegelung falscher Tatsachen behauptet, ihm sei für diesen Fall die Jurisdiktion überlassen worden. Der Kaiser wies den Herzog auf die ausschließliche Strafkompetenz des Reichshofrats hin und for-

---

32 Vgl. oben Anm. 22.

33 von Kreittmayr, Grundriss (wie Anm. 8), S. 137; Moser, Justiz-Verfassung (wie Anm. 4), S. 647.

34 https://de.wikipedia.org/wiki/Christian_Detlev_zu_Rantzau (abgerufen am 5. Oktober 2023).

35 Vgl. § 116 Peinliche Halsgerichtsordnung von 1532 = Bayerische Staatsbibliothek, 2 J.germ. 10#Beibd. 1, fol. 25r, URL: https://mdz-nbn-resolving.de/details:bsb00029222 (abgerufen am 1. Oktober 2023): *Straff der vuneusch, so wider die natur beschicht.* Das Delikt wurde mit der Todesstrafe bedroht.

36 Moser, Justiz-Verfassung (wie Anm. 4), S. 647–650; ferner Malblank, Anleitung (wie Anm. 4), S. 312 f.; Sellert, Zuständigkeitsabgrenzung (wie Anm. 1), S. 92.

37 Moser, Justiz-Verfassung (wie Anm. 4), S. 648.

38 Ebd. – es dürfte sich um Christian VI. (1699–1746), König von Dänemark und Norwegen, Herzog von Schleswig und Holstein, Graf von Oldenburg und Delmenhorst, handeln; https://de.m.wikipedia.org/wiki/Christian_VI._(Dänemark_und_Norwegen) (abgerufen am 10. Oktober 2023).

derte ihn auf, die widerrechtlich unternommene Inquisition einzustellen.[39] Unbeeindruckt von dieser kaiserlichen Ermahnung ließ der Herzog den Grafen 1727 „zu ewigem Gefängniß" verurteilen und zog dessen „lehnbare Grafschaft Ranzau und Loewenholm" ein.[40] Im Jahre 1734 verstarb der Graf im Gefängnis.[41]

Als 1743 der junge Graf Anton Sigmund Fugger zu Stettenfels (* 1716, † 1781) in dem württembergischen „Lehensort" Gruppenbach einen Untertanen seines Vaters Graf Ludwig Xaver Fugger erschossen hatte, setzte der Reichshofrat eine Untersuchungskommission ein, die den Täter verhaften ließ.[42] Nachdem dieser aus der Haft geflohen war, mischte sich Herzog Karl Eugen von Württemberg (reg. 1737–1793) ein. Auf seine Initiative wurde der flüchtige Täter gefasst, arrestiert und gegen ihn ein Inquisitionsprozess eingeleitet.[43] Daraufhin verfügte der Reichshofrat im März 1743, „daß keinem Reichsfürsten, mithin auch nicht dem Herrn Herzogen zu Württemberg, gebühre, über einen ohnmittelbaren Reichsstand, oder Reichsgrafen, sich einer Cognition oder Inquisition in Criminalibus anzumassen".[44] Der Reichshofrat verlangte daher die sofortige Rückführung des Täters in die „vorige Custodiam". Anschließend sollte gegen diesen von der Kommission ein Inquisitionsverfahren wegen Mordes durchgeführt und über das Ergebnis ein Gutachten von einer unparteiischen Juristenfakultät eingeholt werden. Danach sollten die Akten verschlossen nebst einem Bericht an „Ihro Kayserliche Majestät" verschickt und dort über die Tat entschieden werden.[45]

Der Herzog von Württemberg weigerte sich, den Befehlen des Reichshofrats nachzukommen. Er stützte sich auf das in Art. VIII § 1 des Westfälischen Friedensvertrags von 1648[46] den Landesfürsten gewährte *ius territorii et superioritatis*. Dieses Hoheitsrecht, so meinte er, umfasse auch die von ihm ausgeübte Strafgewalt. Im Übrigen müsse die Angelegenheit „ad Comitia Imperii" gebracht und dort untersucht werden.[47] Gleichwohl hielt der Reichshofrat an seiner Meinung fest und erklärte, dass der Kaiser (Reichshofrat) *alles Einwendens ungehin-*

---

39 Moser, Justiz-Verfassung (wie Anm. 4), S. 649.

40 Ebd., S. 650.

41 Ebd., S. 650.

42 Ebd., S. 642–647. Der Fall ist detailliert ebenso von Cramer, De Iurisdictione (wie Anm. 4), S. 536–547, geschildert worden.

43 Moser, Justiz-Verfassung (wie Anm. 4), S. 642–647.

44 Ebd., S. 643.

45 Ebd., S. 643.

46 Art. VIII § 1 Westfälischer Friedensvertrag von 1648 = Karl Zeumer (Hrsg.), Quellensammlung zur Geschichte der Deutschen Reichsverfassung, 2. Aufl., Tübingen 1913, Nr. 197, S. 416.

47 Moser, Justiz-Verfassung (wie Anm. 4), S. 645 f. Das Problem kam ansatzweise offenbar schon 1645 „bey denen Westphälischen Friedens-Tractaten" unter „denen Evangelischen zu Osnabrück" zur Sprache, ohne dass etwas dazu entschieden wurde; vgl. ders., Justiz-Verfassung (wie Anm. 4), S. 647.

dert nach *denen Reichsrechten* und *uralten Reichsherkommen* sowie dem *sonsten wohl gegründeten und unwidersprechlichen Principio* [...] *als allerhöchster obrister Richter im Reich die Jurisdiction und Cognition über die Status Imperii et Immediatos Imperii* habe und ihm diese Kompetenz *zumalen in Criminalibus, privative zustehe.*[48] Eine Einschaltung des Reichstags hielt er aus diesem Grund für völlig überflüssig.[49]

Die Auseinandersetzungen um die Strafgewalt über Reichsunmittelbare verschärften sich im Falle von Verbrechen Angehöriger der Reichsritterschaft erheblich und führten zu schwerwiegenden Verfassungskonflikten.

2.3 Besonderheiten in Strafverfahren gegen die Reichsritter

2.3.1 Der Fall des Reichsritters Philipp Friedrich Adam von Leonrod

Im Zentrum meiner Untersuchung steht ein lehrreicher, kürzlich von Ulrich Rasche aus den Akten des Reichshofrats inventarisierter Fall, der sich in den Jahren 1678–1686 auf Schloss Dietenhofen ereignet hatte.[50] Bei dem Schloss handelte es sich um ein Anwesen – heute als Burgruine Leonrod bekannt –, das im Herrschaftsgebiet des Markgrafen Johann Friedrich von Brandenburg-Ansbach (reg. 1667–1686) lag.[51] Es ging um folgenden Sachverhalt:

---

48 Abgedruckt in: Moser, Justiz-Verfassung (wie Anm. 4), S. 643–645, insbes. S. 645; vgl. auch Anm. 83.

49 Ebd., S. 645 f.: Wörtlich heißt es in der Stellungnahme: Man könne nicht so tun, *als ob diese in die Reservata Imperatoris einschlagende Sache ad Comitia Imperii gleichsam zur Beurtheilung überlassen werden müßte, umso mehr auf das nachdrücklichste untersagen, als der Herzog, und alle teutsch-patriotische Fürsten, vor ein besonderes Vorrecht anzusehen hätten, daß sie, wie alle Status Imperii, auch, vi Instr. Pacis, quoad Superioritatem territorialem aequiparirte übrige Immediati Imperii, vor ihre Personen, und sonderbar in causis criminalibus, und in solchen Fällen, wo es an ihren Leib, Erb und Ehre gehet, Niemanden anderst als der jedesmal regierenden Kayserlichen Maj. als dem alleinigen allerhöchsten Oberhaupt und obristen Richter im heil. Röm. Reich, alleinig unterworffen seyen, einfolglich solche hohe praerogativ (indem sie sich sonsten, zu ihrem eigenen grösten Praejudiz in solchen sich ereignenden Fällen anderer Reichsstände territorial-Superiorität allenfalls subject machten,) vilmehr selbsten nach allen Kräfften handhaben helffen, als selbiges, und noch darzu ohne Grund, anfechten sollten.*

50 Wolfgang Sellert (Hrsg.)/Ulrich Rasche (Bearb.), Die Akten des Kaiserlichen Reichshofrats, Serie II: Antiqua, Bd. 3, Berlin 2016, Nr. 553, S. 361–363 (Österreichisches Staatsarchiv, Haus-, Hof- und Staatsarchiv (künftig: ÖStA HHStA), RHR, Judicialia Antiqua, K. 207, Nr. 2, https://www.archivinformationssystem.at/detail.aspx?ID=3444592 (abgerufen am 16. Juni 2023).

51 Otto Veh, „Johann Friedrich", in: Neue Deutsche Biographie, Bd. 10. Berlin 1974, S. 476, URL: https://www.deutsche-biographie.de/pnd104130881.html#ndbcontent (abgerufen am 10. Oktober 2023) – Dietenhofen, Markt in Bayern, ist heute eine kleine Gemeinde und liegt im mittelfränkischen Landkreis Ansbach. Das Schloss Dietenhofen bewohnte in der Mitte des 17. Jahrhunderts Franz Adam von Leonrod. Nach seinem Tode 1663 wurden seine beiden Söhne Philipp Friedrich

Im Mai 1678 hatte Philipp Friedrich Adam von Leonrod (* 1654, † 1678), *ein immediat von Adel*, wie es in der Akte heißt, seinen jüngeren Bruder Franz Rudolph auf Schloss Dietenhofen *mit einem pistohlschuss entleibet.* Obwohl sich der Täter auf Notwehr berief und beteuerte, er habe erst geschossen, nachdem sein Bruder *mit bloßem degen auff ihn loß getrungen* sei,[52] entschloss sich der Reichshofrat, eine Untersuchungskommission einzusetzen. Diese sollte den Täter ergreifen lassen und gegen ihn, wie in solchen Fällen üblich, *usque ad sententiam* einen Inquisitionsprozess nach den Regeln der Carolina von 1532 durchführen und dessen Vermögen beschlagnahmen.[53]

Die Besetzung der Kommission, die aus Vertretern der fränkischen Ritterschaft sowie dem Hoch- und Deutschmeister Johann Caspar von Ampringen (* 1619, † 1684)[54] bestehen sollte,[55] gestaltete sich jedoch schwierig, weil letzterer seine Mitwirkung verweigerte. Eine Begründung nannte er nicht. Auch der als Ersatz vorgeschlagene Reichshofratspräsident Johann Adolf Fürst zu Schwarzenberg (reg. 1670–1683)[56] verweigerte die Teilnahme, weil er sich als Lehensmann des Markgrafen befangen fühlte.[57] Und schließlich lehnte auch Kurfürst Ferdinand Maria von Bayern (reg. 1651–1679)[58] mit der Begründung ab, er habe Zweifel,

---

Adam und Franz Rudolf die neuen Schlossherren; vgl. dazu den historischen Kurzbericht über „Das Schloß zu Dietenhofen" von Kurt Schmiedl, https://www.dietenhofen.de/museen-modellbau/heimatmuseum (abgerufen am 9. Oktober 2023). Zur Geschichte der Familie v. Leonrod vgl. Siglinde Buchner, Gunzenhausen und die Familie von Leonrod, in: Verein für Heimatkunde Gunzenhausen (Hrsg.), Alt-Gunzenhausen. Beiträge zur Geschichte der Stadt und Umgebung, Heft 64, Gunzenhausen 2009, S. 75 ff., insbes. S. 86–91.

52 Vgl. die mir freundlicherweise vom Heimatverein Dietenhofen e. V. überlassene Transkription aus dem Kirchenbuch Bd. 4 der Pfarrei Dietenhofen, 1678, S. 272 f. Dort heißt es: Es sei im Schloss zu einem tragischen Vorfall gekommen. Franz Rudolf *von brummenden grollen furiosen ergrimden rachgierigem gemüth* habe mit *groben unverdäulichen Schmähworten* seinen *älteren Herrn Bruder ohn einig gegebener ursach mit entblöstem Degen durchzubohren* versucht, *aber gefehlt.* Daraufhin habe ihn der angegriffene Bruder in *notwehr* [...], *aber leider in höchster Bestürzung und Unbesonnenheit wider Willen, Wissen und Gewissen in dem untern Küchenstüblein in dem Schloß allhier erschossen.*

53 ÖStA HHStA, RHR, Judicialia Antiqua, K. 207, Nr. 2, fol. 183r.

54 Karl H. Lampe, Art. Ampringen, Johann Caspar von, in: Neue Deutsche Biographie, Bd. 1. Berlin 1953, S. 259 f., https://www.deutsche-biographie.de/pnd116302380.html#ndbcontent (abgerufen am 10. Oktober 2023).

55 ÖStA HHStA, RHR, Judicialia Antiqua, K. 207, Nr. 2, fol. 183r.

56 Schwarzenberg war von 1670–1683 Präsident des Reichshofrats; vgl. dazu von Gschliesser, Der Reichshofrat (wie Anm. 7), S. 295.

57 ÖStA HHStA, RHR, Judicialia Antiqua, K. 207, Nr. 2, fol. 84r–86r, 183r.

58 Ferdinand Maria von Bayern, genannt der Friedliebende (* 31. Oktober 1636 in München, † 26. Mai 1679 in Schleißheim) war von 1651 bis zu seinem Tode Kurfürst von Bayern. Seine Regierung war bestimmt vom Wiederaufbau des Landes nach den Verwüstungen des Dreißigjährigen Krieges sowie von einer Neutralitätspolitik zwischen den Habsburgern und Frankreich; https://

ob die Kommission für diesen Fall überhaupt zuständig sei, zumal Markgraf Johann Friedrich diese Frage erst noch durch den Reichstag klären lassen wolle.[59]

Als es um die Ergreifung des inzwischen flüchtigen Leonrod ging, kam es zum Konflikt zwischen dem Reichshofrat und dem Markgrafen. Letzterer hatte nämlich dem Täter im Mai 1678 freies Geleit (salvus conductus) zur Rückkehr auf sein Rittergut gewährt[60] und zugleich die strafrechtliche Jurisdiktion über diesen beansprucht. Der Delinquent hatte sich in der Hoffnung auf eine milde Strafe sowie, um weiterhin für sich und seine Familie den Schutz und die Gnade des Landesherrn zu genießen, der Jurisdiktionsgewalt des Markgrafen unterworfen.[61]

Die wiederholten, auf Veranlassung der Ritterschaft erfolgten Aufforderungen des Reichshofrats an den Markgrafen, sich nicht über die Zuständigkeit der Untersuchungskommission hinwegzusetzen, blieben ohne Erfolg. Der Markgraf bestand auf seiner, wie er meinte, durch die *constitutiones imperii* und die Wahlkapitulationen nicht eliminierten Strafkompetenz für Verbrechen gebietsansässiger *Immediati*. Er berief sich auf das gemeinrechtliche „forum delicti commissi",[62] wies auf mehrere Präzedenzfälle hin, verlangte die *cassationem commissionis*[63]

---

de.wikipedia.org/wiki/Ferdinand_Maria_(Bayern) (abgerufen am 5. Oktober 2023).

59 ÖStA HHStA, RHR, Judicialia Antiqua, K. 207, Nr. 2, fol. 140r–141v, 183v, 184r. – In Anbetracht der Schwierigkeiten, eine kaiserliche Kommission zu konstituieren, versuchte die Reichsritterschaft in einem der Fälle selbst die Strafgewalt über ihre Mitglieder auszuüben (ÖStA HHStA, RHR, Judicialia Antiqua, K. 679, Nr. 42). Es ging um ein reichshofrätliches Verfahren aus den 40er Jahren des 17. Jahrhunderts, in dem der schwäbische Reichsritter Hans Ernst Hornecken von Hornberg seine Stiefmutter Melusina Hornecken, geb. Füchsin, geschwängert und das aus dieser Verbindung hervorgegangene Kind getötet hatte. Als die Ritterschaft den Reichshofrat unter Hinweis auf ihre *immedietät und libertät* ersuchte, er möge zwölf aus dem *schwäbischen Ritteradel* ausgewählte Mitglieder autorisieren, gegen den Täter und die Stiefmutter strafrechtlich wegen *incestus und paricidiy* vorzugehen (fol. 1r–2r), wandte sich dieser mit einem *votum ad imperatorem* vom 20. März 1643 an den Geheimen Rat (fol. 6r, 6v). In seinem Gutachten schilderte der Reichshofrat den Fall und stellte zunächst fest, dass es sich um eine *criminalsach* handele, *in welcher die ritterschaft weder die cognition noch execution* habe, sondern der Kaiser *immediate zustendig* sei. Der Kaiser möge daher den Fall einer aus Rittern bestehenden Kommission übertragen, die den Strafprozess gemäß den Grundsätzen der Peinlichen Halsgerichtsordnung von 1532 durchführen und das Ergebnis zur *resolution* an den Reichshofrat schicken solle (fol. 6r, 6v). Diesem Vorschlag folgte der Geheime Rat. Das Verfahren wurde von der Kommission durchgeführt und deren Urteilsvorschlag, Todesstrafe für den Täter und Landesverweisung für die Stiefmutter (vgl. Gutachten der Kommission, fol. 11r–16v), vom Reichshofrat am 27. Februar 1647 verkündet (fol. 262r–263r).

60 ÖStA HHStA, RHR, Judicialia Antiqua, K. 207, Nr. 2, fol. 66r–67v, 193v.

61 Buchner, Gunzenhausen (wie Anm. 51), S. 91.

62 ÖStA HHStA, RHR, Judicialia Antiqua, K. 207, Nr. 2, fol. 184r. Zum „forum delicti" vgl. Heinrich Zoepfl, Deutsche Rechtsgeschichte, 3. Aufl., Stuttgart 1858, S. 952; ferner § 7 Abs. 1 Strafprozessordnung (StPO): *Der Gerichtsstand ist bei dem Gericht begründet, in dessen Bezirk die Straftat begangen ist.*

63 ÖStA HHStA, RHR, Judicialia Antiqua, K. 207, Nr. 2, fol. 184r–187r.

und verurteilte den Täter in einem Prozess, der nach Ansicht des Reichshofrats „ziemblich summarie“ geführt worden war, zu einer „gelinden mulcta“ von 1.000 Reichstalern „ad pias causas“ und zur Zahlung der Gerichtskosten.[64] Außerdem drohte der Markgraf dem Reichshofrat damit, dass er sich für eine Überprüfung der Jurisdiktionsfrage auf dem Regensburger Reichstag einsetzen werde.[65]

2.3.1.1 Votum ad imperatorem vom 27. Februar 1682

Der Reichshofrat nahm im Februar 1682 diesen Fall zum Anlass, sich in einem 23 Blatt umfassenden „votum ad imperatorem“ mit der Jurisdiktionsfrage auseinanderzusetzen.[66] Dort wandte er sich zunächst einigen allgemeinen justiz- und kriminalpolitischen Einwendungen des Markgrafen zu.

Letzterer, so heißt es in dem Votum, begründe seine Zuständigkeit damit, dass die Landesherren von *dergleichen delicta* im Allgemeinen viel *geschwinder nachricht* als der fernab residierende Kaiser (Reichshofrat) erhielten. Deswegen könnten die Landesherren solche auf ihrem Territorium begangenen Verbrechen effektiver bekämpfen und den *neben* ihnen *ansässigen* Reichsadel durch *zwangsmittel* erfolgreicher zum *gehorsam* bringen.[67]

Diesen Ausführungen widersprach der Reichshofrat zwar nicht, wies aber auf Verfahren hin, in denen Straftäter *spe veniae et mitioris poena*, also in der Hoffnung auf Gnade und eine mildere Bestrafung, sich der landesherrlichen Gerichtsbarkeit unterworfen hätten.[68] Dies treffe, so die Vermutung des Reichshofrats, auch für den Fall des von Leonrod zu.[69]

Ebenso räumte der Reichshofrat ein, dass die Vollstreckung eines reichshofrätlichen Strafurteils auf dem Territorium eines Landesherrn meist mit erheblichen Schwierigkeiten verbunden sei.[70] Zudem warnte er davor, dass der Mark-

---

64 Buchner, Gunzenhausen (wie Anm. 51), S. 91.

65 ÖStA HHStA, RHR, Judicialia Antiqua, K. 207, Nr. 2, fol. 190r.; vgl. auch Anm. 47, 49.

66 ÖStA HHStA, RHR, Judicialia Antiqua, K. 207, Nr. 2, fol. 183r–205r. Das Votum ist von 17 Reichshofräten unterschrieben. Für solche Konfliktlösungen war das „Votum ad imperatorem“ ein geeignetes Medium, denn es bot dem Reichshofrat die Möglichkeit, im Zusammenwirken mit dem Geheimen Rat und der hinter ihm stehenden kaiserlichen Autorität mit diplomatischen Mitteln zu Ergebnissen zu kommen, die unter Rücksichtnahme auf die Parteiinteressen bessere Erfolgschancen als ein schwer durchsetzbares Rechtsurteil hatten; vgl. dazu Sellert, Imperial Control (wie Anm. 30).

67 ÖStA HHStA, RHR, Judicialia Antiqua, K. 207, Nr. 2, fol. 193v.

68 Ebd., fol. 193v.

69 Ebd., fol. 193v.

70 Vgl. Wolfgang Sellert, Vollstreckung und Vollstreckungspraxis am Reichshofrat und am Reichskammergericht, in: Jürgen Costede/Uwe Diederichsen/Walter Gerhard/Bruno Rimmelspacher (Hrsg.), Festschrift für Wolfram Henckel, Berlin/New York 1995, S. 817–839.

graf gleichgesinnte *geist- und weltliche chur- und fürsten* dazu bringen könne, die Angelegenheit *pro communi gravamine* [...] *auf den noch wehrenden Regenspurgischen convent* zu bringen, was zu einer *merkliche*[n] *collision* zwischen dem Kaiser und den *verschiedenen ständen* führen würde.[71]

Sodann setzte sich der Reichshofrat mit den Rechtsansichten des Markgrafen auseinander, so unter anderem mit dessen Behauptung, dass ein Verbrecher, der *in alterius territorio* ein Delikt begehe, seine ihm *anklebend*[e]*n exemptionsprivilegien* verliere und sich des Orts, *allwo er das Verbrechen begangen, underwürffig mache.*[72] Das folge, so der Markgraf, aus § 69 des Regensburger Reichsabschieds von 1594, wonach *eine einzelne person*, die *auf freyer landtstrassen einen todschlag begangen* habe, durch *die ortts obrigkeit, da die that geschehen*, zu bestrafen sei.[73]

Diese Argumentation hielt der Reichshofrat zu Recht für verfehlt. Denn, so der Reichshofrat, § 69 des Regensburger Reichsabschieds beziehe sich nur auf die *dem reich mit mittel* und nicht unmittelbar *unterworffenen persohnen.*[74] Außerdem gehe es in § 69 um Verbrechen, für die zwar das Reichskammergericht zuständig sein solle, was aber den Reichshofrat *die hände über immediatos in solchen fällen zu iudiciren, keinesweegs binde.*[75]

Auch könne sich der Markgraf nicht darauf berufen, dass der *reatus criminalis* allein schon durch seine Straftat alle *ehren und privilegien*, also auch seine privilegierte Stellung, vom Reichshofrat gerichtet zu werden, verliere.[76] Ein solcher Verlust könne erst durch eine Entscheidung des zuständigen Strafrichters erfolgen.[77] Ebenso wenig könne sich der Markgraf auf eine freiwillige *submission* des

---

71 ÖStA HHStA, RHR, Judicialia Antiqua, K. 207, Nr. 2, fol. 194r, 194v; vgl. auch Anm. 47, 49, 65.

72 ÖStA HHStA, RHR, Judicialia Antiqua, K. 207, Nr. 2, fol. 190v, 191r. Das müsse, so wird eine Meinung im Votum zitiert, sogar gelten, wenn eine höhere Standesperson im Gebiet eines geringeren Standes ein Verbrechen begehe, mit anderen Worten, ohne Rücksicht auf das sogenannte iudicium parium; zu diesem Grundsatz vgl. Wolfgang Sellert, Art. Judicium parium, in: HRG, Bd. 2. 2. Aufl., Berlin 2012, Sp. 1411–1414; zum Begriff der „Exemption" vgl. Battenberg, Gerichtsstandsprivilegien (wie Anm. 2), Bd. 1, S. 12.

73 ÖStA HHStA, RHR, Judicialia Antiqua, K. 207, Nr. 2, fol. 192r, v.

74 Ebd., fol. 198v.

75 Ebd. Dem RHR ist insoweit zuzustimmen. Denn in § 69 Regensburger RA von 1594 = Friedrich Bergmann (Hrsg.), Corpus iuris iudiciarii civilis germanici academicum, Hannover 1819, S. 307 f., heißt die entscheidende Stelle: *Da sich aber ein solcher Fall begebe, wann nur eine eintzige Person, sonderlich die mit mittel dem Reich vnderworffen, auff freyer Landsstrassen einen andern bößlich erschiessen, oder dergleichen mißhandlung thete; wiewohl man in zweiffel stehen können, ob dieselbe Person durch die ordentliche deß orts, da die that geschehen, oder die vnmittelbare Oberkeit zu straffen, welches orts der Beschädigte sein klag anbringen möge: So setzen, ordnen vnd wöllen wir doch, daß in disen fällen, damit vnser Keys. Cammergericht mit denselben nicht vberhauffet, der Beschädigt bey der ordentlichen Oberkeyt vmb Recht ansuchen soll.*

76 ÖStA HHStA, RHR, Judicialia Antiqua, K. 207, Nr. 2, fol. 199r.

77 Ebd., fol. 199r.

Täters unter die landesherrliche Jurisdiktionsgewalt berufen. Denn es ginge hier um eine ausschließliche Zuständigkeit, die gegen das *interesse tertiy*, hier also gegen das Interesse des Kaisers, nicht disponibel sei.[78]

Unzutreffend sei ferner die Ansicht des Markgrafen, dass es *bey gehorsambsten Reichshoffrath selbsten* nicht nur in Brandenburg, sondern auch bei *mehr andern ständen* [...] *diversa praeiudicia* gäbe, in denen die Landesherren in solchen Fällen ihre Zuständigkeit mit Erfolg verteidigt hätten.[79] Dagegen habe sich der Reichshofrat in vergleichbaren Verfahren gegen den Widerstand der Landesherren stets durchgesetzt.[80] Insgesamt hätten die kaiserlichen Untersuchungskommissionen bewirkt, dass sich die Hoffnung der Straftäter auf Nichtbestrafung (*spes impunitatis*) zerschlagen habe, obwohl sie zunächst der Verführung zur Sünde (*illecebra peccandi*) gefolgt seien und sich der Strafgerichtsbarkeit des Landesherrn unterworfen hätten.[81]

Im Weiteren setzt sich der Reichshofrat für eine bedingungslose *conservation* und Beachtung der nach seiner Ansicht von alters her bestehenden *höchsten* kaiserlichen *regalien* ein.[82] Er betont, dass dem Reichsoberhaupt *in dergleichen delictis* die uneingeschränkte Strafkompetenz *über die immediat-reichsritterschaft* zustehe. Daran müsse der Kaiser festhalten, damit seine Herrschaft nicht durch *praeiudizirliche eingriffe* [...] *geschmälert werde.*[83] Denn die Landesfürsten würden sich *unter dem schein* [ihrer] *halßgerichtliche*[n] *obrigkeit* eine Jurisdiktion über die *Immediati* anmaßen. Es gäbe kein kaiserliches Privileg, wonach ein Landesfürst befugt sei, *seine im dorff über die underthanen habende fraißgerechtigkeit*[84] [...] *auf die freye*[n] *adeliche*[n] *schlösser und über die immediat personen selber zu extendieren.*[85]

---

78 Ebd., fol. 199v.

79 Ebd., fol. 192v.

80 Ebd., fol. 199v–202v.

81 Ebd., fol. 202v.

82 Ebd., fol. 195v, 196r.

83 Ebd., fol. 195v, 196r; vgl. auch das reichshofrätliche Gutachten v. 1. September 1653, in: Wolfgang Sellert (Hrsg.), Die Ordnungen des Reichshofrats 1550–1766 (QFHG, 8/II), Köln/Wien 1990, S. 123, Fn. 496.

84 Fraiß (auch Fraisch) ist ein Begriff aus der fränkischen Rechtssprache. Er bedeutete Schrecken, Furcht, Schmerzen, Gefahr und wurde als Bezeichnung für die Blut- bzw. Frevelgerichtsbarkeit verwendet. Vgl. https://de.wikipedia.org/wiki/Fraiß_(Recht)#Fraißrecht (abgerufen am 5. Oktober 2023); vgl. dazu auch unten Anm. 157.

85 ÖStA HHStA, RHR, Judicialia Antiqua, K. 207, Nr. 2, fol. 199r, 199v. – Der Markgraf hatte sich auf ein solches, ihm angeblich von Kaiser Rudolf II. erteiltes Privileg berufen, das sich jedoch nicht in den Akten des Reichshofrats befindet. Hätte er ein solches vorweisen können, hätte er es mit an Sicherheit grenzender Wahrscheinlichkeit dem Reichshofrat vorgelegt. Gegen die Behauptung des Markgrafen spricht mittelbar auch das in einer anderen Akte des Reichshofrats in einer Abschrift

Mit solchen Machenschaften beabsichtigten die Territorialherren, ihre *landsfürstliche Obrigkeit* mehr und mehr auszudehnen.[86] So versuchten sie zum Schaden der *hergebrachte*[n] *hohen superiorität* des Kaisers die *lehensgüter* der Ritter *zu entsetzen* sowie *die reichsritterschaft entweder nach und nach unter sich zu ziehen oder gar auszurotten und zu verdilgen.*[87] Sollte es den Landesherren gelingen, *ihr iurisdiction ex capite loci delicti in criminalibus wider* alle *immediati* durchzusetzen, dann *würden sie ohne allen zweiffel baldt* auch *weiter greiffen und die Ritter sogar in causis civilibus* [...] *unter ihren gerichtszwang ziehen*, womit diese ihre *immedietät* gänzlich verlören.[88]

Nach alledem hätte man erwartet, dass der Reichshofrat diesen Rechtsgrundsätzen folgt und dem Kaiser empfiehlt, seine Strafgewalt über Reichsunmittelbare unnachsichtig durchzusetzen. Doch schlägt er überraschend einen anderen Weg vor, weil es mit der Besetzung der Untersuchungskommission weiterhin Schwierigkeiten geben werde und man daher nicht, wie in *dergleichen fällen gebräuchlich*, fortfahren könne. Deswegen solle versucht werden, *so viel möglich ohne collision ad scopum*, das heißt ohne Streiterei, auf einen *grünen Zweig* zu kommen.[89]

Seinem Lösungsvorschlag legt der Reichshofrat zwei Sachverhalte zugrunde, die mit dem Strafverfahren gegen von Leonrod nur mittelbar etwas zu tun hatten. Zum einen ging es um die Einsetzung des Letzteren in die Lehensgüter seines getöteten Bruders und zum anderen um die Veräußerung des zum Leonrodschen

---

befindliche Privileg Rudolfs II. v. 11. Mai 1609 (ÖStA HHStA, RHR, Judicialia Antiqua, K. 776, Nr. 18, fol. 9r–11r). Das in Mandatsform ergangene Privileg verleiht den *freyen* Reichsrittern in Franken, deren Erben und Nachkommen die volle Jurisdiktionsgewalt in Zivil- und Strafsachen (*mordt, brandt, nothzucht und diebstahl*) über ihre Untertanen. *Churfürsten oder ständt des reichs*, die gegen dieses Privileg verstoßen, indem sie in solchen Fällen *unter fürgewendtem* [...] *schein eines vermeintlichen* Herkommens die Zuständigkeit ihrer Landgerichte erklären, werden mit einer Strafe von 50 Mark lötigen Goldes bedroht.

86 ÖStA HHStA, RHR, Judicialia Antiqua, K. 207, Nr. 2, fol. 195v, 196r.

87 Ebd., fol. 197v. Vgl. auch Wolfgang Sellert, Der Recursus ad comitia im Rechtsstreit zwischen der Reichsritterschaft am Niederrhein und dem Kurfürsten von der Pfalz um die Herrschaft und Burg Ebernburg vor dem Kaiserlichen Reichshofrat, in: Ignacio Czeguhn (Hrsg.), Recht im Wandel – Wandel des Rechts. Festschrift für Jürgen Weitzel zum 70. Geburtstag, Köln/Weimar/Wien 2014, S. 245–280, hier S. 279 f.

88 ÖStA HHStA, RHR, Judicialia Antiqua, K. 207, Nr. 2, fol. 198r. Im Übrigen sollten sich die Landesfürsten vor einer solchen Entwicklung hüten, denn es könne die Zeit kommen, in der ein mächtiger Reichsstand einen weniger potenten Reichsstand unter seinen Gerichtszwang stellen könnte. Später äußerte Johann Stephan Pütter, dass die schwächeren unmittelbaren Reichsstände befürchten müssten, die Gewalt der Stärkeren zu spüren; vgl. dazu Hans Hattenhauer, Johann Stephan Pütters Reichsbegriff, in: Volker Friedrich Drecktrah/Dietmar Willoweit (Hrsg.), Rechtsprechung und Justizhoheit. Festschrift für Götz Landwehr zum 80. Geburtstag, Köln/Weimar/Wien 2016, S. 149–173, hier S. 156.

89 ÖStA HHStA, RHR, Judicialia Antiqua, K. 207, Nr. 2, fol. 203r.

Besitz gehörigen Reichslehens Stein an der Rednitz an den Markgrafen von Brandenburg-Ansbach.

Der von Leonrod hatte nämlich nach seiner Tat im September 1679 bei dem zu dieser Zeit in Prag residierenden Reichshofrat[90] darum gebeten, ihn in die Reichslehen seines getöteten Bruders einzusetzen.[91] Dieser Antrag war nach Auffassung des Reichshofrats unvollständig und fehlerhaft, weil er *mit bloßer beyfügung des documenti mortis fraterna* [sic!] *und ohne beylegung der vorigen investitur* sowie *ohne einige zu abschwerung des lehen aydts gehörige vollmacht, auch schon lange zeit post annum et diem* gestellt worden war.[92] Der Antrag war sodann durch die zeitweise Verlegung des Reichshofrats von Prag in die oberösterreichische Stadt Wels[93] und die berufsbedingte Abwesenheit des für die Lehensfrage zuständigen Reichshoffiskals[94] erst wieder aktuell geworden, als der Täter *wegen großer schuldenlast* und *allerhandt beschwerlichkeiten* das im *landsfürstl. territorio* gelegene leonrodische *reichslehenbahre rittergut Stein an der Redni*[t]*z* an den Markgrafen für 7.000 Reichstaler *veräußern* wollte. Zur Wirksamkeit ihres Geschäfts hatten die Vertragsparteien den Kaiser als obersten Lehensherrn *pro consensu ad alienandum* gebeten.[95]

Der Reichshofrat empfahl dem Kaiser, den Reichshoffiskal[96] aufzufordern, er solle dieses einst in Prag begonnene Verfahren wieder aufnehmen.[97] Bei dieser Gelegenheit müsse auch die bisher *in suspenso gebliebene haubtsach ratione commissi fratricidiy untersucht und examinirt* werden. Dann werde sich zeigen, ob

---

90 Zum Reichshofrat in Prag vgl. Wolfgang Sellert (Hrsg.)/Eva Ortlieb (Bearb.), Die Akten des Kaiserlichen Reichshofrats, Serie I: Alte Prager Akten, Bd. 1, Berlin 2009, S. 12 f.

91 ÖStA HHStA, RHR, Judicialia Antiqua, K. 207, Nr. 2, fol. 188r.

92 Ebd., fol. 188r. Der Antrag auf Neuinvestitur hätte binnen eines Jahres nach dem Tod des Lehensinhabers gestellt werden müssen; vgl. dazu Gernot Peter Obersteiner, Das Reichshoffiskalat 1596 bis 1806. Bausteine zu seiner Geschichte aus Wiener Archiven, in: Anette Baumann/Peter Oestmann/Stephan Wendehorst/Siegrid Westphal (Hrsg.), Reichspersonal. Funktionsträger für Kaiser und Reich (QFHG, 46), Köln/Weimar/Wien 2003, S. 89–164, hier S. 110.

93 Georg Wacha, Der Reichshofrat in Wels 1613/1614, in: Musealverein Wels (Hrsg.), 18. Jahrbuch des Musealvereines Wels, Wels 1972, S. 111–128.

94 Zu den Zuständigkeiten des Reichshoffiskals Obersteiner, Reichshoffiskalat (wie Anm. 92), S. 104, 109 f.

95 ÖStA HHStA, RHR, Judicialia Antiqua, K. 207, Nr. 2, fol. 188v, 189r. Es handelt sich um einen sogenannten Eventualcontract, das heißt um einen Vertrag, der unter dem Vorbehalt der kaiserlichen Genehmigung geschlossen wurde.

96 Reichshoffiskale waren in der Zeit des Geschehens: Lic. jur. Franz Carl Sartorius v. Schwanenfeld (1668–1684) und Alexander Franz Visintainer (1685–1689); vgl. Obersteiner, Reichshoffiskalat (wie Anm. 92), S. 161.

97 Dazu bestehe genügend Anlass, weil sich der Täter *vermessen* habe, nach dem Tod seines Bruders ohne Bitte *um einige gnadt oder außsöhnung* [...] *die renovationem investiturae, quasi re bene gesta et quidem prorsus informiter ac post lapsum terminum*, zu beantragen (ÖStA HHStA, RHR, Judicialia Antiqua, K. 207, Nr. 2, fol. 190r, 203v).

sich der Täter zur Erhaltung seiner Lehensfähigkeit entweder von seinem Delikt *loßwürcken* könne oder ob gegen ihn *ex leg. pompeji de parricidiys*[98] *der proceß zu machen* und die ihm *von reich habende lehen* [...] *einzuziehen* seien.[99] Der Reichshoffiskal solle daher unter der in solchen Fällen üblichen Beiziehung zweier deputierter Reichshofräte[100] den Täter *ad videndum se privari feudis ex capite delicti* vor den Reichshofrat laden.

Die Strafverfolgung Leonrods sollte also nicht, wie eigentlich erwartet, in einem Inquisitionsprozess durch die Untersuchungskommission, sondern inzidenter im Rahmen des lehensrechtlichen Fiskalverfahrens erfolgen. Damit bestand die Gefahr, dass der Täter zu einem zweiten, härteren, vom milden Urteil des Markgrafen abweichenden Strafurteil hätte verurteilt werden können.[101] Sollte er nämlich *vorsezlich* gehandelt haben, müsse er damit rechnen, *ob commissum tam atrox delictum* zum Verlust seiner Ehre und seines Lebens verurteilt zu werden.[102] Nach dem gemeinrechtlichen Grundsatz *quod fratricida praeter poenam corporalem etiam privationi feudorum se subiiciat*[103] würde er dann auch alle seine *lehen und beneficien* verlieren.[104] Darüber hinaus wäre der zwischen ihm und dem Markgrafen *eventualiter*, das heißt unter dem Vorbehalt der kaiserlichen Zustimmung, *auffgerichtete kauffcontract* über das *reichslehnbare gutt Stein* unwirksam.

Irgendwelche Bedenken gegen ein solches Zweiturteil hatte der Reichshofrat nicht. Denn er hielt das Strafurteil des Markgrafen mangels Zuständigkeit für unwirksam, zumal dieser nicht nachgewiesen habe, *mit dem iure gladiy etiam*

---

98 Gemeint ist die Lex pompeia parricidiis. Es handelt sich um ein Gesetz des römischen Konsuls Gnaeus Pompeius Strabo (135–87 v. Chr.), mit dem allen Zweifeln gegen die strenge Bestrafung eines qualifizierten Familien- und Verwandtenmordes (parricidium) begegnet werden sollte; vgl. dazu den noch immer lehrreichen Beitrag von Eduard OSENBRÜGGEN, Das altrömische Parricidium, in: Kieler philologische Studien, Kiel 1841, S. 211–271, hier S. 257–259; ferner Emil BRUNNENMEISTER, Das Tödtungsverbrechen im altrömischen Recht, Leipzig 1887; Theodor MOMMSEN, Römisches Strafrecht, Leipzig 1899, ND Darmstadt 1961, S. 612–651, insbes. S. 643–646. – Die Digesten des Corpus iuris civilis (D. 48, 9) enthalten eine entsprechende Regelung unter dem Titel *De lege Pompeia de parricidiis*.

99 ÖStA HHStA, RHR, Judicialia Antiqua, K. 207, Nr. 2, fol. 190r.

100 Tit. VI., § 6 Reichshofratsordnung von 1654 = SELLERT, Die Ordnungen (wie Anm. 83), S. 221 f.; vgl. ferner OBERSTEINER, Reichshoffiskalat (wie Anm. 92), S. 131.

101 Das Zweiturteil wäre ein Verstoß gegen den gemeinrechtlichen Grundsatz *ne bis in idem* gewesen; vgl. Wolfgang SELLERT, Art. Ne bis in idem, in: HRG, Bd. 3. 2. Aufl., Berlin 2018, Sp. 1872–1875.

102 ÖStA HHStA, RHR, Judicialia Antiqua, K. 207, Nr. 2, fol. 204r.

103 Ebd., fol. 25r.

104 Ebd., fol. 203v. Gleiches galt für die Erbfähigkeit: *cum homicidia indignus sit hereditate occisi* (ebd., fol. 217v); Heinrich DERNBURG, Pandekten, Bd. 3, 4. Aufl., Berlin 1894, S. 160.

in immediatas personas belehnet worden zu sein oder über ein solches Recht aus *ruhiger possession et exercitio* zu verfügen.[105]

Abschließend äußerte sich der Reichshofrat zu der Absicht des Markgrafen, die Jurisdiktionsfrage dem Reichskonvent vorzulegen. Weil das kaiserliche Gericht fürchtete, dass die Landesfürsten auf der Reichsversammlung für ihre Sache *nicht geringen beyfall finden* würden,[106] riet es zur Vorsicht. Deswegen, so lautete seine Empfehlung, müsse die sich in Regensburg aufhaltende österreichische Gesandtschaft über das Vorhaben des Markgrafen informiert werden. Somit könne sie, wenn auf dem Reichstag etwas zum Nachteil des Kaisers *auff die bahn gebracht* werde, dafür sorgen, dass die Angelegenheit weder *ad dictaturam*[107] noch *in die umbfrag gebracht* werde. Auf keinen Fall dürften, so hieß es, *Eur. Kays. Mayt. hohe lehnrechte und iura fiscalia beym reichsconvent* [...] *in compromiss gestelt* und dort *einig präjudiz* geschaffen werden.[108]

Der Antrag des Markgrafen auf Genehmigung zur Übertragung des Lehensgutes Stein sollte nach Ansicht des Reichshofrats mit der Begründung abgelehnt werden, dass der Markgraf zusammen mit anderen *Chur- und fürsten* auf dem Reichstag bereits ein *gravamen commune* über die Strafkompetenz der Landesherren habe *anbringen* lassen.[109]

2.3.1.2 Gutachten des Geheimen Rats vom 1. April 1682

Das am 5. März 1682 beim Geheimen Rat eingegangene reichshofrätliche Votum wurde in dem mit sechs Mitgliedern besetzten Geheimen Rat erörtert[110] und das nur wenige Zeilen umfassende Ergebnis am 1. April 1682 erzielt.[111] Es besagt, dass der Reichshoffiskal sowohl hinsichtlich der von Leonrod erbetenen Belehnung mit dem Erbe seines Bruders als auch *in puncto commissi fratricidiy*

105 ÖStA HHStA, RHR, Judicialia Antiqua, K. 207, Nr. 2, fol. 203r.

106 Ebd., fol. 204v.

107 Art. Reichsdiktatur, in: Deutsches Rechtswörterbuch, Bd. 11. Weimar 2004, Sp. 591. Die „Reichsdictatur" war ein wichtiger Abschnitt im Beratungsverfahren des Reichstags. Jede Angelegenheit, die dort erörtert werden sollte, musste vorher dem Mainzer Direktorium mitgeteilt werden. Danach wurde der Beratungsgegenstand vom Deputierten des Reichs-Erbmarschalls mit einem „Ansagezettel" dem Reichstag bekannt gemacht. In der darauffolgenden Sitzung des Reichstags verfügte Mainz sodann die „Reichsdictatur", das heißt, die Angelegenheit wurde allen anwesenden Deputierten in die Feder „dictiert" oder auch in gedruckter Form ausgeteilt; vgl. Heinrich Zoepfl, Deutsche Rechtsgeschichte, 3. Aufl., Stuttgart 1858, S. 555; Heinrich Gottlieb Franken, Nachricht von der neuesten Beschaffenheit des Reichs-Tags, Regensburg 1761, S. 123.

108 ÖStA HHStA, RHR, Judicialia Antiqua, K. 207, Nr. 2, fol. 205r.

109 Ebd., fol. 204r, 204v; vgl. auch Anm. 48, 49, 58, 65.

110 Ebd., fol. 205v.

111 Ebd., fol. 205v.

von Amts wegen so verfahren solle, wie vom Reichshofrat geraten. Der *begehrte consensus super alienatione feudo*, gemeint ist die Zustimmung zur Übertragung des Ritterguts Stein, solle *in suspenso bleibe*[n].[112]

Dem Vorschlag des Reichshofrats, die Österreichische Gesandtschaft[113] in Regensburg zu informieren, folgte der Geheime Rat jedoch nicht. Stattdessen sollte in *pto. jurisdictionis*, also in der Zuständigkeitsfrage, der einflussreiche Hoch- und Deutschmeister Johann Caspar von Ampringen[114] *in geheimb* eingeschaltet werden. Ihm sollten *die motiva an die handt gegeben werden, um den von Leonrod(th) zu bewegen, dass er* [...] *die außsöhnung* [und Gnade] *wegen* des begangenen *fratricidiy* [...] *bey ihrer Kays. Mayst. allerunderthenigst suchen thue*, damit die kaiserliche Gerichtskompetenz *ohne fernere collision in salvo*, das heißt unangetastet, *verbleiben möchte*.[115]

Dieser auf einen Vergleich zielende Vorschlag steht scheinbar im Widerspruch zu der Empfehlung des Geheimen Rats, den fiskalischen Prozess fortzusetzen. Möglicherweise war das fiskalische Verfahren aber nur als Alternative und Druckmittel für den Fall gedacht, dass sich Leonrod auf den Kompromiss nicht einlassen würde. Anderenfalls durfte er darauf hoffen, dass sich mit seiner Bitte um Aussöhnung und um Gnade die Strafverfolgung durch den Reichshoffiskal erledigen würde.

Der weitere Verlauf der Angelegenheit ist ungeklärt. Vermutlich ist das vom Reichshofrat vorgeschlagene Verfahren, wonach der Reichsfiskal den Täter von Leonrod *ad videndum se privari feudis ex capite delicti* vor das Reichsgericht laden sollte, nicht eingeleitet worden. Leonrod blieb jedenfalls weiterhin Lehensträger und hat wegen hoher Schulden 1684 „seinen Besitz in Dietenhofen [...] für 60.000 Gulden und 200 Dukaten sowie ein gesatteltes Pferd an den Markgrafen Johann Friedrich von Brandenburg-Ansbach" veräußert.[116] Dazu gehörten allerdings nur bedingt die Reichslehensgüter zu Stein, weil dazu noch immer die kaiserliche Erlaubnis fehlte.[117]

112 Ebd., fol. 205v.

113 Österreichischer Gesandter am Immerwährenden Reichstag in Regensburg war damals (1680–1682) Theodor Heinrich Strattmann; https://de.wikipedia.org/wiki/Liste_der_österreichischen_Gesandten_beim_Heiligen_Römischen_Reich (abgerufen am 5. Oktober 2023).

114 Er hatte seine Mitwirkung in der reichshofrätlichen Untersuchungskommission abgelehnt; vgl. oben Anm. 54.

115 ÖStA HHStA, RHR, Judicialia Antiqua, K. 207, Nr. 2, fol. 205v.

116 Das Schloss Dietenhofen „diente nun als Verwaltungsgebäude und Wohnung für die Vögte und Beamten des Markgrafen"; vgl. Schmiedl (wie Anm. 51).

117 Vgl. oben Anm. 95, 109, ÖStA HHStA, RHR, Judicialia Antiqua, K. 207, Nr. 2, fol. 205v; ferner Buchner, Gunzenhausen (wie Anm. 51), S. 92–97. Sie hat die zum Teil verwickelten Verkaufsgeschäfte des Philipp Friedrich Adam von Leonrod detailliert beschrieben.

2.3.2 Weitere Fälle

Die Zeit, in welcher der Reichshofrat seine Jurisdiktionsrechte in den Territorien der Landesfürsten durchsetzen konnte, neigte sich offenbar ihrem Ende zu. Immer weniger mächtige Landesfürsten waren bereit, die Privilegierung der reichsunmittelbaren Ritter und der mit ihnen häufig zusammenwirkenden Reichsgrafen[118] anzuerkennen. Gegen Strafmandate des Reichshofrats wegen Verletzung der kaiserlichen Strafgewalt protestierten sie wortreich und leisteten ihnen keine Folge. Davon zeugen weitere Beispielsfälle.

2.3.2.1 Tötungsdelikt

Einer dieser Fälle ereignete sich auf pfälzischem Territorium.[119] Als am 22. Februar 1666 der Reichsritter Georg Bernhard von Massenbach in der Nähe seines Adelssitzes den Amtmann Bernhard Jakob Rambach erschossen hatte und der Reichshofrat deswegen eine ritterschaftliche Untersuchungskommission einsetzte,[120] die den Täter verhaften und ihm den Prozess nach den Grundsätzen der Peinlichen Halsgerichtsordnung von 1532 machen sollte, kam es mit dem Kurfürsten von der Pfalz zu einem Konflikt. Dieser verweigerte die Überstellung des Täters an die Kommission, leitete gegen den Täter ein Strafverfahren ein und ließ ihn – wie im Fall des von Leonrod – mit einer für fromme Zwecke gedachten Buße von 1.000 Reichstalern und der Übernahme der Prozesskosten der Ankläger (Witwe und Bruder des Getöteten) davonkommen.[121] Einer deswegen auf Antrag Massenbachs ergangenen reichshofrätlichen Vorladung des Kurfürsten[122] kam dieser mit der Begründung nicht nach, dass ihm *ex foro delicti commissi* die Jurisdiktion zustehe, und legte dem kaiserlichen Gericht das ergangene Urteil vor. Außerdem kündigte er an, die Jurisdiktionsangelegenheit vom Reichstag überprüfen lassen zu wollen.[123] Anträge des reichsritterschaftlichen Anwalts an den Reichshofrat auf schärfere Mandate gegen die Urteilsvollstreckung des Kurfürsten blieben unbeantwortet.[124]

---

118 Werner Hechberger, Art. Graf, Grafschaft, in: HRG, Bd. 2. 2. Aufl., Berlin 2012, Sp. 509–522, hier Sp. 517–520.

119 ÖStA HHStA, RHR, Judicialia Antiqua, K. 680, Nr. 12, fol. 1–208.

120 Ebd., fol. 6r, 6v.

121 Ebd., fol. 16r, 16v.

122 Ebd., fol. 146r–148v.

123 Ebd., fol. 96r–98v.

124 Ebd., fol. 184r–185r.

2.3.2.2 Arrestierung einiger Ritter

Ein weiterer Fall spielte sich 1714 im Herrschaftsgebiet des Markgrafen Wilhelm Friedrich von Brandenburg-Ansbach-Kulmbach (reg. 1703–1723), jüngster Sohn des Markgrafen Johann Friedrich,[125] ab. Ersterer hatte einige Ritter von Wildenstein wegen verschiedener, nicht näher bezeichneter Delikte arrestieren lassen. Die Ritter beriefen sich auf ihren kaiserlichen Gerichtsstand und erstritten am 26. Juli 1714 beim Reichshofrat gegen den Markgrafen ein „mandatum poenale de relaxandis Captivis S.[ine]. C.[lausula]",[126] also ein Strafmandat auf Freilassung.

Erwartungsgemäß protestierte der Markgraf und erklärte, dass es „gegen die Reichs-Gesetze" und „alle natürliche[n] und weltliche[n] Rechte lauffen" würde, wenn ein Landesherr, „in dessen Gebiet die That begangen worden seye", diese nicht bestrafen könne. Niemand dürfe es den Reichsständen „verdencken", wenn sie, allein schon um der „allgemeinen Ruhe und publiquen Tranquillität" willen, in ihrem Territorium mit „aller Macht" an diesem Recht der Bestrafung festhielten.[127]

Nachdem die Arrestanten wieder auf freien Fuß gekommen waren, machten sie bei der kaiserlichen Untersuchungskommission Schadensersatzansprüche gegen den Markgrafen geltend. Im Rahmen dieses Zivilverfahrens rechtfertigte der Markgraf seine Strafkompetenz erneut. Er berief sich unter anderem auf ein „dubium camerale" von 1595, wonach „Malefiz-Sachen" reichsunmittelbarer Ritter von der Zuständigkeit des kaiserlichen Gerichts ausdrücklich ausgeschlossen seien.[128] Der Jurisdiktionsanspruch des Reichshofrats widerspreche der beständigen „Observanz" sowie „denen von Fürsten und Ständen wohlhergebrachten Juribus […] Capitulationibus et Sanctionibus pragmaticis" und liefe außerdem den „Praerogativis Electorum, Principum, aliorumque Statuum Imperii" zuwider.[129] Würde man die kaiserliche Auffassung anerkennen, entstünden daraus „vile schädliche, die allgemeine Ruhe störende, der Reichs-Stände Sicherheit auf schimpfliche Weise turbirende" Folgen, mithin Zustände, die man „so sorgsam und mit der größten Bemühung per Constitutionem Pacis publicae aus der Wurzel gehoben" habe.[130]

---

125 Vgl. oben Anm. 51. MOSER, Justiz-Verfassung (wie Anm. 4), S. 672–674; MALBLANK, Anleitung (wie Anm. 4), S. 319 f., Anm. c.

126 Manfred UHLHORN, Der Mandatsprozess sine clausula des Reichshofrats (QFHG, 22), Köln/Wien 1990.

127 MOSER, Justiz-Verfassung (wie Anm. 4), S. 673; MALBLANK, Anleitung (wie Anm. 4), S. 318 f.

128 Vgl. MOSER, Justiz-Verfassung (wie Anm. 4), S. 673. Was das „dubium camarale" betrifft, so ist inhaltlich vermutlich die Regelung des § 69 des Regensburger Reichsabschieds von 1594 gemeint, der auf einem solchen „dubio" beruhen könnte (vgl. Anm. 75).

129 MOSER, Justiz-Verfassung (wie Anm. 4), S. 673.

130 Ebd., S. 673 f.

2.3.2.3 Marodierende Reichsritter in Franken

Etwa zwei Jahre später ließ der Markgraf von „Br. Culmbach" wiederum einige Mitglieder der Reichsritterschaft, „welche in dem Lehen-Ort Thurnau Excesse ausgeübt" hatten, „arrestiren und abstraffen".[131] Daraufhin erging auf Ansuchen der Betroffenen am 12. August 1716 an den Markgrafen ein kaiserliches Mandat. Dort hieß es, dass sich der Markgraf derartiger „Eingriff[e] in die Kayserliche allerhöchste Jurisdiction und Violirung derer ritterschaftlichen Privilegiorum" bei Strafe „zu enthalten" habe und die Täter an die kaiserliche Untersuchungskommission ausliefern müsse. Der Kaiser werde es niemals zulassen, dass sich die Landesherren unter dem Vorwand „einer territorial-Herrschaft oder loci Delicti" die Gerichtsbarkeit über Verbrechen und Kriminalfälle der Reichsritter aneigneten.[132]

Der Markgraf widersetzte sich zwar dieser Entscheidung mit den bekannten Argumenten, räumte aber ein, dass es sich um eine „materia controversa" handele, die auf dem Reichstag erörtert und entschieden werden müsse. Er bat daher den Reichshofrat, das Strafmandat bis zur Klärung des Problems nicht zu vollstrecken und es bei einer die „praetensa jura", das heißt bei einer die gegenseitigen Rechtspositionen wahrenden „Protestation", zu belassen.[133]

Als der Reichshofrat nicht darauf einging und am 15. Oktober 1717 mit einer „Paritoria" den Vollzug seiner Entscheidung verlangte, wandte sich der Markgraf 1718 mit einer Druckschrift an die Öffentlichkeit.[134] Diese bestand hauptsächlich aus Suggestivfragen zur Strafkompetenz, nämlich: ob die privilegierte Rechtsstellung der Ritter vom Reichshofrat oder der Reichsversammlung zu entscheiden sei, ob die Reichsstände an der Wahrnehmung ihrer Pflicht, für Ruhe und Ordnung in ihrem Land zu sorgen, durch die privilegierte Stellung der Reichsunmittelbaren gehindert würden, ob jemand „durch Acquisition eines geringen auswärtigen Gütleins zugleich ein Immediatus werden" und sich auf diese Weise der „Cognition seines Landesherrn in causibus criminalibus" entziehen könne

131 Ebd., S. 674; ferner Ders., Merckwürdige Reichs-Hof-Raths-Conclusa, Bd. 2, Frankfurt a. M. 1716, Conclusum CCCCXXII, S. 682 f.

132 Moser, Justiz-Verfassung (wie Anm. 4), S. 674; ferner Ders., Reichs-Hof-Raths-Conclusa (wie Anm. 131); Sellert, Zuständigkeitsabgrenzung (wie Anm. 1), S. 92, 96.

133 Moser, Justiz-Verfassung (wie Anm. 4), S. 675.

134 Ebd., S. 675: *Kurze Facti Species, was es mit dem Anno 1715 zu Thurnau durch etliche von Adel verübten Tumult vor Bewandtnus habe, und wie, occasione dieser Sache, dem Fürstl. Hause Brandenburg die a Seculis in loco hergebrachte Cognition in dergleichen Fällen schwer gemacht, insonderheit pro ratione decidendi ein Principium: Daß keinem Stand des Reichs über eines Immediaten von Adel Verbrechen die Jurisdiction, weder ex capite loci Delicti, noch sonst unter einigem Vorwand, zu gestatten sey, gesezt werden wollen. Bayreuth, 1718.*

und ob ein Landesherr, der „Immediatos in Diensten hätte", über deren „Facta und Delicta [...] unter keinem Vorwand zu cognosciren befugt seyn" solle.[135]

2.3.2.4 Bestrafung eines Reichsritters

Als Brandenburg-Bayreuth 1754 den Reichsritter von Künsberg zu Wernstein strafrechtlich zur Verantwortung zog und der Reichshofrat auf dessen Ansuchen mit einem Strafmandat zur Beachtung der kaiserlichen Zuständigkeit für Reichsunmittelbare reagierte sowie mit einer „paritoria" dessen Vollzug forderte, lehnte der Landesherr ab und erklärte: *der Kayser möchte diese an sich null und nichtige vermeintliche Paritoriam cassiren und aufheben, benebens dem Reichshofrath-Collegio alle fernere incompetente Cognition in hac causa gänzlich untersagen.* Daraufhin reagierte der Reichshofrat am 3. August 1756 mit „eine[r] scharffe[n] neue[n] Paritoria", die jedoch keine Wirkung zeigte.[136]

3. Zusammenfassung und Fazit

Die Möglichkeit des Reichshofrats, gegen regierende Landesherren wegen „Mißbrauchs ihrer Landeshoheit" strafrechtlich vorzugehen, hat, um mit Pütter zu sprechen, vermutlich verhindert, dass „Streitigkeiten, die ein Reichsstand mit dem andern hat[te]", durch „Macht" und „Waffen" entschieden wurden.[137] Auch dürften auf diese Weise, so Pütter, „Unterthanen gegen ihre Landesherrschaft bey einem höhern Richter Schutz" gefunden haben.[138] Insgesamt geht es um ein Forschungsfeld, das noch weiterer Untersuchungen bedarf.

Die ausgewählten Strafprozesse veranschaulichen im Übrigen die Art und Weise, wie der Reichshofrat gegen beschuldigte Reichsgrafen und Ritter vorgegangen ist, eine Verfahrensweise, die ganz allgemein gegen alle Reichsunmittelbaren üblich gewesen sein dürfte. Der Reichshofrat wurde in solchen Fällen – häufig im Zusammenwirken mit dem Reichshoffiskal[139] – auf Grund von

135 Moser, Justiz-Verfassung (wie Anm. 4), S. 676.

136 Ebd., S. 676.

137 Pütter, Historische Entwicklung (wie Anm. 4), S. 235.

138 Ebd., S. 235.

139 Dass der Reichshoffiskal auch sonst Straftaten im Reich ahndete, ist für Verstöße gegen die Reichspolizeiordnungen und andere Reichsgesetze, gegen die widerrechtliche Berufung auf Privilegien und Reservatrechte sowie gegen Landfriedensbrüche und Steuervergehen belegt; vgl. im Einzelnen dazu Obersteiner, Reichshoffiskalat (wie Anm. 92), S. 107–116; Uffenbach, Tractatus (wie Anm. 4), S. 36–41 f.; vgl. ferner den Strafprozess in einer Polizeisache gegen den Hallenser Gelehrten Christian Thomasius, Wolfgang Sellert, Die Zuständigkeit des kaiserlichen

Anzeigen der Untertanen, ferner nach landesfürstlicher Verweisung klagender Opfer an ihn oder auch dann tätig, wenn es sich um notorische Verbrechen[140] handelte. Die Ergreifung und Verhaftung des Täters oblagen grundsätzlich einem Reichskreis. Das sich anschließende Inquisitionsverfahren wurde vom Reichshofrat (Reichshoffiskal) einer Untersuchungskommission übertragen, die häufig nur unter großen Schwierigkeiten mit „iudices delegati" zu besetzen war. Die Kommission sollte gegen die Straftäter nach den Maximen der Carolina von 1532 vorgehen.[141] Nach Abschluss der Untersuchung und, wenn erforderlich, nach Einholung eines Fakultätsgutachtens schickte die Kommission ihr Ergebnis mit einem Urteilsvorschlag an den Reichshofrat, der daraufhin die endgültige Entscheidung verkündete. Die Urteilsvollstreckung erfolgte sodann wiederum durch einen Reichskreis.[142]

Die erörterten Verfahren zeigen außerdem, dass es sich bei den Auseinandersetzungen zwischen Landesfürsten und Kaiser (Reichshofrat) letztlich nicht um „rein" prozessuale Kompetenzfragen, also beispielsweise nicht um das an sich sinnvolle „forum delicti", handelte, einen Gerichtsstand also, der nach Ansicht einiger Rechtsgelehrter ohnehin „nur auf Mediatspersonen" und keineswegs auf „Unmittelbare von Adel anwendbar" war.[143] Es ging vielmehr um einen politischen Verfassungskonflikt ersten Ranges, in dessen Mittelpunkt das spannungsgeladene Verhältnis von landesherrlicher Souveränität und kaiserlicher Zentralgewalt stand. Kern der Auseinandersetzung war also weder ein vom Kaiser „ex gratia" vergebenes Gerichtsstandsprivilegium[144] noch ein vom Landesherrn im

Reichshofrats in Reichspolizeisachen und die Ladung des Hallenser Rechtsgelehrten Christian Thomasius vor den Reichshofrat, in: Georg Steinberg (Hrsg.), Recht und Macht, Festschrift für Hinrich Rüping zum 65. Geburtstag, München 2008, S. 295–308.

140 Vgl. Mathias Schmoeckel, Art. Notorietät, in: HRG, Bd. 3. 2. Aufl., Berlin 2016, Sp. 1985–1987.

141 Die kontinuierliche Anweisung des Reichshofrats an die Kommissionen, sie mögen nach der Peinlichen Gerichtsordnung von 1532 verfahren [vgl. Moser, Justiz-Verfassung (wie Anm. 4), S. 639 f.; ÖStA HHStA, RHR, Judicialia Antiqua, K. 207, Nr. 2, fol. 183r.; ÖStA HHStA, RHR, Judicialia Antiqua, K. 680, Nr. 12, fol. 1–208], ist bemerkenswert. Denn diese Ordnung sollte grundsätzlich nur für Delikte der mittelbaren Untertanen Anwendung finden; vgl. dazu Malblank, Anleitung (wie Anm. 4), S. 302; Sellert, Zuständigkeitsabgrenzung (wie Anm. 1), S. 73, 90.

142 Wolfgang Sellert, Die Bedeutung der Reichskreise für die höchste Gerichtsbarkeit im Alten Reich, in: Peter Claus Hartmann (Hrsg.), Regionen in der frühen Neuzeit (Zeitschrift für Historische Forschung, 17), Berlin 1994, S. 145–178.

143 Andere waren der Meinung, dass nach Gemeinem Recht in diesen Fällen nicht nur der Kaiser, sondern auch „die Obrigkeit des Ortes, wo das Verbrechen begangen worden sei das jus cognoscendi et puniendi habe"; vgl. zur gesamten Problematik Moser, Justiz-Verfassung (wie Anm. 4), S. 318, 647; Malblank, Anleitung (wie Anm. 4), S. 311, 316–320.

144 Zu Recht versteht Eisenhardt, Gerichtsprivilegien (wie Anm. 2), S. 126 ff., unter Gerichtsprivilegien nur solche, die „urkundlich verbriefte Freiheiten enthalten, welche die Existenz, Zustän-

Fall Leonrod erwähntes kaiserliches Exemtionsprivileg,[145] sondern um die hoheitlich-autonome Strafgewalt des Kaisers über unmittelbare Angehörige des Reichs, die ihm die Territorialherren streitig zu machen versuchten, indem sie sich die Souveränität in Strafsachen anmaßten. Typisch ist insoweit die wiederholte Berufung der Landesherren auf die *leges fundamentales*, darunter insbesondere auf den Westfälischen Friedensvertrag und ihre dort angeblich mit dem *ius territorii et superioritatis* verbriefte uneingeschränkte Strafkompetenz. Letztlich handelte es sich um Machtfragen, die man, nachdem im Westfälischen Friedensvertrag jegliche Gewaltanwendung geächtet worden war,[146] mit rechtlichen, rechtspolitischen und diplomatischen Mitteln und nicht mit kriegerischer Gewalt zu lösen versuchte.

Dass die einschlägigen Konflikte für die Reichsritterschaft eine besondere Rolle spielten, liegt nahe. Denn zum einen war deren Reichsunmittelbarkeit einschließlich ihrer Privilegien im Westfälischen Friedensvertrag rechtlich gesichert,[147] zum anderen stand die Reichsritterschaft schon wegen ihrer „Charitativsubsidien“[148] in der Gunst und unter dem besonderen Schutz des Kaisers.[149] Und schließlich glaubte der Kaiser, den Selbstständigkeitsbestrebungen der Territorialherren mit Hilfe der Reichsritterschaft Einhalt bieten zu können. Insoweit war die Ritterschaft für den Kaiser ein „erwünschter Machtfaktor gegenüber den Fürsten“[150] und eines der Mittel, mit dem er „die machtpolitische Balance im

---

digkeit und konkrete Tätigkeitsformen von Gerichten sowie die Verbindlichkeit gerichtlicher Entscheidungen und Anordnungen regeln“. Nicht dazu rechnet er folglich reichsgesetzlich verankerte Privilegierungen der Reichsunmittelbaren.

145 Vgl. oben Anm. 72.

146 Art. XVII § 7 Instrumentum Pacis Osnabrugensis (künftig: IPO) = Zeumer (Hrsg.), Quellensammlung (wie Anm. 46), S. 433.

147 Art. IV § 17 IPO = Zeumer (Hrsg.), Quellensammlung (wie Anm. 46), S. 399. Zur Reichsritterschaft in der Verfassung des Alten Reiches vgl. Michael Puchta, Mediatisierung „mit Haut und Haar, Leib und Leben“. Die Unterwerfung der Reichsritter durch Ansbach-Bayreuth (1792–1798) (Schriftenreihe der Hist. Kommission bei der Bayerischen Akademie der Wissenschaften, 85), Göttingen 2012, S. 39–66.

148 Es handelt sich um eine besondere Rittersteuer („Liebesgaben“). Sie diente der Unterstützung des Kaisers und war an die Stelle der dem Kaiser zu leistenden persönlichen Kriegsdienste getreten, als diese mit dem Aufkommen „eines perpetui Militis“ nicht mehr sinnvoll waren; vgl. dazu Heinrich Müller, Der letzte Kampf der Reichsritterschaft um ihre Selbstständigkeit (1790–1815), Berlin 1910, S. 21; Volker Press, Art. Reichsritterschaft, in: HRG, Bd. 4. 1. Aufl., Berlin 1990, Sp. 743–748; Johann Georg Kerner, Allgemeines positives Staats-Reichsrecht der unmittelbaren freyen Reichsritterschaft in Schwaben, Franken und am Rheine, Teil 3, Lemgo 1789, S. 133–161; Puchta, Mediatisierung (wie Anm. 147), S. 54.

149 In einem Gerichtsstandsprivileg für die fränkische Reichsritterschaft v. 11. Mai 1609 (wie Anm. 85) wird die Unterstützung des Kaisers durch die Ritter im Krieg gegen die Türken besonders hervorgehoben und gelobt.

150 Müller, Kampf (wie Anm. 148), S. 35.

Reich" und dessen föderative Verfassungsstruktur zu erhalten versuchte.[151] Zur Verhinderung weiterer Machterweiterungen der Territorialherren und damit der Verschiebung der politischen Kräfteverhältnisse im Reich diente darüber hinaus ab etwa der ersten Hälfte des 17. Jahrhunderts die reduzierte Verleihung von Appellations- und anderen Privilegien.[152]

Ungeachtet dessen waren und blieben die in den Ländern etablierten Reichsritterschaften für die Territorialherren ein Störfaktor. Sie behinderten deren Bestrebungen nach Vereinheitlichung durch Ausbildung einer gleichförmigen Verwaltung, Justiz und Polizei.[153] Folglich wollten sie es nicht dulden, die Verfolgung der in ihren Herrschaftsgebieten begangenen Verbrechen dem meist weit entfernten Reichshofrat und der zeitaufwendigen Einsetzung von Untersuchungskommissionen zu überlassen.[154] Ihre Sorgen, dass es anderenfalls zu einer empfindlichen Störung der öffentlichen Sicherheit, Ruhe und Ordnung komme, waren nachvollziehbar. Demgegenüber war der Verdacht des Kaisers, dass die Territorialherren unter dem Vorwand ihrer vermeintlichen Strafkompetenz über die Reichsritterschaft nicht nur ihre Landeshoheit auszudehnen, sondern die rechtliche Sonderstellung der Ritterschaft sogar auszulöschen versuchten, nicht von der Hand zu weisen.

Insgesamt ging es also – will man einen zeitgenössischen Rechtsbegriff verwenden – um „Staatssachen",[155] die für das Verfassungs- und Machtgefüge des Reiches von derart weitreichender Bedeutung waren, dass sie entweder in einer Wahlkapitulation[156] oder durch den Reichskonvent mit einer authentischen Inter-

---

151 Puchta, Mediatisierung (wie Anm. 147), S. 53.

152 Vgl. dazu das Kapitel „3. Bestrebungen des Reichshofrats, weitere Einschränkungen der kaiserlichen Jurisdiktion zu verhindern" in der Arbeit von Eisenhardt, Gerichtsprivilegien (wie Anm. 2).

153 Vgl. im Einzelnen dazu Sellert, Der Recursus (wie Anm. 87), S. 279 f.

154 Der Reichshofrat bevollmächtigte daher wiederholt die „Ortsvorstände" der Reichsritterschaften, Straftäter zu verhaften und dem Kaiser (Reichshofrat) darüber zu berichten. 1778 beauftragte er sogar die Ortsvorstände der Schwäbischen Ritterschaft *zur Erhaltung des Landfriedens und der öffentlichen Ruhe und Sicherheit, die der Sache angemessene Vorkehrungen und Verfügungen* zu treffen. Zwar waren die Direktorien der Reichsritterschaften nicht befugt, über die Verbrechen ihrer Mitglieder zu entscheiden (vgl. Anm. 59). Es kam aber vor, dass der Reichshofrat den ritterschaftlichen „Ortsdirektorien der einzelnen Cantons" die Durchführung des Strafverfahrens überließ. Diese waren nach Abschluss ihres Verfahrens verpflichtet, die Akten – oft nach Einholung des Gutachtens einer Juristenfakultät – an den Reichshofrat zu verschicken, der dann eine Entscheidung traf; Malblank, Anleitung (wie Anm. 4), S. 320 f.; vgl. auch Moser, Justiz-Verfassung (wie Anm. 4), S. 643.

155 Pütter verwendet in diesem Zusammenhang den Begriff der „Staatssachen", die dem Reichstag zur Entscheidung hätten überlassen werden müssen; vgl. dazu Hattenhauer, Reichsbegriff (wie Anm. 88), S. 170.

156 In den Wahlkapitulationen wird zwar die Sicherung der Rechte, Privilegien, Freiheiten, Regalien etc. der Reichsunmittelbaren im Allgemeinen gewährleistet, aber nicht die Gerichtszuständigkeit in Strafangelegenheiten über reichsunmittelbare Adlige geregelt; vgl. beispielsweise Art. III Wahl-

pretation des Westfälischen Friedensvertrags hätten geregelt werden müssen.[157] Letzteres versuchte der Kaiser zu verhindern, weil er damit rechnen musste, dass die Landesherren mit ihren Forderungen auf dem Reichstag erfolgreich sein würden.[158] Denn das Lehens- und Justizwesen als maßgebliche Bindemittel für den Bestand und die Einheit des Reiches befanden sich in einem schleichenden Auflösungsprozess,[159] eine Entwicklung, die ab 1792 in Ansbach-Bayreuth mit der strikten Mediatisierungspolitik des „Corpus equestre" durch den preußischen Statthalter Karl August Freiherr von Hardenberg (* 1750, † 1822) zu einem Höhepunkt kam.[160] Pütter hat seine Sorgen über diesen Machtverfall und drohenden Untergang des Reiches in seiner Göttinger Antrittsvorlesung von 1749 eingehend erörtert.[161] Weniger bekannt war bislang, welchen Anteil an diesem Auflösungsprozess die Jurisdiktionsfrage über die Verbrechen reichsunmittelbarer Adliger und insbesondere der Reichsritterschaft hatte.

---

kapitulation Leopolds I. von 1658 oder Art. III Wahlkapitulation Josef I. von 1690 = Burgdorf, Wahlkapitulationen (wie Anm. 12), S. 189–191 und 234–236.

157 Dafür war der Reichstag gem. Art. V § 56 IPO = Zeumer (Hrsg.), Quellensammlung (wie Anm. 46), S. 414, zuständig.

158 Vgl. ÖStA HHStA, RHR, Judicialia Antiqua, K. 207, Nr. 2, fol. 193v; vgl. Anm. 104.

159 Puchta, Mediatisierung (wie Anm. 147), S. 16; Oliver Auge, Art. Lehnsrecht, Lehenswesen, in: HRG, Bd. 3. 2. Aufl., Berlin 2016, Sp. 718–736, hier Sp. 733 f.

160 Puchta, Mediatisierung (wie Anm. 147), hat diese mit der 1791 erfolgten Abtretung von Ansbach und Bayreuth an Preußen begonnene Entwicklung in seinem voluminösen Werk in allen Einzelheiten erörtert. Er hat darauf hingewiesen, dass sich Hardenberg für die Eingliederung der reichsritterschaftlichen Gebiete in das Verwaltungs- und Justizsystem der Markgrafschaften u. a. auf die von den Markgrafen stets ausgeübte „Fraisch" (vgl. oben Anm. 84) berufen hat, die allerdings, wie der Reichshofrat schon 1682 konstatiert hatte, nicht für die „Immediatspersonen" galt (vgl. oben Anm. 85). – Die von Puchta vertretene und in seinen weiteren Ausführungen begründete These, wonach die Vorgänge in Ansbach-Bayreuth eine „entscheidende Rolle" für die „Demontage des Reichsverbandes als Rechts- und Friedensordnung" gespielt hätten (S. 16), ist angesichts der zahlreichen vor 1792 unternommenen Mediatisierungsversuche der Landesherren durch Ausdehnung ihrer Strafgerichtsbarkeit auf unmittelbare Reichsangehörige zu überdenken. Vgl. im Übrigen die Rezensionen des puchtaischen Werkes durch Tobias Schenk, Michael Puchta: Mediatisierung „mit Haut und Haar, Leib und Leben", in: sehepunkte 12, Nr. 9 (2012), URL: http://www.sehepunkte.de/2012/09/21328.html (abgerufen am 19. September 2023), und Axel Gotthard, M. Puchta: Die Unterwerfung der Reichsritter durch Ansbach-Bayreuth, in: H-Soz-Kult, 24. August 2012, URL: http://www.hsozkult.de/publicationreview/id/reb-18083 (abgerufen am 1. Oktober 2023).

161 Hattenhauer, Reichsbegriff (wie Anm. 88), S. 151, 153, 156, 168.

Ralf-Peter Fuchs

Vor den Hexenprozessen

Die Kriminalgerichtsbarkeit in der westfälischen Herrschaft Horst, dargelegt in einem Zeugenverhör des Jahres 1577

1. Einleitung

Rei publicae interest ne crimina remaneant impunita. Dieser Grundsatz aus der vorchristlichen Lex Aquilia gehörte zum Allgemeinwissen von Kennern der Staatskunst im 16. Jahrhundert. Wir finden ihn etwa zitiert bei Konrad Heresbach, dem niederrheinischen Erasmusfreund und Erzieher des jungen Prinzen Wilhelm von Jülich und Berg. Heresbachs Gedanken zu den elementaren Bausteinen fürstlicher Gelehrsamkeit wurden 1570 publiziert.[1] Die grundlegende politische Bedeutung der Strafjustiz als ein vornehmlicher Staatszweck wurde hier deutlich angesprochen.

Die in der Frühen Neuzeit enge Verknüpfung von Justiz und Politik ist gerade in der Rechtsgeschichte immer wieder betont worden. So hat etwa die Reichskammergerichtsforschung die Bedeutung von Recht, sowohl Kriminal- als auch Zivilrecht, für den Ausbau von staatlichen Strukturen und im Hinblick auf ein Bewusstsein von Zusammengehörigkeit im Heiligen Römischen Reich Deutscher Nation thematisiert.[2] Auch ist in der Historischen Kriminologie die Bedeutung von Gerichtsbarkeit für die Obrigkeit in den Fokus geraten.[3] Das Gleiche gilt für die Hexenforschung. Insbesondere der Frage nach der Funktion der Strafjustiz für die politische Herrschaft kleinerer adeliger Hoheitsträger im Reich ist nachgegangen worden.[4] Noch vor kurzem haben Rita Voltmer und Claudia

1 Konrad Heresbach, De educandis erudiendisque principum liberis, Frankfurt a. M. 1570, S. 138v.

2 Siehe hierzu etwa den Sammelband von Bernhard Diestelkamp (Hrsg.): Die politische Funktion des Reichskammergerichts. Köln/Weimar/Wien 1990.

3 Siehe hierzu den Aufsatz von Gerd Schwerhoff, Kriminalitätsgeschichte im deutschen Sprachraum. Zum Profil eines „verspäteten" Forschungszweiges, in: Andreas Blauert/Gerd Schwerhoff (Hrsg.): Kriminalitätsgeschichte. Beiträge zur Sozial- und Kulturgeschichte der Vormoderne (Konflikte und Kultur – Historische Perspektiven, 1), Konstanz 2000, S. 21–68, hier insbes. S. 31–37.

4 Ralf-Peter Fuchs, Eine Mitteilung über Wittener Zaubereiprozesse des Jahres 1580, in: Märkisches Jahrbuch für Geschichte 92 (1994), S. 21–42; Ralf-Peter Fuchs, Hexenverfolgung an Ruhr und Lippe. Die Nutzung der Justiz durch Herren und Untertanen, Münster 2002. Hinzuweisen ist

Kauertz ausgeführt, dass Hexenprozesse in der Eifel in derartigen Kontexten für die Bewahrung von politischen Privilegien eingesetzt wurden.[5] Bereits seit geraumer Zeit steht die These im Raum, dass die Kriminalgerichtsbarkeit Mitgliedern des kleineren Adels dazu diente, Ansprüche auf eigenständige Herrschaft direkt in die Praxis zu überführen und damit zugleich deren Legitimität zu unterstreichen: „Mit der Vorlage von Hexenprozessakten ließ sich Herrschaftspraxis dokumentieren; spektakuläre Hinrichtungen konnten einen Machtanspruch weithin sichtbar unter dem Herrschaftszeichen des Galgens visualisieren."[6] Die Annahme, dass Hexenprozesse geradezu instrumentalisiert wurden, um politische Unabhängigkeit zu demonstrieren, ist nicht unwidersprochen geblieben.[7] Hinsichtlich der Tatsache, dass gerade das Reich mit seiner stark zersplitterten Hoheitsgewalt zu den Zentren der Hexenprozesse in Europa gehörte,[8] liegt ein solcher Erklärungsansatz wiederum nicht ganz fern.

Im folgenden Beitrag soll die soeben angeführte These im Raum stehen, wobei Hexenprozesse jedoch gar nicht den Mittelpunkt bilden. Nichtsdestoweniger wird die Justizgewalt eines adeligen Besitzers einer kleinen westfälischen Eigenherrschaft in Westfalen in den Blick genommen, um etwas allgemeiner zu fragen, inwieweit herrschaftliche Autorität, Macht und Unabhängigkeit damit verbunden waren. Ich werde auf die Herrschaft Horst eingehen, die zum Vest Recklinghausen und damit zu jenen Ländern gehörte, über die die Kurfürsten und Erzbischöfe von Köln die Landesherrschaft ausübten.[9] Die Herren zur Horst waren

---

zudem auf zahlreiche Arbeiten zu dieser These von Rita Voltmer wie etwa: Rita Voltmer, Hexenprozesse und Hochgerichte. Zur herrschaftlich-politischen Nutzung und Instrumentalisierung von Hexenverfolgungen, in: Herbert Eiden/dies. (Hrsg.): Hexenprozesse und Gerichtspraxis, Trier 2002, S. 475–525.

5 Rita Voltmer, Das adlige Handlungsfeld „Hochgerichtsbarkeit" im Alten Reich. Bilanz und Aufgaben der Forschung am Beispiel des Eifelraumes, in: Monika Gussone/Werner Langbrandtner/Peter K. Weber (Hrsg.), Zwischen Macht und Ohnmacht. Spielräume adliger Herrschaft im frühneuzeitlichen Rheinland, Bielefeld 2020, S. 93–118; Claudia Kauertz, Hexenverfolgung als Herrschaftsinstrument? Adlige Gerichtsherrschaft und Hexenprozesse am Beispiel der Reichsherrschaft Wildenburg und der kurkölnischen Unterherrschaft Schönstein an der Sieg (1565–1681), in: Gussone/Langbrandtner/Weber (Hrsg.), Zwischen Macht und Ohnmacht (wie Anm. 5), S. 119–194.

6 Voltmer, Hexenprozesse und Hochgerichte (wie Anm. 4), S. 524.

7 Siehe die Darlegung von einigen kritischen Punkten, was den Begriff der Instrumentalisierung betrifft, in der Rezension von Harald Maihold, Hexenverfolgung und Herrschaftspraxis, hg. v. R. Voltmer, in: Zeitschrift der Savigny-Stiftung für Rechtsgeschichte, Germ. Abt. 124 (2007), S. 607–609, zum Sammelband von Rita Voltmer (Hrsg.), Hexenverfolgung und Herrschaftspraxis (Trierer Hexenprozesse. Quellen und Darstellungen, 7), Trier 2005.

8 So formuliert etwa bei Franz Irsigler, Hexenverfolgungen vom 15.–17. Jahrhundert. Eine Einführung, in: Gunther Franz/ders. (Hrsg.), Methoden und Konzepte der historischen Hexenforschung, Trier 1998, S. 3–20, hier S. 9.

9 Zur Gerichtsbarkeit im Vest allgemein siehe Hans Bohlmann, Gerichtswesen und Gerichtsver-

wiederum darum bemüht, zumindest partielle Autonomie nachzuweisen. Dazu bediente sich einer von ihnen, Rutger IX. von der Horst, eines Zeugenverhörs und damit eines Beweisführungsverfahrens, das sehr häufig im Reich eingesetzt wurde, um politische Herrschaftsrechte zu sichern und längerfristig zu bewahren. Mit zahlreichen Einzelheiten im Verfahren der gerichtlichen Zeugenbefragungen habe ich mich anderenorts bereits intensiv beschäftigt.[10] Hier sollen Fragen, inwieweit sich Herrschaft über Justiz- und auch einige andere Praktiken manifestierte, die über das Verhör nachgewiesen werden sollten, vorrangig behandelt werden.

Das Beweisverfahren des Zeugenverhörs war im Übrigen auch insoweit in politische Strategie eingebunden, als der kurkölnischen Landesobrigkeit, zu der auch das Domkapitel Köln gehörte, vorgeschlagen wurde, dem Herrn zu Horst seine angestammten und von landesherrlichen Einflüssen weitestgehend freien Herrschaftsrechte in den Bauerschaften Natorp, Holthausen und Beckhausen zu übertragen, um sie anschließend als Lehen zurück zu empfangen, dies aber ausdrücklich nicht *zu einem neuwen, sunder zu einem alt erblehen.*[11] Rutger von der Horst ersuchte damit um die Anerkennung seiner Herrschaftsrechte in diesen Orten als erbliche Rechte, gleichzeitig gestand er dem Domkapitel grundsätzlich das Recht, ihn damit zu belehnen, zu. Mit diesem politischen Schachzug, den er geschickt als freiwillige Gabe an die Landesherrschaft inszenierte,[12] verband er darüber hinaus die Bitte, ihm im Entgegenkommen noch weitere Erblehen zu übertragen.

---

fahren im Veste Recklinghausen seit der Mitte des 16. Jahrhunderts bis zum Ende der kurkölnischen Herrschaft 1802, in: Vestische Zeitschrift 38 (1931), S. 236–423.

10 Ralf-Peter Fuchs, „Soziales Wissen" in der ländlichen Lebenswelt des 16. Jahrhunderts: Ein kaiserlich-kommissarisches Zeugenverhör, in: Westfälische Forschungen 42 (1998), S. 419–447; Ralf-Peter Fuchs/Winfried Schulze, Zeugenverhöre als historische Quellen – einige Vorüberlegungen, in: Ralf-Peter Fuchs/Winfried Schulze (Hrsg.): Wahrheit, Wissen, Erinnerung. Zeugenverhörprotokolle als Quelle für soziale Wissensbestände der Frühen Neuzeit (Wirklichkeit und Wahrnehmung in der Frühen Neuzeit, 1), Münster/Hamburg/London 2002, S. 7–40; Ralf-Peter Fuchs, Soziales Wissen nach Reichskammergerichts-Zeugenverhören, in: Zeitenblicke 1, Nr. 2 (2002), URL: http://www.zeitenblicke.historicum.net/2002/02/fuchs/index.html (abgerufen am 5 Dezember 2022).

11 Archiv Hugenpoet, Sektion II (Horst, Alte Akten), Nr. 543, S. 39 (hier liegt keine Foliozählung, sondern Seitenzählung vor).

12 Zu den Strategien des Schenkens, basierend auf dem Prinzip der Reziprozität, siehe die grundlegenden Überlegungen von Marcel Mauss, Die Gabe. Form und Funktion des Austauschs in archaischen Gesellschaften, Frankfurt a. M. 1990, hier insbes. S. 15–27. Einschlägige Überlegungen zur Frühen Neuzeit finden sich u. a. bei Natalie Zemon Davis, Die schenkende Gesellschaft. Zur Kultur der französischen Renaissance, München 2002.

2. Die „Herrlichkeit" Horst

Am 7. Juni 1577 wurde in der Gerichtsherrschaft Horst jenes Zeugenverhör auf Wunsch des Rutger von der Horst (* 1519, † 1582) abgehalten. In dessen Herrschaftszeit war der Sitz Horst zu einem Renaissanceschloss ausgebaut worden. Der Adelige, der eine steile Karriere in Diensten des Erzbischofs von Köln absolviert hatte und 1576 zum landesherrlichen Statthalter des Vests Recklinghausen ernannt worden war,[13] wollte seine besonderen Herrschaftsrechte im Hinblick auf Horst im Rahmen einer weitgehenden Exemtion von der Amtsverfassung des Vests Recklinghausen[14] gesichert sehen und wandte sich ausdrücklich nicht im Streit, sondern im Einvernehmen an das Domkapitel zu Köln, um Einwohner von Horst, Beckhausen und anderen umliegenden Orten dazu befragen zu lassen.[15] Im vorliegenden Fall hatte sich Rutger von der Horst erfolgreich darum bemüht, das Domkapitel und wohl auch den Erzbischof, Salentin von Isenburg, davon zu überzeugen, dass ein solches Verhör, obwohl es um die Dokumentierung einer Beschränkung landesherrlicher Rechte ging, im beiderseitigen Interesse war.

Wir sehen somit, dass der Einsatz für die Bewahrung herrschaftlicher Autonomierechte, hier im Rahmen einer eigenständigen „Herrlichkeit Horst", keineswegs zwangsläufig in einen Streit münden musste. Davon, dass sich Rutger von der Horst dazu veranlasst sah, konkret an seine Nachkommen zu denken, und nicht zuletzt deren Rechte im Auge hatte, ist auszugehen. Als Erbin des bereits 58jährigen Adeligen dürfte bereits dessen Tochter Margarete festgestanden haben, welche standesgemäß mit einem Adligen, Bertram von Loë, vermählt worden war.[16] Dass dynastisches Denken und vor allem der Wunsch, den eigenen Besitz und damit verbundene Rechte den eigenen Nachkommen unbeschadet übereignen zu können, darüber hinaus das Andenken an sich selbst in entspre-

---

13 Elmar Alshut/Hans-Werner Peine, Schloss Horst in Gelsenkirchen, Regensburg 2006, S. 15. Zu Rutger von der Horst siehe insbesondere auch: Klaus Gonska, Dat Hueß zor Horst. Die Adelsfamilie von der Horst im Emscherbruch und ihre Erben im 16. und 17. Jahrhundert, Marburg 1994.

14 Zur ursprünglichen Familie Horst siehe: Herjo Frin, Von der Horst im Broich, ein Adelsgeschlecht der Vestischen Ritterschaft: Genealogie, in: Vestische Zeitschrift 86/87 (1988), S. 55–222, hier S. 64.

15 Diese Befragung ist von Studierenden der Universität Duisburg-Essen und mir transkribiert und anschließend dokumentiert worden. Siehe: Ralf-Peter Fuchs, Ein Zeugenverhör über die Herrschaft Horst aus dem Jahre 1577, in: Förderverein Schloss Horst e. V. (Hrsg.), Adelskultur der Frühen Neuzeit in Westfalen und am Niederrhein am Beispiel der Herrschaft Horst im Emscherbruch. Ergebnisse der Jahrespartnerschaft 2018/19 des Instituts für niederrheinische Kulturgeschichte und Regionalentwicklung der Universität Duisburg-Essen und des Museums Schloss Horst, Gelsenkirchen (Horster Beiträge zur Geschichte und Kunstgeschichte, 2), Gelsenkirchen 2021, S. 7–28.

16 Heinrich Alldieck, Akten und Urkunden zur Geschichte des Horster Gerichtswesens, in: VestZ 33 (1926), S. 180–206, hier S. 182: Bestätigung der richterlichen Rechte für Bertram von Loë als Nachfolger des Rutger von der Horst durch Kurfürst Ernst von Wittelsbach vom 25. August 1587.

chender Weise in der Zukunft vermittelbar zu machen, antreibend für diese rechtlichen Maßnahmen gewesen sein dürften, liegt bereits aufgrund der Tatsache nahe, dass das Protokoll des Zeugenverhörs sorgsam im Adelsarchiv Horst aufbewahrt wurde, wo es noch heute zugänglich ist.

Die „Herrlichkeit" Horst war, wie hier nur kurz erwähnt werden kann, keineswegs die einzige ihrer Art im niederrheinisch-westfälischen Raum. Sogar in den östlichen Gegenden der heutigen Niederlande war diese Art von Herrschaft stark verbreitet.[17] In der Forschung hat sich dafür der Begriff der „Unterherrschaft" weitgehend etabliert.[18] In den zeitgenössischen Quellen der Frühen Neuzeit finden wir auch, vermehrt im 17. und 18. Jahrhundert, „Jurisdiktion".[19] Von einer *Freiheit Horst* war manchmal ebenfalls in gerichtlichen Unterlagen die Rede.[20] In den kurkölnischen Territorien bestanden zahlreiche dieser Unterherrschaften. Die Zahlen reichen von 78 bis zu 87,[21] was sich dadurch erklären lässt, dass nicht immer eindeutig war, welche Herrschaften man zu den „Eigenherrlichkeiten" zählen konnte und welche nicht. Von diesen zahlreichen Unterherrschaften waren lediglich zwei, Westerholt und Horst, im Vest Recklinghausen angesiedelt.

Warum war nun die Gerichtsbarkeit innerhalb dieser Unterherrschaften zentral bedeutend? Stellen wir zunächst, in Anknüpfung an einschlägige Forschungen zum Begriff der Herrschaft,[22] die als „potestas", die Fähigkeit, legitime Gewalt auszuüben, erfahrbar sein musste, einige theoretische Überlegungen an: Der Herr war damit ganz klar als Obrigkeit präsent, selbst wenn er nicht unbedingt persönlich anwesend war. So hatten sich grundsätzlich die Untertanen vor den Gerichten eines Unterherrn wie jenen des Herrn zu Horst zu verantworten, konnten aber auch, sofern sie dies wollten, selbst dort Recht suchen. Hier wurde somit, ähnlich wie von den Territorialfürsten, eine politisch zentrale Position über den Gerichtsbann eingenommen. Im Vergleich zu anderen Unterherrschaften kann man den Besitz beider Jurisdiktionen, in der Zivil- wie auch Kriminalgerichts-

---

17 Siehe hierzu: J. H. M. Wieland (Red.), Kleine atlas voor de geschiedenis van beide Limburgen. 2e druk, Leeuwarden/Maastricht 1989, S. 9.

18 Wilhelm Janssen, Unterherrschaft. Anmerkungen zu einem Strukturmerkmal niederrheinischer Territorien in der frühen Neuzeit, in: Rheinische Vierteljahrsblätter 76 (2012), S. 152–175.

19 Zu den im 17. Jahrhundert im Herzogtum Kleve entstandenen, vom Landesherrn verliehenen „Jurisdiktionen" siehe Janssen, Unterherrschaft (wie Anm. 18), S. 154.

20 Archiv Hugenpoet, Sektion II (Horst, Alte Akten), Nr. 543, S. 42.

21 Janssen, Unterherrschaft (wie Anm. 18), S. 156.

22 Siehe hierzu Ralf Pröve, Sichere Ordnung, ordentliche Sicherheit? Gewalt und Herrschaft in der Frühen Neuzeit, in: Revue de synthèse 135 (2014), S. 385–403. Siehe überdies die Beiträge in den Sammelbänden von Markus Meumann/Ralf Pröve (Hrsg.): Herrschaft in der Frühen Neuzeit. Umrisse eines dynamisch-kommunikativen Prozesses, Münster 2004, und von Claudia Ulbrich/Claudia Jarzebowski/Michaela Hohkamp (Hrsg.), Gewalt in der frühen Neuzeit. Beiträge zur 5. Tagung der Arbeitsgemeinschaft frühe Neuzeit im VHD (Historische Forschungen, 81), Berlin 2005.

barkeit, in der Herrschaft Horst als umfangreich bezeichnen. Gerade in kurkölnischen Gebieten existierten auch zahlreiche Unterherrschaften, in denen die hohe Strafgerichtsbarkeit nicht inbegriffen war, auch wenn sich zuweilen Zweifel erhoben, ob ein Gebiet, in dem diese beim Landesherrn lag, überhaupt noch als exemt einzustufen war.[23]

Mit Blick auf die Konkretisierung von Herrschaft lässt sich festhalten, dass sich diese im Zugriff auf die Körper von Untertanen in besonders deutlicher Weise manifestierte. Gerade in diesem Kontext konnte sie gegenüber den Beherrschten nachhaltig kommuniziert werden. Ich berufe mich auf einen Umschreibungsversuch von Marco Bellabarba, der von einer „Rhetorik des Handelns" gesprochen hat.[24] Es ging in der Bestrafung von Untertanen vor einem herrschaftlichen Gericht immer auch um die *potestas* des Herrn, die, wie bereits angedeutet, begriffen wurde als eine legitime Form von Gewalt, die auf den Schutz des Gemeinwesens, so wie in der eingangs zitierten Lex Aquilia formuliert, Bezug nehmen konnte. Bei all dem blieben den Herren mit der Organisation des Zivil- und Kriminalrechts beträchtliche Möglichkeiten, ihre Macht vor Ort gegenüber den Untertanen auch in anderer Hinsicht, etwa im Rahmen der Grundherrschaft, auszubauen. Zudem konnten Herren, die im Besitz der hohen Strafgerichtsbarkeit waren, dadurch, dass sie diese ausübten, eine exemte Stellung gegenüber dem Landesherrn dokumentieren, sich und ihre Untertanen dem Zugriff durch deren Amtleute etc. entziehen.

3. Untertanen bezeugen die Herrschaftsrechte des Rutger von der Horst

Gehen wir damit zum Zeugenverhör über, mit dem Rutger von der Horst nachweisen wollte, dass er in verschiedenen Bauerschaften rings um sein Schloss *mit der hocheit zustendigh*[25] war. Befragt wurden 31 männliche Zeugen auf der Grundlage von Beweisartikeln, die von Seiten des Zeugenführers, der nicht etwa als Kläger, sondern als Supplikant auftrat, eingereicht worden waren. Obwohl es im Kern um die drei Bauerschaften Natrop (auch: Natorp), Holthausen und Beckhausen ging, gestatten die Beweisartikel des Verhörs wie auch die Aussagen der Zeugen interessante Einblicke in die Herrschaft Horst als Ganzes. Viele der behandelten Herrschaftspraktiken bezogen sich auf die gesamte „Herrlichkeit".

23 Janssen, Unterherrschaft (wie Anm. 18), S. 156.

24 Marco Bellabarba, Zeugen der Macht. Adelige und tridentinische Bauerngemeinden vor den Richtern (16.–18. Jahrhundert), in: Fuchs/Schulze (Hrsg.), Wahrheit, Wissen, Erinnerung (wie Anm. 10), S. 201–224, hier S. 205.

25 Archiv Hugenpoet, Sektion II (Horst, Alte Akten), Nr. 543, S. 38.

Die in den Beweisartikeln genannten Justizpraktiken beinhalteten demnach im Überblick genannte Hinweise auf das „Fangen und Spannen“ sowie das „Strafen und Rechtfertigen“, darüber hinaus die Erhebung von Strafgeldern (Brüchten). Ergänzt wurden diese Praktiken durch das *ledigh zhelen laeßen*,[26] eine Prozedur, die etwa Zeugen aus der Verpflichtung gegenüber ihrer eigenen Herrschaft enthob, um sie auf diese Weise nur der Wahrheit zu verpflichten.[27]

Konkret genannt wurden ganze vier Kriminalfälle, die sich in der Herrschaft Horst ereignet hatten: Ein gewisser Peter Stamm (Stamb) hatte – zum Ersten – demnach seinen Schwager vergiften wollen. Dieser sei wiederum nicht daran gestorben, sodass der Täter nach der Fürbitte von Nachbarn zu einer Geldstrafe begnadigt und zur Ableistung einer Urfehde verpflichtet worden war. Ein Pferdedieb aus der Grafschaft Mark war – zum Zweiten – ins Gefängnis gesperrt worden und dort gestorben. Zum Dritten war ein weiterer Mann namens *Heinrich zur Auen auß dem Lande von der Marck*[28] wegen unerlaubten Fischens ins Gefängnis gebracht und nach geraumer Zeit wieder entlassen worden. Der vierte Punkt umfasste schließlich zwei weitere Fälle von Verhaftungen wegen verbotenen Fischens und anschließender Freilassung, ohne dass Namen der Delinquenten genannt werden konnten.

Noch einige weitere Belege für die Ausübung des Gerichtszwanges durch die Herren von der Horst folgten. Sie stellten eine weitere Komponente von Gerichtsherrschaft heraus: Es ging um das Recht, Geleit zu erteilen. Wie bereits von Margarete Wittke herausgestellt worden ist, wurde dieses sehr häufig – wie etwa vom Rat der Stadt Coesfeld im Fürstbistum Münster – Menschen gewährt, die ein Totschlagsdelikt begangen hatten.[29] Im Zeugenverhörprotokoll wird dies konkret auf etliche Männer bezogen, *so im Vest und sunst andern orteren vngelück gehaptt und derhalben entweichen mußen*.[30] Damit wurde auf eine versehentliche oder eine aus der Notwehr heraus erfolgte Tötung angespielt. Die Täter hatten eine Vergleitung, das heißt eine befristete Aufnahme zur Inschutznahme, die sie vor Verhaftungen oder Racheakten bewahren sollte, zuvor zu beantragen. In der Gerichtsherrschaft Horst war diese den Beweisartikeln zufolge in sechs Fällen

---

26 Archiv Hugenpoet, Sektion II (Horst, Alte Akten), Nr. 543, S. 41.

27 Zur „Ledigzählung“ als (hier vorübergehender) „Freigabe aus einem Abhängigkeitsverhältnis“ siehe das Deutsche Rechtswörterbuch, online verfügbar gemacht durch die Forschungsstelle Deutsches Rechtswörterbuch der Heidelberger Akademie der Wissenschaften, URL: https://fwb-online.de/lemma/ledigz%C3%A4lung.s.1f (abgerufen am 6 Dezember 2022).

28 Archiv Hugenpoet, Sektion II (Horst, Alte Akten), Nr. 543, S. 42.

29 Margarete WITTKE, Mord und Totschlag? Gewaltdelikte im Fürstbistum Münster 1580–1620. Täter, Opfer und Justiz (Veröffentlichungen der historischen Kommission für Westfalen XXII. Geschichtliche Arbeiten zur westfälischen Landesforschung, 21), Münster 2002.

30 Archiv Hugenpoet, Sektion II (Horst, Alte Akten), Nr. 543, S. 42.

bewilligt worden. Einmal mehr wird der Schutzgedanke, der mit der Ausübung von Jurisdiktion verknüpft war, deutlich.

Andererseits führt das Verhörprotokoll bereits im Rahmen der vorgebrachten Artikel alles andere als eine häufig praktizierte Strafjustiz vor Augen. Dieser Eindruck wird zur Gewissheit, wenn man sich einem weiteren Beweisartikel, der als Frage formuliert war, zuwendet. Die Zeugen sollten sich dazu äußern, *ob sie nit gesehen oder von iren eltern gehoret, daß die einhaber zur Horst* [= die Gerichtsherren, Anm. RPF] *ein gericht* [eine Richtstätte, Anm. RPF], *darahn ketten gehangen, auff dem Moitbroche stehende gehappt und das von etzlichen rechtfertigter gebeins* [Knochen, Skelettreste, Anm. RPF] *darunder gelegen vund gesehen.*[31] Es ging dabei somit um die Existenz einer Hinrichtungsstätte und die Hinterlassung von Skelettresten Hingerichteter, wobei davon auszugehen ist, dass eine Abschreckungswirkung damit erzielt werden sollte.

Die Zeugenaussagen lassen auch hier auf eine sehr zurückhaltende Strafjustiz in Horst schließen. Bereits der erste Zeuge konnte die Zahl der Hingerichteten genauer benennen. Es handelte sich demnach um zwei Diebe, die erhängt worden waren. Ein weiterer Zeuge, der nur allein zu diesem Artikel befragt worden war, sagte aus, *er habe zwei kopffe oder haupter in die ketten sehen hangen und* [dieses] *sei seines behaltz ungeferlich siebentzigh jair* [her gewesen] *dahn er habe seines vatters kuhe ihn denselben orth gehoet* [= gehütet, Anm. RPF] *und sei solchs gerichte ungeferlich fur zehen jaren gantz nieder und umbgefallen.*[32] Im Wesentlichen wurden diese Aussagen von den anderen Zeugen bestätigt. Im Hinblick auf den Zeitpunkt, an dem der offensichtlich morsche Galgen umgefallen war, sprach einer der Zeugen davon, dass dies bereits vor 30 Jahren geschehen sein sollte.[33] Ein anderer bestätigte dagegen die Aussage, dass das Zusammenbrechen des Holzgerüsts nicht so lange zurücklag und sprach von zwölf Jahren.[34]

Im Hinblick auf eine nachhaltige Kommunikation von Herrschaftspraxis soll noch erwähnt werden, dass einer der Zeugen ungefragt aussagte, er *habe von seinem vatter und mutter gehoirt, daß her Diderich von der Horst zwei* [Straftäter] *darahn rechtfertigen laßen.*[35] Hier war somit in der Erinnerung die Vorstellung von einem konkreten Gerichtsherrn verblieben. Dietrich von der Horst, womit der Urgroßvater von Rutger gemeint sein müsste, war allerdings bereits 1490, somit 87 Jahre vor dem Verhör, verstorben.[36] Möglicherweise hatte eher ein an-

31 Archiv Hugenpoet, Sektion II (Horst, Alte Akten), Nr. 543, S. 42.
32 Archiv Hugenpoet, Sektion II (Horst, Alte Akten), Nr. 543, S. 47.
33 Archiv Hugenpoet, Sektion II (Horst, Alte Akten), Nr. 543, S. 56.
34 Archiv Hugenpoet, Sektion II (Horst, Alte Akten), Nr. 543, S. 48.
35 Archiv Hugenpoet, Sektion II (Horst, Alte Akten), Nr. 543, S. 55.
36 Zu Dietrich III. von der Horst siehe: Gonska, Dat Hueß (wie Anm. 13), S. 17.

derer Zeuge recht, der vom Großvater des derzeitigen Herrn zur Horst als Auftraggeber der Hinrichtung sprach.[37]

Immerhin hatten sich eine Reihe von Zeugen noch zu einem Beweisartikel zu äußern, demzufolge es auch noch zur Zeit des Rutger von der Horst zu Verhaftungen gekommen war, um darauf hinzuwirken, dass Verfehlungen in der Gerichtsherrschaft mit Brüchten abgegolten worden waren. Es ist dennoch unübersehbar, dass hier eher eine gelinde Strafjustiz ausgeübt worden war. Dafür mag es mehrere Gründe gegeben haben. Rutger von der Horst war als Amtmann von Rheinberg im Auftrag des Kurfürsten von Köln sicherlich oft am Niederrhein anwesend gewesen. Ab den 1550er Jahren hatte er sich, wenn er zu Hause gewesen war, intensiv vor allem mit dem Bau seines Schlosses auseinanderzusetzen gehabt. Aber auch zu Zeiten des Vaters von Rutger von der Horst und weitgehend auch zu Zeiten seines Großvaters hatte sich eine Politik der Abschreckung der Bevölkerung durch Strafvollzug weitgehend darauf beschränkt, einige Knochenrelikte am Galgenplatz sichtbar aufzubewahren, um Furcht vor der Justiz zu erzeugen. Die Hinrichtungsstätte befand sich dabei an einem Ort, an dem man, wie die Zeugenaussagen nahelegen, eher selten vorbeikam. Einer der Befragten gab zu Protokoll, er könne zu den Gebeinen der Hingerichteten gar nichts sagen, da er nie auch nur in die Nähe gekommen sei.[38]

Halten wir fest: Über mehrere Jahrzehnte war die Geschichte der Strafverfolgung in der Herrschaft Horst eine Geschichte mit nicht allzu vielen Ereignissen gewesen. Zwar erinnerten sich die Zeugen an einzelne Namen wie den von Peter Stamm.[39] Der Zeuge Rutger thor Becke erinnerte sich an den nach einem Totschlag vergleiteten Hillebrand von Essen und gab an, dass er diesen gekannt und im Hause des inzwischen verstorbenen Nachbarn Heinrich Rosendahl von seinem Asyl in Horst gehört habe.[40] Der Zeuge Johann Mollmann gab zu erkennen, dass er bis auf zwei die in den Beweisartikeln erwähnten vergleiteten Personen wohl gekannt und *in vergleitungh gesehen*[41] habe. Er konnte sogar noch einen weiteren in Schutz genommenen Gewalttäter namens Johann Braem aus Gladbeck benennen, der einen Mann namens *Johan thor Loeve mit einer buchßen durch den halß geschoßen* hatte.[42] Herrschaft war im Gedächtnis jedoch eher wenig über Praktiken der Strafjustiz verblieben. Insbesondere Visualisierung über

37 Archiv Hugenpoet, Sektion II (Horst, Alte Akten), Nr. 543, S. 48.

38 Archiv Hugenpoet, Sektion II (Horst, Alte Akten), Nr. 543, S. 49.

39 Archiv Hugenpoet, Sektion II (Horst, Alte Akten), Nr. 543, S. 46; Archiv Hugenpoet, Sektion II (Horst, Alte Akten), Nr. 543, S. 47.

40 Archiv Hugenpoet, Sektion II (Horst, Alte Akten), Nr. 543, S. 46.

41 Archiv Hugenpoet, Sektion II (Horst, Alte Akten), Nr. 543, S. 47.

42 Archiv Hugenpoet, Sektion II (Horst, Alte Akten), Nr. 543, S. 47.

das Theater des Schreckens der Hinrichtungen[43] hatte wohl keine große Rolle gespielt. Die Untertanen erfuhren von Menschen, die ihnen in der Gerichtsherrschaft Horst begegneten, unter Umständen erst im Gespräch mit Nachbarn, dass diese sich als Totschläger, denen Asyl gewährt worden war, dort befanden. Für die Strafgerichtsbarkeit, so mag man schließen, stellte Öffentlichkeit kein vorrangiges Ziel dar.

4. Hexenprozesse unter den Erben des Rutger von der Horst

Ich komme zum Versuch, die Beobachtungen wieder zu allgemeineren Überlegungen zurückzuführen, und gebe abschließend einen kurzen Ausblick auf die weiteren Entwicklungen in Horst. Zunächst möchte ich fragen, ob die milde Strafjustiz unter Rutger von der Horst und seinen Vorfahren nicht zwangsläufig jene von mir eingangs angeführte These aushebeln muss, in kleineren Gerichtsherrschaften sei eine harte Strafjustiz, zu der ja auch Hexenprozesse gehörten, Mittel zum Zweck gewesen, die Gerichtshoheit derer Inhaber zu demonstrieren und diese langfristig zu sichern. Ich möchte vorweg bereits anmerken, dass ich nicht dieser Meinung bin. Ich denke aber, dass wir unsere Schlüsse in dieser Hinsicht etwas fundierter fassen können.

Zum einen: In der Breite verallgemeinerbar ist die These ohnehin nicht. Dies ist in den einschlägigen Forschungen dazu, soweit mir dies bekannt ist, auch nie so formuliert worden. Halten wir somit zunächst fest, dass es auch in den Unterherrschaften des Reiches verschiedene Herrschaftsstile gegeben hat, die von individuellen Einschätzungen und Einstellungen ihrer Inhaber geprägt wurden. Die Herren von Horst demonstrierten, so können wir nun rekonstruieren, vom frühen 16. Jahrhundert bis 1577 ihre *potestas* nur gelegentlich gegenüber ihren Untertanen, indem sie Strafjustiz als Mittel einsetzten. Wichtig war ihnen auf der anderen Seite, den Amtleuten verschiedener Landesobrigkeiten in der Umgebung zu zeigen, dass sie ihren Herrschaftsbereich als Schutzraum verstanden, der für diese tabu war. Zu diesen externen Gewalten, die nicht befugt waren, in ihre Eigentumssphäre vorzudringen, gehörten durchaus – bei aller Loyalität gegenüber den eigenen Landesherren – die Amtmänner der Kurfürsten von Köln. Auch über Vergleitungspraxis, so zeigt sich, konnten in diesem Zusammenhang Grenzen gesetzt und konnte Autonomie demonstriert werden.

Zum Zweiten ist festzuhalten, dass wir die milde Gerichtspraxis unter Rutger von der Horst und seinen Vorgängern ebenfalls nicht als verallgemeinerbar bzw.

43 Richard van Dülmen, Theater des Schreckens. Gerichtspraxis und Strafrituale in der frühen Neuzeit, München 1995.

typisch für die sogenannten Unterherrschaften ansehen dürfen. Es würde sich immerhin lohnen, weitere Beobachtungen von Justiz in Unterherrschaften zusammenzutragen, um auf diese Weise vielleicht Typologien zu entwerfen. Zur Herrschaft gehörte dabei, wie man ergänzen muss, keineswegs nur die Gerichtspraxis. Das Verhör in Horst lässt weitere Bereiche erkennen, die elementar waren. Es ging um das Wissen über die Außengrenzen der Herrschaft, den Zwang, das Korn in der herrschaftlichen Mühle mahlen zu lassen, und die grundsätzlichen Rechte des Herrn, den Einwohnern Gebote und Verbote zu erteilen. In diesem Zusammenhang wurde insbesondere auf die Folge zum „Glockenschlag" aufmerksam gemacht. Alle volljährigen männlichen Mitglieder, die der Herrschaft Horst unterworfen waren, hatten sich, wenn die Horster Sturmglocke schlug, bewaffnet zu versammeln, um den Anweisungen der Herrschaft zu Verteidigungs- oder Verfolgungsmaßnahmen nachzukommen. In einem anderen Verhör wurde in diesem Kontext auch auf Wolfsjagden hingewiesen.[44]

Im Zuge weiterer Untersuchungen wären – zum Dritten – auch nähere Vergleiche zur Herrschaftsausübung in den Ämtern von Territorialherrschaften zu ziehen und dabei wäre im Speziellen die Organisation von Justiz zu berücksichtigen.[45] In der Unterherrschaft Horst finden wir eine recht lose organisatorische Struktur vor. Im Zeugenverhör 1577 fand nicht einmal ein Richter Erwähnung. Wir finden in weiteren Gerichtsunterlagen zur Eigenherrschaft Hinweise darauf, dass unter Rutger von der Horst wohl ein oder zwei Fronen agierten, aber überhaupt kein Richter.[46] Erst dessen Nachfolger setzten wohl im frühen 17. Jahrhundert Richter und Schreiber ein, die juristische Kompetenz mitbrachten. Auch noch zu dieser Zeit scheinen viele Dinge im Gericht Horst eher pragmatisch und nicht nach den Vorschriften des *ius commune* oder anderen Vorgaben organisiert worden zu sein. In einem der Gerichtsbücher wurde für 1613 im Hinblick auf die Zahl der Schöffen, von denen entsprechend der weitverbreiteten Rechtstradition

---

44 Archiv Hugenpoet, Sektion II (Horst, Alte Akten), Nr. 560, S. 118 (auch hier liegt Seitenzählung vor).

45 Siehe den von mir zusammen mit verschiedenen Studierenden dokumentierten Mordfall Lackum. Der Amtmann (Droste) befand sich innerhalb dieses Kriminalverfahrens in stetigem Kontakt mit der landesherrlichen Regierung. Siehe hierzu die Onlinepräsentation „Der Mordfall Lackum". Im Kontrast ist zu bemerken, dass die Hexenprozesse in Balve eher in weitgehender Autonomie von den Landesherren durchgeführt wurden. Bereits die Überlieferung im Adelsarchiv Landsberg-Velen, Bestand Wrede zu Melschede, deutet darauf hin. Zu den Prozessen und insbesondere zur aktiven Verfolgungspolitik eines der Amtmänner von Balve siehe jetzt: Peter-Arnold Heuser, Hermann von Hatzfeldt-Wildenburg-Werther (1527–1600) und die Hexenverfolgungen im Amt Balve. Eine Studie zur peinlichen Strafjustiz im kurkölnischen Herzogtum Westfalen, in: Westfälische Zeitschrift 169 (2019), S. 133–233.

46 Der Hinweis darauf, dass die Herren von der Horst auch keine Richter eingesetzt hätten, findet sich in Archiv Hugenpoet, Sektion II (Horst, Alte Akten), Nr. 543, S. 10.

sieben zu benennen waren, vermerkt: *Es scheinet, alß wan niemalen 7 waren adhibiret worden, wie dan alhier nur 4.*[47]

Mit diesem Jahr befinden wir uns nun bereits in einer Phase, in der in Horst Hexenprozesse durchgeführt wurden.[48] Der in dieser Zeit die Geschicke in der Hand habende Herrscher Dietrich von der Recke war offensichtlich bestrebt, eine härtere Gangart als seine Vorgänger, unter ihnen Rutger von der Horst, der 1581 gestorben war, einzuschlagen. Zuvor war es bereits, wie das Gerichtsbuch ausweist, im Jahr 1590 zur Erteilung der Erlaubnis für eine Wasserprobe unter der Herrschaft der Margarete von der Horst und ihrem Gatten Bertram van Loë gekommen, wobei die verdächtigte Frau, von der nur der Vorname Drüde angegeben wird, nach Fürbitte von Nachbarn wegen ihrer Schwangerschaft aus dem Gefängnis entlassen wurde.[49] 1609 kam es dann zu den ersten Kettenprozessen, die zu zwei Enthauptungen und drei Verbrennungen wie auch der herrschaftlichen Begnadigung zweier Kinder mit dem Ergebnis ihrer Ausweisung aus Horst führten.[50]

Es ist dabei zu bemerken, dass Dietrich von der Recke als Gerichtsherr keineswegs als Initiator dieser Hexenprozesse zu benennen ist. Die zum ersten Verfahren überlieferten Gerichtsprotokolle zum Jahr 1609 verweisen auf Zaubereivorwürfe, Zaubereibeschimpfungen und einen zunächst zurückhaltenden Richter Heinrich von der Brüggen, der den streitenden Frauen die gütliche Einigung nahelegte.[51] Die Dynamik entfaltete sich anschließend durch Wünsche nach der Wasserprobe seitens der beschuldigten Personen samt ihrer Angehörigen im Dorf. Auch für die folgenden Prozesse deutet vieles primär auf Untertanenkonflikte als entscheidenden Faktor, der den Stein ins Rollen brachte, hin.

Dietrich von der Recke kam wiederum insofern eine hohe Bedeutung zu, als er es war, der von den Beteiligten gebeten wurde, Wasserproben zuzulassen, und diese auch tatsächlich genehmigte. Immerhin ist dies für einen Fall konkret notiert.[52] Die ersten fünf Todesurteile, gefällt von vier Schöffen am 25. Juni 1609, wurden ausdrücklich im Namen des Gerichtsherrn vollstreckt. Dies war von hoher Relevanz für ihn. Sein Schwiegervater, Bertram van Loë, sollte ihn anschlie-

---

47 Archiv Hugenpoet, Sektion II (Horst, Alte Akten), Nr. 560. Siehe die Eintragungen zum Jahr 1613.

48 Hierzu Alldieck, Akten und Urkunden (wie Anm. 16), S. 189–206; Gudrun Gersmann, „Toverie halber …“. Zur Geschichte der Hexenverfolgungen im Vest Recklinghausen. Ein Überblick, in: Vestische Zeitschrift 92/93 (1993/94), S. 7–43; Fuchs, Hexenverfolgung an Ruhr und Lippe (wie Anm. 4), hier S. 53–58.

49 Archiv Hugenpoet, Sektion II (Horst, Alte Akten), Nr. 560, Eintrag vom 29. März 1590.

50 Zuletzt Fuchs, Hexenverfolgung an Ruhr und Lippe (wie Anm. 4), S. 53–59.

51 Archiv Hugenpoet, Sektion II (Horst, Alte Akten), Nr. 561, fol. 156; Alldieck, Akten und Urkunden (wie Anm. 16), S. 138.

52 Archiv Hugenpoet, Sektion II (Horst, Alte Akten), Nr. 560, S. 15.

ßend wiederum in einem Brief wegen der Wasserproben ermahnen, da er kurz zuvor gehört hatte, dass diese Prozedur unter dem Koadjutor des Kurfürstentums Köln, Ferdinand von Wittelsbach, streng verboten worden war. Er riet ihm, rechtlichen Rat zu suchen und zu argumentieren, dass er nichts davon gewusst habe, nachdem doch *die böese luyde* [...] *uber hundert und mher iahren* und anderenorts *auch zur tzeit mitt wasser befunden*[53] worden seien. Bertram van Loë befürchtete, dass man der Herrschaft Horst eventuell die Kriminaljurisdiktion wegen eklatanter rechtlicher Verfahrensbrüche (*nullitates*) entziehen könne. In der Tat wurde Dietrich von der Recke vom vestischen Statthalter, Vinzenz Rensing,[54] aufgefordert, Nachweise für die Kriminaljurisdiktion zu erbringen. Der Gerichtsherr wandte sich 1611 direkt an den Kurfürsten von Köln, um seine Rechte, die er bedroht sah, zu wahren.[55] 1613 ließ er sich wieder auf Hexenprozesse ein, nachdem einer der Hofleute, Rötger Schniering, die Wasserprobe *mit bauerscher ungestümigkeit undt starker bedrohung, dass er nemblich seinen gebietenden Herrn zur Horst oder seinen gestrengen diener unversehener weise erschießen oder sonsten auf ander wege nachtrachten würde,*[56] für sich eingefordert hatte. Für Schniering verlief der Prozess tödlich, während zwei Frauen, die ebenfalls verwickelt wurden, die Flucht gelang.

Bei all dem ist festzuhalten, dass Dietrich von der Recke nicht nachzuweisen ist, dass er bewusst im Kampf um seine Jurisdiktion die Hexenprozesse befördert hätte. Sie erschienen ihm aber enorm wichtig für den Nachweis seiner Herrschaftsrechte. Hier liegt eben ein wesentlicher Unterschied zu Rutger von der Horst vor. Im größeren zeitlichen Überblick zeigt sich überdies deutlich, dass hier die Hexenprozesse nach langen Phasen recht geringer strafgerichtlicher Aktivität entstanden. Prozesse in weiterer Umgebung ab den 1580er Jahren, insbesondere im Vest, waren mit Sicherheit neben den Konflikten im Ort mit ausschlaggebend dafür. Dietrich von der Recke lebte in unmittelbarer Nähe seiner Untertanen und wurde sehr direkt, wie gezeigt, mit den entsprechenden Wünschen konfrontiert. All dies zusammen scheint seine Bereitschaft, sie durchführen zu lassen, befördert zu haben.

---

53 Archiv Hugenpoet, Sektion II (Horst, Alte Akten), Nr. 571, fol. 40b.

54 Zu dieser Person siehe Fuchs, Hexenverfolgungen an Ruhr und Lippe (wie Anm. 4), S. 41–44. Siehe ebenso: Franz Rensing, Der Statthalter Vincenz Rensing (1555–1626), seine Familie und das Vest Recklinghausen zu seiner Zeit, in: Vestische Zeitschrift 34 (1927), S. 1–43. Siehe zudem Peter Oestmann: Ein Dorstener Hexenprozeß von 1588 – Der Fall Burich und die Folgen, in: Heimatkalender der Herrlichkeit Lembeck und Dorsten, 54 (1995), S. 108–113.

55 Archiv Hugenpoet, Sektion II (Horst, Alte Akten), Nr. 543, S. 132.

56 Alldieck, Horster Gerichtswesen (wie Anm. 16), S. 201. Archiv Hugenpoet, Sektion II (Horst, Alte Akten), Nr. 560, S. 16.

Michaela Grund

Zur Aufrechterhaltung der o͗ffentlichen Ruhe [...] *Zucht und Ordnung*

Die Urteilspraxis in den allgemeinen Verfahren des Wertheimer Zentgerichts um 1600[1]

1. Einführung

Wie effizient die gerichtliche Verfolgung von Unrecht war beziehungsweise ist, lässt sich natürlich vornehmlich auch anhand der Urteils- und Sanktionspraxis eines Gerichts untersuchen und überprüfen. In dem folgenden Beitrag steht die Urteilspraxis des Wertheimer Zentgerichts[2] in der Zeit um 1600 im Mittelpunkt des Interesses und somit wird der Schwerpunkt auf einen Untersuchungsgegenstand gelegt, für den die Strafverfolgung von kriminellem und deviantem Verhalten in einem dezidiert dörflich geprägten Umfeld analysiert wurde.

Umso interessanter erscheint die Frage nach der gerichtlichen Verfolgung von Unrecht in den Wertheimer Grafschaftsdörfern[3] vor dem Hintergrund der politischen Situation. An der Wende vom 16. zum 17. Jahrhundert befanden sich die Grafen nach ihrem Aussterben in einem dynastischen Umbruch und rangen

---

1 Grundlage dieses Beitrags sind Teile meiner Dissertationsschrift, die im Jahr 2021 an der Philosophischen Fakultät der Universität Würzburg verteidigt wurde und die 2023 in Stuttgart erschien: Michaela Grund, Friedenswahrung im Dorf. Das Wertheimer Zentgericht als Instrument der Konfliktlösung (Veröffentlichungen der Kommission für geschichtliche Landeskunde in Baden-Württemberg, Reihe B Forschungen, 233), Stuttgart 2023.

2 Vgl. zum Wertheimer Zentgericht: Michaela Grund, *und bringe das für ein rüg.* Das Wertheimer Zentgericht in der Zeit um 1600, in: Anja Amend-Traut/Josef Bongartz/Alexander Denzler/Ellen Franke/Stefan A. Stodolkowitz (Hrsg.), Unter der Linde und vor dem Kaiser. Neue Perspektiven auf Gerichtsvielfalt und Gerichtslandschaften im Heiligen Römischen Reich (Quellen und Forschungen zur Höchsten Gerichtsbarkeit im Alten Reich, 73), Köln u. a. 2020, S. 227–240; dies., Friedenswahrung im Dorf (wie Anm. 1).

3 Das Wertheimer Zentgericht umfasste insgesamt 18 Dörfer, Höfe und Mühlen, von denen die meisten dem Gericht eine bestimmte Anzahl von Schöffen zur Verfügung zu stellen hatten. Die Zuständigkeit eines Zentgerichts beschränkte sich größtenteils ausschließlich auf die ländliche Bevölkerung (vgl. dazu: Karl Weller, Die Zentgerichtsverfassung im Gebiet des heutigen württembergischen Franken, Würzburg 1952, S. 22; Gerhard Theuerkauf, Art. Zentgericht, in: Handwörterbuch zur deutschen Rechtsgeschichte [künftig: HRG], Bd. 5. 1. Aufl., Berlin 1998, Sp. 1664 f., hier Sp. 1664).

in der sogenannten Würzburger Fehde[4] um die Akzeptanz und die Durchsetzung von Herrschaft. In der Folge mussten sie nicht nur eine Reduktion ihres Territoriums, sondern insgesamt auch eine machtpolitische Schwächung hinnehmen. Deshalb geht es in den folgenden Ausführungen vornehmlich auch um die Frage, wie in einer Zeit schwacher Herrschaft und militärischer Bedrohung Normen gewahrt werden konnten und Ordnung stabilisiert werden konnte. Dabei interessiert im Zusammenhang mit der Urteilspraxis des Zentgerichts nicht nur die Rolle der Obrigkeit, sondern auch die der dörflichen Gesellschaft. In der Grafschaft Wertheim blieben die gemeindlichen Strukturen bis zum Ende des Alten Reiches recht bedeutsam[5] und so ist zudem von Interesse, ob die in diesem Zusammenhang existierende Labilität seitens der Obrigkeit durch die stark ausgebildeten gemeindlichen Strukturen kompensiert werden konnte. Die besondere Bedeutung der Gemeinde in der Grafschaft Wertheim spiegelte sich auch in der Struktur des Wertheimer Zentgerichts wider. Das Gericht bezog Akteure der ländlichen Lebenswelten dezidiert in seine Strukturen mit ein. Dies zeigt sich allein schon anhand der Tatsache, dass das Zentgericht bei der Verfolgung von Kriminalität auf die Mitarbeit der Untertanen angewiesen war, denn Vergehen wurden durch Dritte, in der Regel unbeteiligte Personen, vor Gericht gebracht.[6] Auch die Schöffen wurden aus den Reihen der Untertanen rekrutiert und sprachen in den gemeinen Verfahren als Laienrichter Recht.

Was die Urteile angeht, so wurden die Zentgerichtsakten vornehmlich quantitativ ausgewertet. Hierzu erfolgte die Anlage einer Access-Datenbank, die neben den aktenkundig gewordenen Personen und ihren Funktionen in einem Streitfall auch die Einzeldelikte sowie gegebenenfalls nähere Umstände wie Tatzeit, Tatort oder die Art des Urteils erfasste. Mithilfe der Datenbank war es möglich, einfache Zähloperationen durchzuführen, aber auch die Datensätze nach bestimmten Informationen zu filtern. So konnten nicht nur einfache Abfragen wie etwa die nach der Anzahl der Geldbußen bei Gewaltdelikten gemacht werden, sondern es

4 Vgl. zur Würzburger Fehde: Frank Kleinehagenbrock, Würzburg contra Wertheim: Herrschaftsdurchsetzung im Konflikt vom Mittelalter bis in die Frühe Neuzeit, in: Markus Frankl/Martina Hartmann (Hrsg.), Herbipolis. Studien zu Stadt und Hochstift Würzburg im Spätmittelalter (Publikationen aus dem Kolleg Mittelalter und Frühe Neuzeit, 1), Würzburg 2015, S. 155–171; Heinrich Neu, Die Fehde des Würzburger Bischofs Julius Echter gegen die Grafen von Löwenstein-Wertheim in den Jahren 1598–1617, in: Deutsch-evangelische Blätter 28 (1903), S. 471–489.

5 Vgl. dazu auch: Frank Kleinehagenbrock, Kreuzwertheim in der Frühen Neuzeit, in: Manfred Schneider/Siegfried Albert (Hrsg.), 1000 Jahre Markt Kreuzwertheim. Beiträge zu Geschichte und Gegenwart, Bd. 1: Vor- und Frühgeschichte, von den Anfängen des Marktes bis zur Gegenwart, Kreuzwertheim 2011, S. 83–90, hier S. 88.

6 In der Regel wurden die Verfahren am Wertheimer Zentgericht durch Rüge eingeleitet. Alle der Zent durch Eid verbundenen Untertanen der Grafschaft wurden darauf verpflichtet, bestimmte Delikte zur Rüge zu bringen. Vgl. Grund, *und bringe das für ein rüg* (wie Anm. 2), S. 237.

bestand beispielsweise auch die Möglichkeit, zu überprüfen, welche Urteile eine bestimmte Person in einem begrenzten Zeitraum für bestimmte Vergehen erhalten hatte. Die folgenden Ausführungen gehen hierbei jedoch nicht ins Detail, indem sie beispielsweise die Vergehen einzelner Personen aufgreifen. Sie konzentrieren sich – überwiegend auf der Basis quantitativer Auswertungen – auf allgemeingültige Aussagen, die die Urteilspraxis des Zentgerichts betreffen.

2. Urteile am Wertheimer Zentgericht

Aus den knapp 20 zum Zentgerichtsbezirk zählenden Dörfern wurden im Zeitraum von 1589 bis 1611 insgesamt 758 Delikte bekannt, bei denen es sich vornehmlich um Gewalt- und Ehrendelikte handelte. Des Weiteren wurden Vergehen gegen Eigentum und gegen Sitte und Moral sowie Religions- und Schankvergehen aktenkundig. Das in den Quellen mit dem Begriff *über frieden schlagen* betitelte Verbrechen stellte das Ignorieren von Deeskalationsversuchen durch Streitschlichter in einer gewaltsamen Auseinandersetzung dar und war demnach eine Verhaltensweise, die den innerdörflichen Frieden störte.

Insgesamt handelte es sich in den allgemeinen Verfahren um Vergehen, die keine Leib- und Lebensstrafe nach sich zogen, denn im Falle dieser Straftaten wurde ein peinliches Verfahren im Rahmen eines Malefizgerichtes durchgeführt. Obgleich das Wertheimer Zentgericht in den Malefizverfahren auch Kapitalverbrechen wie Mord, Totschlag oder schweren Diebstahl verhandelte, machten natürlich diejenigen Vergehen den gerichtlichen Alltag aus, die eine Geldstrafe nach sich zogen.[7] Dementsprechend war das Repertoire unterschiedlicher Urteile in den allgemeinen Verfahren natürlich begrenzt und im Untersuchungszeitraum ahndete das Wertheimer Zentgericht Verstöße daher in der Regel auch mit einer Geldbuße. Weitere Urteilsmöglichkeiten boten sich den Schöffen durch die Weiterleitung eines Falles an die Herrschaft oder an ein für das entsprechende Vergehen zuständiges Gericht sowie durch die Vertagung einer Verhandlung auf einen anderen Gerichtstermin.

Schaut man auf die konkreten Zahlen, so wurde die Geldstrafe im Untersuchungszeitraum insgesamt 466-mal verhängt und macht damit etwa 61 % aller Urteile aus; überwiegend ging es hierbei um Gewaltdelikte. In 200 Fällen vertagten die Schöffen ein Urteil, 90-mal wurde ein Fall an die Herrschaft verwiesen

7 Dies trifft überwiegend auf die Zentgerichtsbarkeit zu. Vgl.: Christiane Birr, Konflikt und Strafgericht. Der Ausbau der Zentgerichtsbarkeit der Würzburger Fürstbischöfe zu Beginn der Frühen Neuzeit (Konflikt, Verbrechen und Sanktion in der Gesellschaft Alteuropas. Fallstudien, 5), Köln/Weimar/Wien 2002, S. 181 f.

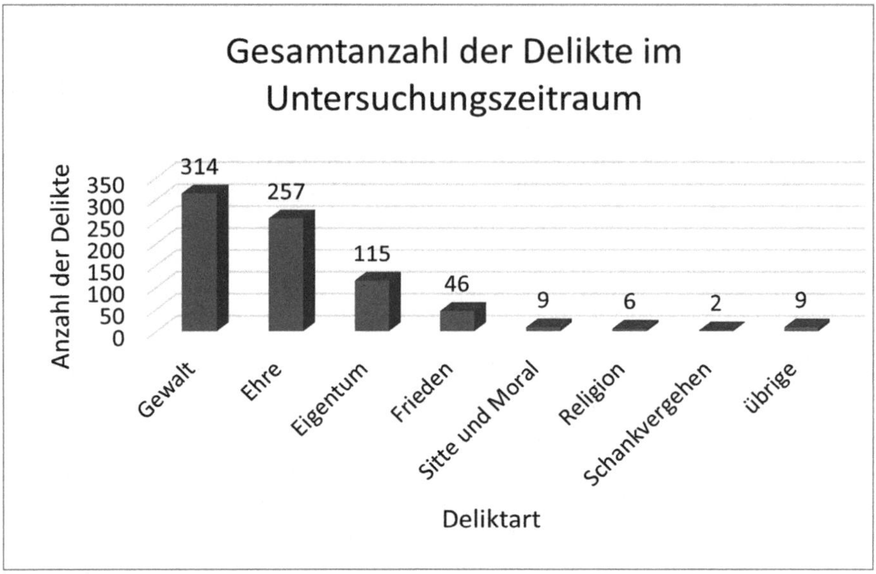

Abb. 13 Gesamtanzahl der Delikte im Untersuchungszeitraum.

und jeweils einmal an das Feldgericht beziehungsweise an das Hofgericht weitergeleitet.[8]

Aufgrund der Tatsache, dass die Geldbußen den Großteil der verhängten Strafen ausmachen, sollen sie in den folgenden Ausführungen vornehmlich in den Blick genommen werden. Vorerst wird der Vollständigkeit halber jedoch ein kurzer Blick auf die übrigen Urteilsmöglichkeiten geworfen.

Wurde eine Verhandlung auf einen späteren Gerichtstermin vertagt, so geschah dies in der Regel, um Zeugen vor das Zentgericht zu laden und ihre Aussagen zu hören oder um Kundschaften einzuholen. Von dieser Urteilsmöglichkeit machten die Schöffen überwiegend im Zusammenhang mit Diebstahls- und Betrugsvorwürfen Gebrauch sowie im Fall von Vergehen, die im Zusammenhang mit Unredlichkeit und Ehrlosigkeit standen. Gestaltete sich die Sachlage hierbei komplizierter, dann leiteten die Schöffen den Verhandlungsgegenstand in der Regel an die Herrschaft weiter. Dies taten sie auch im Fall des sogenannten *über*

---

8 An dieser Stelle sei darauf hingewiesen, dass die Untersuchung der Gerichtslandschaft in der Wertheimer Grafschaft leider (noch) ein absolutes Desiderat darstellt. Weder liegen bis heute eigenständige Monographien zu einzelnen Gerichten der Grafschaft vor, noch finden sich dazu Arbeiten aus der Aufsatzliteratur. Eine Ausnahme stellen die Veröffentlichungen der Autorin dar. Dementsprechend müssen Fragen bezüglich bestehender Konkurrenzverhältnisse oder Wechselbeziehungen sowie bezüglich sich überlappender Zuständigkeiten einzelner Spruchkörper unbeantwortet bleiben.

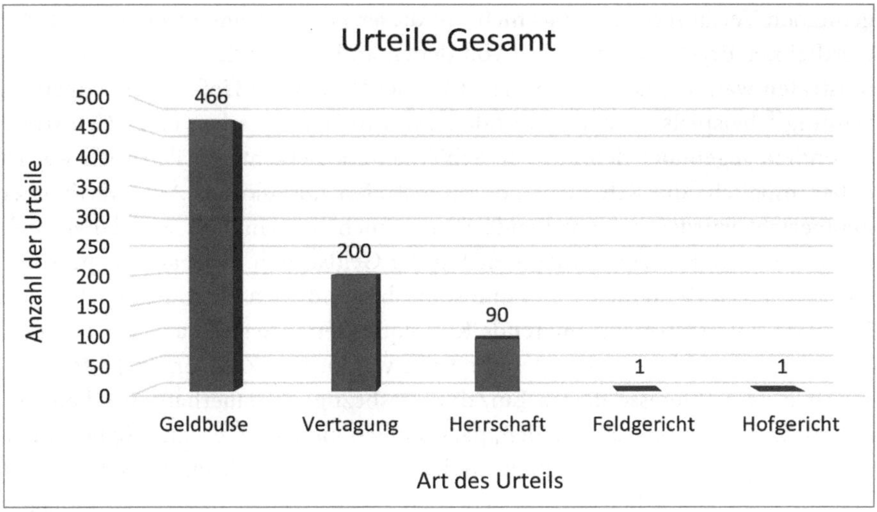

Abb. 14 Urteile gesamt.

frieden schlagens.[9] Die Weiterleitung eines Streitfalls an das Feld- beziehungsweise an das Hofgericht stellte im Untersuchungszeitraum jeweils einen Einzelfall dar. Im Jahr 1593 wurde ein einziger Fall aus Bettingen vom Zentgericht ans Feldgericht verwiesen, bei dem Georg Guttjar aus Bettingen und der Müller aus Urphar[10] eine Auseinandersetzung austrugen, in der es um die Tannenbäume Guttjars ging.[11] Ein Jahr zuvor leiteten die Schöffen eine Anklage sogar an das Hofgericht weiter, in der einem Krämer aus Usingen[12] Diebstahl vorgeworfen wurde.[13] Die Weiterleitung ans Hofgericht hängt hier sicherlich damit zusammen, dass der Krämer kein Untertan der Wertheimer Grafen gewesen ist und nicht im hiesigen Zentgerichtsbezirk ansässig war.

Den gerichtlichen Alltag am Zentgericht machten in den allgemeinen Verfahren die Geldbußen aus. Die Dominanz dieser Strafen ist einerseits sicherlich darauf zurückzuführen, dass die Untersuchung ja nicht diejenigen Verbrechen berücksichtigt, die Leibes- oder Lebensstrafen nach sich zogen. Vergehen, die mit einer Schand- oder Ehrenstrafe geahndet wurden, verhandelte das Zentgericht zwar, verhängte diese im gesamten Untersuchungszeitrum in den all-

9 Zur Bedeutung dieses Vergehens siehe obige Ausführungen.
10 Der Name des Müllers wird leider nicht genannt.
11 Vgl. Staatsarchiv Wertheim (künftig: StAWt), G-Rep. 102 Nr. 6471 („Georg Guttjar vs. Müller aus Urphar").
12 Die Stadt Usingen liegt in der Nähe von Darmstadt im heutigen Hessen und gehörte im Untersuchungszeitraum zur Herrschaft der Nassauer Grafen.
13 Vgl. StAWt, G-Rep. 102 Nr. 6479 (Fall des „Krämers aus Usingen").

gemeinen Verfahren allerdings nicht. In dieser Hinsicht unterscheiden sich die Wertheimer Ergebnisse zum Teil von denen anderer Studien. Schand- und Ehrenstrafen wandte man am Gogericht Heiden[14] oder am Hof- und Landgericht Gaming[15] beispielsweise aus Gründen der Uneinbringbarkeit einer Geldstrafe besonders gegenüber den unteren Schichten an. Betuchteren Personen war es daher möglich, die Schand- und Ehrenstrafen auszulösen. Am Wertheimer Zentgericht wurden entsprechende Strafen nicht verhängt, es war daher auch nötig, diese freizusetzen; zudem zielten die Geldstrafen nicht auf die persönliche Ehre eines Delinquenten ab und somit bestand auch nicht die Gefahr, dass Personen durch lebensnormierende Konsequenzen, wie sie ja aus Schand- und Ehrenstrafen resultieren konnten, bedroht waren. Das Zentgericht hatte offensichtlich kein Interesse daran, Einzelne diesbezüglich dauerhaft zu schädigen. Zudem konnte festgestellt werden, dass die Schöffen am Gericht möglichst einfache und gerechte Urteile fällten und sie zur fairen Beilegung der Streitfälle neigten. Die Gründe hierfür sind sicherlich darin zu sehen, dass die Grundlagen des künftigen Zusammenlebens in den Grafschaftsdörfern intakt bleiben sollten. Zudem ist hierbei anzunehmen, dass die enge Verzahnung des zentgerichtlichen Personals mit der dörflichen Gesellschaft eine Ursache für diese Herangehensweise war.[16]

Eine weitere Ursache für den hohen Anteil der am Wertheimer Zentgericht verhängten Geldbußen ist sicherlich im Bestreben obrigkeitlicher Kapitalbildung zu sehen. Für die Jahre 1598 bis 1599[17] sowie für das Jahr 1607[18] waren die herrschaftlichen Einnahmen der vom Zentgericht verhängten Bußgelder überprüfbar.[19] Diese konnte die Obrigkeit empfangen, wenn das Zentgericht einen Fall an die Herrschaft verwiesen hatte oder wenn eine Verhandlung aufgrund der Bringschuld von Beweisen durch die Gegenseite vertagt, jedoch nicht mehr aufgegriffen wurde, da entsprechende Nachweise nicht geliefert worden waren. Die jewei-

---

14 Vgl. Michael FRANK, Dörfliche Gesellschaft und Kriminalität. Das Fallbeispiel Lippe 1650–1800, Paderborn/Wien/München/Zürich 1995, S. 196 f.

15 Martin SCHEUTZ, Alltag und Kriminalität. Disziplinierungsversuche im steirisch-österreichischen Grenzgebiet im 18. Jahrhundert, München 2001, S. 494.

16 Zu ähnlichen Ergebnissen bezüglich der Urteilspraxis des städtischen Rats in Strasburg in der Uckermark gelangt auch Ellen Franke. Aussöhnung und Vergleich hatten auch hier Vorrang gegenüber einer harten Bestrafung. Dieser Umstand, so die Autorin, hinge aller Wahrscheinlichkeit nach mit der engen Verbindung der rathäuslichen Obrigkeit mit der städtischen Gesellschaft zusammen. Vgl. Ellen FRANKE, Von Schelmen, Schlägern, Schimpf und Schande. Kriminalität in einer frühneuzeitlichen Kleinstadt – Strasburg in der Uckermark, Köln u. a. 2003, S. 129 f.

17 StAWt, G-Rep. 102 Nr. 5465.

18 StAWt, G-Rep. 102 Nr. 7454.

19 Die Rechnungen der übrigen Jahre sind entweder nicht erhalten geblieben oder sie befinden sich in Aktenmaterial, das noch nicht für den Nutzer registriert wurde.

ligen Kontrahenten verbüßten die offenbar unberechtigt erhobenen Vorwürfe dann mit einer Geldstrafe.[20] Auch über die konkrete Verwendung der Bußgelder geben die Quellen vereinzelt Hinweise. Die Einnahmen wurden beispielsweise für die Besoldung des Nachrichters verwendet, der für seine Tätigkeiten jährlich zwölf Gulden erhielt.[21] Im Jahr 1607 gab der Zentgraf Sebastian Nohe einen Teil der eingenommenen Gelder dafür aus, die im Auftrag der Herrschaft unternommenen Reisen zu finanzieren.[22] Den Großteil der Bußen nahm jedoch das Zentgericht selbst ein. Dieses hatte offenbar eine eigene Buchführung, die leider nicht überliefert oder verloren gegangen ist. Deshalb können bezüglich der Verwendung der hier eigenommenen Bußgelder leider keine Angaben gemacht werden.

Im Fall der Geldstrafen unterschied das Zentgericht zwischen Gerichts- und Blutbußen. Letztere verhängten die Schöffen bei schwerwiegenderen Vergehen, etwa bei gewaltsamen Auseinandersetzungen, und sie stellten dementsprechend eine höhere Geldstrafe dar. Die Bußen bewegten sich im Untersuchungszeitraum zwischen zwei und vier Gulden,[23] das höchste Strafmaß wurde bei Vergehen wie dem Einsatz von Waffen in einem Streitfall, der Verrückung von Grenzsteinen oder der Beschimpfung einer Person als Mörder angewandt. Als weniger ehrschädigend empfand man offenbar die Beleidigung als Ehebrecher, Hure, Milchdieb[24] oder Hexe, denn im Falle solcher Schmähworte war ein Strafmaß von drei Gulden üblich. Die Bezeichnung einer anderen Person als Schelm oder Dieb wurde mit einem Strafmaß zwischen zwei und vier Gulden versehen, tendenziell entschied sich das Zentgericht eher für eine höhere Strafe.[25] Die unterschiedliche Höhe der Bußgelder bei Scheltworten lässt Rückschlüsse auf Norm- und Wertvorstellungen der damaligen Menschen zu. So wurde durch die Beleidigung

20 Vgl. StAWt, G-Rep. 102 Nr. 5465 (Wertheimer Zentrechnungen).

21 Vgl. StAWt, G-Rep. 102 Nr. 5465 (*Rechnung von Petri 1589 bis Petri 1590* und *Rechnung Petri 1591 bis 1592*).

22 Vgl. StAWt, G-Rep. 102 Nr. 7454.

23 Vgl. für die folgenden Ausführungen und Beispiele: StAWt, G-Rep. 102 Nr. 514 (*Taxa unser gnedigen herrschafft heimgewisenen Centbussen*); StAWt, G-Rep. Nr. 5465 (Rechnungen der Wertheimer Zent).

24 Der sogenannte Milchzauber konnte zwei unterschiedliche Formen der Ausübung beinhalten. Einerseits wurde dem vermeintlichen Täter vorgeworfen, durch Zauber das Versiegen der Milch hervorgerufen zu haben. Andererseits gab es die Vorstellung, dass sich eine Person durch den Diebstahl fremder Milch bereichern wollte. Dieser wurde in der Vorstellung der frühneuzeitlichen Menschen durch heimlich nächtliches Melken in Tiergestalt oder mithilfe des Teufels beziehungsweise durch das symbolische Melken eines in die Stallwand eingeschlagenen Axtstiels, aus dem dann die Milch floss, verübt. Vgl. Wolfgang Schild, Die Maleficia der Hexenleut (Schriftenreihe des Mittelalterlichen Kriminalmuseums Rothenburg ob der Tauber, 1), Rothenburg ob der Tauber 1997, S. 18.

25 Vgl. StAWt, G-Rep. 102 Nr. 5465 (Rechnungen der Wertheimer Zent).

als Bösewicht oder Ehebrecher das Ehrempfinden[26] der frühneuzeitlichen Gesellschaft offensichtlich weniger stark verletzt als gegebenenfalls durch die Worte Dieb oder Schelm oder durch die Beleidigung als Mörder. Bei Gewalt- und Ehrendelikten verhängten die Schöffen mitunter die höchsten Strafen und so spiegeln sich in dieser Sanktionspraxis nicht nur obrigkeitliche Normvorstellungen wider. Die Reglementierung dieser Vergehen lag zum einen im Interesse der Herrschaft, da die Obrigkeit darin besondere Gefährdungspotenziale für „staatliche" Ordnungsvorstellungen sehen konnte. Aber Gewalt schürte auch Gegengewalt und störte somit den innerdörflichen Frieden, dessen Gewährleistung ebenso von den Untertanen gewünscht war. Delikte wie Diebstahl oder das Umsetzen eines Grenzsteines stellten die allgemeine und die in der Vorstellung der dörflichen Gesellschaft vorhandene Eigentumsnorm in Frage und deshalb wandte man hier strengere Sanktionen an.[27]

Im Untersuchungszeitraum gibt es keine Hinweise darauf, dass die verhängten Geldstrafen einen zentralen Einschnitt in das Leben einzelner Personen haben konnten. Sicherlich hatte schon allein die Obrigkeit kein Interesse daran, die Täter wirtschaftlich allzu sehr zu schwächen.[28] Führt man sich die am Wertheimer Zentgericht verhängte Höhe der Bußgelder vor Augen, so dürfte das angewandte Strafmaß die bäuerliche Gesellschaft in der Regel nicht in den Ruin getrieben haben. Im benachbarten Hochstift Würzburg galt für die Jahre von 1633 bis 1793, dass ein Reichstaler der Summe von etwa 1,8 Gulden entsprach, der Gulden wiederum war circa 5,6 Pfund wert.[29] Der durchschnittliche Tageslohn für einen ungelernten Arbeiter[30] betrug in Würzburg knapp ein Pfund. Geht man von ähnlichen Verhältnissen in der Wertheimer Grafschaft für den Beginn des 17. Jahrhunderts aus, so hätte etwa ein Knecht knapp 17 Tageslöhne aufbringen

---

26 Zum Stellenwert der Ehre für die frühneuzeitliche Gesellschaft vgl. exemplarisch: Sylvia Kesper-Biermann/Ulrike Ludwig/Alexandra Ortmann (Hrsg.), Ehre und Recht. Ehrkonzepte, Ehrverletzungen und Ehrverteidigungen vom späten Mittelalter bis zur Moderne (Editionen und Dokumentationen, 5), Magdeburg 2011; Wolfgang Weber, Art. Ehre, in: Enzyklopädie der Neuzeit, Bd. 3, Stuttgart 2006, Sp. 77–83; Richard van Dülmen, Der ehrlose Mensch. Unehrlichkeit und soziale Ausgrenzung in der Frühen Neuzeit, Köln u. a. 1999; Klaus Schreiner/Gerd Schwerhoff (Hrsg.), Verletzte Ehre. Ehrkonflikte in Gesellschaften des Mittelalters und der Frühen Neuzeit (Norm und Struktur, 5), Köln/Weimar/Wien 1995.

27 Vgl. dazu auch: Frank, Dörfliche Gesellschaft und Kriminalität (wie Anm. 14), S. 187.

28 Eine ähnliche Feststellung trifft auch Gunter Gudian, Geldstrafrecht und peinliches Strafrecht im späten Mittelalter, in: Hans-Jürgen Becker/Gerhard Dilcher/Gunter Gudian/Ekkehard Kaufmann/Wolfgang Sellert (Hrsg.), Rechtsgeschichte als Kulturgeschichte. Festschrift für Adalbert Erler zum 70. Geburtstag, Aalen 1976, S. 274–288, hier S. 280.

29 Vgl.: Moritz Elsas, Umriß einer Geschichte der Preise und Löhne in Deutschland, Bd. 1, Leiden 1936, S. 66 f., 127, 132, 156, 453–458.

30 Andere Berufe sind leider nicht angegeben.

müssen, um eine Geldstrafe von etwa drei Gulden abzubezahlen. Eine solch aufzubringende Geldsumme ist sicherlich überschaubar, bedenkt man jedoch, dass die meisten verbalen Auseinandersetzungen zusätzlich eine gewaltsame Konfrontation zur Folge hatten und das Zentgericht die entsprechenden Vergehen, also die Beleidigung sowie den Gewaltakt, einzeln aburteilte und jeweils eine separate Geldbuße verhängte, musste eine Person so schon mal bis zu acht Gulden zahlen. Trotzdem berücksichtigte das Zentgericht auch die persönlichen Lebensumstände der Menschen in den Grafschaftsdörfern. So muteten die Schöffen dem Untertan David Schetzlein 1595 für ein Beleidigungsdelikt beispielsweise lediglich zwei Gulden zu, da er laut Buchführung arm gewesen sei und viele Kinder zu ernähren hatte.[31] Andererseits begründete das Zentgericht höhere Strafen auch damit, dass die Verurteilten vermögend gewesen seien.[32] Auffallend ist in den Rechnungen auch, dass Frauen für eine Beleidigung oder unberechtigte Diebstahls- und Betrugsvorwürfe mit einem geringeren Strafmaß belegt wurden als Männer. Sofern Männer aufgrund entsprechender Vergehen an die Herrschaft verwiesen wurden, zahlten sie oftmals vier Gulden,[33] wohingegen Frauen stets mit nur zwei Gulden bestraft wurden.[34] Auch beim Gesinde setzte man in der Regel ein geringeres Strafmaß an.[35] Anhand der überlieferten Zentrechnungen ließ sich nicht nachweisen, dass man bei Wiederholungstätern ein höheres Strafmaß ansetzte als bei Einzeltätern, jedoch ist zu berücksichtigen, dass lediglich die an die Herrschaft verwiesenen Fälle kontrolliert werden konnten. Ähnliche Ergebnisse hinsichtlich des Umgangs mit Geldbußen sind jedoch sicherlich auch für das Zentgericht selbst anzunehmen.

Im Zusammenhang mit den Geldbußen stellt sich natürlich die Frage, wie konsequent die Strafen eingefordert wurden. Die Informationen über die vom Zentgericht tatsächlich eingezogenen Geldstrafen sind äußerst spärlich. Zumindest der Blick in die Zentrechnungen, welche die durch die Herrschaft eingenommenen Bußgelder verzeichnen, beweist, dass entsprechende Strafen durchaus auch gezahlt wurden.[36] Dies zeigt, dass die dörfliche Gesellschaft die Urteile des Zentgerichts ernst nahm und akzeptierte. Gleichzeitig besaß die Obrigkeit im Untersu-

---

31 StAWt, G-Rep. 102 Nr. 5465 (*Verzeignung der Zent buß so m[einem] g[nedigen] Herrn heim gewisen uff beden zenten wertheim und michel Ridt von petry anno [15]95 bis [15]96 wertheimer zent mondag nach walburgi*).

32 Vgl. ebd.

33 Vgl. exemplarisch: StAWt, G-Rep. 102 Nr. 5465 (Rechnung von Petri 1593 bis Petri 1594 sowie Rechnung von Petri 1596 bis Petri 1597).

34 Vgl. exemplarisch: StAWt, G-Rep. 102 Nr. 5465 (Rechnung von Petri 1593 bis Petri 1594 sowie Rechnung von Petri 1595 bis Petri 1596).

35 Vgl.: StAWt, G-Rep. 102 Nr. 5465 (Rechnung von Petri 1593 bis Petri 1594).

36 Vgl. StAWt, G-Rep. 102 Nr. 5465 (Wertheimer Zentrechnungen).

chungszeitraum aber durchaus auch Methoden, um die Zahlung der Geldbußen zu erwirken. Weil Hans Lauer aus Reicholzheim seinen Nachbarn Hans Imhoff im Jahr 1596 unberechtigterweise des Diebstahls bezichtigt und seine Geldstrafe nicht geleistet hatte, sollte er *mit dem thurm 2 tag gezüchtiget*[37] *werden*.[38] Das Beispiel Lauers blieb in den Jahren 1589 bis 1599 ein singuläres, alle anderen Bußen gingen im Zeitraum von 1589 bis 1599 tatsächlich bei der Herrschaft ein.[39]

Ortsfremde, nicht im Zentgerichtsbezirk lebende Personen, dürften ihre Geldbußen mit Sicherheit säumig geblieben sein, denn allein ihre Anwesenheit vor Gericht ist eher unwahrscheinlich. Trotzdem erreichte sie der Arm des Gesetzes, da das Zentgericht ein Urteil über deren Vergehen fällte, sofern diese im Zentgerichtsbezirk stattgefunden hatten. Die Schöffen wandten gegenüber ortsfremden Personen das gleiche Strafmaß an wie bei Einheimischen und verhängten, anders als es bei Kapitalverbrechen üblicherweise der Fall war, keine härteren Urteile.[40] Das Eintreiben der Geldstrafe bleibt selbstverständlich äußerst fraglich. Wichtiger scheint in diesem Zusammenhang die Tatsache gewesen zu sein, dass überhaupt ein Urteil gesprochen wurde und die Verfehlungen fremder Personen vor den Augen der Anwesenden sanktioniert wurden.

Für den vorliegenden Beitrag wurde nicht die Entwicklung der Urteilspraxis in den Blick genommen. Das der Arbeit zugrunde gelegte Quellenmaterial wurde für die Zeit von 1589 bis 1611 in seiner Gesamtheit erfasst und es wurde nicht etwa mit Stichproben gearbeitet, anhand derer ein längerer Untersuchungszeitraum und somit eine mögliche Veränderung in der Urteilspraxis ins Auge gefasst werden konnten.

3. Schluss

Zusammenfassend lässt sich bezüglich der Urteilspraxis am Wertheimer Zentgericht festhalten, dass die Geldstrafen den Alltag in der Sanktionspraxis aus-

37 Vor der Aufklärung wurden Haftstrafen in der Regel unter die Körperstrafen subsumiert, da die Verwahrung in Verliesen und Türmen aufgrund der dort vorherrschenden Kälte und Finsternis äußerst hart und körperlich schädigend war. Vgl. Rolf LIEBERWIRTH, Art. Haftstrafe, in: HRG, Bd. 2. 1. Aufl., Berlin 1978, Sp. 1899–1901, hier Sp. 1900.

38 StAWt, G-Rep. 102 Nr. 5465 (*Verzeichnus deren Buessen so an beeden Landgerichten Wertheim und Michelriedt dieses Jahr Me[inem] gn[edigen] he[rrn] heim gewisen*).

39 Vgl. StAWt, G-Rep. 102 Nr. 5465 (Wertheimer Zentrechnungen).

40 Damit verbunden war bei den Kapitalverbrechen die Absicht, ortsfremde Personen zu disziplinieren oder sozial zu vernichten. Vgl. dazu: Richard VAN DÜLMEN, Theater des Schreckens. Gerichtspraxis und Strafrituale in der frühen Neuzeit, 5. Aufl., München 2010, insbesondere Kapitel III und S. 80.

machten und dass das Repertoire bezüglich der Entscheidungsfindung in den allgemeinen Verfahren recht beschränkt war. Im Untersuchungszeitraum gibt es keine Hinweise für die Benachteiligung der unteren sozialen Schichten oder für deren existenzielle Bedrohung aufgrund der Verurteilung zu einer zu hohen Geldbuße durch die Schöffen. Ganz im Gegenteil: Die Laienrichter wurden dem Ruf gerecht, dass sie möglichst einfache und gerechte Urteile fällten, und sofern eine Sachlage komplizierter wurde oder es sich in den Augen der Schöffen um schwerwiegendere Verbrechen handelte, dann vertraute man auf die herrschaftliche Kompetenz und verwies die entsprechenden Fälle an die Obrigkeit.

Die Zentgerichtsakten vermitteln in der Zeit um 1600 den Eindruck eines sehr regelhaften Betriebs. Verfahrensgänge und Sanktionspraxis waren der dörflichen Bevölkerung bekannt und die Gerichtsentscheidungen der Schöffen besaßen einen hohen Grad an Akzeptanz. Geldbußen, die den Hauptanteil aller am Zentgericht verhängten Strafen ausmachten, zahlten die betroffenen Parteien in der Regel widerstandslos. Dem Zentgericht ging es hierbei auch nicht darum, die Täter wirtschaftlich ernsthaft zu schwächen, zudem konnte es die persönlichen Lebensumstände der zu strafenden Personen berücksichtigen, indem es beispielsweise bei weniger begüterten Dorfbewohnern eine geringere Geldstrafe als üblich verhängte. Die Tatsache, dass die Mitglieder der unterschiedlichen Dorfgemeinschaften hierbei als Urteiler fungierten, gereichte den Angeklagten mit Sicherheit nicht zum Nachteil.[41] Insgesamt lässt sich hinsichtlich der Urteilspraxis keine ungewöhnliche Härte im Untersuchungszeitraum feststellen und das Wertheimer Zentgericht scheint keine Institution gewesen zu sein, die stark repressiv auf die Menschen in den Grafschaftsdörfern eingewirkt hätte. Natürlich dürfte auch dieser Umstand die Legitimität des Gerichts in den Augen der Dorfbewohner gefestigt haben. Eine zu strenge Sanktionspraxis hätte zum Beispiel eine Aushöhlung der Legitimität der Justiz durch die lokale Gesellschaft zur Folge haben können. Die zu strenge Bestrafung einzelner Dorfbewohner hätte mit großer Sicherheit eine Mobilisierung und Frontstellung der Nachbarschaft ausgelöst.[42]

Die Tatsache, dass die Zent die Gemeinde – unter anderem in Form der Schöffen – dezidiert in ihre Strukturen miteinbezog, lässt den Schluss zu, dass für die Funktionalität des Gerichts nicht nur die Obrigkeit verantwortlich war. Innerdörfliche Konflikte, Spannungen und Auseinandersetzungen, die von den

41 Ähnliche Überlegungen finden sich auch bei Dietmar Willoweit, Genossenschaftsprinzip und altständische Entscheidungsstrukturen in der frühneuzeitlichen Staatsentwicklung. Ein Diskussionsbeitrag, in: Gerhard Dilcher/Adalbert Erler/Bernhard Diestelkamp. (Hrsg.), Recht, Gericht, Genossenschaft und Policey. Studien zu Grundbegriffen der germanistischen Rechtshistorie; Symposion für Adalbert Erler, Frankfurt am Main 1984, S. 126–138, hier S. 134.

42 Vgl. dazu auch Frank, Dörfliche Gesellschaft und Kriminalität (wie Anm. 14), S. 217.

Dorfmitgliedern nicht eigenständig gelöst werden konnten, versuchte man mithilfe des Zentgerichts zu schlichten. Deshalb war das Wertheimer Zentgericht für die dörfliche Gesellschaft vornehmlich ein Instrument, das sie zur Wiederherstellung und zur Wahrung des dörflichen Friedens nutzte, und dies zeigt, dass nicht nur der Obrigkeit an der *Aufrechterhaltung der ŏffentlichen Ruhe* [...] *Zucht und Ordnung* gelegen war, sondern eben auch den Dorfbewohnern.

Die Urteilspraxis steht auch für die Funktionalität eines Gerichts. Die Tätigkeit des Wertheimer Zentgerichts ist für die Zeit um 1600 auch deshalb als erfolgreich zu bewerten, weil insbesondere Akteure aus dörflichen Lebenswelten dazu beigetragen haben.

Wolfgang Wüst

Strafrechtsreformen und Kriminalitätsbekämpfung im Reichskreis

Fallstudien zu Süddeutschland 1500 bis 1800

1. Schnittstelle Reichskreis

Strafrechtsreformen und Kriminalitätsbekämpfung waren in der Frühen Neuzeit keineswegs nur territoriale oder städtische Angelegenheit, denn die Reichskreise[1] – und hier insbesondere die regelungsaffinen süddeutschen Reichskreise in Franken, Schwaben und am Oberrhein – koordinierten und agierten vorzugsweise immer dann, wenn es sich um grenzüberschreitende Notwendigkeiten handelte. Gegenüber den Kreisständen waren legislative Initiativen der Reichskreise insbesondere begehrt, wenn aus der Gruppe mindermächtiger Territorien Anfragen kamen. Seit der Kompetenzerweiterung und Neujustie-

1 Vgl. zur neueren Reichskreisforschung für Süddeutschland insbesondere: Johannes BURKHARDT/-Wolfgang WÜST, Einleitung: Forschungen, Fakten und Fragen zu süddeutschen Reichskreisen – Eine landes- und reichshistorische Perspektive, in: Wolfgang Wüst (Hrsg.), Reichskreis und Territorium: die Herrschaft über der Herrschaft? Supraterritoriale Tendenzen in Politik, Kultur, Wirtschaft und Gesellschaft. Ein Vergleich süddeutscher Reichskreise (Augsburger Beiträge zur Landesgeschichte Bayerisch-Schwabens, 7), Stuttgart 2000, S. 1–23; Wolfgang WÜST, Nutzlose Debatten? – Europäische Vorbilder? Die Konvente der süddeutschen Reichskreise als vormoderne Parlamente, in: Konrad Amann/Ludolf Pelizaeus/Annette Reese/Helmut Schmahl (Hrsg.), Bayern und Europa. Festschrift für Peter Claus Hartmann zum 65. Geburtstag, Frankfurt a. M. 2005, S. 225–243; Nicola HUMPHREYS, Der Fränkische Kreistag 1650–1740 in kommunikationsgeschichtlicher Perspektive (Veröffentlichungen der Gesellschaft für fränkische Geschichte, künftig: VGffG, II/3), Neustadt a. d. Aisch 2011, S. 13–24; Fabian SCHULZE, Der Fränkische und der Schwäbische Reichskreis in der Frühen Neuzeit. Zwei supraterritoriale Organisationen mit großen Ähnlichkeiten, in: Dietmar Schiersner/Georg Seiderer (Hrsg.), Schwaben und Franken – Regionalgeschichte im Vergleich (Forum Suevicum. Beiträge zur Geschichte Ostschwabens und der benachbarten Regionen, 13), Konstanz 2020, S. 41–68; Stephanie MASSICOT, Unterschichtenkriminalität verbrecherischer Randgruppen und deren Verfolgung. Zur Effizienz der frühneuzeitlichen Sicherheitspolitik im Fränkischen Reichskreis, der Reichsritterschaft Sugenheim sowie in der Reichsstadt Nürnberg, München 2015; Wolfgang SELLERT, Die Bedeutung der Reichskreise für die höchste Gerichtsbarkeit im Alten Reich, in: Peter Claus Hartmann (Hrsg.), Regionen in der frühen Neuzeit. Reichskreise im deutschen Raum, Provinzen in Frankreich, Regionen unter polnischer Oberhoheit: Ein Vergleich ihrer Strukturen, Funktionen und ihrer Bedeutung (ZHF, Beiheft, 17), Berlin 1994, S. 145–178.

rung der zehn Reichskreise durch den Augsburger Reichstag von 1555 – unter den Beschlüssen dieses Reichstags standen andere Ergebnisse lange Zeit im Schatten des Religionsfriedens[2] – häuften sich Hilfegesuche einzelner Kreisstände an die Kreisversammlungen oder die Kreisdirektoren. Viele dieser Petitionen waren von zivil- oder strafrechtlicher Relevanz. Sie konkretisieren die Bedeutung der Reichskreise für die höchste Gerichtsbarkeit, die Wolfgang Sellert erstmals 1994 näher untersuchte.[3] Teile dieser Kreiskorrespondenz gingen sogar in Druck, um die Ernsthaftigkeit und die Dringlichkeit eines Anliegens zu unterstreichen. Wir wollen zunächst mit Blick auf das weite Feld strafrechtlicher Koordinierung die suprateritoriale Schnittstelle[4] der Reichskreise an zwei Beispielen ansprechen.

Am 22. Juni 1781 wandte sich beispielsweise Johann Ludwig Vollrath (1705–1790)[5] als regierender Graf der evangelischen Linie Löwenstein-Wertheim-Virneburg im Konflikt mit der in Kleinheubach residierenden katholischen Fürstenlinie[6] des Hauses Löwenstein-Wertheim-Rochefort an den in Nürnberg tagenden Kreiskonvent. Vieles war mit Blick auf den Strafvollzug an diesem Schreiben eines mindermächtigen Reichsstandes typisch:

> *Zu eben der Zeit, da sich Ein Hochansehnlicher Craiß-Convent versammlet befindet, um den Wohlstand und das Beste, Ruhe und Ordnung des ganzen Hochlöbl*[ichen] *Fränckischen Craises und sämtlicher Mitglieder desselben zu besorgen, muß sich einer dessen getreuester Mitstände, die Grafschaft Wertheim,*[7] *auf eine unerhörte Landfriedbrüchige Art von dem Hochstift Würzburg, und einer seiner Mitherrschaften selbst, dem sich durch*

---

2 Peter Claus Hartmann, Der Augsburger Reichstag von 1555 – ein entscheidender Meilenstein für die Kompetenzerweiterung der Reichskreise, in: Wolfgang Wüst/Georg Kreuzer/Nicola Schümann (Hrsg.), Der Augsburger Religionsfriede 1555. Ein Epochenereignis und seine regionale Verankerung (Zeitschrift des Historischen Vereins für Schwaben, künftig: ZHVS, 98), Augsburg 2005, S. 29–36.

3 Sellert, Die Bedeutung der Reichskreise für die höchste Gerichtsbarkeit (wie Anm. 1).

4 Wüst (Hrsg.), Reichskreis und Territorium (wie Anm. 1).

5 Landesarchiv Baden-Württemberg, Abt. Staatsarchiv Wertheim, R-S 23 Nr. 315.

6 Zur Zeit der Konfliktregelung durch den Reichskreis – präziser formuliert ab 1735 – residierte in Kleinheubach Karl Thomas Fürst zu Löwenstein-Wertheim-Rochefort (1714–1789) als dritter Fürst des Hauses Löwenstein.

7 Hermann Ehmer, Geschichte der Grafschaft Wertheim, Wertheim 1989; Thomas Wehner, Wertheim, in: Anton Schindling/Walter Ziegler (Hrsg.), Die Territorien des Reichs im Zeitalter der Reformation und Konfessionalisierung. Land und Konfession 1500–1650, Bd. 4: Mittleres Deutschland (Katholisches Leben und Kirchenreform im Zeitalter der Glaubensspaltung, 52), Münster 1992, S. 214–232; Volker Rödel, Wertheim, Grafschaft, publiziert am 1. Dezember 2015, in: Historisches Lexikon Bayerns, URL: https://www.historisches-lexikon-bayerns.de/Lexikon/Wertheim,_Grafschaft (abgerufen am 1. Januar 2022).

seinen vordersten Rath ganz allein regierenlassenden [katholischen] *Herrn Fürsten von Löwenstein mißhandlen lassen. Auf Anstiften ersthochgedachten Herrn Fürsten von Löwenstein, oder vielmehr seines Präsidenten* [Hieronymus Heinrich] *von Hinckeldey*[8] *geschahe es nehmlich, daß gestern Abend hiesige gemeinschaftliche Stadt Wertheim durch ein gegen 800 Mann starckes Corps Würzburgischer Truppen, die mit Canonen, und Sturmleitern versehen waren, überfallen und eingenommen, das hiesige Crayß-Contingent von seinen Posten vertrieben, der enge Marckt mit Canonen, und auf eine – zumalen bey dermaligen täglichen Gewittern, höchst feuergefährliche Art mit Pulverwägen besetzet* wurde.[9]

Der Fränkische Reichskreis leistete 1781/82 wie in anderen vergleichbaren Fällen Beistand, um den Landesfrieden zu sichern und *dergleichen feindselige gewaltthätige Proceduren* zu unterbinden. Die Aktion des Reichskreises kann man unter der titelführenden Überschrift Kriminalitätsbekämpfung verbuchen, auch wenn es sich – modern gesprochen – um Staatsterror handelte.

Verweisen wir zweitens, um die strafrechtsrelevante Schnittstelle im Geschehen zu konkretisieren, auf die von süddeutschen Reichskreisen organisierte Abschiebung von Gesetzesbrechern – zeitgenössisch als *Malefikanten* bezeichnet – zur Zwangsvollstreckung auf einer der vielen venezianischen Galeeren.[10] Die aus Bayern, Franken oder Schwaben verkauften angeketteten Rudersklaven hatten auf den standardmäßigen Galeeren des 17. Jahrhunderts an den Riemen gerade einmal 70 Zentimeter Platz zur Verfügung und sie mussten im geringen Abstand zur nächsten Ruderbank den Rudertakt exakt einhalten. Gerudert wurde bis zu zehn Stunden am Tag. Die Kanzleien der Reichskreise legten ab dem späten 16. Jahrhundert Listen an, die den Territorien den Galeerenstrafvollzug erleichterten.

Der Fränkische Kreis benannte jährlich – so auch 1708 – Malefikanten, *welche ad Triremes condemniret* waren. Vor dem Strafvollzug seitens des Reichskreises zeigten oft territoriale Schand- und Ehrenstrafen trotz Inszenierung keine

---

8 Lebensdaten: 1720–1805. Vgl. Landesarchiv Baden-Württemberg, Abt. Staatsarchiv Wertheim, R-NL 15 Nr. 602 II.

9 Bayerische Staatsbibliothek München (künftig: BSB), 4 Ded. 234: *Erstes Reichsgräflich Wertheimisches Schreiben an den Löbl*[ichen] *fränckischen Craiß Convent* vom 22. Juni 1781, S. 1 f.

10 Hans Schlosser, Der Mensch als Ware: Die Galeerenstrafe in Süddeutschland als Reaktion auf Preisrevolution und Großmachtpolitik (16.–18. Jahrhundert), in: Reinhard Blum/Manfred Steiner (Hrsg.), Aktuelle Probleme der Marktwirtschaft in gesamt- und einzelwirtschaftlicher Sicht. Festgabe zum 65. Geburtstag von Louis Perridon, Berlin 1984, S. 87–114; Ders., Die infamierende Strafe der Galeere, in: Karl Kroeschell (Hrsg.), Festschrift für Hans Thieme zu seinem 80. Geburtstag, Sigmaringen 1986, S. 253–263; Ders., Die Strafe der Galeere als poena arbitraria in der mediterranen Strafpraxis, in: ZNR 10 (1988) S. 19–37.

Abb. 15 *Circulus Franconicus: in quo sunt Episcopatus Wurtzburg, Bamberg et Aichstet, Status Equitum Teutonicor, Ducatus Coburgensis, Marchionatus Cullembach, et Onspach, Comitatus Henneberg, Wertheim, Holach, Reinec, Papenheim, Erpach, Schwartzenberg, et Castel, Baronatus Sensheim et Territorium Norinbergense*, Karte von Frederick de Wit, Amsterdam, um 1680. Bildnachweis: Bayerische Staatsbibliothek München, Mapp. XI,283 a.

nachhaltige Wirkung.[11] Überführt wurden sie unter Aufsicht des Kreismilitärs in Ketten von Innsbruck aus über die Alpen bis zur historischen Zollstation Primolano[12] an der Gebirgsgrenze zwischen der Seerepublik Venedig und der gefürsteten Grafschaft Tirol. Der Weg dorthin war beschwerlich und der Dienst auf venezianischen Galeeren – auch wenn er zeitlich begrenzt war – kam der Todesstrafe gleich. Ökonomisch gesehen kam die Abschiebung Schwerstkrimineller im weiteren Sinn als *poena arbitraria* oder *poena extraordinaria* einer Reform gleich, da Venedig pro Kopf und Galioten 25 Dukaten an den exekutierenden Reichskreis

11 Satu Lidmann, Zum Spektakel und Abscheu. Schand- und Ehrenstrafen als Mittel öffentlicher Disziplinierung in München um 1600 (Strafrecht und Rechtsphilosophie in Geschichte und Gegenwart, 4), Frankfurt a. M. 2008.

12 Primolano an der Brenta (Trentino) ist heute per Bahn von Trient oder Venedig gut zu erreichen.

Abb. 16 Pass und Bergfeste Kofel an der Straße zwischen Trento und Bassano und an der Brenta zwischen den Orten Primolano und Cismon del Grappa, Kupferstich von Gabriel Bodenehr d. Ä., 1710. Bildnachweis: Alamy, https://www.alamy.de/fotos-bilder/2a2tayd.html (abgerufen am 1. Oktober 2023).

bezahlte.[13] Konkret verkaufte die Kreisausschreibende Kanzlei in Bamberg 1708 *Nicolaus Härtl und Hannß Wachter aus dem Bambergischen ambt Lichtenfels, welche beederseits 3 Jahr ad Triremes condemnirt seynd*, ferner den Korbmacher Matthias Groß *aus dem Eychstetter ambt Binßwangen ad perpetuum*, Adam Ott aus Breitenbronn,[14] Johann Schremer aus Salach[15] für drei Jahre, Maximilian Ludwig und Anton Blum *in perpetuum*, Christian Ernst Broll für fünf Jahre sowie weitere fünf Verurteilte zu jeweils sechs Jahren.[16] Neu war aber auch, wie Karl Härter für Kurmainz belegte, dass die Reichskreise zur Eindämmung der Bettler- und Vagantenströme[17] in der ersten Hälfte des 18. Jahrhunderts mit der Galeeren- oder

13 Hans Schlosser, Tre secoli di criminali bavaresi sulle galere veneziane: secoli XVI–XVIII (Centro tedesco di studi veneziani, quaderni, 28), Venezia 1984; ders., Der Mensch als Ware (wie Anm. 10), S. 87–114; ders., Die infamierende Strafe der Galeere (wie Anm. 10), S. 253–263; ders., Die Strafe der Galeere als poena arbitraria (wie Anm. 10), S. 19–37.

14 Es könnte sich um den heutigen Gemeindeteil Großbreitenbronn der mittelfränkischen Stadt Merkendorf handeln.

15 Salach (Lkr. Göppingen). Er wurde vom Schwäbischen Reichskreis gestellt.

16 Vgl. zu den Quellenzitaten: Staatsarchiv Nürnberg (künftig: StAN), Herrschaft Schwarzenberg, Registratur 1576/2, betr. den „Verkauf der im Fränkischen Kreis verhafteten und zur Galeerenstrafe verurteilten Verbrecher an die Republik Venedig und den Transport derselben nach Premulano", 1708.

17 Wolfgang Wüst, Armut im Spiegel frühmoderner „guter" Policey – Die hochstiftische Bettler- und Vagantenordnung von 1720 aus Dillingen im Vergleich, in: Jahrbuch des Historischen Vereins Dillingen 118 (2017), S. 89–117.

Galgenstrafe drohten, um Vaganten am erneuten Zutritt eines Sperrgebiets zu hindern. Zuvor musste eine zweimalige Ausweisung erfolgt sein. Der meist todbringende Galeerendienst diente jetzt als Präventionsstrafe, um strafrechtlich relevante Übertritte vagierender Bevölkerungsschichten zu verhindern.[18]

2. Poenalpatente – Reichskreise als Gesetzgeber

2.1 Kreisinitiativen

Die Reichskreise wirkten vom 16. bis zum frühen 19. Jahrhundert als Gesetzgeber, wobei in der Sache folgende zirkuläre Kernbereiche bedient wurden: die Friedens- und Grenzsicherung, die Landesverteidigung, die *gute* Policey,[19] Zoll-, Handels-[20] und Münzfragen sowie die Seuchen-, Vaganten- und Zigeunerprävention. Für die Frage nach der Strafrechtspraxis sind insbesondere zahlreiche *Poenal-Patente* aussagekräftig, die meist mit hohem Sanktionspotenzial für die betroffenen Adressaten – im 18. Jahrhundert waren es meist heimatlose Bettler, Vaganten, Diebe und Räuber – erlassen wurden. Typisch für diese strafrechtsrelevante Spezies ist beispielsweise das 1746 gedruckte *verneuerte und geschärffte* Patent des Fränkischen Kreises wider *das Diebs-Rauberisch-Zigeuner-Jaunerisch-Herren-loses und anderes Bettel-Gesindt.*[21]

Das in Nürnberg am 7. November 1746 erlassene Patent fixierte gleich zu Beginn das Strafgebot, die Strafpraxis und das Strafmaß.

> *Nachdeme Fürsten und Stände des Löbl*[ichen] *Fränckischen Creyses, mißfälligst wahrnehmen müssen, welcher gestalten die, in denen vorherigen Jahren, wider das Landverderbliche Diebs-Rauberisch-Ziegeuner Jaunerisch- und Herrenloses, auch anderes Bettel-Gesind, ergangene und verkündete Straff-Gebote, und insonderheit auch das Poenal-Patent, vom 28. Junii 1720 wider Vermuthen, biß anhero nicht nur von einer geringen Würckung gewesen, sondern, ohnerachtet derselben, von ersagtem Gesind, in denen fränckischen Creyß-Landen, sich noch immer/ hin- und wieder- viele antreffen und spüh-*

18 Karl Härter, Policey und Strafjustiz in Kurmainz. Gesetzgebung, Normdurchsetzung und Sozialkontrolle im frühneuzeitlichen Territorialstaat (Studien zur europäischen Rechtsgeschichte, 190/1, 2), 2 Bde., Frankfurt a. M. 2005, hier Bd. 2, S. 649–654.

19 Udo Gittel, Die Aktivitäten des Niedersächsischen Reichskreises in den Sektoren „Friedenssicherung" und „Policey", 1555–1682 (Veröffentlichungen der Historischen Kommission für Niedersachsen und Bremen, 14), Hannover 1996.

20 Ferdinand Magen, Reichsexekutive und regionale Selbstverwaltung im späten 18. Jahrhundert. Zu Funktion und Bedeutung der süd- und westdeutschen Reichskreise bei der Handelsregulierung im Reich aus Anlaß der Hungerkrise von 1770/72 (Historische Forschungen, 48), Berlin 1992.

21 Landesarchiv Baden-Württemberg, Abt. Staatsarchiv Sigmaringen, Dep. 38 T 4 Nr. 1646.

Des
Löbl. Fränckischen Creyses
anderweit- verneuert- und geschärfftes
POENAL-
PATENT,
wider
Das Diebs-Rauberisch-Zigeuner-Jaunerisch-
Herren-loses und anderes
Bettel-Gesindt.

ANNO 1746.

Abb. 17 *Des Löbl. Fränckischen Creyses anderweit- verneuert- und geschärfftes Poenal-Patent, wider das Diebs-Rauberisch-Zigeuner-Jaunerisch-Herren-loses und anderes Bettel-Gesindt,* 1746. Bildnachweis: Bayerische Staatsbibliothek München, 4o Bavar. 3410 e.

ren lassen, welches dem armen Land-Mann so Tags als Nachts/ mit mancherley Trangsalen/ ungestümmen Andorderungen und zudringlichen Auflagen/ höchst beschwehrlich fället, und ausser Ruhe und Sicherheit, in Leib- und Lebens-Gefahr, und da benebst in stetige Sorge seine wenige Habseeligkeit zu verliehren/ setzet.[22]

Unberechtigt bettelnde Vaganten und Zigeuner wurden im Wiederholungsfall mit der Brandmarkung *F. C.* auf dem Rücken aus dem Kreis verwiesen. Die als *Jauner* bezeichneten kriminalisierten Personen wurden hingegen *das erstemahl statt des Brandtmahls auf einige Zeit an einen Ort zum Vestungs-Bau/*[23] *oder andere offene Arbeit gesandt, das zweytemal aber gebrandmarcket werden: unter dem Namen der Jauner aber alle die jenige mit begriffen seynd, so nirgends einen gewiessen Auffenthalt […]/ auch keine glaubwürdige neue Pässe und ordentliche Nahrung und Gewerb* haben.[24]

22 BSB, 40 Bavar. 3410 e, S. 3.

23 Vgl. Thomas KRAUSE, Art. Festungsarbeit, Festungsbau, in: Handwörterbuch zur deutschen Rechtsgeschichte, Bd. 1. 2. Aufl., Berlin 2008, Sp. 1554 f.

24 BSB, 40 Bavar. 3410 e, S. 5.

Am 9. März 1703 erging auf Veranlassung des Nürnberger Kreiskonvents[25] ein ähnlicher Aufruf an die Kreisstände, der mit Blick auf den lückenhaften frühneuzeitlichen Strafvollzug ganz auf die Melde- und Informationspflicht der Untertanen setzte. Das Anliegen galt ausschließlich der Kriminalitätsbekämpfung, die offenbar von *starcken Gart-Brüdern und herren-losem Gesindlein* ausging. Im Fränkischen Reichskreis hatte sich bereits diese Zielgruppe des Strafmandats

> *zusammen-rottirt/ auch fürs künfftig noch mehrers versamblen- und/ zu beunruhig-Beschwer- und ängstigung des vorhin betrangten und sehr entkräfften armen Unterthans und Land-Manns/ herumb vegiren/ so fort höchst-schädliche Insolentien/ Erpressungen und anders ins Werck setzen – endlichen auch sich von der Miliz einige darzu schlagen/ sothanem schädlichen Beginnen und Gefährlichkeiten zeitlich vorzubiegen; Dannenhero verordnet und miteinander verabredet haben/ daß fürohin keine Troupen im fränckischen Crayß/ es mögen deren viel oder wenig seyn/ passirt werden sollen.*[26]

Im genuinen Aufgabenbereich der Reichskreise, der Münzaufsicht,[27] treten strafrechtsrelevante Tatbestände *secunda vista* ebenso deutlich hervor wie in den namenprägenden *Poenal-Patenten.* Im Herbst 1769 erließ der Fränkische Reichskreis mit Hilfe einer aktualisierten *Münz-Valvations-Tabelle* für Gold- und Silberprägungen ein Strafmandat gegen das *Conventions-widrige verruffene- und abgewürdigte Münzen.* Es war das gemeinsame Anliegen der Kreisstände,

---

25 Vgl. zu den Kreiskonventen am Beispiel der kleinen fränkischen Reichsstadt Windsheim: Wolfgang Wüst, Windsheim – Kreistage als Erinnerungsorte einer frühmodernen Reichsverfassung in Franken, in: Ferdinand Kramer (Hrsg.), Orte der Demokratie in Bayern (ZBLG, 81/1), München 2018, S. 87–104.

26 Niedersächsische Staats- und Universitätsbibliothek Göttingen, PPN626178967.

27 Frank Göttmann, Über Münz- und Währungsprobleme im Bodenseeraum vom Ende des 17. Jahrhunderts bis zur Mitte des 18. Jahrhunderts, in: Schriften des Vereins für Geschichte des Bodensees und seiner Umgebung 107 (1989), S. 195–220; Konrad Schneider, Die Münz- und Währungspolitik des Oberrheinischen Reichskreises im 18. Jahrhundert (Veröffentlichungen der Gesellschaft für Historische Hilfswissenschaften, 4), Koblenz 1995; ders., Reichskreise und europäisierter Geldumlauf, in: Wolfgang Wüst/Michael Müller (Hrsg.), Reichskreise und Regionen im frühmodernen Europa. Horizonte und Grenzen im „spatial turn". Tagung bei der Akademie des Bistums Mainz, Erbacher Hof, 3.–5. September 2010 (Mainzer Studien zur Neueren Geschichte, 29), Frankfurt a. M. 2011, S. 283–301; Fabian Schulze, Die Reichskreise im Dreißigjährigen Krieg. Kriegsfinanzierung und Bündnispolitik im Heiligen Römischen Reich deutscher Nation (bibliothek altes Reich, 23), Berlin 2018, S. 40–44; ders., Die Rolle der oberdeutschen Reichskreise und der Reichsgerichte bei der Bekämpfung der Kipper- und Wipperkrise 1618–1626, in: Alexander Denzler/Ellen Franke/Britta Schneider (Hrsg.), Prozessakten, Parteien, Partikularinteressen (bibliothek altes Reich, 17), Berlin 2015, S. 97–116.

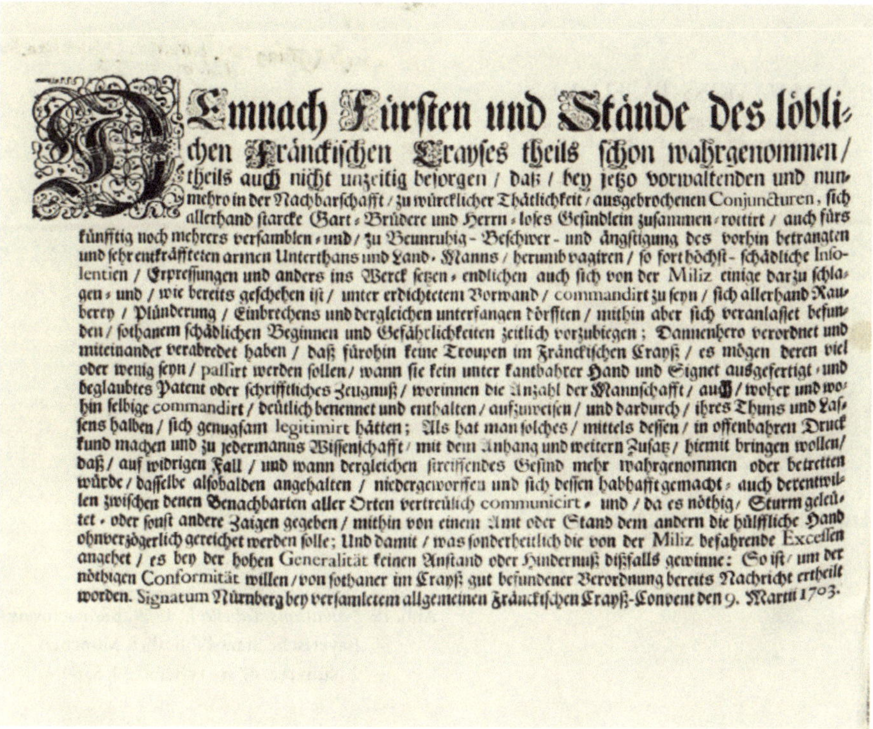

DEmnach Fürsten und Stände des löblichen Fränckischen Crayses theils schon wahrgenommen/ theils auch nicht unzeitig besorgen / daß / bey jetzo vorwaltenden und nunmehro in der Nachbarschafft / zu würcklicher Thätlichkeit / ausgebrochenen Conjuncturen, sich allerhand starcke Gart-Brüdere und Herrn-loses Gesindlein zusammen-rottirt / auch fürs künfftig noch mehrers versamblen- und / zu Beunruhig- Beschwer- und ängstigung des vorhin betrangten und sehr entkräfftteten armen Unterthans und Land-Manns / herumb vagiren / so fort höchst-schädliche Insolentien / Erpressungen und anders ins Werck setzen- endlichen auch sich von der Miliz einige darzu schlagen- und / wie bereits geschehen ist / unter erdichtetem Vorwand / commandirt zu seyn / sich allerhand Rauberey / Plünderung / Einbrechens und dergleichen unterfangen dörfften / mithin aber sich veranlasset befunden / sothanem schädlichen Beginnen und Gefährlichkeiten zeitlich vorzubiegen; Dannenhero verordnet und miteinander verabredet haben / daß fürohin keine Troupen im Fränckischen Crayß / es mögen deren viel oder wenig seyn / passirt werden sollen / wann sie kein unter kantbahrer Hand und Signet ausgefertigt- und beglaubtes Patent oder schrifftliches Zeugnuß / worinnen die Anzahl der Mannschafft / auch / woher und wohin selbige commandirt / deütlich benennet und enthalten / aufzuweisen / und dardurch / ihres Thuns und Lassens halben / sich genugsam legitimirt hätten; Als hat man solches / mittels dessen / in offenbahren Druck kund machen und zu jedermanns Wissenschafft / mit dem Anhang und weitern Zusatz / hiemit bringen wollen / daß / auf widrigen Fall / und wann dergleichen streiffendes Gesind mehr wahrgenommen oder betretten würde / dasselbe alsobalden angehalten / niedergeworffen und sich dessen habhafft gemacht- auch derentwillen zwischen denen Benachbarten aller Orten vertreülich communicirt- und / da es nöthig / Sturm geleütet- oder sonst andere Zaigen gegeben / mithin von einem Amt oder Stand dem andern die hülffliche Hand ohnverzögerlich gereichet werden solle; Und damit / was sonderbeitlich die von der Miliz befahrende Excessen angehet / es bey der hohen Generalität keinen Anstand oder Hindernuß dißfalls gewinne: So ist / um der nöthigen Conformität willen / von sothaner im Crayß gut befundener Verordnung bereits Nachricht ertheilt worden. Signatum Nürnberg bey versamletem allgemeinen Fränckischen Crayß-Convent den 9. Martii 1703.

Abb. 18 Mandat gegen das *Zusammen-Rottiren* vom 9. März 1703. Bildnachweis: Niedersächsische Staats- und Universitätsbibliothek Göttingen, PPN626178967.

zu Beförderung schlußmäßiger unverzüglicher gänzlicher Vertilgung derer- in diesem- und anderen Craisen noch läufigen sehr vielen Conventions-widrigen verruffenen- und abgewürdigten Münzen, neuere Münz-Valvations-Tabellen von dem verpflichteten Craiß-General-Wardein, sowohl über diese, als auch über die vorhandene Conventions-mäsige gerechte Goldgrobe- und kleinere Silber-Münzen verfertigen, und dem Publico in öffentlicher Wissenschafft, und genauester Nachacht bekannt machen zu lassen.

Vorsorge war zu treffen gegen die *boshafte kipper und Wipper, Einschlepper* [ge-]*ringhaltiger Geldern, Abtreiber und Ausschlepper vermünzt – auch unvermünzt Silbers.*

Von Interesse sind dabei die angekündigten Sanktionen bei Missachtung der Vorgaben des Kreismünzwardeins. Gegen gesetzesbrechende Christen und Juden wurden gleichermaßen hohe Geldstrafen verhängt, *von jedem Kreuzer eines Gulden Rheinisch.* Waren Geldstrafen nicht zielführend, wurde auf die bestehenden

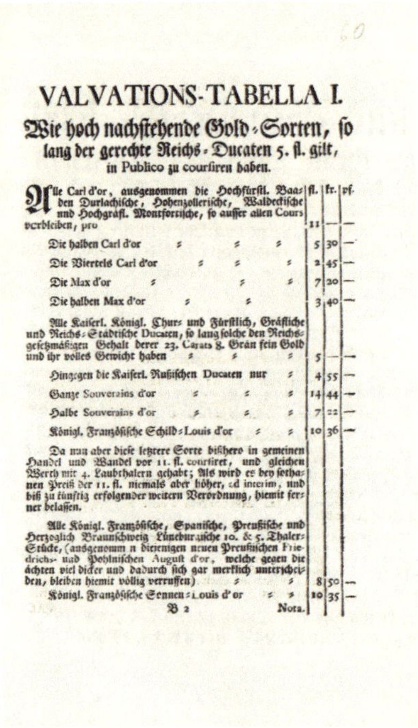

VALVATIONS-TABELLA I.
Wie hoch nachstehende Gold-Sorten, so lang der gerechte Reichs-Ducaten 5. fl. gilt, in Publico zu coursiren haben.

	fl.	kr.	pf.
Alle Carl d'or, ausgenommen die Hochfürstl. Baaden Durlachische, Hohenzollerische, Waldeckische und Hochgräfl. Montfortische, so ausser allen Cours verbleiben, pro	11	—	—
Die halben Carl d'or	5	30	—
Die Viertels Carl d'or	2	45	—
Die Max d'or	7	20	—
Die halben Max d'or	3	40	—
Alle Kaiserl. Königl. Chur- und Fürstlich, Gräfliche und Reichs-Städtische Ducaten, so lang solche den Reichsgesetzmäßigen Gehalt derer 23. Carats 8. Grän fein Gold und ihr volles Gewicht haben	5	—	—
Hingegen die Kaiserl. Rußischen Ducaten nur	4	55	—
Ganze Souverains d'or	14	44	—
Halbe Souverains d'or	7	22	—
Königl. Französische Schild-Louis d'or	10	36	—
Da nun aber diese letztere Sorte bißhero in gemeinen Handel und Wandel vor 11. fl. coursiret, und gleichen Werth mit 4. Laubthalern gehabt; Als wird es bey sothanen Preiß der 11. fl. niemals aber höher, ad interim, und biß zu künftig erfolgender weitern Verordnung, hiemit ferner belassen.			
Alle Königl. Französische, Spanische, Preußische und Herzoglich Braunschweig Lüneburgische 10. & 5. Thaler-Stücke, (ausgenommen diejenigen neuen Preußischen Friedrichs- und Pohlnischen August d'or, welche gegen die ächten viel dicker und dadurch sich gar merklich unterscheiden, bleiben hiemit völlig verruffen)	8	50	—
Königl. Französische Sonnen-Louis d'or	10	35	—

B 2 Nota.

Abb. 19 *Valvations-Tabella I.*, 1769. Bildnachweis: Bayerische Staatsbibliothek München, 2 Num.rec. 47 m-1#Beibd.59, S. 60.

Zuchthäuser[28] des Kreises und der Kreisstände beziehungsweise auf die *Strassen-*

28 Gerhard AMMERER, „durch Strafen […] zu neuen Lastern gereizt“: Schandstrafe, Brandmarkung und Landesverweisung. Überlegungen zur Korrelation und Kritik von kriminalisierenden Sanktionen und Armutskarrieren im späten 18. Jahrhundert, in: Sebastian Schmidt (Hrsg.), Arme und ihre Lebensperspektiven in der Frühen Neuzeit, Frankfurt a. M. 2008, S. 311–339; DERS., Zucht- und Arbeitshäuser, Freiheitsstrafen und Gefängnisdiskurs in Österreich, 1750–1850, in: ders. (Hrsg.), Strafe, Disziplin und Besserung: Österreichische Zucht- und Arbeitshäuser von 1750 bis 1850, Frankfurt a. M. 2006, S. 7–61; ders./Alfred Stefan Weiss (Hrsg.), Strafe, Disziplin und Besserung: Österreichische Zucht- und Arbeitshäuser von 1750 bis 1850, Frankfurt a. M. 2006; Gerhard Ammerer/Falk Bretschneider/Alfred Stefan Weiss (Hrsg.), Gefängnis und Gesellschaft: Zur (Vor)Geschichte der strafenden Einsperrung (Comparativ, 13, 5/6), Leipzig 2003; Gerhard AMMERER/Alfred Stefan WEISS, Zucht- und Arbeitshäuser in Österreich um 1800: Recht, Konzepte und Alltag, in: dies./Bretschneider (Hrsg.), Gefängnis und Gesellschaft (wie Anm. 28), S. 149–176; DIES., Von der strafenden Arbeit zur moralischen Gesundung: Der Gedanke der „Besserung“ im Alltag der Zuchthäuser und Gefängnisse am Beispiel Österreichs in der Zeit um 1800, in: Silke Klewin (Hrsg.), Hinter Gittern: Zur Geschichte der Inhaftierung zwischen Bestrafung, Besserung und politischem Ausschluss vom 18. Jahrhundert bis zur Gegenwart, Leipzig 2010, S. 99–113; Beate FUHL, Randgruppenpolitik des Schwäbischen Kreises im 18. Jahrhundert: Das Zucht- und Arbeitshaus zu Buchloe, in: ZHVS 81 (1988), S. 63–116; Wolfgang WÜST, Die gezüchtigte Armut. Sozialer Disziplinierungsanspruch in den Arbeits- und Armenanstalten der „vorderen“ Reichskreise, in: ZHVS 89 (1996), S. 95–124; DERS., Bettler und Vaganten als Herausforderung für die Staatsraison

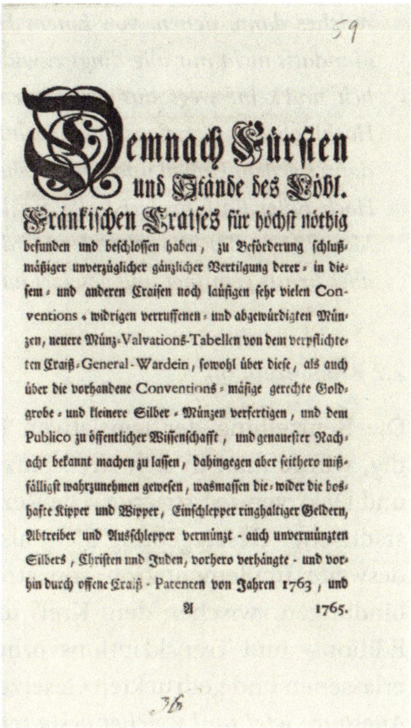
59

Demnach Fürsten und Stände des Löbl. Fränkischen Craises für höchst nöthig befunden und beschlossen haben, zu Beförderung schlußmäßiger unverzüglicher gänzlicher Vertilgung derer- in diesem- und anderen Craisen noch läufigen sehr vielen Conventions-widrigen verruffenen- und abgewürdigten Münzen, neuere Münz-Valvations-Tabellen von dem verpflichteten Craiß-General-Wardein, sowohl über diese, als auch über die vorhandene Conventions-mäsige gerechte Gold- grobe- und kleinere Silber-Münzen verfertigen, und dem Publico zu öffentlicher Wissenschafft, und genauester Nachacht bekannt machen zu lassen, dahingegen aber seithero mißfälligst wahrzunehmen gewesen, wasmassen die- wider die boshafte Kipper und Wipper, Einschlepper ringhaltiger Geldern, Abtreiber und Ausschlepper vermünzt- auch unvermünzten Silbers, Christen und Juden, vorhero verhängte- und vorhin durch offene Craiß-Patenten von Jahren 1763, und

A 1765.

36

Abb. 20 Münzmandat des Fränkischen Reichskreises vom 15. Oktober 1769. Bildnachweis: Bayerische Staatsbibliothek München, 2 Num.rec. 47 m-1#Beibd.59, S. 59.

Bau-Arbeit verwiesen, *ohne einige Rucksicht und Nachlaß.* Jüdischen Finanzhändlern war es ferner bei hohen Geldstrafen untersagt, *Passauer Schmelz-Tiegel* und andere Münzwerkzeuge *bey sich im Hauß zu haben und finden zu lassen.*[29]

Initiativen und Perspektiven der Reichskreise spielten aber auch bei anderen Strafdrohungen eine Rolle, obwohl der Gesetzgeber wie beispielsweise die Reichsstadt Nürnberg als eigenständiger Kreisstand handelte. In einer reichsstädtischen Ordnung[30] für den Viehhandel und Viehmarkt vom 16. September 1720 nahm der Rat *expressis verbis* Bezug auf den Reichskreis. Es galt den urbanen Viehmarkt vor Unrecht zu schützen, das von kreisfremden Händlern und Metzgern ausging. Zu überlieferten Verstößen hieß es:

---

im Hochstift und der Reichsstadt Augsburg, in: Jahrbuch des Vereins für Augsburger Bistumsgeschichte 21 (1987), S. 240–279.

29 Vorangegangene Zitate aus: BSB, 2 Num.rec. 47 m-1#Beibd.59, S. 59 f.

30 In den Beständen des Stadtarchivs Nürnberg (künftig: StadtAN) wie der Mandatssammlung und dem Ochsen- und Unschlittamt befinden sich seit 1602 Nachweise zum *Viehhandel* und zum *Viehmarkt.* Ein erstes Mandat zum Handel mit Vieh erließ der Rat am 17. September 1602 (StadtAN, A 6 Nr. 463). Insbesondere zu den Bedingungen und Verbot des „Vorkaufs" von Vieh sah sich der Rat zu einem Mandat am 16. Juli 1711 (StadtAN, A 6 Nr. 1659) und zu deren Aufnahme in die Verordnung zum Viehmarkt vom 6. September 1798 (StadtAN, A 6 Nr. 3678) veranlasst.

Welches dann, denen, von Einem Hoch-Edlen Rath hierüber Oberherrlich-ergangenen Mandatis nicht nur allerdings zuwider lauffet, sondern auch an sich selbsten recht schädlich, und keineswegs, aus vielen betrachtlichen Ursachen, absonderlichen auch zu anderer Hochlöblichen Creyß=Stände Nachtheil, in keine Wege länger nachzusehen ist. Dahero dann solchem Unheil und höchst schädlichen Beginnen nachdrücklich zu steuern, will ein Hoch-Edler Rath förderist alle die deßwegen ehedeß Oberherrlich-ausgelassene Decreta, Mandata, und noch vorhandene Ordnungen, hierher nochmahln wiederholet, und hiemit alles Ernsts geordnet und gesetzet haben.[31]

2.2 Kreisrezeption

Die Beurteilung der legislativen Initiativen der Reichskreise wäre unvollständig, würde man in den Kreiskanzleien nur den direkten Output an Mandaten und Dekreten registrieren. Die Rezeption von *Crayßpatenten* in territorialer und städtischer Gesetzgebung dient als Beleg für die schwierig nachzuweisende landesweite Implementation von strafrechtsrelevanten Kreisvorgaben.[32] Die Verbindungen zwischen dem Kreis und den Territorien fallen meist aber erst bei Editions- und Transkriptionsvorhaben auf. Wer würde denn bei dem 1720/21 erlassenen und gedruckten Gesetzestitel *Ordnung deß Hochfürstlichen Hochstiffts Augspurg wie/ und welcher gestalten in ermelt Hochfürstlichen Hochstifft/ und dessen untergeben Landen hinkünfftig sowohl gegen In- als Außländische Bettler/ Vaganten und ander Herren-loses Gesindel zu verfahren/ und sich zu verhalten seye*, vermuten, dass es sich nur um eine adaptierte Verordnung des Schwäbischen Kreises handelte?[33]

In der hochstiftisch-augsburgischen Bettler- und Vagantenordnung wurde an zahllosen Stellen – explizit mit Angabe des entsprechenden Paragraphen in gut der Hälfte aller 40 Kapitel – auf eine vorangegangene einschlägige Kreisverordnung verwiesen. Im 18. Abschnitt der am 5. November 1720 ausgestellten territorialen Ordnung hieß es:

---

31 Wolfgang Wüst (Hrsg.)/Marina Heller (Red.), Die „gute" Policey im Reichskreis, Bd. 7: Policeyordnungen in den fränkischen Reichsstädten Nürnberg, Rothenburg o. d. Tauber, Schweinfurt, Weißenburg und (Bad) Windsheim. Ein Quellenwerk, Erlangen 2015, S. 233 f.

32 Andreas Otto Weber, Vom territorialen Konflikt zur Kooperation im komplementären Reich. Der Fränkische Reichskreis im 16. Jahrhundert, in: Wüst/Müller (Hrsg.), Reichskreise und Regionen im frühmodernen Europa (wie Anm. 27), S. 195–207.

33 Wüst, Bettler und Vaganten als Herausforderung für die Staatsraison (wie Anm. 28), S. 240–279, Edition: S. 257–279.

Ordnung
Deß Hochfürstlichen
Hochstiffts Augspurg
Wie/ und welcher Gestalten
in ermelt Hochfürstlichen Hochstifft
und dessen untergebenen Landen hinkünfftig so wohl gegen In/ als Außländische Bettler / Vaganten / und ander Herrenloses Gesindel zu verfahren / und sich zu verhalten seye.
Auß
SPECIAL Ergangenen Hochfürstl. gnädigisten Befelch / und Anordnung.
DJLLJNGEN/
Gedruckt bey Joann Ferdinand Schmettern Hochfürstlicher Bischöfl. Hoff- und Stadt Buchdrucker. Anno 1720.
DD 2011 B 4

Abb. 21 *Ordnung Deß Hochfürstlichen Hochstiffts Augspurg Wie/ und welcher Gestalten in ermelt […] Hochstifft […] so wohl gegen In/ als Außländische Bettler/ Vaganten, und ander Herrenloses Gesindel zu verfahren*, 1720. Bildnachweis: Niedersächsische Staats- und Universitätsbibliothek Göttingen, DD 2011 B4.

Damit aber solches desto gewiser und unfehlbar befolget werden möge, sollen fürohin in denen städten die thor mit der wacht besser und richtiger besetzt, in denen dörfferen aber und in offnen märckten, so mit keinen mauren noch thoren verwahrt, nach innhalt des crayßpatent § 24 überall, wo es nur möglich, wachten aufgestellt und fort und fort damit continuirt werden, welche wachten sonderbahr zu besorgen und allergenauiste obsicht zu tragen haben, daß die bettelleuth, vaganten, jauner und dergleichen gesind nirgends in die dörfer einkommen, bettlen oder sonst unterschluff haben mögen.[34]

Im 27. Abschnitt, der die Anlage von Almosenkassen regelte, mahnte man mit Verweis auf den Reichskreis vor überbordenden Kosten. Vorsicht sei geboten, da

auch an theils oder wohl an denen mehristen orthen die anzahl der armen leuth, sonderbahr auch deren kinder, so hieraus erhalten werden oder doch mit behörigen gaaben und viaticis abgefertigt werden müssen, so groß seyn dörffte, daß die allmosencassa mit solchen beständigen und besetzten einkommen nicht auslangen könnte, bevorab wann nach

34 Stadtarchiv Augsburg (künftig: StadtAA), Zuchthaus Buchloe, Fasz. 1/1, Buchloeische Assoziations-Verordnungen, Teil 4, 1751; Wüst, Bettler und Vaganten als Herausforderung für die Staatsraison (wie Anm. 28), S. 266.

intention des Crayßpatent § 7 ein orth und gemaind der anderen, so mit einheimischen armen etwann allzuvil übersetzt und beladen wäre, ein ergibiges sollte beytragen, anbey aber sich selbst andurch erschöpffen müssen.[35]

In der Bilanz folgte man im Herbst des Jahres 1720 in der Residenzstadt Dillingen der Fürstbischöfe von Augsburg den Strafrechts- und Policey-Bestimmungen der Schwäbischen Kreiskanzlei[36] in Stuttgart und Konstanz, die am 6. Mai 1720 ein Generalmandat erließ zur *Außrott- und Abstarffung der Jauner/ haillosen Vaganten/ außländischen Bettlern und anderen herrenloses Gesindls/ auch welchergestalten die inländische arme Leuth zuverpflegen.*[37]

In der Gesetzgebung der fränkischen Hohenzollern verwies man ebenfalls häufig auf die Rechtsprechung im Reichskreis.[38] Der Beschluss des Nürnberger Kreistags vom 15. Mai 1732 musste jedenfalls auch in allen Ämtern der Markgraftümer publik gemacht werden. Die Kreisstände waren schließlich *bey letzt vorgewesenen convent* [auch für Ansbach und Bayreuth zusammengekommen, um] *wegen austreib- und bestraffung der ihren landen unterthanen und leuten zur last und hoechst-schaedlich fallenden landstreuner, jauner, ziegeuner und andern herrenlosen gesinds, dann wegen versorgung der einheimischen armen* zu beraten und zu beschließen. Es handelte sich um das *Poenal-Patent* des Fränkischen Reichskreises vom 28. Mai 1732.[39] Der „wilde" Markgraf Carl Wilhelm Friedrich von Brandenburg-Ansbach (1712–1757)[40] zeigte jedenfalls das Strafgesetz des Kreises noch am Tag des Beschlusses mit folgender Weisung an:

---

35 Wüst, Bettler und Vaganten als Herausforderung für die Staatsraison (wie Anm. 28), S. 271.

36 Bernhard Theil, Die Überlieferung des Schwäbischen Reichskreises in den staatlichen Archiven Baden-Württembergs, in: Wüst (Hrsg.), Reichskreis und Territorium (wie Anm. 1), S. 123–138.

37 Stefan Breit, Augsburg, in: Karl Härter/Michael Stolleis (Hrsg.), Repertorium der Policeyordnungen der Frühen Neuzeit, Bd. 11: Fürstbistümer Augsburg, Münster, Speyer, Würzburg, 2 Bde. (Studien zur europäischen Rechtsgeschichte, 293/1 und 2), Frankfurt a. M. 2016, Bd. 1, S. 27–218, hier S. 124.

38 Nicola Schümann, Der Fränkische Kreiskonvent im Winter 1790/91: Ein Verfassungsorgan an der Schwelle zur Moderne, in: Jahrbuch für fränkische Landesforschung (künftig: JfL) 62 (2002), S. 231–258; Humphreys, Der Fränkische Kreistag 1650–1740 in kommunikationsgeschichtlicher Perspektive (wie Anm. 1); Gerhard Rechter, Der fränkische Reichskreis, in: Andrea M. Kluxen/ Julia Hecht (Hrsg.), Tag der Franken. Geschichte – Anspruch – Wirklichkeit (Geschichte und Kultur in Mittelfranken, 1), Würzburg 2010, S. 17–30; Wüst (Hrsg.), Reichskreis und Territorium (wie Anm. 1).

39 Wolfgang Wüst (Hrsg.)/Tobias Riedl/Regina Hindelang (Red.), Die „gute" Policey im Reichskreis, Bd. 5: Policeyordnungen in den Markgraftümern Ansbach und Kulmbach-Bayreuth, Erlangen 2011, S. 477.

40 Wolfgang Wüst, Jagd, Falknerei und höfische Repräsentation, in: Georg Seiderer (Hrsg.), Carl Wilhelm Friedrich von Brandenburg-Ansbach (1712–1757) – der „wilde Markgraf" (Jahrbuch des Historischen Vereins für Mittelfranken, 103), Ansbach 2015, S. 63–76.

Als ergehet an alle Ober- und Aemter/ wie auch Burgermeister und Raethe in Staedten/ Maerckten und Flecken hiermit der Befehl/ diese Verordnung/ samt dem eingebundenen Creyß-Patent, von denen Raths- und Gerichts- Haeusern/ und wie es sonst gewoehnlich/ drey Wochen nacheinander/ und sonach viertel Jahr weiß/ zu jedermanns Wissenschafft oeffentlich ablesen und zugleich publiciren zu lassen, daß von dato dieses an/ binnen zwey Monat diejenige/ so alsdann betretten wuerden/ mit der gesetzten Straf ohnfehlbar angesehen werden sollen; wornach sich gehorsamst zu achten ist.[41]

3. Strafen

3.1 Zucht- und Arbeitshäuser

Eine der zumindest zeitweise wirkungsvollen Strafinstitutionen der Reichskreise, die ohne territorialen Beistand generell von einer – modern gesprochen – personellen Ressourcenknappheit[42] gezeichnet blieben, bildeten interterritoriale Zucht- und Arbeitshäuser. Ihre Verwaltung wurde dank eines Kostenverteilungsplans in den Zuchthäusern von Buchloe und Ravensburg direkt vom Schwäbischen Reichskreis organisiert. Die Zuchthäuser bildeten ein Rückgrat für policeyliche Maßnahmen und schufen eine Möglichkeit, die in den *Poenal-Patenten* angedrohten Sanktionen einzulösen.

Die Zahl der Insassen war aber – offenbar aus finanziellen Gründen – starken Schwankungen unterworfen. In Buchloe jedenfalls schwankte ihre Zahl enorm. Die jährliche Belegung variierte im Zeitraum von 1778 bis 1805 zwischen 19 und 87 Personen, wobei sich die Verweildauer – durchschnittlich blieben die Häftlinge mindestens sechs Wochen und höchstens acht Monate interniert – auf das Zwei- bis Dreifache erhöhen konnte.[43] Für den Strafvollzug der Zuchthausverwaltung spielte ferner die Erfassung „fremder" und „heimischer" Bettler mittels gestanzter Blech- oder Messingmarken eine Rolle. In Ostschwaben trugen sie in Kurzform die Buchstabenfolge *B.A.B.Z.* als das *Buchloer-Assoziations-Bettel-Zeichen.*

Das Novum an Maßnahmen der Kreise gegen vagabundierende und heimatlose Bettler blieb ab dem ausgehenden 17. Jahrhundert ihr grenzüberschreitender Zugriff. Das administrative Wirkungsfeld wurde auf Reichskreisebene über

41 Wüst (Hrsg.)/Riedl/Hindelang (Red.), Die „gute" Policey im Reichskreis, Bd. 5 (wie Anm. 39), S. 477.

42 Vgl. u. a. zum Problem der Implementation der Strafgesetzgebung: Achim Landwehr, Policey im Alltag. Die Implementation frühneuzeitlicher Policeyordnungen in Leonberg (Studien zu Policey und Policeywissenschaft), Frankfurt a. M. 2000.

43 Fuhl, Randgruppenpolitik des Schwäbischen Kreises im 18. Jahrhundert (wie Anm. 28), S. 63–115, hier S. 98 f.

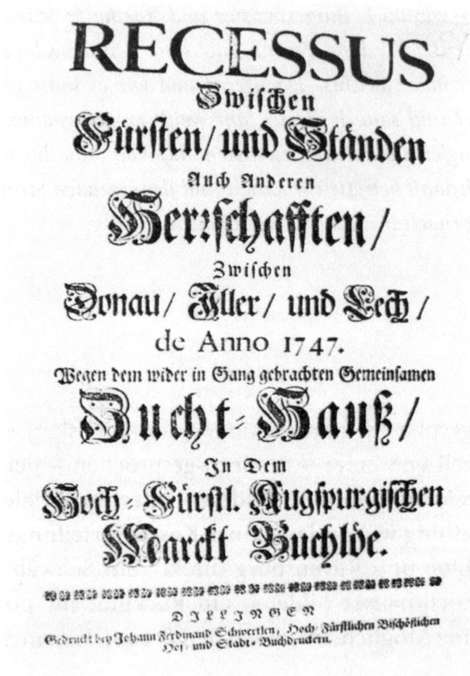
RECESSUS
Zwischen
Fürsten/ und Ständen
Auch Anderen
Herrschafften/
Zwischen
Donau/ Iller/ und Lech/
de Anno 1747.
Wegen dem wider in Gang gebrachten Gemeinsamen
Zucht-Hauß/
In Dem
Hoch-Fürstl. Augspurgischen
Marckt Buchlöe.
DILLINGEN
Gedruckt bey Johann Ferdinand Schwertlen, Hoch-Fürstlichen Bischöflichen Hof- und Stadt-Buchdruckern.

Abb. 22 Gemeinsamer Zuchthaus-Rezess des Schwäbischen Reichskreises für den Markt Buchloe, 1747. Bildnachweis: Stadtarchiv Augsburg, Bestand: Zuchthaus Buchloe.

Kreisassoziationen sogar auf mehrere Regionen verteilt. So schlossen sich 1714 die vier vorderen Reichskreise – dazu zählten der Fränkische, Schwäbische, Bayerische und Oberrheinische Kreis – zu einem Pakt wider *zigeuner, bettel-juden, jauner und herrenloses gesindel* zusammen.[44] Auch unterhalb der Kreisorganisationen strebte man bei der Strafverfolgung nach flächenstaatlichen Lösungen. Die Kanzlei des Reichsgrafen Franz Ludwig Schenk von Castell zu Oberdischingen sicherte sich 1789 weiträumige Geleitsrechte für „Bettelschübe" in die noch leerstehenden örtlichen Arbeitshäuser. In das räumliche Umfeld band man vertraglich die Fürstentümer Ansbach, Bayern, Vorderösterreich und Württemberg, den Ritterkanton Donau, zahlreiche Adelsherrschaften,[45] Reichsstädte[46] und elf Schweizer Kantone ein.[47] Damit erreichte diese Interessengemeinschaft

---

44 Corpus Constitutionum Brandenburgico-Culmbacensium, Teil 2/1, Bayreuth 1747, S. 1097 f.; Rudolf Endres, Das Armenproblem im Zeitalter des Absolutismus, in: JfL 34/35 (1975), S. 1003–1020, hier S. 1015. Zu den „vorderen" Reichskreisen: Hanns Hubert Hofmann, Reichsidee und Staatspolitik. Die Vorderen Reichskreise im 18. Jahrhundert, in: ZBLG 33 (1970), S. 969–985.

45 Die reichsunmittelbaren Herrschaften Dürmentingen (Thurn und Taxis), Neuburg a. d. Kammel (v. Vöhlin), Thiengen (Schwarzenberg) und die Burggrafschaft Winterrieden (Fugger).

46 Dies waren Biberbach, Dinkelsbühl, Pfullendorf, Schwäbisch-Gmünd, Überlingen und Ulm.

47 Ernst Arnold, Der Malefizschenk und seine Jauner. Nach Akten und Schriften geschichtlich dar-

296

Des
Löbl. Fränckischen Creises
anderweit verneuert- und geschärftes
POENAL
PATENT,
wider
Das Diebs- Räuberisch- Zigeuner- Jaunerisch-
Herrenloses und anderes
Bettel-Gesind.

ANNO 1770.

Abb. 23 *Des Löbl*[ichen] *Fränckischen Creises anderweit verneuert- und verschärftes Poenal-Patent, wider Das Diebs- Räuberisch- Zigeuner-Jaunerisch- Herrenloses und anderes Bettel-Gesind*, 1770. Bildnachweis: Bayerische Staatsbibliothek München, Franconia, 5#Beibd.67.

die Größenordnung eines Reichskreises. Auch St. Georgen bei Bayreuth öffnete seine Tore weit über den engeren Bereich der Markgraftümer Ansbach und Bayreuth hinaus. Kartelle mit den Grafen Reuß, Castell, mit Sachsen-Eisenach, Sachsen-Hildburghausen und den benachbarten Reichsstädten Schweinfurt, Regensburg und Rothenburg ob der Tauber sicherten einen weiten Einzugsbereich.[48] Dennoch scheiterte ein weiträumiger Ausgriff sozialer Disziplinierung durch Zuchthäuser oft an fehlender steuerlicher Absicherung und an mangelnder Initiativen der Kreiskonvente. So konnten gemeinschaftliche Zuchthäuser in Schwaben lediglich in Ravensburg[49] für das Konstanzer und in Buchloe[50] für das Augsburger Kreisviertel[51] realisiert werden, während in den anderen Gegenden

gestellt, Stuttgart 1911, ND Oberdischingen 1993, S. 57 (erweiterter Neudruck der Ausgabe von 1911 mit der „Oberdischinger Diebsliste“ von 1799, bearb. v. Werner Kreitmeier).

48 Adam Christoph Riedel, Beschreibung des im Fürstenthum Bayreuth zu sanct Georgen am See errichteten Zucht- und Arbeits-Hauses, Bayreuth 1750, S. 64 f.

49 Karl Brauns, Das Zucht- und Arbeitshaus in Ravensburg 1725–1808, in: Zeitschrift für Württembergische Landesgeschichte 10 (1951), S. 158–165.

50 Fuhl, Randgruppenpolitik des Schwäbischen Kreises im 18. Jahrhundert (wie Anm. 28), S. 80.

51 Wolfgang Wüst, Fürstbischöfe als Kreisstände. Selbstverständnis, Aufgaben und Leistungen, in: Dietmar Schiersner/Hedwig Röckelein (Hrsg.), Weltliche Herrschaft in geistlicher Hand. Die Ger-

die Herzöge von Württemberg und die Markgrafen von Baden noch auf territoriale Konzepte setzten. Die Reichsritterschaft schloss sich zudem aus finanziellen Erwägungen den Zuchthausassoziationen meist nur auf Zeit an. So kündigte das Ritterdirektorium mit Sitz im oberschwäbischen Ehingen nach fünf Jahren den Vertrag mit Buchloe und nach nur zwei Jahren den mit Graf Schenk von Castell, obwohl die Beitragssätze zu Lasten anderer Stände reduziert worden waren. Als Folge boten zum Ärgernis der Reichskreise gerade die Gebiete der Reichsritterschaft Freiräume für das Vaganten- und Bandenwesen.[52] Andernorts verzögerte sich ebenfalls aus ähnlichen Gründen der sozialdisziplinierende Strafvollzug um Generationen. So hatte die Regierung der habsburgischen Erblande 1728 für Linz ein Armen-, Waisen- und Arbeitshaus geplant, das erst während der letzten Regentschaftsjahre Maria Theresias baulich vollendet wurde.[53]

3.2 Streifdistrikte

In Ergänzung zum unvollständigen Netz an Arbeits- und Zuchthäusern richteten die Reichskreise sogenannte Streifbezirke ein. Diese policeylich und militärisch kontrollierten Bezirke bildeten im Fall des Schwäbischen Kreises im 18. Jahrhundert eine Untergliederung der Kreisviertel. Patrouillen, die selbst im ordnungsliebenden Schwaben allerdings nur sechs bis sieben, zudem meist ausgemusterte Milizionäre umfassten, mussten in den Vierteln die öffentliche Sicherheit auf Straßen und Wegen garantieren. Die Milizionäre, bisweilen auch Bettelvögte genannt, verstanden sich als Autorität, um gegen Landfahrer, Gauner, Räuber und Diebesbanden vorzugehen. In einem Strafmandat des Schwäbischen Reichskreises gegen *Gartende und Raub-Gesindel*, Zigeuner, Landesverwiesene, Deserteure und *schlagende Jauner* umschrieb der Gesetzgeber 1710 die Kompetenz der Streifpatrouillen näher. Personen, die sich *im Straiffen zur Wehr setzen/ oder auf Anruffen sich nicht ergeben/ sondern mit der Flucht salviren wollten/* [sollen] *ohne Unterscheid auf der Stelle nieder geschossen* werden. Die *in dem Straiff oder anderwärts beyfangende* Personen sollen *aber/ sodann ohne weitere Inquisition auf deren Delicta, sondern einig und allein wegen ihrer in allen rechten verbottenen Lebens-Art* als Straßenräuber und Mörder verurteilt werden. Sofern

mania Sacra im 17. und 18. Jahrhundert (Studien zur Germania Sacra, Neue Folge, 6), Göttingen 2018, S. 157–176.

52 Margarethe Bitter, Das Zucht- und Arbeitshaus sowie das Criminalinstitut des Reichsgrafen F. L. Schenk von Castell zu Oberdischingen im Kreise Schwaben von 1789–1808, Diss. München/ Murnau 1930, S. 25–35.

53 M. Friedrich von Maasburg, Die Strafe des Schiffziehens in Österreich 1783–1790. Nebst einem Rückblick auf das altösterreichische Gefängniswesen, Wien 1890, S. 34.

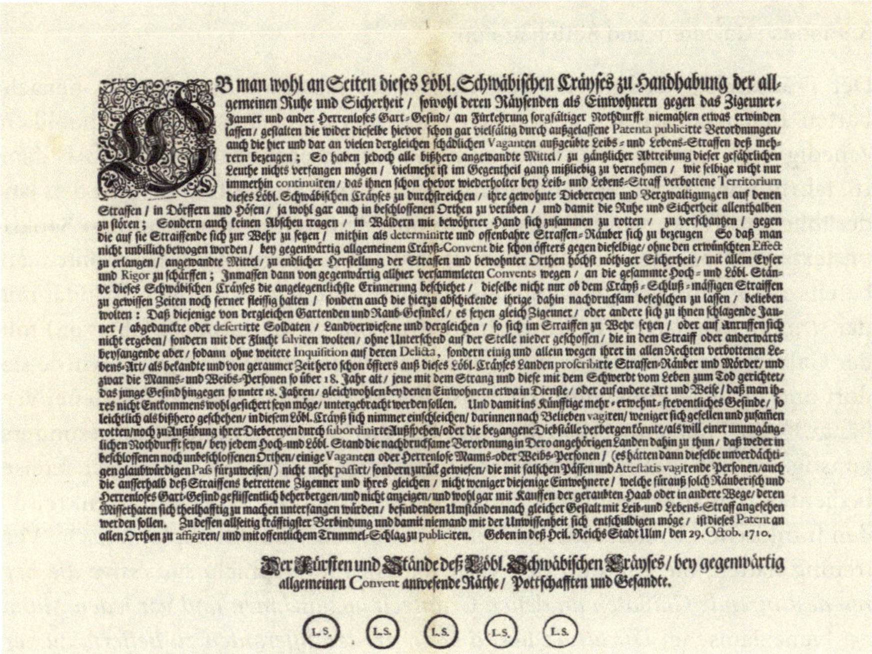

OB man wohl an Seiten dieses Löbl. Schwäbischen Cräyses zu Handhabung der allgemeinen Ruhe und Sicherheit / sowohl deren Räysenden als Einwohnern gegen das Zigeuner-Jauner und ander Herrenloses Gart-Gesind / an Fürkehrung sorgfältiger Nothdurfft niemahlen etwas erwinden lassen / gestalten die wider dieselbe hievor schon gar vielfältig durch außgelassene Patenta publicirte Verordnungen / auch die hier und dar an vielen dergleichen schädlichen Vaganten außgeübte Leibs- und Lebens-Straffen deß mehrern bezeugen ; So haben jedoch alle bißhero angewandte Mittel / zu gäntzlicher Abtreibung dieser gefährlichen Leuthe nichts verfangen mögen / vielmehr ist im Gegentheil gantz mißliebig zu vernehmen / wie selbige nicht nur immerhin continuiren / das ihnen schon ehevor wiederholter bey Leib- und Lebens-Straff verbottene Territorium dieses Löbl. Schwäbischen Cräyses zu durchstreichen / ihre gewohnte Diebereyen und Vergwaltigungen auf denen Strassen / in Dörffern und Höfen / ja wohl gar auch in beschlossenen Orthen zu verüben / und damit die Ruhe und Sicherheit allenthalben zu stören ; Sondern auch keinen Abscheu tragen / in Wäldern mit bewöhrter Hand sich zusammen zu rotten / zu verschantzen / gegen die auf sie Straiffende sich zur Wehr zu setzen / mithin als determinirte und offenbahre Strassen-Räuber sich zu bezeugen So daß man nicht unbillich bewogen worden / bey gegenwärtig allgemeinem Cräyß-Convent die schon öffters gegen dieselbige / ohne den erwünschten Effect zu erlangen / angewandte Mittel / zu endlicher Herstellung der Strassen und bewohnter Orthen höchst nöthiger Sicherheit / mit allem Eyfer und Rigor zu schärffen ; Inmassen dann von gegenwärtig allhier versammleten Convents wegen / an die gesammte Hoch- und Löbl. Stände dieses Schwäbischen Cräyses die angelegentlichste Erinnerung beschiehet / dieselbe nicht nur ob dem Cräyß-Schluß-mässigen Straiffen zu gewissen Zeiten noch ferner fleissig halten / sondern auch die hierzu abschickende ihrige dahin nachdrucksam befehlchen zu lassen / belieben wolten : Daß diejenige von dergleichen Gartenden und Raub-Gesindel / es seyen gleich Zigeuner / oder andere sich zu ihnen schlagende Jauner / abgedanckte oder desertirte Soldaten / Landverwiesene und dergleichen / so sich im Straiffen zu Wehr setzen / oder auf Anruffen sich nicht ergeben / sondern mit der Flucht salviren wolten / ohne Unterscheid auf der Stelle nieder geschossen / die in dem Straiff oder anderwärts beyfangende aber / sodann ohne weitere Inquisition auf deren Delicta, sondern einig und allein wegen ihrer in allen Rechten verbottenen Lebens-Art / als bekandte und von geraumer Zeit hero schon öffters auß dieses Löbl. Cräyses Landen proscribirte Strassen-Räuber und Mörder / und zwar die Manns- und Weibs-Personen so über 18. Jahr alt / jene mit dem Strang und diese mit dem Schwerdt vom Leben zum Tod gerichtet / das junge Gesind hingegen so unter 18. Jahren / gleichwohlen bey denen Einwohnern etwa in Dienste / oder auf andere Art und Weise / daß man ihres nicht Entkommens wohl gesichert seyn möge / untergebracht werden sollen. Und damit ins Künfftige mehr-erwehnt-freventliches Gesinde / so leichtlich als bißhero geschehen / in diesem Löbl. Cräyß sich nimmer einschleichen / darinnen nach Belieben vagiren / weniger sich gesellen und zusammen rotten / noch zu Außübung ihrer Diebereyen durch subordinirte Außspehen / oder die begangene Diebställe verbergen könnte / als will einer unumgänglichen Nothdurfft seyn / bey jedem Hoch- und Löbl. Stand die nachdrucksame Verordnung in Dero angehörigen Landen dahin zu thun / daß weder in beschlossenen noch unbeschlossenen Orthen / einige Vaganten oder Herrenlose Manns- oder Weibs-Personen / (es hätten dann dieselbe unverdächtigen glaubwürdigen Paß fürzuweisen /) nicht mehr passirt / sondern zurück gewiesen / die mit falschen Pässen und Attestatis vagirende Personen / auch die ausserhalb deß Straiffens betrettene Zigeuner und ihres gleichen / nicht weniger diejenige Einwohnere / welche füraus solch Räuberisch und Herrenloses Gart-Gesind geflissentlich beherbergen / und nicht anzeigen / und wohl gar mit Kauffen der geraubten Haab oder in andere Wege / deren Missethaten sich theilhafftig zu machen untersangen würden / befindenden Umständen nach gleicher Gestalt mit Leib- und Lebens-Straff angesehen werden sollen. Zu dessen allseitig kräfftigster Verbindung und damit niemand mit der Unwissenheit sich entschuldigen möge / ist dieses Patent an allen Orthen zu affigiren / und mit offentlichem Trummel-Schlag zu publiciren. Geben in deß Heil. Reichs Stadt Ulm / den 29. Octob. 1710.

Der Fürsten und Stände deß Löbl. Schwäbischen Cräyses / bey gegenwärtig allgemeinen Convent anwesende Räthe / Pottschafften und Gesandte.

(L.S.) (L.S.) (L.S.) (L.S.) (L.S.)

Abb. 24 Druckversion der Urkunde des Schwäbischen Kreiskonvents mit Siegeln der Kreisstände vom 29. Oktober 1710. Bildnachweis: Universitätsbibliothek Tübingen, Hg 304.2-6, 28.

sie 18 Jahre alt waren, wurden *jene mit dem Strang und diese mit dem Schwerdt* gerichtet.[54]

Die Koordination zur Straßensicherung blieb genuine Aufgabe kreisausschreibender Fürsten.[55] Im Augsburger Kreisviertel verfeinerte sich die Organisation der Streifen von zunächst fünf (vor 1721) auf immerhin 25 (1758) Distrikte. Im gesamten Schwäbischen Reichskreis beschlossen 1722 die Vertreter der Kreisstände inklusive Vorderösterreichs und der Ritterkantone eine Aufteilung in anfangs 21 Distrikte.[56] Die Streifen wurden gewissermaßen zum verlängerten Arm der Zuchthausverwaltungen, da sie auch die Aufgabe hatten, Verurteilte in die Anstalten zu eskortieren.

---

54 Universitätsbibliothek Tübingen, Hg 304.2–6, 28. Urkunde: *Ob man wohl an Seiten dieses Löbl*[ichen] *Schwäbischen Cräyses zu Handhabung der allgemeinen Ruhe und Sicherheit, sowohl deren Räysenden als Einwohnern gegen das Zigeuner- Jauner und ander Herrenlose Gart-Gesind* vom 29. Oktober 1710; digital: VD 18, 14244373.

55 Wüst, Fürstbischöfe als Kreisstände (wie Anm. 51).

56 Zu den Streifbezirken: Hauptstaatsarchiv Stuttgart, C 10, III, Büschel 1481a; StadtAA, Zuchthaus Buchloe, Fasz. 1/1, 2/1, 5 und 9.

3.3 Todes-, Galeeren- und Kettenstrafen

Der Fränkische Reichskreis bediente sich in Abstimmung mit den benachbarten Reichskreisen des lukrativen Angebots der mächtigen Seerepubliken Venedig und Genua, Verurteilte zum Galeerendienst abzukaufen.[57] Ab dem 16. Jahrhundert diente die Galeerenstrafe als wirksame Alternative zu den landesüblichen Ketten- und Todesstrafen; ihre Androhung taucht in den Sanktionstexten entsprechender Strafmandate auf. Im Herzogtum Bayern drohte man bereits 1574 Müßiggängern und falschen Bettlern in einem Policeymandat mit der *straff der Galleen.*[58] In Kurmainz wurde im 18. Jahrhundert (ab 1702) mit der Galeerenstrafe häufig gedroht, aber im Gegensatz zu Frankreich wurde sie dort und im zugeordneten Kurrheinischen Reichskreis tatsächlich seltener verhängt.[59] Für Franken ist die Aktenlage für die Jahre 1708 und 1714 besonders günstig. Im Juli 1708 bestätigte der Kurmainzer Resident[60] – alle Reichskreise bedienten sich außenpolitisch häufig der landesfürstlichen Diplomatenkreise – den fränkischen Kreisständen, die in Venedig keine direkte diplomatische Vertretung hatten, die Ankunft der Verurteilten. Er versprach, *successive die herren destinirende Gallioten an denen Gräntzen abzunehmen und vor jeden Mann* 25. [venezianische] *Ducati da lieri 6 baar, an den lifferanten zu lieffern, zu vergüthen.*[61] Im Jahr 1708 regierte in Bamberg am Ort der fränkischen Kreiskanzlei aber Lothar Franz von Schönborn (1693–1729), der zugleich von 1694 bis 1729 als Erzbischof von Mainz doppelstaatliche Ressourcen nutzen konnte. So titulierte man in Bamberg den Kurmainzer Verbindungsmann wiederholt als *unseren* Residenten.[62]

Für die Frage des Strafvollzugs im Reichskreis sind nun die Personalakten einer Bayreuther *Designatio* aus dem Jahr 1714 aufschlussreich, da sie nähere Umstände der Verurteilung beschreibt. Unter den in Brandenburg-Bayreuth für den Reichskreis rekrutierten acht Galioten befand sich der 59 bis 60 Jahre alte

57 SCHLOSSER, Die infamierende Strafe der Galeere (wie Anm. 10), S. 253–263; DERS., Der Mensch als Ware (wie Anm. 10), S. 87–114.

58 Gerhard SCHUCK, Arbeit als Policeystrafe, in: Karl Härter (Hrsg.), Policey und frühneuzeitliche Gesellschaft, Frankfurt a. M. 2000, S. 611–625, hier S. 615; HÄRTER, Policey und Strafjustiz in Kurmainz (wie Anm. 18), Bd. 2, S. 649 f.

59 HÄRTER, Policey und Strafjustiz in Kurmainz (wie Anm. 18), Bd. 2, S. 650.

60 Vgl. zur Rolle der Residenten im Kontext territorialer Außenpolitik: Alois SCHMID, Max III. Joseph und die europäischen Mächte. Die Außenpolitik des Kurfürstentums Bayern von 1745–1765, München 1987.

61 StAN, Herrschaft Schwarzenberg (Rep. 321.7), Registratur 1576/2, Bericht des Mainzer Residenten vom 6. Juli 1708.

62 Ebd., Bamberger Schreiben vom 20. Juli 1714.

Matthes Schubert. Er wurde des Inzestes beschuldigt. Ferner war er *puncto vergifftung* verdächtig. Drittens hatte er *den Schulmeister und dieses* [sic] *Frau zu Weißdorff*[63] *verweglegert, nach beeden geschossen, und Sie hart verwundet, mithin bey dessen freylassung solche beede so wenig, als andere Persohnen in selbiges Gegendt ihres Lebens gesichert.*[64] Interessant ist für den Strafvollzug unter den zur Galeere Verurteilten ferner das Schicksal des Juden Naphtali Welch, alias Hirsch, im Alter von 43 bis 44 Jahren. Er wurde ab 1712 mehrmals verhaftet, hatte bei Fluchtversuchen *mit einem Pistohl geschossen* und war im Besitz von *diebs-Instrumenta* und gefälschten Pässen *aus dem Öttingischen.* Recherchen führten zu der Erkenntnis, dass *sothaner Judt ein Consort von einer grosen diebs-Bande seyn müste.* Das Gericht stellte nach der Dokumentenfälschung die wirkliche Identität des Inquisiten fest. Unter dem Namen Hirsch beging er im Jahr 1700 in Schwabach einen Raubüberfall, ferner einen Einbruch im mittelfränkischen Roßtal und einen Kirchenraub *in dem Limburgischen.* Dort wurde eine goldene Tafel entwendet.[65] Unter den Malefikanten befand sich auch der 28-jährige Landstreicher Hannß Caspar Pars aus Kulmbach, dem *verschiedene Diebereyen* und Ehebruch zur Last gelegt wurden. Aus Münchberg kamen die vagierenden Brüder Friedrich und Michael Dürr sowie ein Stephan Brum, die zwischen 19 und 21 Jahre jung waren und wiederholter Diebstähle verdächtig waren. Der 55-jährige Deserteur Georg Hoffmann beging Einbrüche, Passfälschung und war in Erfurt wegen eines bandenmäßig begangenen Diebstahls bereits *justificirt*, aber vor der Haft *echappirt.* Der letzte *ad Triremes* Verurteilte aus der Kulmbacher Reichskreisliste war der 35-jährige Hannß Paul Müller. Als Dieb und Deserteur hatte er zusätzlich *die Urphedt gebrochen* und war *gebrandmarket.*[66]

4. Rechtshilfe – grenzüberschreitende Kooperationen

Betrachten wir zur Unterstreichung hochgerichtlicher Abschreckung und Allmacht einige überregionale Schnittstellen der Fahndungsdienste und des Wissensaustausches. Kommunikation war im Reichskreis häufig aus der Not geboren. Obrigkeitliche Zwangsmaßnahmen mussten vor allem bei der Bekämpfung kriminalisierter Armut im frühmodernen Bandenwesen vernetzt sein, um Erfolg zu erzielen. Dies konnte nur durch überregionale Kooperation gelingen. So organisierten beispielsweise der Kurrheinische und der Oberrheinische Reichs-

63 Markt Weisendorf (Lkr. Erlangen-Höchstadt).

64 StAN, Herrschaft Schwarzenberg, Registratur 1576/2, *Designatio*, Nr. 4.

65 Ebd.

66 Ebd.

kreis[67] 1748 ein gemeinsames Überwachungsprogramm unter dem Titel: *Chur- und Ober-Rheinische Gemeinsame Poenal-Sanction und Verordnung wieder das schädliche Diebs- Raub- und Zigeuner- so dann Herrnlose Jauner- Wildschützen- auch müßig- und liederliche Bettel-Gesindel.*[68]

Als neues Medium boten hierzu im 17. und 18. Jahrhundert gedruckte Gauner- und Diebeslisten[69] erfolgversprechende Ansatzpunkte, auch wenn sie als Steckbriefe und Mordbrennerlisten seit dem 15. und 16. Jahrhundert ihre Vorläufer hatten. Ihre Zahl – über ein Repertorium konnte die Forschung[70] nur für Südwestdeutschland inklusive Vorarlberg und der Deutschschweiz zwischen 1692 und 1812 immerhin 122 gedruckte Listen mit circa 15.000 Personenbeschreibungen erschließen – und ihre komparatistische Systematik übertrafen bei weitem aber Vorangegangenes. Und die Recherchen des Schwäbischen oder Bayerischen Reichskreises, auch die aus Pfalz-Neuburg und der Oberen Pfalz, fanden unter den Anrainern große Beachtung. Dies traf auch für Franken zu. So übernahm die fränkische Kreiskanzlei 1720, 1732, 1746 und 1770 beinahe ungesehen Poenal-Patente aus entsprechenden Vorlagen, die über Kreisassoziationen in Schwaben, am Oberrhein, in Bayern oder Vorderösterreich zu suchen sind.[71] Es ging um die vielfach geforderten Personenkontrollen im diffusen Milieu unterständischer und vagabundierender Gesellschaftsschichten. Der Aktionsradius steckbrieflich Gesuchter reichte dabei weit über die Streifdistrikte einzelner Territorien und selbst der Reichskreise hinaus. Und aus gegebenen Gründen tauschten sich Hofräte,[72] Vögte und Amtmänner, die Gaunerlisten verfassten, mit Informanten und Gerichten außerhalb ihres Zuständigkeitsbereichs aus.

Banden- und Straßenkriminalität entfaltete sich offenbar vor allem in Franken, Schwaben und in der Pfalz rasch, wo die ausgeprägte territoriale Vielfalt die Grenzen staatenbezogener Armen- und Policeygesetze besonders deutlich markierte. Exemplarisch sind wir sowohl für das Bodenseegebiet als auch für Franken dank der frühen Forschungen Karl Siegfried Baders[73] und Ernst Schu-

---

67 Michael Müller, Die Entwicklung des Kurrheinischen Kreises in seiner Verbindung mit dem Oberrheinischen Kreis im 18. Jahrhundert (Mainzer Studien zur Neueren Geschichte, 24), Frankfurt a. M. 2008.

68 Staatsbibliothek Berlin, Preußischer Kulturbesitz, Gx 13000-35; digital: VD 18, 11969482.

69 Andreas Blauert/Eva Wiebel, Gauner- und Diebslisten: Registrieren, Identifizieren und Fahnden im 18. Jahrhundert. Mit einem Repertorium gedruckter südwestdeutscher, schweizerischer und österreichischer Listen sowie einem Faksimile der Schäffer'schen oder Sulzer Liste von 1784, Frankfurt a. M. 2001, S. 67–96.

70 Ebd., S. 115–178.

71 Ernst Schubert, Arme Leute. Bettler und Gauner im Franken des 18. Jahrhunderts (VGffG, IX/26), Neustadt a. d. Aisch 1983, S. 283–289.

72 Blauert/Wiebel, Gauner- und Diebslisten (wie Anm. 69), S. 173.

73 Karl Siegfried Bader, Kriminelles Vagantentum im Bodenseegebiet um 1800. Zu einer Jaunerliste

berts[74] gut unterrichtet. Die Einträge in den Suchlisten zeigen, dass ein überregionaler Ermittlungsaustausch nicht unbekannt war. So verwies etwa eine Oettingen-Wallerstein'sche Beschreibung von 1722, die auch in vielen fränkischen Kanzleien kursierte, auf ältere Vorlagen. Und bisweilen ergänzte sie: *Der sogenanndte Schnappsack* [Rotwelsch!, Anm. WW] *ist in der Dillingischen beschreibung de anno 1721* [...] *beschrieben, und hauptsächlichen gravirt.*[75] Und eine Gaunerdeskription[76] zu Personen, *die bey dem chur-pfalz-neuburgischen pflegambt Heydeck in verhafft gesessen*, reichte man zum Datenabgleich durch alle Ansbacher Oberämter. Der zweite Punkt war die Genauigkeit der Einträge. Bereits die Information zu Personen in nordschwäbischen Listen waren diesbezüglich kaum zu überbieten:

> *Der ältiste Flöhmüller sohn/ Christoph Dickelmayer/ bey 40. jahr alt, von einer rechten manns-größe sechst halb schuh lang, und habe auch unter Preussen dienste gehabt. Von dar aber er wieder desertirt. Mager von leib und gesicht, braunlechten aufgeloffenen haar, und dergleichen bart, aber glat barbirt. In der kleidung wie ein müller, weißlecht mit meßingen knüpfen, doch trage er anjetzo ein blaues camisol mit zinnern knüpffen, so er beym Dietterstetter Raub bekommen, einen aufgestulpten schwarzen hut, schwarzen flor um den hals, gelb lederne wickel-hosen, mehrentheils blaue und weiße strümpf, mit runden schnallen-schuhen. Redet die altmüllerische sprach, und gibt sich gemeiniglich für einen mühlknecht aus.*

Vielfach mussten freilich Beschreibungen mangelnder Erkenntnisse wegen auch unpräzise ausfallen. So lautete ein nicht untypischer Eintrag aus einer Nürnberger Liste von 1724, dass der *anhang N. N.* des flüchtigen Mörders Bernet Löffel *dermahln nicht beschrieben werden kann.*[77] Schließlich wird in den Listen die Mobilität der gesuchten Kreise sichtbar. Dies erforderte intensive Amtshilfe, auch

---

des Reichenauer Obervogts Friedrich von Hundbiß aus dem Jahre 1804, in: Schweizerische Zeitschrift für Strafrecht 78 (1961), S. 291–333; Karl Pfaff, Die Landstreicher und Bettler in Schwaben vom sechzehnten bis in das achtzehnte Jahrhundert, in: Zeitschrift für deutsche Kulturgeschichte (1857), S. 431–466; Andreas Blauert/Gerd Schwerhoff (Hrsg.), Kriminalitätsgeschichte. Beiträge zur Sozial- und Kulturgeschichte der Vormoderne (Konflikte und Kultur – Historische Perspektiven, 1), Konstanz 2000, S. 11–18.

74 Schubert, Arme Leute (wie Anm. 71), S. 313–330.

75 StadtAA, Zuchthaus Buchloe, Fasz. 5, Ausführliche Beschreibung, Oettingen 1722, Eintrag der zweiten Liste, Nr. 1; Wolfgang Wüst, Grenzüberschreitende Landesfriedenspolitik: Maßnahmen gegen Bettler, Gauner und Vaganten, in: ders. (Hrsg.), Reichskreis und Territorium (wie Anm. 1), S. 153–178.

76 StAN, Fürstentum Ansbach (Repertorium 116), Ansbacher Mandate, Nr. 3.

77 StadtAA, Zuchthaus Buchloe, Fasz. 4, *Descriptio deß ubelberuffenen landstreichenden räuber- und diebs-gesindes*, Nürnberg 1724, Eintrag Nr. 146.

wenn die Fahndungspraxis zeigt, dass Gauner- und Räuberbanden[78] mit übergroßem Aktionsradius eher die Ausnahmen bildeten. Aus der in den Hohenzollernlanden 1701/02 kursierenden Liste lassen sich die geographischen Dimensionen erarbeiten. Ein gesuchter Zinngießer namens Hanß hielt sich meist beim Unteren Wirt zu Rasch in der Oberpfalz auf, ging aber auch gerne *ins Bambergisch und Sultzbachisch*[e]. Ambrosius Fromm, der als Soldat noch in venezianischen Diensten desertiert war, hielt sich trotz seines hohen Alters – er *seye schon ein alter mann* – noch zu Meckenhausen, Forchheim, Freystadt sowie in weiteren ungenannten Orten auf. Damit war er zumindest als gesuchter Dieb in drei der heutigen Regierungsbezirke Bayerns tätig.[79]

Für einen regen Verwaltungsaustausch in Sachen Personenbeschreibung und Fahndungshilfe sprach in Süddeutschland die Aktualität kursierender Listen. Eine erst Ende Dezember des Jahres 1701 in Ansbach registrierte Steckbriefliste musste bereits am 30. Januar 1702 ergänzt werden:

> *Demnach Johann Michael Stegmeyer unter Sr. Hoch-Fürstl. Durchl. unsers gnädigsten fürsten und herrn etc. leib-garde, von Meynheim im ober-ambt Hohentrüdingen gebürtig, gestrigen abends einen mousquetier unter der leib-compagnie Prinz Wilhelm Friderichs Hoch-Fürstl. Durchl. regiments erstochen, und alsobald flüchtigen fuß gesezet. Als wird an alle ober- und andere aembter hiemit befohlen nach besagtem Stegmeyer* […] *mit allem möglichsten fleiß und darzu benöthigter anstalt zu trachten.*[80]

Der nächste Schritt war dann, im Falle eines Misserfolgs, territorien- und kreisübergreifende Maßnahmen zu ergreifen. Einen zeitlichen Abschluss bildete dann die im Jahr 1800 von dem badischen Hofrat und Oberamtmann der Markgrafschaft Hochberg Friedrich August Roth für den deutschen Südwesten in der Hofdruckerei Macklot zu Karlsruhe zusammengestellte *General-Jauner-Liste*. Die Liste, deren Vorwort zu Emmendingen am 12. März 1800 unterzeichnet wurde, war ein Amalgam aus mehreren kreisspezifischen Datensammlungen mit dem Untertitel: *Alphabetischer Auszug aus mehreren theils im Druck, theils geschrieben erschienenen Listen. über. Die in Schwaben und angränzenden Ländern zu deren grossem Nachtheil noch herumschwärmende Jauner, Zigeuner, Straßenräuber, Mörder, Kirchen-Markt-Tag und Nachtdiebe, Falschmünzer, falsche Collectanten,*

78 Carsten KÜTHER, Räuber und Gauner in Deutschland. Das organisierte Bandenwesen im 18. und frühen 19. Jahrhundert (Kritische Studien zur Geschichtswissenschaft, 20), Göttingen 1976; DERS., Räuber, Volk und Obrigkeit. Zur Wirkungsweise und Funktion staatlicher Strafverfolgung im 18. Jahrhundert, in: Heinz Reif (Hrsg.), Räuber, Volk und Obrigkeit, Frankfurt a. M. 1984, S. 17–42.

79 StAN, Fürstentum Ansbach (Rep. 116), Ansbacher Mandate, Nr. 3, fol. 59, Nr. 5 und 9.

80 Ebd., fol. 63, Anhang vom 30. Januar 1702.

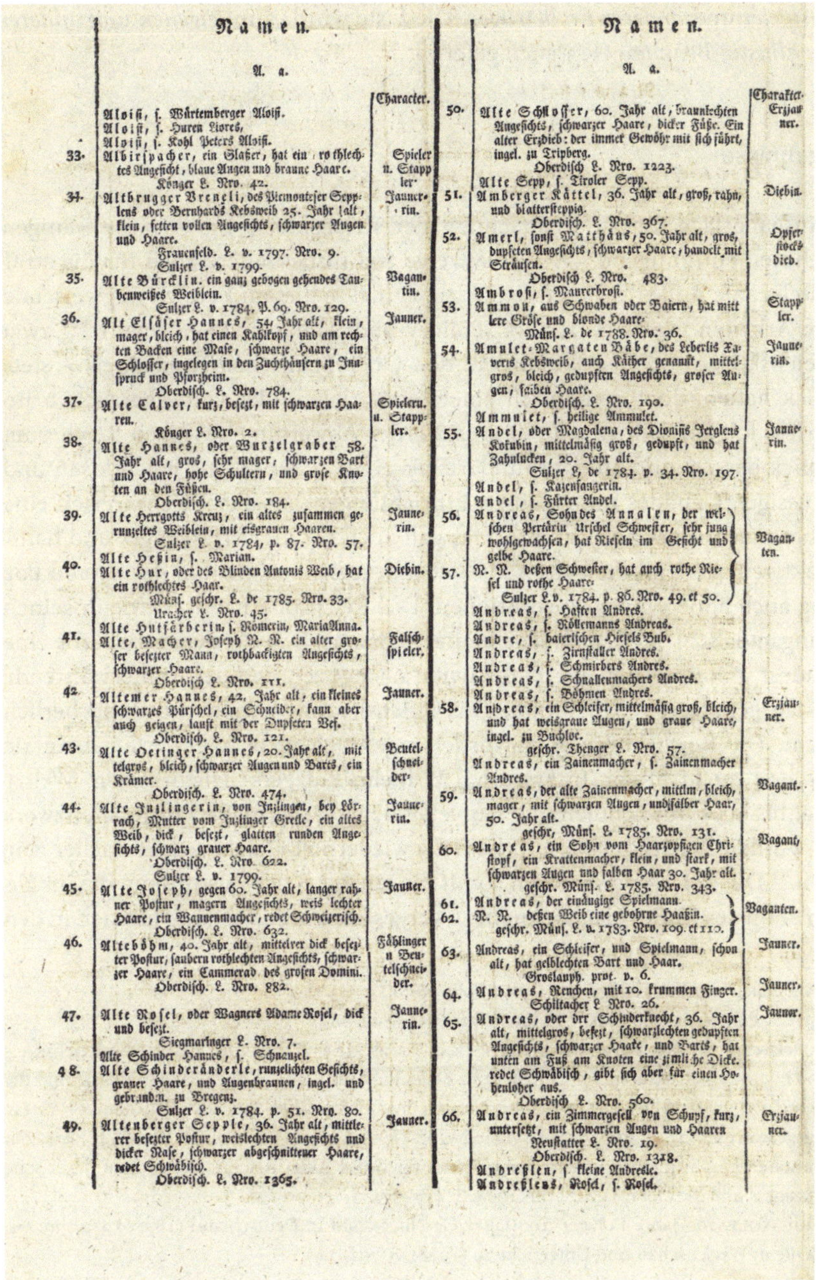

	Namen. A. a.	Character.
	Aloiß, s. Würtemberger Aloiß.	
	Aloiß, s. Huren Liores,	
	Aloiß, s. Kohl Peters Aloiß.	
33.	Albirspacher, ein Glaßer, hat ein rothlechtes Angesicht, blaue Augen und braune Haare. Könger L. Nro. 42.	Spieler u. Stappler.
34.	Altbrugger Breneli, des Piemonteser Sepplens oder Bernhards Kebsweib 25. Jahr alt, klein, fetten vollen Angesichts, schwarzer Augen und Haare. Frauenfeld. L. v. 1797. Nro. 9. Sulzer L. v. 1799.	Jaunerin.
35.	Alte Bürcklin. ein ganz gebogen gehendes Taubenweißes Weiblein. Sulzer L. v. 1784. P. 69. Nro. 129.	Vagantin.
36.	Alt Elsäser Hannes, 54. Jahr alt, klein, mager, bleich, hat einen Kahlkopf, und am rechten Backen eine Mase, schwarze Haare, ein Schlosser, ingelegen in den Zuchthäusern zu Insprurck und Pforzheim. Oberdisch. L. Nro. 784.	Jauner.
37.	Alte Calver, kurz, besezt, mit schwarzen Haaren. Könger L. Nro. 2.	Spieler u. Stappler.
38.	Alte Hannes, oder Wurzelgraber 58. Jahr alt, gros, sehr mager, schwarzen Bart und Haare, hohe Schultern, und grose Knoten an den Füßen. Oberdisch. L. Nro. 184.	
39.	Alte Herrgotts Kreuz, ein altes zusammen gerunzeltes Weiblein, mit eisgrauen Haaren. Sulzer L. v. 1784, p. 87. Nro. 57.	Jaunerin.
	Alte Heßin, s. Marian.	
40.	Alte Hur, oder des Blinden Antonis Weib, hat ein rothlechtes Haar. Münſ. geschr. L. de 1785. Nro. 33. Uracher L. Nro. 45.	Diebin.
	Alte Hutfärberin, s. Römerin, MariaAnna.	
41.	Alte, Macher, Joseph N. N. ein alter groser besezter Mann, rothbackigten Angesichts, schwarzer Haare. Oberdisch L. Nro. 111.	Falschspieler.
42.	Altemer Hannes, 42. Jahr alt, ein kleines schwarzes Pürschel, ein Schneider, kann aber auch geigen, lauft mit der Dupseten Vef. Oberdisch. L. Nro. 121.	Jauner.
43.	Alte Oetinger Hannes, 20. Jahr alt, mittelgros, bleich, schwarzer Augen und Barts, ein Krämer. Oberdisch. L. Nro. 474.	Beutelschneider.
44.	Alte Inzlingerin, von Inzlingen, bey Lörrach, Mutter vom Inzlinger Gretle, ein altes Weib, dick, besezt, glatten runden Angesichts, schwarz grauer Haare. Oberdisch. L. Nro. 622. Sulzer L. v. 1799.	Jaunerin.
45.	Alte Joseph, gegen 60. Jahr alt, langer rahner Postur, magern Angesichts, weis lechter Haare, ein Wannenmacher, redet Schweizerisch. Oberdisch. L. Nro. 632.	Jauner.
46.	Altebòhm, 40. Jahr alt, mittelrer dick besezter Postur, saubern rothlechten Angesichts, schwarzer Haare, ein Cammerad des grosen Domini. Oberdisch. L. Nro. 882.	Fählinger u. Beutelschneider.
47.	Alte Rosel, oder Wagners Adame Rosel, dick und besezt. Siegmaringer L. Nro. 7.	Jaunerin.
	Alte Schinder Hannes, s. Schnauzel.	
48.	Alte Schinderänderle, runzelichten Gesichts, grauer Haare, und Augenbraunen, ingel. und gebrandm. zu Bregenz. Sulzer L. v. 1784. p. 51. Nro. 80.	
49.	Altenberger Sepple, 36. Jahr alt, mittlerer besezter Postur, weislechten Angesichts und dicker Nase, schwarzer abgeschnittener Haare, redet Schwäbisch. Oberdisch. L. Nro. 1365.	Jauner.

	Namen. A. a.	Charakter.
50.	Alte Schlosser, 60. Jahr alt, braunlechten Angesichts, schwarzer Haare, dicker Füße. Ein alter Erzdieb: der immer Gewöhr mit sich führt, ingel. zu Tripberg. Oberdisch L. Nro. 1223.	Erzjauner.
	Alte Sepp, s. Tiroler Sepp.	
51.	Amberger Kättel, 36. Jahr alt, groß, rahn, und blattersteppig. Oberdisch. L. Nro. 367.	Diebin.
52.	Amerl, sonst Matthäus, 50. Jahr alt, gros, dupseten Angesichts, schwarzer Haare, handelt mit Sträusen. Oberdisch L. Nro. 483.	Opferstocksdieb.
	Ambrosi, s. Maurerbrosi.	
53.	Ammon, aus Schwaben oder Baiern, hat mittlere Gröse und blonde Haare. Müns. L. de 1788. Nro. 36.	Stappler.
54.	Amulet-Margaten Bäbe, des Leberlis Xaveris Kebsweib, auch Käther genannt, mittelgros, bleich, gedupften Angesichts, groser Augen, falben Haare. Oberdisch. L. Nro. 190.	Jaunerin.
	Ammulet, s. heilige Ammulet.	
55.	Andel, oder Magdalena, des Dionißs Jerglens Kokubin, mittelmäßig groß, gedupft, und hat Zahnlucken, 20. Jahr alt. Sulzer L. de 1784. p. 34. Nro. 197.	Jaunerin.
	Andel, s. Kazensangerin.	
	Andel, s. Fürter Andel.	
56.	Andreas, Sohn des Annalen, der welschen Pertärin Urschel Schwester, sehr jung wohlgewachsen, hat Rieseln im Gesicht und gelbe Haare.	Vaganten.
57.	N. N. deßen Schwester, hat auch rothe Riesel und rothe Haare. Sulzer L. v. 1784. p. 86. Nro. 49. et 50.	
	Andreas, s. Haften Andres.	
	Andreas, s. Röllemanns Andreas.	
	Andre, s. baierischen Hiesels Bub.	
	Andreas, s. Zirnstaller Andres.	
	Andreas, s. Schmirbers Andres.	
	Andreas, s. Schnallenmachers Andres.	
	Andreas, s. Böhmen Andres.	
58.	Andreas, ein Schleifer, mittelmäßig groß, bleich, und hat weisgraue Augen, und graue Haare, ingel. zu Buchloe. geschr. Thenger L. Nro. 57.	Erzjauner.
	Andreas, ein Zainenmacher, s. Zainenmacher Andres.	
59.	Andreas, der alte Zainenmacher, mittlm, bleich, mager, mit schwarzen Augen, und falber Haar, 50. Jahr alt. geschr, Müns. L. 1785. Nro. 131.	Vagant.
60.	Andreas, ein Sohn vom Haarzopfigen Christopf, ein Krattenmacher, klein, und stark, mit schwarzen Augen und falben Haar 30. Jahr alt. geschr. Müns. L. 1785. Nro. 343.	Vagant,
61.	Andreas, der einäugige Spielmann.	Vaganten.
62.	N. N. deßen Weib eine gebohrne Haaßin. geschr. Müns. L. v. 1783. Nro. 109. et 110.	
63.	Andreas, ein Schleifer, und Spielmann, schon alt, hat gelblechten Bart und Haar. Groslapph. prot. v. 6.	Jauner.
64.	Andreas, Renchen, mit 10. krummen Finger. Schiltacher L. Nro. 26.	Jauner.
65.	Andreas, oder der Schinderknecht, 36. Jahr alt, mittelgros, besezt, schwarzlechten gedupften Angesichts, schwarzer Haare, und Barts, hat unten am Fuß am Knoten eine zimliche Dicke. redet Schwäbisch, gibt sich aber für einen Hohenloher aus. Oberdisch L. Nro. 560.	Jauner.
66.	Andreas, ein Zimmergesell von Schupf, kurz, untersetzt, mit schwarzen Augen und Haaren Neustatter L. Nro. 19. Oberdisch. L. Nro. 1318.	Erzjauner.
	Andreßlen, s. kleine Andresle.	
	Andreßlens, Rosel, s. Rosel.	

Abb. 25 *General-Jauner-Liste* von 1800, Auszug Buchstabe A (Nr. 33–66). Bildnachweis: Universitätsbibliothek Heidelberg, I 3012 Folio RES; digital: https://digi.ub.uni-heidelberg.de/diglit/roth1800 (abgerufen am 20. Januar 2022).

Falschspieler und *anderer Erzbetrüger*. Die Liste wurde zum *eigenen und anderer Criminaljustiz-Beamten* Gebrauch gefertigt.[81]

5. Ergebnisse

Die Ausgangslage für die Erforschung der Reichskreise war bis vor wenigen Jahrzehnten entmutigend. Die Fehlanzeige traf insbesondere auch für die strafrechtsrelevante Rolle der Reichskreise zu, zumal in diesem Bereich wegweisende neuere Arbeiten wie Karl Härters „Policey und Strafjustiz in Kurmainz"[82] zwar die Reichskreise – hier insbesondere den Oberrheinischen Reichskreis – stets im Blick hatten, doch strukturell einer territorialen oder landesherrlichen Bezugsgröße folgten. Hinzu kam, dass es mit der Abwertung des Alten Reiches im Rückblick des 19. und 20. Jahrhunderts als eines „überholten", machtlosen und überflüssigen Gebildes unter seinen Einrichtungen mit den Reichskreisen eine ganz besondere Bewandtnis hatte. Das galt auch für die verfassungs- und handlungsaktiven süddeutschen Kreise.[83] Sicher verzeichnete man in der älteren Forschung auch andere Reichsinstitutionen: Das Reichsoberhaupt wurde in seinen Wirkungsmöglichkeiten unterschätzt und bedauert. Den Reichstagen wurde eine zumindest weit übertriebene Ineffektivität nachgesagt und der Immerwährende Reichstag geradezu verunglimpft. Das Reichskammergericht wurde lächerlich gemacht. Die Reichskreise aber wurden eigentlich nicht abgewertet, denn sie kamen erst gar nicht vor. In Friedrich Wilhelm Putzgers „Historischem Weltatlas", der bis heute für Schulen und Universitäten gleichermaßen als Referenzwerk dient, wurden Reichskreiskarten ebenfalls wiederholt Objekt redaktioneller Kürzungen.[84] Die Reichskreise waren somit die einzige Reichsinstitution, die im Geschichtsbild des Nationalstaates nahezu vergessen wurde.[85] Daran hat sich in den

81 Universitätsbibliothek Heidelberg, I 3012 Folio RES.

82 HÄRTER, Policey und Strafjustiz in Kurmainz (wie Anm. 18).

83 Beispielsweise für den Bayerischen Kreis: Peter Claus HARTMANN, Der Bayerische Reichskreis (1500 bis 1803). Strukturen, Geschichte und Bedeutung im Rahmen der Kreisverfassung und der allgemeinen institutionellen Entwicklung des Heiligen Römischen Reiches (Schriften zur Verfassungsgeschichte, 52), Berlin 1997; Wolfgang Wüst (Hrsg.), Die „gute" Policey im Reichskreis. Zur frühmodernen Normensetzung in den Kernregionen des Alten Reiches, Bd. 3: Der Bayerische Reichskreis und die Oberpfalz, Berlin 2004, S. 459–571.

84 Armin WOLF, 100 Jahre Putzger. 100 Jahre Geschichtsbild in Deutschland (1877–1977), in: Geschichte in Wissenschaft und Unterricht 29 (1978), S. 702–718.

85 Johannes BURKHARDT, Verfassungsprofil und Leistungsbilanz des Immerwährenden Reichstags. Zur Evaluation einer frühmodernen Institution, in: Heinz Duchhardt/Matthias Schnettger (Hrsg.), Reichsständische Libertät und habsburgisches Kaisertum, Mainz 1999, S. 151–183; DERS./WÜST, Einleitung (wie Anm. 1), S. 1–23.

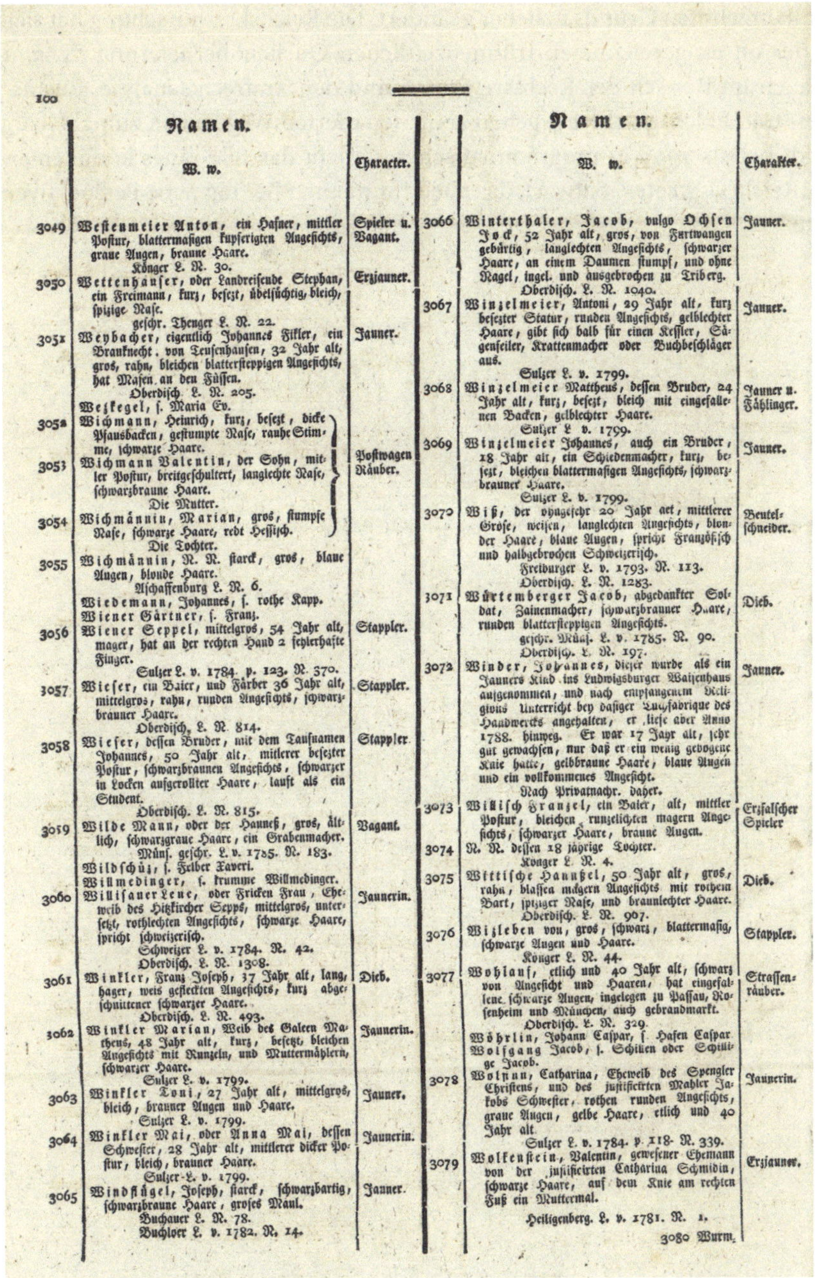

100

Nr.	Namen. W. w.	Character.
3049	Westenmeier Anton, ein Hafner, mittler Postur, blattermasigen kupferigten Angesichts, graue Augen, braune Haare. Könger L. N. 30.	Spieler u. Vagant.
3050	Wettenhauser, oder Landreisende Stephan, ein Freimann, kurz, besezt, übelsüchtig, bleich, spizige Nase. geschr. Thenger L. N. 22.	Erzjauner.
3051	Weybacher, eigentlich Johannes Fikler, ein Braukneeht. von Teusenhausen, 32 Jahr alt, gros, rahn, bleichen blattersteppigen Angesichts, hat Masen an den Füssen. Oberdisch L. N. 205.	Jauner.
	Wezkegel, s. Maria Ev.	
3052	Wichmann, Heinrich, kurz, besezt, dicke Pfausbacken, gestumpte Nase, rauhe Stimme, schwarze Haare.	Postwagen Räuber.
3053	Wichmann Valentin, der Sohn, mitler Postur, breitgeschultert, langlechte Nase, schwarzbraune Haare. Die Mutter.	
3054	Wichmännin, Marian, gros, stumpfe Nase, schwarze Haare, redt Hessisch. Die Tochter.	
3055	Wichmännin, N. N. starck, gros, blaue Augen, blonde Haare. Aschaffenburg L. N. 6.	
	Wiedemann, Johannes, s. rothe Kapp.	
	Wiener Gärtner, s. Franz.	
3056	Wiener Seppel, mittelgros, 54 Jahr alt, mager, hat an der rechten Hand 2 fehlerhafte Finger. Sulzer L. v. 1784. p. 123. N. 370.	Stappler.
3057	Wieser, ein Baier, und Färber 36 Jahr alt, mittelgros, rahn, runden Angesichts, schwarzbrauner Haare. Oberdisch, L. N. 814.	Stappler.
3058	Wieser, dessen Bruder, mit dem Taufnamen Johannes, 50 Jahr alt, mitlerer besezter Postur, schwarzbraunen Angesichts, schwarzer in Locken aufgerollter Haare, lauft als ein Student. Oberdisch. L. N. 815.	Stappler.
3059	Wilde Mann, oder der Hauneß, gros, ältlich, schwarzgraue Haare, ein Grabenmacher. Müns. geschr. L. v. 1785. N. 183.	Vagant.
	Wildschüz, s. Felber Xaveri.	
	Willmedinger, s. krumme Willmedinger.	
3060	Willisauer Lene, oder Fricken Frau, Eheweib des Hitzkircher Sepps, mittelgros, untersezt, rothlechten Angesichts, schwarze Haare, spricht schweizerisch. Schweizer L. v. 1784. N. 42. Oberdisch. L. N. 1308.	Jaunerin.
3061	Winkler, Franz Joseph, 37 Jahr alt, lang, hager, weis gefleckten Angesichts, kurz abgeschnittener schwarzer Haare. Oberdisch. L. N. 493.	Dieb.
3062	Winkler Marian, Weib des Galeen Matheus, 48 Jahr alt, kurz, besezt, bleichen Angesichts mit Runzeln, und Muttermählern, schwarzer Haare. Sulzer L. v. 1799.	Jaunerin.
3063	Winkler Toni, 27 Jahr alt, mittelgros, bleich, brauner Augen und Haare. Sulzer L. v. 1799.	Jauner.
3064	Winkler Mai, oder Anna Mai, dessen Schwester, 28 Jahr alt, mittlerer dicker Postur, bleich, brauner Haare. Sulzer L. v. 1799.	Jaunerin.
3065	Windflügel, Joseph, starck, schwarzbartig, schwarzbraune Haare, groses Maul. Buchauer L. N. 78. Buchloer L. v. 1782. N. 14.	Jauner.

Nr.	Namen. W. w.	Charakter.
3066	Winterthaler, Jacob, vulgo Ochsen Jock, 52 Jahr alt, gros, von Furtwangen gebürtig, langlechten Angesichts, schwarzer Haare, an einem Daumen stumpf, und ohne Nagel, ingel. und ausgebrochen zu Triberg. Oberdisch. L. N. 1040.	Jauner.
3067	Winzelmeier, Antoni, 29 Jahr alt, kurz besezter Statur, runden Angesichts, gelblechter Haare, gibt sich bald für einen Kessler, Sägenfeiler, Krattenmacher oder Buchbeschläger aus. Sulzer L. v. 1799.	Jauner.
3068	Winzelmeier Mattheus, dessen Bruder, 24 Jahr alt, kurz, besezt, bleich mit eingefallenen Backen, gelblechter Haare. Sulzer L v. 1799.	Jauner u. Fählinger.
3069	Winzelmeier Johannes, auch ein Bruder, 18 Jahr alt, ein Schiedenmacher, kurz, besezt, bleichen blattermasigen Angesichts, schwarzbrauner Haare. Sulzer L. v. 1799.	Jauner.
3070	Wiß, der ohngefehr 20 Jahr alt, mittlerer Gröse, weisen, langlechten Angesichts, blonder Haare, blaue Augen, spricht Französisch und halbgebrochen Schweizerisch. Freiburger L. v. 1793. N. 113. Oberdisch. L. N. 1283.	Beutelschneider.
3071	Würtemberger Jacob, abgedankter Soldat, Zainenmacher, schwarzbrauner Haare, runden blattersteppigen Angesichts. geschr. Müns. L. v. 1785. N. 90. Oberdisch. L. N. 197.	Dieb.
3072	Winder, Johannes, dieser wurde als ein Jauners Kind ins Ludwigsburger Waisenhaus aufgenommen, und nach empfangenem Religions Unterricht bey dasiger Tuchfabrique des Handwercks angehalten, er liese aber Anno 1788. hinweg. Er war 17 Jahr alt, sehr gut gewachsen, nur daß er ein wenig gebogene Knie hatte, gelbbraune Haare, blaue Augen und ein vollkommenes Angesicht. Nach Privatnachr. daher.	Jauner.
3073	Wiklisch Franzel, ein Baier, alt, mittler Postur, bleichen runzelichten magern Angesichts, schwarzer Haare, braune Augen.	Erzfalscher Spieler
3074	N. N. dessen 18 jährige Tochter. Konger L. N. 4.	
3075	Wittische Haunßel, 50 Jahr alt, gros, rahn, blassen magern Angesichts mit rothem Bart, spitziger Nase, und braunlechter Haare. Oberdisch. L. N. 907.	Dieb.
3076	Wizleben von, gros, schwarz, blattermasig, schwarze Augen und Haare. Könger L. N. 44.	Stappler.
3077	Wohlauf, etlich und 40 Jahr alt, schwarz von Angesicht und Haaren, hat eingefallene schwarze Augen, ingelegen zu Passau, Rosenheim und München, auch gebrandmarkt. Oberdisch. L. N. 329.	Strassenräuber.
	Wöhrlin, Johann Caspar, s. Hasen Caspar	
	Wolfgang Jacob, s. Schilien oder Schillige Jacob.	
3078	Wolfinn, Catharina, Eheweib des Spengler Christens, und des justificirten Mahler Jakobs Schwester, rothen runden Angesichts, graue Augen, gelbe Haare, etlich und 40 Jahr alt. Sulzer L. v. 1784. p. 118. N. 339.	Jaunerin.
3079	Wolkenstein, Valentin, gewesener Ehemann von der justificirten Catharina Schmidin, schwarze Haare, auf dem Knie am rechten Fuß ein Muttermal. Heiligenberg. L. v. 1781. N. 1.	Erzjauner.

3080 Wurm.

Abb. 26 *General-Jauner-Liste* von 1800, Auszug Buchstabe W (Nr. 3049–3079). Bildnachweis: Universitätsbibliothek Heidelberg, I 3012 Folio RES; digital: https://digi.ub.uni-heidelberg.de/diglit/roth1800 (abgerufen am 20. Januar 2022).

letzten Jahrzehnten Grundsätzliches geändert. Die Reichskreisforschung hat sich dank der oft ausgezeichneten frühneuzeitlichen Quellenüberlieferung dynamisiert, auch im Bereich der Rechtsreformen und der Strafrechtsanalyse. Rechts-, Landes- und Reichsgeschichte gehen keine separierten Wege mehr, zumal Georg Schmidt bereits 1999 in programmatischer Absicht das Bild eines komplementären „Reich(s)-Staates“ entwarf, das auch für meinen Beitrag neue Perspektiven brachte.[86]

86 Georg SCHMIDT, Geschichte des Alten Reiches. Staat und Nation in der Frühen Neuzeit 1495–1806, München 1999, S. 40–54.

Ulrike Ludwig

Gnade als Norm & Norm ohne Gnade

Zur Besonderheit der Gnadenpraxis im Fall der Strafverfolgung von Duellanten am Beispiel Kursachsens

Duelle gehörten nördlich der Alpen im Allgemeinen und im deutschsprachigen Raum im Besonderen ab dem 17. Jahrhundert zum festen Handlungsrepertoire im Rahmen von Ehrkonflikten, vor allem von Männern der gesellschaftlichen Eliten. Und sie haben ohne Frage als ein vergleichsweise später Fall der außergerichtlichen Selbsthilfe zu gelten. Das ist allgemein bekannt. Weniger bekannt ist zumeist, dass Duelle in der Frühen Neuzeit strafrechtlich sanktioniert waren und dies durchaus drastisch. Bekannter dürfte wiederum sein, dass man für Duelle letztlich nicht bestraft wurde, zumindest nicht ernsthaft. Und wenngleich die ein paar Stunden oder Tage umfassenden Gefängnisstrafen für Duellanten, die diese unter häufig recht vergnüglichen Rahmenbedingungen absaßen, erst ein Signum des 19. und frühen 20. Jahrhunderts waren und schließlich selbst zu einem Ehrenzeichen avancierten, so war Milde gegenüber Duellanten bereits zuvor allgegenwärtig.

Insgesamt präsentiert sich damit im Fall von Duellen im Allgemeinen und von Duellen, die zumindest für einen Part tödlich endeten, im Besonderen die allenthalben in der vormodernen Rechtspraxis anzutreffende Partialität der Normumsetzung und -anwendung[1] in ihren Extremen: Hier hatte eine den normativen Vorgaben entsprechende Bestrafung absoluten Ausnahmecharakter. Vielmehr wurde Gnade de facto zur Norm!

Bei reinen Duellforderungen oder aber Kämpfen, die ohne größere Verwundungen endeten, könnte sicherlich damit argumentiert werden, dass die Gnade hier womöglich als Regulativ zu den drastischen Strafforderungen fungierte. Doch auch, wenn dieser Punkt in einigen Fällen als Argumentationsmuster auftaucht,[2] so war die Begnadigung gerade keine Ausnahme, sondern vielmehr das

---

1 Auf diese allgemein anzutreffende Partialität verweist zusammenfassend etwa Lothar SCHILLING, Gesetzgebung und Erfahrung, in: Paul Münch (Hrsg.), „Erfahrung“ als Kategorie der Frühneuzeitgeschichte, München 2001, S. 401–411, S. 134.

2 So erklärte der Geheime Rat im Namen des sächsischen Kurfürsten im Fall eines ohne schwerere Verletzungen verlaufenen Duells zwischen den beiden in kursächsischen Diensten stehenden Leutnants Franck und Beckers am 7. November 1711, dass man sich zu einer Begnadigung zwar *niemahlen leichtlich entschließen könn(e) noch woll(e)*, aber schließlich habe man sich *in gegen-*

Ziel herrschaftlicher Bemühungen. Dies zeigt sich besonders deutlich in einem jener ‚minderschweren' Fälle, einem Duell aus dem Jahr 1715, bei dem offensichtlich noch nicht einmal jemand verletzt worden war. Ereignet hatte es sich zwischen zwei Offizieren in kursächsischen Diensten, konkret zwischen Caspar Heinrich von Gersdorf und einem Capitain Buttlar. Über die Bestrafung oder aber Begnadigung Buttlars erfahren wir aus den Akten nichts, aber über Gersdorf wird berichtet, dass ihm das Gericht zunächst anbot, *daß er sich vormittelst Eydes reinigen* und erklären solle, dass *es kein formales Duell, sondern ein bloße Recontre gewesen*, der Kampf also nicht verabredet und geplant, sondern spontan entstanden sei. Dies lehnte Gersdorf ab, obwohl er nun *nebst Entsetzung seiner Charge* und ganz dem Duellmandat gemäß mit einer achtjährigen Gefängnisstrafe belegt werden sollte, bei der er *das Erste halbe Jahr mit Waßer und Brodt zu speisen* war. Nachdem Gersdorf eben diese Strafe angetreten hatte, legte man den Fall am 14. August 1715 Kurfürst Friedrich August I. nochmals vor. In einer erklärenden Notiz zur Sache heißt es, gerade weil Gersdorf *sein Gewißen nicht hat beschweren sondern lieber der Strafe nach der Schärfe des Duell-Edicts sich unterwerfen wollen*, sei ob dieser *freywillige[n] submission aus Zärtlichkeit des gewißens* und angesichts des Umstandes, dass er den *härtesten theil seines Gefängniß, nemlich das Erste halbe Jahr bey Waßer und Brodt fast gäntzlich allbereit ausgestanden hat*, eine Begnadigung angezeigt. Dieser Sicht auf die Dinge schloss sich der Kurfürst an, in einem Reskript vom 31. August 1715 wurde Gersdorf dementsprechend Pardon erteilt und ihm seine Stelle beim Regiment wieder eingeräumt.[3]

Doch dieser obrigkeitliche Wille zur Gnade war gerade nicht auf Duelle beschränkt, in denen niemand ernsthaft zu Schaden kam. Denn in immerhin etwas mehr als 20 Prozent der insgesamt für Kursachsen erhobenen 318 Strafverfahren war zumindest ein Duellant im Kampf oder kurz danach verstorben.[4] Aber dennoch findet sich im Untersuchungssample lediglich ein Fall, in dem die hier regulär vorgesehene Todesstrafe offenbar nicht mehr umfassend abgemildert

---

wärtigen casu – der eben minderschwer war – *dahin bewegen laßen*. Beide wurden daher zu einer kurzen Haftstrafe begnadigt. Sächsisches Staatsarchiv, Hauptstaatsarchiv Dresden (künftig: SächsStA-D) 10026, Loc. 1404/2, Duell-Sachen und Wieder das Duell-Mandat begangene Verbrechen ao. 1713–17, Vol. II, Bl. 8a, b.

3 SächsStA-D, 10026, Loc. 1404/2, Duell-Sachen und Wieder das Duell-Mandat begangene Verbrechen ao. 1713–17, Vol. II, Bl. 116a–117b.

4 Konkret verstarb in 64 der insgesamt für Kursachsen betrachteten 318 Auseinandersetzungen zumindest einer der Kontrahenten an den Verletzungen, die sie sich gegenseitig im Kampf zugefügt hatten. Siehe allgemein zum erhobenen Sample: Ulrike Ludwig, Das Duell im Alten Reich. Transformation und Variationen frühneuzeitlicher Ehrkonflikte, Berlin 2016, S. 22–30.

wurde. Zumindest bricht die Akte nach dem Urteil ab. Eine spätere Begnadigung ist also auch in diesem Fall nicht gänzlich ausgeschlossen.[5]

Die Regel war freilich, dass eine zuerkannte Todesstrafe umgehend abgemildert wurde. Ein typisches Beispiel ist etwa das Verfahren gegen den sächsischen Kadetten Ernst Abraham von Löben, der seinen Kameraden Joachim Siegmund von Gersdorf in einem Duell bei den Altendresdner Brotbänken erstochen hatte. Er wurde zunächst und im völligen Einklang mit den in den sächsischen Duellmandaten festgesetzten Strafen dazu verurteilt, dass sein Degen zerbrochen, er durch das Schwert sterben und sein toter Körper anschließend außerhalb des Friedhofes verscharrt werden sollte. Die angedrohte Strafe wurde jedoch mit der Begründung, Löben sei kein *vorsetzlicher, boshafter und muthwilliger mörder*, rasch gemildert. Es sollte gnadenhalber weder der Degen zerbrochen noch die Schwertstrafe vollzogen werden. Immerhin war Löben zunächst noch in Haft zu belassen, *biß er bey sich ereignenden Kriegs-Occassion in einer gefährlichen Action gebrauchet, und also sein leben göttlicher Fügung überlassen werden könnte.*[6] Doch als sich keine Gelegenheit fand, wurde er schließlich aus der Haft entlassen und gänzlich begnadigt.[7]

Diese umfassende Gnadenpraxis lässt sich nun aber nicht nur einfach konstatieren, sondern festzuhalten ist zugleich, dass sie in einem bemerkenswerten Kontrast zu einer zweiten Beobachtung steht, die sich im Feld der Strafverfolgung von Duellen machen lässt: Denn in den Duellmandaten wurde immer wieder aufs Neue versichert, dass man gerade bei Duellen und jenen Injurien, die unter das Duellmandat fielen, keinerlei Gnade walten lassen wolle. Ganz in diesem Sinne heißt es im Kursächsischen Duellmandat von 1706 in § 51: *Als erklären Wir*

---

5 Es handelt sich hierbei um den in sächsischen Diensten stehenden bürgerlichen Korporal Matthaes Bartsch, der 1724 mit einem Sergeanten Grünewald in ein Duell geraten war, bei dem Letzterer starb. Im Kriegsgericht war Bartsch daraufhin gemäß Paragraf 40 des kursächsischen Duellmandats von 1712 die Strafe des Stranges zuerkannt worden. Zwar wurde er aufgrund *seiner in die 11 Jahr geleistete*[n] *gute*[n] *dienste* und angesichts des Umstandes, dass er seines *Verhaltens halber von allen seinen vorgesetzten Officiers ein gutes Lob erhalten*, zum Tod durch Erschießen mit einer Arkebuse begnadigt, aber bei der Todesstrafe blieb es dieses eine Mal. Allerdings ist auch hier keine Urteilsvollstreckung dokumentiert, eine zweite, umfassendere Begnadigung ist also nicht gänzlich ausgeschlossen. SächsStA-D, 10026, Loc. 1404/3, Bl. 419a–423b.

6 Diese Strafmilderung nimmt einen Topos aus den Normen auf, in denen immer wieder gefordert wurde, dass Duellanten ihr Leben lieber dem Vaterland statt ihrer Ehre opfern sollten. So bspw. in: Mandat Wider die Selbst-Rache, Frieden-Stöhrungen und Duellen […] 1706, in: Johann Christian Lünig (Hrsg.), Codex Augusteus, Oder Neuvermehrtes Corpus Juris Saxonici, Worinnen Die in dem Churfürstenthum Sachsen und dazu gehörigen Landen, auch denen Marggrafthümern Ober- und Nieder-Lausitz, publicirte und ergangene Constitutiones, Decisiones, Mandata und Verordnungen enthalten […], Bd. 1, Leipzig 1724, Bd. 1, Sp. 1731–1744 (künftig: Kursächsisches Duellmandat 1706), Sp. 1732.

7 SächsStA-D, 10026, Loc. 1404/3, Bl. 112a–125b, 147a–150a und 219a–227a, Zitat Bl. 112a, b.

uns hiermit bey Unsern Königl. hohen Worten, daß wir ins künfftige weder einige Duella und Selbst=Rache verstatten, noch denen, so wieder das Duell-Mandat gehandelt, die geringste Gnade oder Dispensation erweisen.[8] Eine Bestimmung, die in den folgenden Duellmandaten stets wiederholt wurde.[9] Dieser Ausschluss von Begnadigungen im Falle von Vergehen, die unter das Duellmandat fielen, war keineswegs ein kursächsisches Spezifikum, sondern – wie die große Bereitschaft zur Gnade auch – im Alten Reich allgemein anzutreffen.[10] Zugleich ist diese selbst auferlegte Verpflichtung zum Gnadenverzicht des Gesetzgebers, diese normative Verankerung einer Norm ohne Gnade für das vormoderne Strafrecht bemerkenswert. Denn in den sonstigen Strafgesetzen wurde, wenn überhaupt, nur

---

8 Kursächsisches Duellmandat 1706 (wie Anm. 6), § 51, hier Sp. 1742.

9 So wird etwa im Duellmandat von 1712 in § 60 festgesetzt, *daß Wir ins künfftige weder einige Duella verstatten, noch denen, so wieder das Duell-Mandat gehandelt, die geringste Gnade oder Dispensation erweisen*. Interessant ist die dafür angeführte Begründung. Denn hier heißt es, man würde diese Regelung treffen, [d]*amit aber diesem Unserm Mandat um so viel steiffer und unverbrüchlicher möge nachgegangen werden*. Ejusdem Erneuert und geschärfftes anderweit eröffnetes Mandat Wider die Selbst-Rache, Injurien, Friedens-Stöhrungen und Duelle [...] 1712, in: Lünig (Hrsg.), Codex Augusteus (wie Anm. 6), Bd. 1, Sp. 1785–1804 (künftig: Kursächsisches Duellmandat 1712), § 60, hier Sp. 1803.

10 Im schwedischen Duellmandat von 1682, das auch für Schwedisch-Pommern galt, wurde in Art. 13 erklärt, dass sich *niemand die Gedanken machen mag, daß er womit übersehen oder verschonet werde soll, der sich hinwider verbrochen, von was Condition und Würde er auch seyn mag*. Ergänzt wurde dieser Erklärung durch das Verbot, beim König in Duellsachen entsprechende Bitten und Suppliken einzureichen. Königliches strenges und ernstliches Verbot wegen der Duellen und Schlägereyen, sampt der Reparaion und Vergnügung, so die Beschimpften haben sollen, 22. August 1682, in: Johann Carl Dähnert, Sammlung gemeiner und besonderer Pommerscher und Rügischer Landesurkunden, Bd. 3, Stralsund 1769, S. 341–346, Art. 13, S. 346. Im Brandenburger Duellmandat von 1688 wird in Art. XVI ebenfalls festgesetzt, *daß Wir hierunter mit niemanden/ wer der auch seyn möchte/ vmb einerley Ursach willen/ wie dieselbe ersinnet/ oder erdacht werden könte/ Conniviren oder Nachsehen/ weniger die gesetzte Straffen erlassen/ noch einigen Pardon oder Gnade desfalls ertheilen Wollen*. Und auch hier wurden Intercessionen und Suppliken in Duellsachen verboten. Zudem wurden entsprechende Gnadenakte auch für Phasen erhöhter Gnadenbereitschaft – etwa die glückliche Entbindung der Kurfürstin oder die Heirat eines Prinzen bzw. einer Prinzessin – ausgeschlossen. Churfürstlich-Brandenburgisches Edictum wider die Duella, in: Hannß Friedrich von Fleming, Der Vollkommene Teutsche Soldat [...], Leipzig 1726, S. 564–589, Art. XVI, hier S. 587 f. Die genannten Ereignisse im Familienleben des Herrschers waren typische Anlässe für Amnestien oder doch wenigstens Zeiten, in denen Gnade gewöhnlich eher gewährt wurde. Vgl. dazu Ulrike Ludwig, Das Herz der Justitia. Gestaltungspotentiale territorialer Herrschaft in der Strafrechts- und Gnadenpraxis am Beispiel Kursachsens 1548–1648, Konstanz 2008, S. 162 f. Ähnliche Bestimmungen finden sich auch in katholischen Gebieten des Alten Reichs. Siehe etwa: Von processir- und Bestraffung der Duellanten, in: Georg Karl Meyr (Hrsg.), Sammlung der Kurpfalz-Baierischen allgemeinen und besonderen Landesverordnungen von Justitz-, Finanz-, Landschafts-, Maut-, Accis-, Kommerzien-, Manufaktur- oder Fabriquen-Sachen, Bd. 1, München 1784, Nr. CXVI, S. 137–145, Art. XV.

das zu frühzeitige oder unnachlässige Gnadenbitten verboten, ein grundsätzlicher Ausschluss von Gnadenakten findet sich hingegen nicht.[11]

Die gleichzeitige Festschreibung eines generellen Gnadenverzichts in den Duellmandaten auf der einen und die omnipräsente Gnadenpraxis in Duellsachen auf der anderen Seite scheint paradox, ja es stellt sich die Frage, ob diese Gleichzeitigkeit nicht zu einem grundsätzlichen Legitimitätsproblem für die normsetzenden Instanzen wurde. Eine Frage, die durchaus schon die Zeitgenossen umtrieb. Deutlich wird dies nicht zuletzt an den immer wieder geführten Diskussionen zwischen den sächsischen Kurfürsten und der Dresdner Landesregierung beziehungsweise dem Geheimen Konsilium. Die Regierungsbehörde mahnte dabei regelmäßig an, wenigstens unmittelbar nach dem Erlass neuer Duellmandate auf die durchgängige Strafmilderung zu verzichten. Denn, so gab das Geheime Konsilium in einem Schreiben vom 16. Juli 1695 zu bedenken, durch die stetig gewährten Begnadigungen und Abolitionen würden *Autorität und Nachdruck* der publizierten Duellmandate *nicht nur in weniger zeit, den zeither noch zieml. gehabten Effect verliehren*, sondern es sei auch zu befürchten, dass die Beklagten immer dann, wenn sie doch einmal *nach der schärfe tractirt werden sollten*, sich auf eben jene Begnadigungen berufen und die gleiche Milde fordern würden.[12] Geändert hatte sich in der Folge dieser Mahnung offenbar nichts. Vielmehr beklagten die Räte der Landesregierung mit Blick auf die Geltungskraft der bestehenden Normen vier Jahre später erneut, dass *zur abschnejdung der vielfältigen und schändlichen Duelle in dero Churfürstenthum und landen zwar ein so genanntes Duellmandat verhanden, dasselbe aber durch die ungleiche Bestrafung*

11 Mitunter gab es sogar besondere Regelungen für die Gestattung von Gnade. Vgl. dazu für den Fall des Ehebruchs LUDWIG, Herz der Justitia (wie Anm. 10), S. 246–250; zur Einhegung der Gnadenbitten in Strafrechtsnormen siehe etwa Harriet RUDOLPH, „Eine gelinde Regierungsart." Peinliche Strafjustiz im geistlichen Territorium. Das Hochstift Osnabrück (1716–1803), Konstanz 2001, S. 271 f.; Karl HÄRTER, Das Aushandeln von Sanktionen und Normen. Zu Funktion und Bedeutung von Supplikationen in der frühneuzeitlichen Strafjustiz, in: Cecilia Nubola/Andreas Würgler (Hrsg.), Bittschriften und Gravamina. Politik, Verwaltung und Justiz in Europa (14.–18. Jahrhundert), Berlin 2005, S. 243–274, bes. S. 249–251; Gerd SCHWERHOFF, Das Kölner Supplikenwesen in der Frühen Neuzeit. Annäherungen an ein Kommunikationsmedium zwischen Untertanen und Obrigkeit, in: Georg Mölich/ders. (Hrsg.), Köln als Kommunikationszentrum. Studien zur frühneuzeitlichen Stadtgeschichte (Der Riss im Himmel. Clemens August und seine Epoche, IV), Bonn 2000, S. 473–496, bes. S. 485–488.

12 SächsStA-D, 10024, Loc. 9993/2, Gutachten des Statthalters und des Geheimen Conisiums, unfol. Das Verständnis, nach dem Gnade in vergleichbaren Fällen entsprechend erwart- und gewissermaßen auch einforderbar sei, speiste sich vornehmlich aus dem in Kursachsen ab dem 16. Jahrhundert institutionalisierten Bearbeitungsverfahren im Rahmen der landesherrlichen Gnadenpraxis, in dem entsprechend vorgegangen wurde. Vgl. dazu LUDWIG, Herz der Justitia (wie Anm. 10), S. 256–271.

der vbelthaeter, da einige entweder gar nicht zu gebührender Bestrafung gezogen, oder da auch gleich die im Mandat enthaltenen Strafen ihnen dictiret dennoch solche wiederum erlassen und sie pardonniret würden, in schlechter Achtung und observantz stehen würde.[13]

In dieser Klage der Räte deutet sich an, dass in der unter landesherrlicher Ägide stehenden Urteils- und Gnadenpraxis im Grunde keine Umsetzung der in den Normen festgesetzten Strafen und Gnadenverbote intendiert war. Die Duellkultur Kursachsens im Speziellen und des Alten Reiches im Allgemeinen war vielmehr – so ließe sich dieser Befund zuspitzen – durch eine doppelte Missachtung der Normen geprägt: Denn gegen die vielfältigen Duellverbote verstießen nicht nur all die Männer, die dennoch für ihre Ehre kämpften. Sondern die Mandate wurden ebenso durch den Landesherrn selbst hintergangen, der allen selbst erlassenen Verboten zum Trotz Gnade vor Recht ergehen ließ, und dies wieder und wieder und wieder. Diese doppelte Missachtung wurde durch die regelmäßig wiederholten landesherrlichen Duellverbote und die darin immer wieder behauptete Verweigerung jeglicher Gnadenakte zum Paradox gesteigert. Ein Befund, der erklärungsbedürftig scheint und für den im Folgenden ein Deutungsversuch angeboten werden soll. Zur Diskussion gestellt wird dabei die These, dass diese ungewöhnliche Konstellation der Strafverfolgung des Duells als Effekt einer extrem zugespitzten Normenkonkurrenz gedeutet werden kann und sich gerade dadurch von anderen Bereichen der Strafverfolgung unterschied. Knackpunkt war allerdings – anders als man vielleicht vermuten könnte – nicht die Gnadenpraxis, sondern die Strafnorm.

Um diese These zu entwickeln, wird zunächst in einem ersten Schritt sehr knapp das in der Frühneuzeitforschung intensiv diskutierte Modell der Normenkonkurrenz vorgestellt (1.) und im Anschluss für den Handlungskontext des Duells konkretisiert (2.). Auf dieser Basis soll dann in einem weiteren Schritt ein Blick zurück auf die Normen geworfen und deren Beitrag zur Verschärfung der Normenkonkurrenz herausgearbeitet werden (3.). Die Befunde werden schließlich in einem kurzen Fazit gebündelt (4.).

1.

In den Geschichtswissenschaften wird unter Normenkonkurrenz[14] ganz allgemein die in einer Sache gleichzeitig auftretende Wirksamkeit verschiedener

---

13 SächsStA-D, 10024, Loc. 9992/7, Bericht der Regierung vom 3. Juni 1699, unfol.

14 Das Konzept der Normenkonkurrenz geht auf Heinrich Popitz, Soziale Normen, in: Friedrich Pohlmann/Wolfgang Eßbach (Hrsg.), Heinrich Popitz. Soziale Normen, Frankfurt a. M 2006, u. a.

Normen mit einander widersprechenden Verhaltenserwartungen verstanden. Konkurrenz ist dabei eine der möglichen Erscheinungsformen von Normenpluralität, mit der viel allgemeiner die parallele Existenz verschiedener, gleichermaßen für eine Sache relevanter Normen für die Mitglieder einer Gesellschaft, Gemeinschaft oder Gruppe angesprochen ist.[15] Die Pluralität von Normen beziehungsweise Normsystemen führt also keineswegs immer oder auch nur häufig zu Normenkonkurrenz, vielmehr können Normen ebenso ohne erkennbare Wechselwirkung nebeneinander bestehen, einander über- und untergeordnet sein oder sich gegenseitig bestärken.

Der im Rahmen des Konzepts der Normenkonkurrenz zugrunde gelegte Normbegriff reicht dabei aber klar über den Bereich des Rechtes hinaus. Normen werden, ausgehend von den Überlegungen von Heinrich Popitz, vielmehr sehr weit als ein „Basalfaktum der sozialen Existenz des Menschen" begriffen.[16] Gekennzeichnet sind solche sozialen Verhaltensnormierungen, so Popitz, durch vier allgemeingültige Grundmerkmale: Es ist „[e]in Verhalten, das wir als zukünftiges Verhalten erwarten können; ein Verhalten, das bestimmten Verhaltensregelmäßigkeiten entspricht; ein gesolltes, desideratives Verhalten, [und] ein Verhalten, das mit Sanktionsrisiko bei Abweichungen verbunden ist".[17] Rechtliche Normen bilden angesichts dieses weiten Verständnisses lediglich einen spezifischen Typus sozialer Normen.[18]

S. 97–101, zurück. Verstärkt in die aktuelle Diskussion eingebracht hat dieses Konzept zuletzt v. a. Hillard von Thiessen. Vgl. zuletzt Hillard von THIESSEN, Das Zeitalter der Ambiguität. Vom Umgang mit Werten und Normen in der Frühen Neuzeit, Köln/Weimar/Wien 2021. Instruktiv für diesen Themenkomplex ist ebenso die konzeptionelle Perspektive auf Pluralisierung des Münchner Sonderforschungsbereichs 573 „Pluralisierung und Autorität in der Frühen Neuzeit". Vgl. dazu etwa die Beiträge in: Jan-Dirk Müller u. a. (Hrsg.), Pluralisierungen. Konzepte zur Erfassung der Frühen Neuzeit, Berlin 2010. Mit Blick auf das Recht darin besonders Jan SCHRÖDER, ‚Pluralisierung' als Deutungskonzept für den Wandel der Rechtstheorie in der Frühen Neuzeit?, in: Müller u. a. (Hrsg.), Pluralisierungen (wie Anm. 14), S. 95–118. Gleiches gilt für die Diskussion um Werte- und Deutungskonflikte im Kontext des Münsteraner SFB 496. Vgl. dazu bes. Barbara STOLLBERG-RILINGER, Einleitung, in: dies./Thomas Weller (Hrsg.), Wertekonflikte – Deutungskonflikte. Internationales Kolloquium des Sonderforschungsbereiches 496 an der Westfälischen Wilhelms-Universität Münster, 19.–20. Mai 2005, Münster 2007, S. 9–20.

15 Es geht hier um Formen der Vergesellschaftung. Vergesellschaftung wird hierbei verstanden als Prozess, bei dem „mehrere Menschen ihr Verhalten irgendwann aneinander zu orientieren beginnen", wobei „die Orientierung sukzessive intensiver und umfassender wird". POPITZ, Soziale Normen (wie Anm. 14), S. 76. Zum Konzept der normativen Partikularisierung DERS., Die normative Konstruktion von Gesellschaft, Tübingen 1980, S. 72 f.

16 Friedrich POHLMANN, Heinrich Popitz – sein Denken und sein Werk, in: ders./Eßbach (Hrsg.), Heinrich Popitz. Soziale Normen (wie Anm. 14), S. 7–57, S. 31.

17 Heinrich POPITZ, Die normative Konstruktion von Gesellschaft, Tübingen 1980, S. 10.

18 Von Rechtsnormen spricht Popitz dann, wenn im Falle der Normübertretung die alleinige Sank-

Hillard von Thiessen hat vor einiger Zeit im Anschluss an Popitz herausgestellt, dass sich in frühneuzeitlichen Gesellschaften Europas im Wesentlichen drei Typen von Normsystemen unterscheiden lassen, die uns freilich in zahlreichen lokalen Konkretisierungen entgegentreten. Ein erstes Normsystem ist der lebensweltlich-sozialen Sphäre zuzuordnen.[19] Angesprochen ist damit ein sich situativ jeweils konkretisierendes soziales Umfeld mit seinen Normen und einer im konkreten Fall und somit für eine bestimmte Person in einer bestimmten Konstellation relevanten Eigengruppe als Sanktionsinstanz.[20] Solche Eigengruppen waren höchst unterschiedlich. Im Fall des hier interessierenden Duells spielten zum Beispiel das Offizierskorps oder aber lokale Adelsnetzwerke eine entscheidende Rolle als Gruppenöffentlichkeit beziehungsweise Eigengruppen, der in der Regel alle Parteien in einem Konflikt angehörten.

Dem Lebensweltlich-Sozialen zur Seite – so von Thiessen – steht zweitens ein religiöses Normsystem mit den entsprechenden kirchlichen Sanktionsinstanzen.[21] Das religiöse Normsystem spielte auch im Kontext des Duells eine gewisse Rolle,[22] kann aber für die hier interessierenden Punkte der Strafverfolgung vernachlässigt werden. Von den beiden Bereichen grenzt von Thiessen drittes ein gemeinwohlorientiertes Normsystem ab, das in erster Linie als weltlich-herrschaftliches Normsystem zu begreifen ist.[23]

---

tionsgewalt bei einer Zentralinstanz liegt, die sich aus einer allgemeinen, ursprünglich sanktionsberechtigten Gruppenöffentlichkeit herausgebildet hat. Popitz, Soziale Normen (wie Anm. 14), S 70. Mit Blick auf das Sanktionsrisiko als viertes Kennzeichen hat Popitz zudem darauf verwiesen, dass Sanktionen keineswegs immer umgesetzt werden müssen, aber eine Bestrafung sollte sich im Feld des Möglichen bewegen. Zur Typisierung der Sanktionssubjekte Popitz, Soziale Normen (wie Anm. 14), S. 69 f.; ders., Die normative Konstruktion von Gesellschaft (wie Anm. 17), S. 52–57.

19 Hillard von Thiessen spricht hier von „sozialen Normen", was aber angesichts der als Überbegriff konzeptionalisierten Fassung von sozialen Normen bei Popitz irreführend ist. Hillard von Thiessen, Das Sterbebett als normative Schwelle. Der Mensch in der Frühen Neuzeit zwischen irdischer Normenkonkurrenz und göttlichem Gericht, in: Historische Zeitschrift 294 (2012), S. 625–659, S. 636 (hier sogar mit Verweis auf Popitz, Soziale Normen (wie Anm. 14), S. 69 f.).

20 Popitz, Die normative Konstruktion von Gesellschaft (wie Anm. 15), S. 53.

21 Dies ist bezogen auf das christliche Alteuropa zu verstehen, in anderen Religionskulturen treten an die Stelle der Kirchen entsprechend andere Institutionen.

22 Ludwig, Das Duell im Alten Reich (wie Anm. 4), bes. S. 74–88.

23 Thiessen, Das Sterbebett als normative Schwelle (wie Anm. 19), S. 636 f. Als ein vierter Bereich ließe sich – mit zeitlich zunehmender Relevanz – noch das ökonomische Normsystem abgrenzen, wobei hier die Sanktionsinstanz weniger gut greifbar wird und sich etwas abstrakt als ‚Markt' fassen ließe. Vgl. dazu einl. Josef Elmer/Reinhold Reith, Märkte im vorindustriellen Europa, in: Jahrbuch für Wirtschaftsgeschichte (künftig: JbWG) 45,2 (2004) S. 9–24; siehe exemplarisch auch Rainer Beck, Lemonihändler. Welsche Händler und die Ausbreitung von Zitrusfrüchten im frühneuzeitlichen Deutschland, in: JbWG 45,2 (2004), S. 97–123.

Die Unterscheidung zwischen den drei Bereichen ist idealtypisch und eine klare Abgrenzung und Zuordnung eines Sanktionskontextes zu einem dieser Normsysteme sind im konkreten Einzelfall nicht immer leicht zu treffen. Gleichwohl ist das Modell hilfreich, um die bei der Untersuchung konkreter kultureller Phänomene – wie etwa des Duells – anzutreffenden Überlagerungen verschiedener Normsysteme erfassen zu können.

2.

Wendet man die Unterscheidung der drei Normsysteme nun auf den Fall des Duells an und fragt, welche Normen hier in Widerspruch zueinander standen, so lässt sich im Wesentlichen eine Normenkonkurrenz zwischen gemeinwohlorientierten Normen, konkret den Rechtsnormen, die innerhalb eines bestimmten Territoriums Gültigkeit beanspruchten, und jenen lebensweltlich-sozialen Normen beobachten, die in den Eigengruppen der Ehrenkämpfer bedeutsam waren.[24] Konkret heißt das, dass Ehrenkämpfe ab den ersten deutschen Duellmandaten im frühen 17. Jahrhundert einerseits mit scharfen Leib- und Lebensstrafen sanktioniert waren. Aber zugleich und andererseits wurden im Fall einer Ehrkränkung ‚eigenmächtig' unternommene Maßnahmen zum persönlichen Ehrenschutz im Allgemeinen und damit Duelle im Besonderen jenseits dieser rechtlichen Regelungen als legitim angesehen und waren sozial weithin akzeptiert. Duelle wurden daher von den jeweils relevanten Gruppenöffentlichkeiten wie auch von den im konkreten Fall beteiligten Parteien durchaus als situativ notwendige, zumindest aber sinnvolle Reaktionsmöglichkeit im Ehrenkampf begriffen. Für den hier betrachteten Zusammenhang ist dabei wichtig, dass das Ausbleiben einer unmittelbaren Reaktion des Beleidigten von Seiten der Eigengruppe als fehlende Bereitschaft ausgelegt werden konnte, die eigene Ehre zu schützen. In Bezug auf einen gruppenspezifischen Ehrenkodex wurde dies zum Normbruch und konnte durch verschiedene Formen der Ächtung und Ausgrenzung sanktioniert werden.

Die Duellmandate waren dabei im Unterschied zu anderen Feldern des Strafrechts einem besonders großen gesellschaftlichen Akzeptanzdefizit ausgesetzt. Denn anders als Duellanten verstießen etwa Ehebrecher oder Diebe nicht nur gegen strafrechtliche, sondern zugleich gegen lebensweltlich-soziale Normen. Ehebruch und Diebstahl waren daher nicht nur rechtlich verboten, sondern pa-

---

24 Darauf verweist, einen Kommentar zum Entwurf des Allgemeinen Landrechts zitierend, bereits Ute Frevert, Ehrenmänner. Das Duell in der bürgerlichen Gesellschaft, München 1991, S. 66 f. Allerdings wird dieser Argumentationsstrang von Frevert nicht vertieft.

rallel dazu sozial geächtet. Dies bedeutete – wie ein Blick in die Gerichtsakten überdeutlich zeigt – keineswegs, dass nicht auch Personen, die die Ehe brachen oder fremde Güter stahlen, vergleichsweise milde bestraft wurden. Und nicht selten wurden sie nach einen solchen Normbruch von ihrem Umfeld wieder in die Gemeinschaft aufgenommen beziehungsweise nie daraus verdrängt.[25] Aber im Unterschied zum Duell bestand bei Ehebruch oder Diebstahl zugleich ein gesellschaftlicher Konsens dahingehend, dass es sich prinzipiell um ein sanktionswürdiges Vergehen handele. Es kann also ausgeschlossen werden, dass eine Person für den begangenen Ehebruch oder Diebstahl von ihrem sozialen Umfeld besonders geschätzt wurde.[26] Es bestand damit gerade keine Normenkonkurrenz, sondern eine wechselseitige Bestärkung und damit eine Interferenz zwischen rechtlichen und lebensweltlich-sozialen Normen.[27] Dies spiegelt sich nicht zuletzt in den Stellungnahmen der Delinquentinnen und Delinquenten vor Gericht und in Suppliken für die Delinquentinnen und Delinquenten: Denn hier dominierten mit Blick auf das Vergehen Reue und die Einsicht, einen Fehler gemacht zu haben.[28]

Im Unterschied dazu betonten die Duellanten in ihren Darstellungen vor Gericht, dass ihr Verhalten unumgänglich, ja angemessen gewesen sei und sie damit im Grunde nur den Erwartungen ihres Umfeldes entsprochen hätten. Vorgetragen wurde dies von den Duellanten durchaus selbstbewusst, wie ein Beispiel aus dem Jahr 1736 zeigt. Verhandelt wurde über ein Duell zwischen dem Premierleutnant Caspar Rudolph von Schönberg und Alfred Gottlieb Buben.[29] Beide hat-

---

25 Die Forschung zusammenfassend dazu Gerd Schwerhoff, Historische Kriminalitätsforschung, Frankfurt a. M./New York 2011, S. 93 f. u. 124 f.

26 Anders lag die Sache, wenn etwa im Fall von Räuberbanden oder Wildereinetzwerken ebendiese die relevante Eigengruppe bildeten. In diesem Fall ist natürlich eine Akzeptanz des sanktionierten Verhaltens zu erwarten.

27 Die jeweiligen Gründe, die zum Ehebruch oder Diebstahl und damit zum Normbruch führten, besaßen also nicht den Charakter einer lebensweltlich-sozialen Norm. Nur unter besonderen Umständen konnte dies aufgeweicht werden. Zu denken ist etwa an das ‚Vergehen' des Lebensmitteldiebstahls während eines langanhaltenden Zustands von Hunger, was nicht nur lebensweltlich-sozial eher toleriert wurde, sondern sich auch in entsprechenden Sonderregeln („Stehlen in rechter Hungersnot") in den Strafrechtsnormen niederschlug. Siehe etwa Des allerdurchleuchtigsten großmechtigste[n] vnüberwindtlichsten Keyser Karls des fünfften: vnnd des heyligen Römischen Reichs peinlich gerichts ordnung auff den Reichsztägen zu Augspurgk vnd Regenspurgk, in[n] jaren dreissig, vn[d] zwey vnd dreisssig gehalten, auffgericht vnd beschlossen, (Drucker Ivo Schöffer) Mainz 1533, Art. CLXVI „Stelen inn rechter hungers nott". Zur Bedeutung derartiger strafrechtlicher Regelungen Franz Dorn, „Not kennt kein Gebot". Der Notdiebstahl („Stehlen in rechter Hungersnot") in der frühneuzeitlichen Strafrechtsdogmatik, in: Sebastian Schmidt (Hrsg.), Arme und ihre Lebensperspektiven in der frühen Neuzeit, Frankfurt a. M. 2008, S. 207–236.

28 Zu den Argumentationsweisen in Suppliken Ludwig, Herz der Justitia (wie Anm. 10), S. 182–205.

29 SächsStA-D, 10026, Loc. 1404/5, Bl. 319a–342a.

ten sich nach einer in den Akten nicht genauer vermerkten Beleidigung Bubens durch Schönberg zunächst zu einem Duell in Bautzen verabredet. Allerdings verpassten sie sich, weil Buben kurzfristig mit seinem Regiment in Richtung Rhein aufgebrochen war.[30] Man verabredete daraufhin nach der Rückkehr Bubens für den 13. April 1736 ein zweites Treffen in Bautzen und wiederum ein Duell auf Pistolen. Diesmal waren beide Konfliktparteien vor Ort. Die Situation hatte sich zudem – zumindest aus der Sicht Schönbergs – sogar noch weiter zugespitzt, denn inzwischen kursierten für ihn wenig schmeichelhafte Gerüchte über den letzten, gescheiterten Versuch einer Duellverabredung. Diesmal kam man dann auch zusammen, allerdings fand der Kampf bei einem (womöglich nicht ganz zufälligen) Treffen in der Nacht vor dem 13. April statt: Denn, nachdem Buben Schönberg zunächst bei der nächtlichen Begegnung mit einem Degen attackiert hatte, traf man sich noch in derselben Nacht zum verabredeten Pistolenduell, bei dem Buben von einer Kugel Schönbergs tödlich getroffen wurde.

In der Folge wurde ein Strafverfahren gegen Schönberg eröffnet. Im Laufe der Verhandlungen entschuldigte sich dieser nun damit, dass er wegen des nächtlichen Überfalls und der schimpflichen Nachrede *billig eine dem Kriegs-Gebrauch gemäße satisfaction durch ein Duell zu suchen sich genöthigt gesehen* habe, denn sonst wäre er *ein abscheu aller ehrlichen Leuthe* geworden und hätte *zum schändlichsten Spectacul des Regiments und seiner gantzen Familie in der Welt herumb gehen müssen*. Schließlich verwies er darauf, dass er – hätte er sich nicht duelliert – *auch nicht des schlechtesten dienstes bey der Armee ferner würdig gewesen seyn würde*.[31] Schönberg schildert hier also ganz offen eine Verhaltenserwartung des Offizierskorps und der Familie, die womöglich vorgeschoben war, aber doch so glaubwürdig, dass sie vor Gericht ohne Nachteil angeführt werden konnte. Schönberg benennt dabei sehr klar mögliche Sanktionen der für ihn relevanten Eigengruppen: Er befürchtete zum einen den Ausschluss aus den Gruppen durch offene Verachtung und, damit verbunden, zum anderen Einschränkungen seiner beruflichen Möglichkeiten, da er als ‚entehrte' Person innerhalb des Offizierskorps eben nicht mehr als würdiges Mitglied der Gruppe akzeptiert worden und damit letztlich nicht mehr ‚diensttauglich' gewesen wäre.

Der Vergleich mit anderen Strafrechtsfällen zeigt dabei, dass Schönberg und all die anderen Duellanten ihr normwidriges Verhalten gerade nicht mit typisch strafmildernden Argumenten zu entschuldigen suchten, etwa damit, dass man aus Unwissenheit, situativem Übermut, Trunkenheit oder überschwellendem Zorn gegen die Rechtsnorm verstoßen hätte. Argumentiert wurde vielmehr umgekehrt: Gerade weil Korps und Familie von der Auseinandersetzung mit Buben

30 Dort fanden entscheidende Kämpfe des Polnischen Erbfolgekrieges statt.
31 SächsStA-D, 10026, Loc. 1404/5, Bl. 319a–342a, hier Bl. 329b und 330a.

Kenntnis hatten, schien Schönberg eine gerichtliche Klage unmöglich und zugleich ein Duell unumgänglich. Gerade weil er sich der lebensweltlich-sozialen Norm der Ehrverteidigung verpflichtet fühlte, war er bereit, die strafrechtliche zu brechen.

Ohne Frage ist in Rechnung zu stellen, dass die gerichtlichen Aussagen Schönbergs nicht nur als Nachrationalisierung des Geschehenen zu deuten sind, sondern womöglich auch darauf abzielten, einer Bestrafung zu entgehen.[32] Denn in diesem Fall wurde im eingeholten Urteil der Wittenberger Juristenfakultät ganz im Sinne der Duellmandate gefordert, dass Schönberg nach § 40 des Duellmandats von 1712 mit dem Zerbrechen des Degens, dem Tod durch das Schwert und einer anschließenden unehrenhaften Bestattung bestraft werden müsse.[33] Aber Folgen hatte dieser Urteilsspruch nicht, denn Schönberg wurde – wie zahlreiche andere Delinquenten vor und nach ihm – nach dieser Supplik umgehend und vollständig begnadigt.

Hält man hier inne, so wird mit Blick auf die Gleichzeitigkeit von lebensweltlich-sozialer Normerfüllung und rechtlichem Normbruch zweierlei erkennbar: Erstens zeigt sich, dass die Begnadigung, und dies trotz der eigentlich festgeschriebenen Gnadenverbote, die Chance einer punktuellen und situativ plausiblen Aussetzung der Rechtsnorm bot. Mit ihr konnte „eine nach dem Gesetz strafbare Person aus Gründen einer höheren Gerechtigkeit" – die hier auf die Anerkennung der lebensweltlich-sozialen Norm zielte – „von den Rechtsfolgen ihrer Tat ganz oder teilweise entbunden" werden und dies gerade, ohne dass die ausgesetzte Norm aufgehoben, verändert oder grundsätzlich in Frage gestellt wurde.[34] Das führt zweitens zu dem Befund, dass über den Umweg der Gnade die lebensweltlich-soziale Norm letztlich ebenfalls im Rahmen der Strafverfolgung die Oberhand gewann.

Angesichts dieser Omnipräsenz von Gnade in Duellsachen drängt sich allerdings zugleich die Frage auf, wieso die offenbar so relevante und allseits akzeptierte lebensweltlich-soziale Norm nicht schon als strafmilderndes Argument in den Rechtsnormen selbst verankert wurde? Den Weg dafür verstellten die Rechtsnormen selbst, denn es waren die Duellmandate als genuin neue Normengruppe, die die beschriebene Normenkonkurrenz erst in dieser Deutlichkeit hervorbrachten.

---

32 Siehe zu dieser spezifischen Sprechsituation vor Gericht: Ulrike Ludwig, Von Scherzen und Duellen. Wettkampfspiele als Typus von Ehrkonflikten im schwedisch-pommerschen Offizierskorps, in: Zeitschrift für Historische Forschung 38,3 (2011), S. 371–403.

33 SächsStA-D, 10026, Loc. 1404/5, Bl. 319a–342a, hier Bl. 337a, b.

34 Peter Oestmann, Art. Begnadigung, in: Enzyklopädie der Neuzeit Online, im Auftrag des Kulturwissenschaftlichen Instituts (Essen), URL: http://dx.doi.org/10.1163/2352-0248_edn_SIM_245414 (abgerufen am 13. Oktober 2022).

3.

Gut erkennbar wird dies, wenn man die Bestimmungen in den Duellmandaten mit Rechtsnormen vergleicht, die sich ganz allgemein mit Injurien und Gewaltdelikten im Kontext von Ehrkonflikten befassen. Denn in den strafrechtlichen Bestimmungen zu Injurien findet sich nicht nur im 16., sondern sogar noch im 17. Jahrhundert ganz selbstverständlich die Ansicht festgehalten, dass eine gewaltsame Reaktion auf schwere (womöglich nur verbale) Beleidigungen als Form der Notwehr anzusehen sei.[35] Begründet wurde dies ganz parallel zu jenen lebensweltlich-sozialen Normen, auf die sich auch Schönberg berufen hatte, damit, dass Ehre und Leben gleichwertige Güter seien und eine Verletzung der Ehre dementsprechend mit einem körperlichen Angriff gleichgesetzt werden müsse.[36] Mit diesem weit gefassten Verständnis einer Notwehr in Ehrensachen waren gewalttätige Reaktionen auf injuriöse Angriffe rechtlich entschuldbar, sie konnten und sie wurden entsprechend milder bestraft. Und so schrieb man in den Kursächsischen Konstitutionen von 1572 eine Strafmilderung bei all jenen Tötungsfällen fest, bei denen der Beklagte zuvor mit provozierenden, ehrenrührigen Worten zum Kampf herausgefordert worden war: *Würde sichs aber zutragen, daß der, so durch Ehrenverletzliche Wort gefordert, den Provocanten entleibete, So soll er, in Erwegung derer Personen Umstände, mit ordentlicher Straffe der Todschläger nicht belegt, sondern willkührlich, als mit Landes-Verweisung, und dergleichen gestrafft werden.*[37] Eine Sichtweise, der sich noch Benedikt Carpzov in seiner 1635 erstmals erschienenen *Practica nova Imperialis Saxonica* mit dem Argument anschloss, dass ein beleidigter und vom Zorn erregter Mann, der sich auf einen Kampf einließe und seinen Kontrahenten in diesem tötete, eben kein Totschläger und daher nur mit einer zeitlichen Verweisung, einer Geld- oder Gefängnisstrafe zu bestrafen sei.[38]

---

35 Siehe dazu den Überblick bei Martin Löhnig, Art. Notwehr, in: Enzyklopädie der Neuzeit, Bd. 9, Stuttgart/Weimar 2009, Sp. 254–256, hier Sp. 255.

36 Ganz in diesem Sinne wurde etwa in den Kursächsischen Konstitutionen von 1572 festgestellt, dass *ehrbare Leute allewege das Leben und die Ehre gleich geachtet und die Verletzung oder die Verleumdung an Ehren höher und beschwerlicher denn Leibesbeschädigung gehalten* hätten. Churfürst Augusti Verordnungen und Constitutiones, (künftig: Kursächsische Konstitutionen 1572), in: Johann Christian Lünig (Hrsg.), Codex Augusteus (wie Anm. 6), Bd. 1, Sp. 73–132, Teil 4, Art. 42.

37 Kursächsische Konstitutionen 1572 (wie Anm. 36), Teil 4, Art. X, Sp. 119 f.

38 Benedikt Carpzov, Practica nova Saxonica rerum criminalium, Wittenberg 1635, ND Goldbach 1996, Pars I, qu. 29, S. 73–75. Das Motiv einer Gleichsetzung von Ehre und Leben läuft dann noch später weiter mit. So heißt es noch in der kursächsischen Policeyordnung von 1661: *Es haben Erbare Leurte allewege das Leben und die Ehre gleich, dargegen die Verletzung oder die Verleumdung derselben höher und beschwehrlicher, dann die Leibes=Beschädigung, gehalten.* So der Vorspann zu den Regelgungen in Tit. V. „Von Jnjurien, Schänden vnnd Schmähen“ in der Policey=

Die lebensweltlich-soziale Norm der eigenmächtigen Ehrverteidigung stand hier also nicht im Widerspruch zu rechtlichen Regelungen, sondern besaß als Strafmilderungsgrund Relevanz und damit Legitimität.[39] Eine Konkurrenz zwischen lebensweltlich-sozialer und rechtlicher Norm fehlte noch. Mit den im zweiten Drittel des 17. Jahrhunderts im Alten Reich und eben auch in Kursachsen aufkommenden Duellmandaten wurde dieser Gleichklang von lebensweltlich-sozialer und rechtlicher Norm aber aufgehoben. An die Stelle des vormals wirkmächtigen Prinzips der nur losen rechtlichen Einhegung der privaten Gegen-, ja Notwehr in Ehrensachen trat nun ein allein herrschaftlicher Zuständigkeitsanspruch. Die Beleidigten sollten klagen statt kämpfen. Diese Verschiebung hat dabei als Baustein von übergreifend zu beobachtenden Bemühungen um die Schaffung eines landesherrlichen Gewaltmonopols zu gelten und ist in der Sache wohl wenig überraschend. Immerhin handelte es sich bei Duellen – wie bei allen anderen gewaltsam ausgetragenen Ehrkonflikten – um Störungen des sozialen Friedens und damit der öffentlichen Ordnung. Selbstrache im persönlichen ‚Vergeltungsakt' stand nun dem landesherrlichen Anspruch entgegen, im Auftrage Gottes und der Gesellschaft für Ruhe und Ordnung zu sorgen. Mit den eigenmächtigen Attacken und Ehrenkämpfen würde den Herrschenden, so die zeittypische Argumentation, in das allein ihnen von Gott übergebene ‚Rache-Schwert' gegriffen. Ganz in diesem Sinne heißt es schon im ersten kursächsischen Duellmandat von 1653, dass durch das Handeln der Duellanten *in Unser Landes=-Fürstliches hohes Ambt und anvertrautes Rach=Schwerdt gegriffen* würde.[40] Eine Wendung die in den späteren Duellmandaten stetig wiederholt wurde.[41] Und auch im Urteilsspruch der Wittenberger Juristenfakultät im oben angesprochenen Fall des Duells zwischen Buben und Schönberg wurde genau dieses Bild

Hochzeit=Kleider=Gesinde=Tagelöhner= und Handwercks=Ordnung, den 22. Juni 1661, in: Lünig (Hrsg.), Codex Augusteus (wie Anm. 6), Sp. 1561–1610, hier Sp. 1568.

39 Diese Spiegelung in den strafrechtlichen Normen beruhte ihrerseits auf einer schriftlichen Fixierung zunächst mündlich tradierter Gewohnheitsrechte, die durchaus stark von lebensweltlich-sozialen Normen beeinflusst waren. Zu diesen Übergängen siehe auch Thomas Simon, Geltung. Der Weg von der Gewohnheit zur Positivität des Rechts, in: Rechtsgeschichte – Legal History 7 (2005), S. 100–137, hier bes. S. 103–105, 112–115.

40 Churf. Johann Georgens des I. zu Sachsen, das unhöffliche Umbreuthen, üppige Leben, auch unchristliche Ausfordern und Balgen betreffend, den 30. Junii, Anno 1653, in: Lünig (Hrsg.), Codex Augusteus (wie Anm. 6), Bd. 1, Sp. 1545–1548, Sp. 1546.

41 Vgl. Churf. Johann Georgens des II. zu Sachsen wider die Injurien und Duelle, den 19. Julii und 20. Sept. Anno 1665, in: Lünig (Hrsg.), Codex Augusteus (wie Anm. 6), Bd. 1, Sp. 1621–1624, hier Sp. 1623; Injurien=Händel und das Tumultiren, Degenblossen, Ausfordern, Balgen und Duelliren betreffende, in: Lünig (Hrsg.), Codex Augusteus (wie Anm. 6), Bd. 1, Sp. 1624–1628, Sp. 1626; Duellmandat 1706 (wie Anm. 6), Sp. 1732; Duellmandat 1712 (wie Anm. 9), hier Sp. 1785.

wieder aufgerufen und zum Argument gemacht, um gegen Schönberg nach der Schärfe des Gesetzes zu verfahren.[42]

In den Duellmandaten wurde damit aus einem zuvor und jenseits von Duellen berechtigten und herrschaftlich geduldeten Anspruch auf Selbsthilfe im Fall von Ehrverletzungen als unmittelbare Konfliktlösungsstrategie eine Störung der öffentlichen Ordnung und damit aus einem allseits akzeptierten Handlungsmuster zwischen Ehrenkämpfern ein gesamtgesellschaftliches Problem.[43] Ein Problem, auf das gute Herrschaft – nicht zuletzt im Verständnis der Zeit – mit einem entsprechenden Verbot reagieren sollte, ja musste![44] Von hier kommend, überraschen dann weder die harten Sanktionsdrohungen gegen Duellanten noch der kategorische Ausschluss von Gnade in den Duellmandaten. Die lebensweltlich-soziale Norm einer Verpflichtung, die eigene Ehre stets und notfalls mit Waffengewalt zu schützen, wie die daraus resultierende strafmildernde Wirkung hatten angesichts des in den Duellmandaten erhobenen alleinigen Strafanspruchs des Herrschers keinen Platz mehr.

Allerdings – und das ist für die hier diskutierte Normenkonkurrenz entscheidend – verschwand damit die lebensweltlich-soziale Norm der Ehre als besonders schützenswertes Gut gerade nicht und zwar auch nicht aus den Duellmandaten.[45]

---

42 SächsStA-D, 10026, Loc. 1404/5, Bl. 331b.

43 Diese Argumentation taucht nicht nur in den Duellmandaten auf, sondern wurde auch in den lutherischen Bußpredigten vertreten. Ludwig, Das Duell im Alten Reich (wie Anm. 4), bes. Kap. 3.1. Später findet sich dieses Argument dann auch in den Antiduellschriften der Aufklärer, die im Laufe des 18. Jahrhunderts die Theologen als Mahner in Sachen Duell nach und nach ablösen sollten. Siehe den Überblick bei Frevert, Ehrenmänner (wie Anm. 24), S. 39–41.

44 Dazu Lothar Schilling, Gesetzgebung als Kommunikation. Zu symbolischen und expressiven Aspekten französischer „ordonnances de réformation" des 16. und frühen 17. Jahrhunderts, in: Helmut Neuhaus/Barbara Stollberg-Rilinger (Hrsg.), Menschen und Strukturen in der Geschichte Alteuropas. Festschrift für Johannes Kunisch zur Vollendung seines 65. Lebensjahres, dargebracht von Schülern, Freunden und Kollegen, Berlin 2002, S. 133–165, hier S. 41; Michael Stolleis, Was bedeutet „Normdurchsetzung" bei Policeyordnungen der frühen Neuzeit?, in: Richard H. Helmholz (Hrsg.), Grundlagen des Rechts. Festschrift für Peter Landau zum 65. Geburtstag, Paderborn u. a. 2000, S. 739–757.

45 Allerdings blieben rechtliche Sonderregelungen, nach denen unter bestimmten Bedingungen vom Verbot des gewaltsamen Selbstschutzes abgesehen wurde, im Alten Reich die absolute Ausnahme. Die einzige mir bekannte vor der Zeit um 1800 findet sich im preußischen Duellmandat von 1713. Hier wurde mit Blick auf die Gruppe der Offiziere erklärt, dass sie zumindest dann nicht als Duellanten gelten und damit auch nicht nach dem Duellmandat bestraft werden sollten, [w]*ann sie* [...] *von andern Frembden* [...] *aus übermäßigem Kitzel und Muthwillen ausser Unserm Königreich und Landen an ihren ehren touchiret/ angegriffen/ und also mit ihnen in Duell gerathen sollten.* Sr. Königl. Majestät in Preussen/ und Churf. Durchleuchtigkeit zu Brandenburg Erklärtes und erneuertes Mandat Wider die Selbst-Rache/ Injurien/ Friedensstörungen und Duelle, 28. Juni 1713, Halle (bei Christoph Salfeld) 1713, Art. III, Bl. A4a–b.

Dadurch war den Duellmandaten von Anfang an ein Widerspruch eingebaut: Denn um die Klage als Alternative zum Kampf attraktiv zu machen, setzte man in den Duellmandaten schon für verbale (Gegen-)Attacken auf empfindliche Ehren- und Gefängnisstrafen. Ziel war es, durch die harsche Sanktionierung von (vermeintlichen) Anlässen für Ehrenkämpfe die rechtliche Alternative zum Duell zu stärken. Nach eher allgemeinen Ansätzen in dieser Richtung in den Mandaten des späten 17. Jahrhunderts, finden sich dann in den beiden großen kursächsischen Duellmandaten von 1706 und 1712 weit ausdifferenzierte Bestimmungen zu Injurien. So war etwa im kursächsischen Duellmandat von 1706 als Strafe für Verbalinjurien und höhnische Gesten schon eine sechswöchige Gefängnisstrafe und eine öffentliche Abbitte als Strafmaß vorgesehen (§ 1).[46] Fielen die verbalen Attacken gröber aus, sollte sich der Injuriant während der Abbitte zusätzlich *selbst Lügen straffen, oder gar auffs Maul schlagen* (§ 2). Bei schweren Injurien erhöhte sich die Haftstrafe auf zwei Jahre, gegebenenfalls konnte diese auch eine Zeit lang bei Wasser und Brot erfolgen (§ 7). Wurde ein tätlicher Angriff angedroht, war zusätzlich zur mündlichen auch eine schriftliche Abbitte und eine Haftstrafe bis zu drei Jahren vorgesehen (§ 8). Wurde schließlich wirklich gestoßen, geschlagen oder gar gepeitscht, war die Abbitte auf Knien abzuleisten, ergänzend konnte eine Strafe von bis zu vier Jahre Haft verhängt werden (§ 10).[47]

Die hier skizzierte Sanktionslogik ist nicht prinzipiell neu, aber sie fällt deutlich harscher aus als frühere Strafbestimmungen im Kontext von Injurienvergehen. Zugleich fehlt auch hier – und das ist entscheidend – der sonst integrierte Notwehrgedanke bzw. die Idee einer strafmildernden Wirkung für den Fall, dass man von der eigenen Wut übermannt worden war und eigenmächtig zurückschlug. Als weitere Verschärfung sollte sich schließlich erweisen, dass diese drastischen Strafandrohungen für Verbal- und Realinjurien von nun an den Ausgangspunkt und das Mindestmaß für jene Strafen bildeten, die daran anschließend für die Herausforderung zum Duell und den tatsächlichen Austrag von Duellen festgesetzt wurden. Und so wurde im Mandat von 1706 schon für gänzlich folgen-, da verletzungslose Duelle als Strafe festgesetzt, dass beide Kontrahenten zu einer zwölfjährigen Gefängnisstrafe und zu einem lebenslangen Verlust ihrer Bezüge und Einnahmen verurteilt werden sollten. Im Fall, dass

46 Für die Abbitte war folgender Text vorgeschrieben: *Ich (…) bekenne hiermit, daß ich mit meinen unbedachtsamen und straffbaren Worten N. N. gröblich beleidiget; Wie ich nun zu Anhörung gleichmäßiger Injurien mich ihm billig darstelle; Als bitte (ich) zugleich, (mir) mein unverantwortliches Beginnen (…) zu verzeihen, und weiln er, dergleichen mir anzuthun aus Generosität unterlassen, so will (ich) mich schuldigst dafür bedancket, und dahin erkläret haben, daß ich, wann ich an seiner Stelle gewesen wäre, mich williglich mit gleichmäßiger Satisfaction begnügen lassen wolte.* Kursächsisches Duellmandat 1706 (wie Anm. 6), hier Sp. 1734.

47 Kursächsisches Duellmandat 1706 (wie Anm. 6), hier Sp. 1733–1735.

die Delinquenten nicht in landesherrlichen Diensten stünden, war statt der Gefängnis- eine zwölfjährige Festungsbaustrafe angedroht (§ 28). Würde einer der Beteiligten nach der Tat außer Landes fliehen und sich auch nach erfolgter Zitation nicht den Gerichten stellen, sollte er von den Gerichten *vor ewig infam erklähret, und sein Bildniß und Nahme von dem Hencker angeschlagen werden* (§ 29). Im Fall, dass einer der Duellanten im Zuge oder in Folge des Kampfes sterben würde, war vorgesehen, dass *[d]em Mörder* [...] *ohne Weitläuffigkeit und Defension, wann er einer von Adel, oder derer Privilegien theilhafftig, der Degen gebrochen, und er selbst mit dem Schwerdt gerichtet* und sein Leichnam schließlich außerhalb des Friedhofs verscharrt werde. Darüber hinaus war die Konfiskation der Hälfte seines Vermögens vorgesehen. Wäre der überlebende Duellant aber *von geringerer Condition*, also nicht von Adel beziehungsweise kein Offizier oder hoher landesherrlicher Beamter, sollte ihm zunächst die rechte Hand abgehauen und er anschließend *durch den Strang am Galgen vom Leben zum Todte gebracht* und er *daselbst biß zu Abfall gelassen* werden (§ 31).[48]

Doch mit diesen Bestimmungen biss sich die Katze gewissermaßen in den Schwanz: Zwar versuchte man mit den Festsetzungen zu Injurien Angriffe auf die Ehre deutlich zu sanktionieren und damit ein attraktives gerichtliches Forum für den Ehrenschutz zu bieten und das Duell auf diese Weise ‚überflüssig' zu machen. Aber der damit zugleich verknüpfte Anspruch eines herrschaftlichen Gewaltmonopols ließ sich in den Duellmandaten nicht widerspruchsfrei formulieren. Denn die Ehre wurde einerseits ohne Wenn und Aber zum schützenswerten Rechtsgut, da – so auch die Duellmandate – ein Angriff auf die Ehre mit einem Angriff auf das Leben gleichzusetzen sei. Andererseits und zugleich wurden strafmildernde Effekte bei einer eigenmächtigen Ehrverteidigung kategorisch verneint, was zu einer erheblichen Schärfe des Strafmaßes bei Injurienvergehen und, darauf aufbauend, bei gewaltsam ausgetragenen Ehrkonflikten führte. Der Grundsatz ‚Ehre gleich Leben' wurde an dieser Stelle und im Fall der Sanktionierung von Injurien weiter vorn im gleichen Mandat also verneint, ein Notwehrrecht nicht eingeräumt. Betrachtet man schließlich die Strafgesetzgebung insgesamt, kommt noch ein weiteres Problem hinzu: Denn im Grunde hätte man für Injurien- und Gewaltvergehen immer dann zu erheblich härteren und entehrenderen Strafen verurteilt werden müssen, sobald für die Urteilsfindung die Duellmandate herangezogen worden wären und nicht die sonstigen Strafgesetze. Ein Urteil nach den Duellmandaten statt nach den sonstigen Strafgesetzen hatte im Fall von Real- und Verbalinjurien also eine erheblich strafverschärfende Wirkung.

Alle Versuche diese Widersprüche zu lösen, führten zu einer weiteren Zuspitzung, weil in den Duellmandaten immer wieder bei den Maßnahmen zur

48 Kursächsisches Duellmandat 1706 (wie Anm. 6), hier Sp. 1733–1735, Sp. 1738.

Vermeidung von Duellen und damit bei der Bestrafung von Injurien angesetzt wurde. Eine Lösung hätte nur die Aufgabe des Ehrenschutzes oder aber des Gewaltmonopols gebracht. Genau das lässt sich dann an der Wende zum 19. Jahrhundert beobachten, da nun das herrschaftliche Gewaltmonopol an diesem Punkt sukzessive zurückgestellt wurde und zwar zugunsten einer nun ständisch exklusiven und gruppenintern organsierten Praxis eines de facto offiziell zugelassenen Duells.[49] Doch bis es so weit war, bot einzig die Gnade einen Ausweg, um im Zuge einer im Strafprozess aktualisierten Normenkonkurrenz situativ einen Ausweg zu finden – und dies immer wieder aufs Neue.

4.

Zieht man schließlich auch mit Blick auf das Thema des Bandes Bilanz, werden zwei Punkte erkennbar: Erstens liegt in phänomenologischer Perspektive mit dem Duell ein spezifischer Fall im Feld der Strafverfolgung vor. Denn auch, wenn die Strafverfolgung insgesamt durch eine Partialität der Normumsetzung gekennzeichnet ist und Gnade als ergänzende Strategie im Feld des Strafrechts in der Frühen Neuzeit (und darüber hinaus) von grundsätzlicher Bedeutung war, so ist doch beides im vorliegenden Beispiel zum Extrem gesteigert. Erklärt werden kann diese hervorstechende Ausprägung damit, dass in Duellsachen eine markante Konkurrenz zwischen lebensweltlich-sozialen Normen bestimmter gesellschaftlicher Gruppen und strafrechtlichen Festsetzungen bestand, die im Kontext der Strafverfolgung in dieser Deutlichkeit ungewöhnlich war. Situativ lösen ließ sich dies letztlich nur im Zuge der punktuellen Aussetzung der Norm im Gnadenakt.

Dies führt zum zweiten Befund. Denn Normenkonkurrenz ist sicherlich kein Spezifikum der Vormoderne. Aber für die plurale und eben nicht pluralisierten Normsysteme[50] der Vormoderne kommt hinzu, dass die Überzeugung ei-

---

49 Um 1800 kam es überall im Alten Reich zur Einrichtung von Ehrengerichten, die im Einzelfall auch den Austrag von Duellen anordnen konnten und damit die rechtliche Legitimation eines privaten Ehrenschutzes lieferten. Zu den Ehrengerichten: Frevert, Ehrenmänner (wie Anm. 24), S. 105–119; Gundula Gahlen, Das Duell im bayerischen Offizierskorps im 19. Jahrhundert, in: Ulrike Ludwig u. a. (Hrsg.), Das Duell. Ehrenkämpfe vom Mittelalter bis zur Moderne, Konstanz 2012, S. 259–273, hier S. 262–266.

50 Mit Pluralisierung ist die Vervielfältigung relevanter Repräsentationen von Wirklichkeit gemeint, die als Teilwirklichkeiten zwar miteinander konkurrieren, sich aber wechselseitig in dieser Konkurrenz zugleich wahrnehmen. Dies wirkt sich auch auf die Verbindlichkeit und Reichweite von Normen aus. Denn diese können angesichts der Wahrnehmung miteinander konkurrierender Repräsentationen von Wirklichkeit keinen absoluten Geltungsanspruch mehr entfalten. Wenn hin-

ner „grundsätzlich harmonischen, nicht disponiblen Ordnung der Welt“ dominierte. Im Anschluss an Barbara Stollberg-Rilinger ist also zu betonen, dass die Reflexionsmöglichkeiten über konkurrierende Werte- oder eben Normsysteme und über Handlungsmöglichkeiten, die einen Weg aus dem Dilemma boten, beschränkt waren.[51] Das heißt aber, innerhalb der verschiedenen Normsysteme wurde weiterhin ein vom jeweiligen System ausgehendes, ideal-harmonisches Ordnungsideal formuliert. Die bestehende Normenkonkurrenz wurde auf diese Weise konserviert und auf Dauer gestellt, auch wenn man situativ immer wieder damit konfrontiert war, dass genau das ein Problem war.

---

gegen von Normenpluralität gesprochen wird, dann bestehen zwar verschiedene Normen gleichzeitig. Diese sind aber jeweils mit einem absoluten Geltungsanspruch ausgestattet. Vgl. knapp zum Konzept der Pluralisierung Jan-Dirk Müller, Vorwort, in: ders. u. a. (Hrsg.), Pluralisierungen (wie Anm. 14), S. V–XII.

51 Stollberg-Rilinger, Einleitung (wie Anm. 14), S. 16, dort auch das wörtliche Zitat.

IV. DAS 19. JAHRHUNDERT

Andreas Roth

Die Entwicklung des Strafverfahrens im 19. Jahrhundert

Ein Überblick mit einem Fokus auf mögliche künftige Forschungsthemen

1. Einleitung

Die Münsteraner Tagung „Von Bußen und Strafen“ hat sich unter anderem das Ziel gesetzt, einen Arbeitskreis zur Justizgeschichte zu initiieren, der in europäischer und epochenübergreifender Sichtweise die Akteure dauerhaft miteinander ins Gespräch bringt.[1] Wie das Thema der Tagung zeigt, soll auch ein spezieller Fokus auf die Strafrechtsgeschichte gelegt werden. Insoweit bietet es sich an, zu überlegen, wo in den verschiedenen Epochen Ansatzpunkte für zukünftige Forschungsthemen sein könnten. Der folgende Beitrag versteht sich als ein solcher Versuch, nämlich Bereiche für das Strafverfahrensrecht des 19. Jahrhunderts zu identifizieren. Die folgenden Ausführungen zum Strafverfahren in dieser Zeit sollen somit an einzelnen Punkten Vorschläge für eine zukünftig denkbare Vertiefung anstellen, ohne damit irgendeinen Anspruch auf Vollständigkeit zu erheben.

2. Das Strafverfahren Anfang des 19. Jahrhunderts

2.1 Der gemeine Strafprozess

In großen Teilen Mitteleuropas und auch im rechtsrheinischen Deutschland hat in der als Sattelzeit bezeichneten Epoche um 1800 der seit dem Spätmittelalter etablierte Inquisitionsprozess weiter gegolten.[2] Dieser Prozess wurde heimlich und schriftlich von einem Inquirenten mit geringen Beteiligungsmöglichkeiten eines Verteidigers durchgeführt, er begann mit der Generalinquisition, um fest-

1 So der Flyer zur Tagung.

2 Eberhard Schmidt, Einführung in die Geschichte der deutschen Strafrechtspflege, 3. Aufl., Göttingen 1995, §§ 187–190; Alexander Ignor, Geschichte des Strafprozesses in Deutschland 1832–1846. Von der Carolina Karls V. bis zu den Reformen des Vormärz, Paderborn 2002, S. 131–138; Alexander Krey, Art. Inquisitionsprozess, in: Handwörterbuch zur deutschen Rechtsgeschichte (künftig: HRG), Bd. 2. 2. Aufl., Berlin 2012, Sp. 1243–1248, hier Sp. 1247.

zustellen, ob überhaupt eine Straftat vorlag.[3] Im Mittelpunkt dieses Ermittlungsabschnitts stand ursprünglich der Nachweis einer Tat durch ein *corpus delicti*, eine Voraussetzung, die aber schon bald als zu hohe Hürde angegriffen[4] und entsprechend modifiziert worden ist. Daran schloss sich eine Spezialinquisition gegen eine konkrete verdächtige Person an, in der das Gericht auf das Hauptbeweismittel, nämlich das Geständnis, hinarbeitete.[5] Soweit die Indizien ausreichten, konnte gegen die verdächtige Person die „peinliche Befragung" angeordnet werden, um mit deren Hilfe ein Geständnis zu erreichen.[6] Denn die Verurteilung war aufgrund der gesetzlichen Beweistheorie nur möglich bei einem Geständnis oder zwei guten Tatzeugen. Nachdem im Aufklärungszeitalter die Abschaffung der Folter durchgesetzt worden war,[7] wurde die Geständnisbereitschaft deutlich geringer und daher eine Verurteilung des Angeklagten unter der nach wie vor geltenden gesetzlichen Beweislehre schwieriger. Die Inquirenten behalfen sich mit der Verdachtsstrafe, die bei nicht ganz vollständigem Beweis als *poena extraordinaria* verhängt werden konnte,[8] und der Entbindung von der Instanz (*absolutia ab instantia*), die eine nur vorläufige Verfahrenseinstellung zur Folge hatte.[9]

---

3 SCHMIDT, Geschichte der deutschen Strafrechtspflege (wie Anm. 2), § 187.

4 Benedict CARPZOV, Practica nova rerum criminalium, 1635, ParsIII Quaestio 108 (zitiert in: Wolfgang Sellert/Hinrich Rüping [Hrsg.], Studien- und Quellenbuch zur Geschichte der deutschen Strafrechtsgeschichte, Bd. 1: von den Anfängen bis zur Aufklärung, Aalen 1989, S. 318 f.).

5 Heinz HOLZHAUER, Art. Geständnis, in: HRG, Bd. 2. 2. Aufl., Berlin 2012, Sp. 325–335.

6 Jan ZOPFS, Die Aufhebung der Folter in Bayern, in: ders. (Hrsg.), Quellen zur Aufhebung der Folter. Die Aufhebung der Folter in Baiern (1806), Berlin 2010, S. 3–32; Ivo STRIEDINGER, Des Kriminalisten Feuerbach Verhältnis zu Bayern, insbesondere sein Anteil an der Aufhebung der Folter, in: Zeitschrift für Bayerische Landesgeschichte Bd. 8 (1935), S. 222–237.

7 Arnd KOCH, Die Entwicklung des Strafrechts zwischen 1751 und 1813, in: ders./Michael Kubiciel/Martin Löhnig/Michael Pawlik (Hrsg.), Feuerbachs Bayerisches Strafgesetzbuch, Tübingen 2014, S. 39–67, hier S. 62–64; ausführlich: Dieter BALDAUF, Die Folter. Eine deutsche Rechtsgeschichte, Köln 2004, eine Übersicht S. 204 f. In Preußen wurde die Folter 1740 und in Österreich 1776 abgeschafft, in den anderen deutschen Staaten mehr oder weniger schnell danach (z. B. Bayern 1806, Württemberg 1809). Siehe auch den Sammelband: Karsten Altenhain/Nicola Willenberg (Hrsg.), Die Geschichte der Folter seit ihrer Abschaffung, Göttingen 2011.

8 Andreas ROTH, Art. Verdachtsstrafe, in: HRG, Bd. 5. 1. Aufl., Berlin 1971, Sp. 681–684, hier Sp. 682; Friedrich SCHAFFSTEIN, Verdachtsstrafe, außerordentliche Strafe und Sicherungsmittel im Inquisitionsprozeß des 17. und 18. Jahrhunderts, in: Zeitschrift für die gesamte Strafrechtswissenschaft (künftig: ZStW) 101 (1989), S. 493–515.

9 Instanzentbindung bedeutet, dass der Angeklagte zwar aus der Haft entlassen wurde, zum Teil aber unter Polizeiaufsicht gestellt wurde, immer aber mit der Möglichkeit, das Verfahren bei neuen Verdachtsgründen fortzusetzen (Heinz HOLZHAUER, Art. Instanzentbindung, in: HRG, Bd. 2. 2. Aufl., Berlin 2012, Sp. 1261–1263, hier Sp. 1263).

2.2. Die Situation im rechtsrheinischen Deutschland Anfang des 19. Jahrhunderts

In den rechtsrheinischen deutschen Staaten blieb es bei dem hergebrachten inquisitorischen Verfahren, obwohl das Österreichische Gesetzbuch über Verbrechen und schwere Polizeiübertretungen von 1803 und Preußen in seiner Kriminalordnung von 1805 sowie das Bayrische Strafgesetzbuch von 1813, das ja auch einen verfahrensrechtlichen Teil enthielt, das Strafprozessrecht leicht verändert hatten. Österreich[10] und Preußen[11] unterschieden nicht mehr zwischen General- und Spezialinquisition mit der Folge, dass der Beschuldigte in jedem Verfahrensstadium verhört werden konnte.[12] Die Untersuchung wurde von einem Richter geführt, der zwar nicht mehr auf die Folter zurückgreifen, sich aber anderer Druckmittel bedienen konnte: Durch die Androhung von Lügen- oder Ungehorsamsstrafen[13] oder durch endlos lange Verhöre versuchte er, den Beschuldigten zu einem Geständnis zu bewegen.[14] Das Gericht entschied dann nach Aktenlage, ohne eine eigene Beweisaufnahme durchzuführen, weiterhin gebunden an die gesetzliche Beweistheorie. Die Rechte der Verteidigung waren immer noch spärlich, so hatte der Verteidiger erst spät das Recht zur Unterredung mit dem Beschuldigten, soweit dieser in Haft saß.[15]

Bayern kannte im feuerbachschen Strafgesetzbuch von 1813[16] noch die traditionelle Unterteilung in Spezial- und Generalinquisition, das Gesetz hatte aber mit der Einführung eines summarischen Verhörs (Theil II, Art. 155) den entscheidenden Unterschied praktisch aufgegeben, weil – ganz in Parallele zu den beiden anderen Ländern – nunmehr auch schon vor Einleitung der Spezialinquisition eine verdächtige Person vernommen werden konnte.[17] Fortschrittlich war

---

10 Österreichisches Strafgesetzbuch über Verbrechen und schwere Polizeiübertretungen (künftig: Österreichisches Strafgesetz) vom 3. September 1803 = Stephan Blumentritt, Das österreichische Strafgesetz über schwere Polizei-Übertretungen vom 3. September 1803, sammt den hierzu bis Mai 1844 nachträglich erschienne Gesetzen und Verordnungen, 2. Aufl., Wien 1846.

11 Preußische Criminal-Ordnung (künftig: CO) vom 11. Dezember 1805 = Paul Liman, Der Preußische Strafprozeß, Berlin 1859, S. 255 ff.; Übersicht bei Schmidt, Geschichte der deutschen Strafrechtspflege (wie Anm. 2), § 254.

12 §§ 315 Österreichisches Strafgesetz (wie Anm. 10), S. 105 ff.

13 § 330 Österreichisches Strafgesetz (wie Anm. 10), S. 111.

14 §§ 292 ff. Preußische CO (wie Anm. 11), S. 327. Zu Bayern: Jan Zopfs, Von der Folter zu den Lügen- und Ungehorsamsstrafen, in: Koch/Kubiciel/Löhnig/Pawlik (Hrsg.), Feuerbachs Bayrisches Strafgesetzbuch (wie Anm. 7), S. 69–79, hier S. 70–74.

15 §§ 446 ff. CO (wie Anm. 11), S. 367 ff.

16 Bayrisches Strafgesetzbuch von 1813 = http://opacplus.bsb-muenchen.de/title/BV010890296/ft/bsb11086639 (abgerufen am 16. Oktober 2023). Zu diesem Gesetzbuch ausführlich der Sammelband: Koch/Kubiciel/Löhnig/Pawlik (Hrsg.), Feuerbachs Bayerisches Strafgesetzbuch (wie Anm. 7).

17 Theil II, Art. 155 Bayrisches Strafgesetzbuch (wie Anm. 16), S. 244. Feuerbachs Anliegen, zur Kon-

die Einführung einer Art Indizienbeweis, womit auch ein kleiner Beurteilungsspielraum der Richter eröffnet wurde.[18] Schließlich gab es einen Verteidigungsbeweis, wonach verschiedene Beweismittel zusammen doch für die Abwendung der Strafe oder jedenfalls eine Milderung ausreichten.[19]

Letztlich waren die Neuerungen, die in diesen Gesetzen geschaffen wurden, nur geringfügig, im Großen und Ganzen blieb das Verfahren unverändert, das heißt schwerfällig und langwierig. Die zaghaften Versuche, einen wirklich reformierten Inquisitionsprozess durchzusetzen, scheiterten in Bayern am Widerstand des Herrschers.[20] Immerhin wurden damals Justiz und Verwaltung getrennt und damit die vorher praktizierte Kabinettsjustiz der Fürsten abgeschafft.[21] Die darin liegende Machteinbuße auf Seiten des Herrschers wurde ausgeglichen durch die Monopolisierung der Strafgewalt bei staatlichen Gerichten, indem die ständischen Gerichte zurückgedrängt beziehungsweise ganz abgeschafft wurden.[22]

---

trolle der Ermittlungen sogenannte Gerichtszeugen einzuführen, hatte sich nicht durchsetzen können, weil der König selbst diese Neuerung verhindert hatte (s. Volker Haas, Das Strafprozessrecht des Bayerischen Strafgesetzbuches, in: Koch/Kubiciel/Löhnig/Pawlik [Hrsg.], Feuerbachs Bayerisches Strafgesetzbuch (wie Anm. 7), S. 413–433, hier S. 424 f.).

18 Art. 330 Bayrisches Strafgesetzbuch (wie Anm. 16), S. 320; Rene Pöltl, Die Lehre vom Indizienbeweis im 19. Jahrhundert, Frankfurt 1999; Haas, Das Strafprozessrecht des Bayerischen Strafgesetzbuches (wie Anm. 17), S. 429 f.

19 Art. 336 Bayrisches Strafgesetzbuch (wie Anm. 16), S. 322; Haas, Das Strafprozessrecht des Bayerischen Strafgesetzbuches (wie Anm. 17), S. 431. Feuerbachs Vorschlag, das Schlussverfahren, das auch der Verteidigung des Angeschuldigten dienen sollte, bei offenen Gerichtstüren durchzuführen, wurde ebenfalls abgelehnt (Rudolf Thierfelder, Anselm von Feuerbach und die bayrische Strafprozeßgesetzgebung von 1813, in: ZStW 53 (1934), S. 433; Haas, Das Strafprozessrecht des Bayerischen Strafgesetzbuches (wie Anm. 17), S. 425; Josef Cornelissen, Tätigkeiten und Theorien Feuerbachs im Strafprozessrecht, Bonn 1963, S. 32 ff.). So blieb dieses Hauptverfahren eine rein förmliche Angelegenheit, ohne dass sich das Gericht einen Eindruck vom Angeklagten machen konnte.

20 Zur Rezeption des Bayrischen StGB in der Wissenschaft: Andreas Roth, Die Rezeption des bayrischen StGB durch Legislative und Wissenschaft, in: Koch/Kubiciel/Löhnig/Pawlik (Hrsg.), Feuerbachs Bayerisches Strafgesetzbuch (wie Anm. 7), S. 525–543, hier S. 531–536.

21 Regina Ogorek, Aufklärung über Justiz. Richterkönig oder Subsumtionsautomat? Zur Justiztheorie im 19. Jahrhundert, 2. Aufl., Frankfurt 2008, S. 290 f.

22 Karl Härter, Die Entwicklung des Strafrechts in Mitteleuropa 1770–1848: Defensive Modernisierung, Kontinuitäten und Wandel der Rahmenbedingungen, in: Rebekka Habermas/Dieter Schwerhoff (Hrsg.), Verbrechen im Blick, München 2009, S. 103 f.

2.3 Das linksrheinische Revolutionsrecht

Erst im Rahmen der Französischen Revolution wurde der Inquisitionsprozess modifiziert, dann beseitigt und ein ganz neues Verfahren eingeführt.[23] Umgesetzt wurden diese Forderungen zunächst in Prozessordnungen des Jahres 1791, bevor im Jahr 1795 der *Code des delits et des peines*[24] erlassen wurde, der im Wesentlichen das Werk von Philippe Antoine Merlin war.[25]

Nur drei Jahre später, im Jahre 1798, wurde das französische Strafverfahrensrecht auch in den anderen deutschen linksrheinischen Gebieten, die von Frankreich annektiert worden waren,[26] eingeführt.[27] Einer der ersten spektakulären Prozesse, die nach diesem neuen Verfahren in Deutschland geführt wurden, war der gegen Johannes Bückler, genannt Schinderhannes, und seine Bande 1802/1803 in Mainz,[28] der bereits zeigte, dass der im Gesetz erreichte Fortschritt nicht sofort Früchte in der Praxis trug. Nach monatelangen Ermittlungen und Verhören hatte Bückler ein umfangreiches Geständnis abgelegt,[29] das vielleicht durch folterähnliche Praktiken erzwungen war; so schrieb der Kölner Staatsanwalt, Schinderhannes sei *nach Mainz verbracht (worden), um ihn dort einer notwendigen Behandlung zuzuführen, so daß noch weitere Verbrecher gefasst werden können.*[30] Diese Bemerkung kann man als Indiz auf Verhörmethoden werten, die eigentlich nicht mehr zulässig waren. In dem Verfahren in Mainz wurden 137 Zeugen gehört, insgesamt neun Anwälte waren als Verteidiger dabei. Und doch wurde schon in diesem Prozess deutlich, dass dieses neue Verfahren nicht ganz

---

23 Vgl. Peter Feldhausen, Zur Geschichte des Strafprozessrechtes in Frankreich von der Revolution bis zum Erlass des Code d'istruction criminelle (1789 bis 1808), Darmstadt 1966, zur Entstehungsgeschichte: S. 90 ff.

24 Code des delits et des peines von 1795 = K. Th. Bormann/Alexander von Daniels (Hrsg.), Handbuch der für die Königlich-preußischen Rheinprovinzen verkündigten Gesetze, Verordnungen und Regierungsbeschlüsse, Bd. 3, Köln 1835, S. 232 ff.

25 Zu ihm: Feldhausen, Geschichte des Strafprozessrechtes in Frankreich (wie Anm. 23), S. 91 f.

26 Das waren die französischen Departements Donnersberg mit der Pfalz (Mainz), Rhein und Mosel (Koblenz), Roer (Aachen) und Saar (Trier).

27 Ordre judicaire en police simple, police correctionelle et matière criminelle von 1798 = Oscar Berger-Levrault (Hrsg.), Recueil de reglements et arrêtés émanés du commissaire du gouvernement dans les quatre nouveau départements de la rive gauche du rhin, Bd. 1, Straßburg 1798/1799, S. 202 f.

28 Zu diesem Verfahren: Mark Andreas Scheibe, Die Strafjustiz in Mainz und Frankfurt/M. 1796 bis 1803 unter besonderer Berücksichtigung des Verfahrens gegen den Serienstraftäter Johannes Bückler genannt Schinderhannes, Kelkheim 2009, S. 30–43.

29 Scheibe, Strafjustiz in Mainz und Frankfurt/M. 1796 bis 1803 (wie Anm. 28), S. 20–24; Bückler starb am 21. November 1803 durch die Guillotine (zusammen mit 19 Mittätern).

30 Der Bericht des Kölner Staatsanwalts Keil wird zitiert bei Scheibe, Strafjustiz in Mainz und Frankfurt/M. 1796 bis 1803 (wie Anm. 28), S. 181.

reibungslos und kritiklos übernommen werden würde. Erst in der Hauptverhandlung, in der keine Dolmetscher zugezogen wurden, war eine Verteidigung zulässig, denn die Erkenntnisse für die Urteilsfindung sollten ja unmittelbar aus der Hauptverhandlung gewonnen werden. Die Tatsache, dass die entscheidenden Weichen für das Urteil bereits vorher gestellt werden, sind auch von den Reformern ignoriert worden. Es deutet sich schon in diesem Prozess an, dass die Neuerungen noch nicht die perfekte Lösung gebracht haben, wie dies ideengeschichtlich so gern gesehen wird.

3. Die Rechtspraxis auf beiden Seiten des Rheins im Vergleich

Insoweit bietet es sich an, die ganz konkrete Strafpraxis der Alltagskriminalität Anfang des 19. Jahrhunderts einem deutsch-französischen Rechtsvergleich zu unterziehen. Denn das französische Recht entwickelte sich noch weiter: Der *Code d'instruction criminelle* von 1808,[31] einer der *cinq codes* Napoleons, brachte einige Änderungen, mit denen wohl auf Napoleons Bestreben staatliche Interessen in den Vordergrund rückten: Die Staatsanwaltschaft wurde hierarchisch organisiert und weisungsabhängig, das heißt letztlich staatlich gelenkt und gleichzeitig unabhängig vom Gericht:[32] Sie besaß weitgehende Kompetenzen, etwa das Anklagemonopol, Aufgaben in der Vollstreckung und führte die Aufsicht über die Polizei (*police judicaire*) im Ermittlungsverfahren (*de requerir directement la force publique*).[33] Die frühere Anklagejury wurde abgeschafft.

Während dieses Gesetz auf der einen Seite den Übergang zum reformierten Strafprozess in Europa einleitete, hat es durch die Stärkung des staatlichen Einflusses und die Rückkehr zu inquisitorischen Elementen auf der anderen Seite eine noch ambitioniertere Reformbewegung ausgebremst.[34] Immerhin gab es nun ein öffentliches Strafverfahren in Frankreich und in den linksrheinischen deutschen Gebieten, das auch im übrigen Deutschland mit Interesse beobachtet wurde und einen Referenzrahmen bildete – sei es als Vorbild oder als abschreckendes Beispiel.

---

31 Code d'instruction criminelle von 1808 (Inkrafttreten am 1. Januar 1811) = https://www.digitale-sammlungen.de/de/view/bsb10393988 (abgerufen am 16. Oktober 2023), S. 80 f.

32 Massimo Nobili, Die freie richterliche Überzeugungsbildung. Reformdiskussion und Gesetzgebung in Italien, Frankreich und Deutschland seit dem Ausgang des 18. Jahrhunderts, Baden-Baden 2001, S. 139 ff. m. w. N.

33 Zu ihr: Ulrike Müssig, Die französischen Strafrechtskodifikationen 1808/1810, Koch/Kubiciel/Löhnig/Pawlik (Hrsg.), in: Feuerbachs Bayerisches Strafgesetzbuch (wie Anm. 7), S. 95–127, hier S. 122–124.

34 Dazu: Nobili, Die freie richterliche Überzeugungsbildung (wie Anm. 32), S. 139 ff. m. w. N.

Aber wie sah das Verfahren vor Ort aus? Als Palladium der bürgerlichen Freiheit[35] galt der Assisenhof,[36] ein Gerichtshof, der alle drei Monate regulär tagte, im Übrigen nach Bedarf,[37] und der in Strafsachen zuständig war, und zwar für die schwereren, also in der Regel die Verbrechen.[38] Für das Verfahren galt das französische Recht, also der Code de procedure criminelle, später dann im preußischen Rheinland die Rheinische Criminalproceß-Ordnung. Voruntersuchungen erfolgten durch den Instruktionsrichter (Spurenuntersuchung, Zeugenvernehmung), der danach die Sache an den Staatsprokurator übergab: Dieser fertigte einen Antrag (unter Nennung der zu ladenden Zeugen) für die Entscheidung der Anklagekammer, die aus drei Richtern beim Assisenhof bestand und ein Anklageurteil absetzte. Danach wurde der Beschuldigte vom Assisenpräsidenten (oder einem Friedensrichter) vernommen, damit dieser eventuell eine Nichtigkeitsklage gegen das Anklageurteil erheben konnte.

Besetzt waren die Assisen mit fünf Richtern auf der einen und zwölf Geschworenen auf der anderen Seite, die eine Jury bildeten. Diese mussten 30 Jahre alt sein, berieten geheim die Schuldfrage nach dem Grundsatz der richterlichen Beweiswürdigung. Die napoleonische Reform betraf auch die Auswahl der Geschworenen,[39] die nunmehr nicht mehr aus der ganzen Bevölkerung gewählt wurden, sondern ein gewisses Mindeststeuereinkommen besitzen mussten. Außerdem konnte die Regierung auf die Auswahl der Geschworenen Einfluss nehmen, indem entsprechende Listen erstellt wurden, die den Kreis der zu Wählenden begrenzten. In Mainz wurde aus einem Personalpool von etwa 600 Personen (etwa die Hälfte von ihnen waren Höchstbesteuerte) durch die Regierungskommission eine Liste zusammengestellt, die etwa 200 Personen umfasste, von denen wiederum vom Assisenpräsident 30 für ein Vierteljahr öffentlich gelost wurden (sowie neun Ergänzungsgeschworene). Von den am Gerichtstag Anwesenden wurden die zwölf Geschworenen für das konkrete Verfahren aus einer Urne gezogen.[40]

---

35 Dieter STRAUCH, Französisches Recht im Rheinland, in: ders./Joachim Arntz/Jürgen Schmidt-Troje (Hrsg.), Der Appellhof zu Köln. Ein Monument deutscher Rechtsentwicklung, Bonn 2022, S. 29; DERS. Rheinische Gerichte in zwei Jahrhunderten, Düsseldorf 2007; Karl Georg FABER, Die Rheinlande zwischen Restauration und Revolution, Wiesbaden 1966, S. 112.

36 Zum Begriff der Assisen: Esther ROTHWEILER/Stefan GEYER, Art. Assisen, in: HRG, Bd. 2. 2. Aufl., Berlin 2012, Sp. 318–319, hier Sp. 318.

37 In der Rheinprovinz gab es solche Gerichte zunächst in Koblenz, Trier, Köln, Düsseldorf und Aachen, ab 1821 auch in Kleve. In der Pfalz gab es sie in Landau, Kaiserslautern und Frankenthal, in Rheinhessen in Mainz.

38 Für geringere Vergehen waren die Friedensgerichte bzw. die Zuchtkammern des Landgerichts zuständig.

39 Art. 381 ff. (Du Jury) Code d'instruction (wie Anm. 31), S. 80 f.; s. dazu: Ulrike MÜSSIG, Die französischen Strafrechtskodifikationen 1808/1810 (wie Anm. 33), S. 105 ff., 121 f.

40 Art. 79 Gesetz das Verfahren in Assisensachen und die Bildung der Schwurgerichte in der Provinz

Die Ermittlungsverfahren lagen in den Händen des öffentlichen Ministeriums, das auf dem Land der Bürgermeister, in den Städten ein Polizeikommissär vertrat. Diese bildeten zwar einen zentralen Bestandteil der Strafverfahren (auch vor den Landgerichten oder dem Appellationsgerichtshof), waren aber gleichwohl nicht in die gerichtliche Hierarchie eingegliedert, sondern unabhängig und selbständig.

Die Praxis dieses Verfahrens unter Beteiligung einer ganz neuen Schicht von Bürgern harrt noch einer quellengestützten Untersuchung, denn leider ist auch in diesem Bereich die Alltagspraxis ein bisher vernachlässigtes Thema. Und dabei handelt es sich bei der Justiz um eine der klassischen neuen rheinischen Institutionen. Vor allem in den Ländern Bayern und im Großherzogtum Hessen wäre ein Vergleich der Strafgerichtsbarkeit in der bayrischen Pfalz und in Rheinhessen jeweils mit dem überlieferten Verfahren in den übrigen Landesteilen sehr reizvoll.[41] Leider sind die Bestände im Hessischen Staatsarchiv in Darmstadt nicht mehr vorhanden, aber im Landesarchiv in Speyer kann auf entsprechendes Material zurückgegriffen werden.

4. Das Beweisrecht

Für das Beweisrecht revolutionär war die Einführung der freien richterlichen Beweiswürdigung, die bereits im Gesetz von 1791 enthalten war. Sie war in Frankreich fest mit der Bildung der Schwurgerichte verbunden und auch in Deutschland wurde in den nächsten Jahrzehnten das Beweisrecht diskutiert im Rahmen der Auseinandersetzungen um eine Einführung der Jury.[42] Dabei geriet die Grundsatzfrage etwas in den Hintergrund: Wie soll die Entscheidung der Richter gefällt werden? Für die Franzosen stand fest, dass die Richter durch keine gesetzlichen Regelungen in ihrer Beurteilung eingeschränkt werden sollten, so besagte es die berühmte Formel:

> *Das Gesetz schreibt den Jurymitgliedern auf keinen Fall vor, ob sie diejenige Aussage für wahr halten sollen, die von einem bestimmten Zeugen oder einer bestimmten Anzahl von Zeugen stammt. Das Gesetz sagt ferner nichts darüber, daß die Jurymitglieder darauf achten müssen, inwieweit ein Beweis als ausreichend geführt gilt, der nicht in einer*

Rheinhessen betreffend von 1849 = Großherzoglich- Hessisches Regierungsblatt 1849, Nr. 2, S. 23; Ernst Höchster, Lehrbuch des französischen Strafverfahrens, Bern 1850, S. 355 ff. Der Angeklagte konnte bis zu zwölf vorgeschlagene Richterkandidaten ablehnen.

41 Im preußischen Gebiet könnte eine Archivrecherche Ansatzpunkte liefern.

42 Zum Zusammenhang der beiden Fragen: Heinrich Albert Zachariae, Die Gebrechen und die Reform des deutschen Strafverfahrens, Göttingen 1846, S. 197.

bestimmten mündlichen Verhandlung, durch bestimmte Gegenstände, genügend Zeugen oder Anzahl der Indizien in das Verfahren eingeführt wurde. Das Gesetz sieht nur eine einzige Frage vor, die das Vorgehen der Jurymitglieder umfaßt: Haben Sie eine innere Überzeugung?[43]

Dass die so formulierte Durchsetzung der freien Beweiswürdigung und die Absage an die gesetzliche Beweisregelung mit einem völlig neuen Prozessverständnis einhergehen, ist schon oft beschrieben worden. Liest man diesen Text aus heutiger Sicht Wort für Wort, so fällt auf, wie klar die Absage an irgendwelche Vorgaben für die Laienrichter ausgesprochen wird. Allein die intime *conviction*, die innere Überzeugung, sollte maßgeblich sein. Auch wenn einhellig in der Abschaffung des Strengbeweises ein Fortschritt gesehen wird, haben gleichwohl schon damals einige Zeitgenossen Kritik an dieser Radikalität geäußert, mit der das Gesetz die Kehrtwende eingeläutet hat.

Denn ganz im Sinne des Textes wurde die Beweiswürdigung im Urteil nicht festgehalten, sondern es wurden lediglich die Beweise genannt, die die Jury für glaubhaft hielt, sodass es für einen Beobachter nicht nachvollziehbar war, wie das Gericht zu seinem Urteil gekommen war. Auch gab es keine Überprüfung der Beweiswürdigung im Sinne einer Rechtskontrolle.

Die absolut scheinende Freiheit der Richter in der Beweiswürdigung, die auch heute noch mitunter als irrational bezeichnet wird,[44] kritisierte damals unter anderem auch Feuerbach, der die angebliche fehlende Nachvollziehbarkeit der neuen Urteilsfindung mit drastischen Worten beklagte:

Die Geschworenen mit ihrem Instinct erscheinen hier nicht anders, denn als ein Methodisten- oder Quäkerverein, der in dumpfer Gedankenlosigkeit auf den Lichtstrahl der natürlichen Offenbarung harrt, so wie die letzten auf eine Erleuchtung von oben.[45]

Aber er war nicht der einzige Kritiker, auch andere zeitgenössische Autoren wandten sich gegen die angebliche „Willkür" der richterlichen Wertung.[46] Und diese Kritik hat sich bis in die Bundesrepublik gehalten, in der dieses Prinzip

---

43 Art. 376 Code des délits = französischer Text bei: NOBILI, Die freie richterliche Überzeugungsbildung (wie Anm. 32), S. 124 f., deutsche Übersetzung bei IGNOR, Geschichte des Strafprozesses 1832–1846 (wie Anm. 2), S. 250 f.

44 Vgl. Karl Peters: „Er öffnet dem Irrationalen, der Beliebigkeit und dem Unkontrollierbaren Tür und Tor" (Karl PETERS, Strafprozeß, 3. Aufl., Heidelberg 1981, S. 281).

45 Anselm VON FEUERBACH, Betrachtungen über das Geschworenengericht, Landshut 1813, S. 119 f.

46 Eduard HENKE, Handbuch der Criminalrechtswissenschaft und der Criminalpolitik, Bd. 4, Berlin 1838, S. 416 f.; w. N. bei Wilfried KÜPER, Die Richteridee der Strafprozeßordnung und ihre geschichtlichen Grundlagen, Tübingen 1967, S. 217, 230.

bindungsloser Beweiswürdigung als „Quelle für Fehlurteile" angeprangert worden ist.[47]

Aber es gab natürlich auch Befürworter: „Weil dies Fürwahrhalten auf die Evidenz, auf die Anschauung alles dessen, was vor dem Auge des Geschworenen geschieht, gegründet worden ist. So wird eine unmittelbare Erkenntnis, ein intuitives Verstehen möglich."[48] Eine solche ungebundene Würdigung ergebe sich aus den „Anschauungen des Lebens" im Sinne Hegels und sei ein großer Fortschritt bei der Wahrheitsfindung im Prozess.[49] Erst der so oft beschworene Totaleindruck von der mündlichen Verhandlung könne eine Verurteilung rechtfertigen.

Es gab in der Folgezeit immer wieder Anregungen, um objektive Kriterien für die Beweiswürdigung zu ermitteln, wohl auch, weil das neue Prinzip in eklatantem Gegensatz zum vorherigen Inquisitionsprozess stand. Und auch zu unserer aktuellen Rechtspraxis, wie sie sich vor allem in den sehr detaillierten Vorgaben des heutigen Revisionsrechts zeigt,[50] tut sich ein tiefer Graben auf.

Interessant wäre es, genauer zu untersuchen, welche Entwicklungen im 19. Jahrhundert/Anfang des 20. Jahrhunderts in die Richtung einer Eindämmung im scheinbar unbegrenzten Beweisrecht gingen. Zwar ist die Geschichte der Idee der freien Beweiswürdigung bereits häufiger thematisiert worden,[51] was aber noch fehlt, ist eine Untersuchung, die aufzeigt, ab wann die Praxis anfängt, Kriterien zur Überprüfung der sehr subjektiven Wertung der Schwurgerichte auszuarbeiten. Hier bietet sich ein Vergleich der deutschen mit der französischen Praxis an, da zumindest im 19. Jahrhundert im linksrheinischen Deutschland auch französisches Recht galt. Da es dort überhaupt keine Revisionen gab, ist es interessant, zu sehen, wie die Reaktionen auf Strafurteile ausfielen und wann ein Umdenken stattgefunden hat. Für das rechtsrheinische Deutschland gibt es einige wenige Reichsgerichtsentscheidungen, die sich ansatzweise mit der Problematik befasst haben.[52] Es bleiben aber noch gewichtige Fragen: Wann haben sich in Frankreich in diesem Bereich die entscheidenden Parameter verändert,

47 Peters, Strafprozeß (wie Anm. 44), S. 281.

48 Christian Reinhold Köstlin, Der Wendepunkt des deutschen Strafverfahrens im 19. Jahrhundert, Tübingen 1849, S. 120.

49 Köstlin, der auf Hegels „konkrete Anschauung des Lebens" rekurriert, verteidigte damit diese Idee.

50 Ulrich Franke, in: Volker Erb/Robert Esser/ders./Kirsten Graalmann-Scheerer/Hans Hilger/Alexander Igor (Hrsg.), Löwe-Rosenberg. StPO-Kommentar, 26. Aufl., Berlin 2013, § 337 Rn. 117–152.

51 Küper, Die Richteridee der Strafprozeßordnung (wie Anm. 46); Gerhard Walter, Freie Beweiswürdigung. Eine Untersuchung zu Bedeutung, Bedingungen und Grenzen der freien richterlichen Überzeugung, Tübingen 1979.

52 Erste zaghafte Ansätze beim Reichsgericht im Jahr 1886 (RG St 15, 151) und dann 1927 (RG St 61, 202).

wann im linksrheinischen Deutschland? Oder war es erst das 20. Jahrhundert, das dann in der Überprüfung richterlicher Beweiswürdigung neue Wege fand?

Und welche Rolle spielte dabei die Ausgestaltung der Laienbeteiligung, also der Kampf um die Jury?[53]

5. Die Reformen in Deutschland in der zweiten Hälfte des 19. Jahrhunderts

5.1 Das reformierte Strafverfahren

Die unterschiedliche Rechtslage auf den beiden Seiten des Rheins, nicht nur, was das Strafverfahren anging,[54] wurde als ein unbefriedigender Zustand empfunden, zumal die Trennungslinie teilweise innerhalb einzelner Länder ging, konkret in Rheinhessen, in der Pfalz und in Rheinpreußen, wo das französische Recht auch nach der Trennung von Frankreich weiter galt.[55] Reformforderungen gab es daher in der ganzen ersten Hälfte des 19 Jahrhunderts,[56] die in unterschiedliche Richtungen gingen,[57] sich aber zumindest darin einig waren, den schwerfälligen und mit dem Obrigkeitsstaat identifizierten Inquisitionsprozess abzuschaffen.[58] Zwei Hauptstreitpunkte waren die neue Staatsanwaltschaft und die Einführung der Geschworenengerichte.[59] Allerdings hatten die Regierungen zunächst keinerlei

53 Zum Zusammenhang der beiden Fragen: Zachariae, Gebrechen und Reform des Strafverfahrens (wie Anm. 42), S. 197.

54 Betroffen war ja das gesamte Recht einschließlich der juristischen Ausbildung.

55 Detlev Schumacher, Das Rheinische Recht in der Gerichtspraxis des 19. Jahrhunderts, Stuttgart 1969, S. 18 ff.; Faber, Rheinlande zwischen Restauration und Revolution (wie Anm. 35), S. 118 ff.; Werner Schubert, Französisches Recht in Deutschland zu Beginn des 19. Jahrhunderts, Köln 1977.

56 Zu den Reformdiskussionen: Thomas Vormbaum, Einführung in die moderne Strafrechtsgeschichte, Berlin/Heidelberg 2009, S. 89; Ignor, Geschichte des Strafprozesses 1832–1846 (wie Anm. 2), S. 179 ff.; wichtige Protagonisten waren Zachariae (Zachariae, Gebrechen und Reform des Strafverfahrens [wie Anm. 42]) und natürlich Mittermaier (Carl Joseph Anton Mittermaier, Die Mündlichkeit, das Anklageprinzip, die Öffentlichkeit und das Geschworenengericht in ihrer Durchführung in den verschiedenen Gesetzgebungen: dargestellt und nach den Forderungen des Rechts und der Zweckmäßigkeit mit Rücksicht auf die Erfahrungen der verschiedenen Länder geprüft, Stuttgart 1845, S. 202–226).

57 Mittermaier war eher für das englische als das französische Modell (Mittermaier, Mündlichkeit, Anklageprinzip, Öffentlichkeit und Geschworenengericht [wie Anm. 56], Stuttgart 1845 S. 202–226).

58 Besonders einflussreich waren damals Mittermaier und Zachariae. Die Hauptthemen waren die Geschworenengerichte, die freie richterliche Beweiswürdigung, die Öffentlichkeit und Mündlichkeit der Hauptverhandlung.

59 Dazu: Mareike Preisner, Feuerbach und die Geschworenengerichte, in: Koch/Kubiciel/Löhnig/Pawlik (Hrsg.), Feuerbachs Bayerisches Strafgesetzbuch (wie Anm. 7), S. 435–457; Rudolf von Gneist, Die Bildung der Geschworenengerichte in Deutschland, Berlin 1849.

Interessen an einer Änderung des bestehenden Verfahrens und die Restauration verhinderte in der Vormärzzeit zunächst, dass sich Reformforderungen durchsetzen. Vor allem wurde, worauf schon Mittermaier hingewiesen hatte, Rücksicht genommen auf die sogenannten politischen Verbrechen.[60] Bei aller kontroversen Diskussion war man sich einig – wohl auch aufgrund der stark steigenden Zahl an Freisprüchen –, dass ein Indizienbeweis zulässig sein müsse,[61] sodass letztlich doch die freie Beweiswürdigung nicht mehr zu umgehen war.[62]

5.2 Der reformierte Strafprozess und seine Auswirkungen im Ermittlungsverfahren

Im rechtsrheinischen Deutschland ist erst nach der Revolution von 1848 ein reformiertes Verfahren eingeführt worden. Der zeitliche Zusammenhang mit den revolutionären Ereignissen, aber auch die Umsetzung einiger Forderungen der Paulskirche berechtigen die Formulierung, dass die Reform, oder jedenfalls die Staatsanwaltschaft, ein Kind der Revolution von 1848 war.[63] Auf der anderen Seite wurde das neue Verfahren teilweise auch von oben gelenkt und stark obrigkeitlich genutzt,[64] was vor allem für die neu eingeführte Staatsanwaltschaft galt. Der sogenannte reformierte Strafprozess wurde 1846 beim Kammergericht in Berlin erstmals eingeführt,[65] dann 1849 für ganz Preußen[66] und im Anschluss in den anderen deutschen Ländern. Damit galt nun auch die freie richterliche Beweiswürdigung im Strafprozess, die Laienbeteiligung war verwirklicht, die Mündlichkeit und Öffentlichkeit des Strafverfahrens waren eingeführt.

---

60 Mittermaier, Mündlichkeit, Anklageprinzip, Öffentlichkeit und Geschworenengericht (wie Anm. 56), S. 7.

61 Jodocus Donatus Hubertus Temme, Neue Verordnungen über das Strafverfahren in Preußen, in: Zeitschrift für deutsches Strafverfahren einschließlich des Gefängniswesens 1 (1841), S. 512–523.

62 Eine zusammenfassende Darstellung findet sich in Carl Friedrich v. Savigny, Denkschrift v. 23. März 1846 zur Einführung des reformierten Strafprozesses (Geheimes Staatsarchiv Preußischer Kulturbesitz Berlin-Dahlem (künftig: GStA Dahlem), Rep 84 a Nr. 4527 Bl. 155 ff., auszugsweise auch abgedruckt in GA 6, S. 469 ff., GA 7, S. 577 ff.).

63 So lautete der Titel einer Untersuchung von Hans Günther, Staatsanwaltschaft. Kind der Revolution, Frankfurt a. M. 1973.

64 Dazu: Andreas Roth, Kriminalitätsbekämpfung in deutschen Großstädten 1850–1914. Ein Beitrag zur Geschichte des strafrechtlichen Ermittlungsverfahrens, Berlin 1997, S. 209–211; Vormbaum, Einführung in die moderne Strafrechtsgeschichte (wie Anm. 56), S. 93 f.

65 Gesetz betreffend das Verfahren in den bei dem Kammergericht und dem Kriminalgericht zu Berlin zu führenden Untersuchungen vom 17. Juli 1846 = Preußische Gesetzessammlung 1846, S. 267 ff.; das Gesetz geht zurück auf eine Denkschrift, mit der Carl Friedrich v. Savigny die ministeriellen Vorarbeiten zu einer Reform zusammengefasst hatte (zur Entstehungsgeschichte: Roth, Kriminalitätsbekämpfung in deutschen Großstädten [wie Anm. 64], S. 202 f.; ausführlicher: Ignor, Geschichte des Strafprozesses 1832–1846 [wie Anm. 2], S. 263–279).

66 Preußische Verordnung vom 3. Januar 1849 = Preußische Gesetzessammlung 1849, S. 14.

Ein entscheidender Schritt zur Moderne war die Befreiung des Richters aus der Abhängigkeit vom Herrscher und seiner Administration, weg vom weisungsgebundenen Beamten hin zu einem freien und unabhängigen Entscheider.[67]

Die große Reform des Strafverfahrens Mitte des 19. Jahrhunderts blieb aber nicht auf die Hauptverhandlung beschränkt, auch das Ermittlungsverfahren hat sich rechtlich, vor allem aber praktisch stark verändert. Diese Entwicklung ist vor allem in der zweiten Hälfte des 19. Jahrhunderts besonders stark beschleunigt worden. Die Veränderungen sind auch wesentlich dadurch bedingt, dass mit dem Staatsanwalt ein weiterer Akteur mit großem Aufgabenprofil agierte, der an die Stelle des Inquirenten trat und eine gewichtige Rolle in der Justiz zugewiesen bekam. Damit musste zum einen das Verhältnis von Staatsanwalt und Richter, zum anderen auch das der Ermittler untereinander, das heißt das Verhältnis von Staatsanwaltschaft und Polizei, neu gestaltet werden. Die damit einhergehenden Veränderungen gerade auf dem staatsanwaltlichen/polizeilichen Sektor sind bisher in der Wissenschaft noch wenig gewürdigt worden. Wir wissen, dass sich die Ermittlungsbehörden der Polizei immer mehr spezialisierten, zunächst in den Großstädten, in denen einzelne Abteilungen für verschiedene Verbrechensarten gebildet wurden (Kriminalpolizei, Sittenpolizei, politische Polizei).[68] Damit verbunden war eine Professionalisierung, denn die verschiedenen im Strafverfahren tätigen Beamten mussten ganz unterschiedliche Qualifikationen besitzen, weil spezielle Kenntnisse hinsichtlich der Ermittlungsmethoden entwickelt worden waren (Fingerabdruckverfahren, Fotografie, Körpermessverfahren, Bluttests usw.).[69] Im Kaiserreich bildete sich die Kriminalistik als ein hochspezialisiertes Fachgebiet heraus, in dem Juristen, Mediziner, Biologen, Psychologen und Chemiker zusammenwirkten. In der Literatur wird dieser Trend auch als eine Art Verfachlichung interpretiert, ein Begriff, mit dem Wolfgang Naucke vor allem auf die Akteure des Hauptverfahrens zielte.[70] Dieser Aspekt hat aber gerade oder vielleicht sogar in erster Linie hinsichtlich der Ermittlungsverfahren seine Berechtigung. Denn hier führte die Ansammlung von Spezialwissen zu einer Spe-

---

67 Regina Ogorek, Richterkönig oder Subsumtionsautomat? Zur Justiztheorie im 19. Jahrhundert, Frankfurt a. M. 1986.

68 S. Roth, Kriminalitätsbekämpfung in deutschen Großstädten (wie Anm. 64), S. 36–39, 60–68, 70–75, 195–197, 355–358.

69 Ebd., S. 92–111 m. w. N.

70 Besonders: Wolfgang Naucke, Verfachlichung des Strafrechts im 19. Jahrhundert. Probleme des Verhältnisses der Geschichte der literarischen Verbrechensdarstellung zur Strafrechtsgeschichte im 19. Jahrhundert, in: Jörg Schönert (Hrsg.), Literatur und Recht, Tübingen 1983, S. 55–67; s. a. Joachim Rückert, Zur Verfachlichung der Verfachlichung, in: Jörg Schönert (Hrsg.), Erzählte Kriminalität. Zur Typologie und Funktion von narrativen Darstellungen in Strafrechtspflege, Publizistik und Literatur zwischen 1770 und 1920, Tübingen 1991, S. 635–650, hier S. 645.

zialisierung und einer Professionalisierung, die auch einen deutlichen Machtzuwachs mit sich brachte.

Schaut man auf die Normengeschichte, so erfolgte in den drei Jahrzehnten zwischen 1850 und 1879 die Eingliederung der Staatsanwaltschaft in die Justizverwaltung, in eine hierarchische Struktur, sodass sie nicht mehr das unabhängige Organ war, das von den Revolutionären gefordert worden ist; gleichzeitig wird sie von der immer stärker werdenden Polizei im Ermittlungsverfahren verdrängt. Generell gilt: Das Innenressort herrscht anstelle des Justizressorts im Vorfeld des Hauptverfahrens. Aber schon früh sind die zu weiten gesetzlichen Kompetenzen der Polizei bemängelt worden.[71] Diese weitete in der Praxis ihre Aufgaben immer stärker aus, was vielfach in den 1850er und 1860er Jahren Kritik hervorrief. Der dahinterstehende Konflikt zwischen den beiden Ministerien ist, was die Hauptstadt Berlin angeht, bereits teilweise geschildert worden.[72] Eskaliert ist der Konflikt zwischen Staatsanwaltschaft und Polizei in Berlin bereits im Jahr 1859, als der Berliner Oberstaatsanwalt Schwarck versuchte, den Leiter der dortigen Kriminalpolizei, Wilhelm Stieber, dem er eine Reihe von Gesetzesverstößen nachweisen konnte, in die Schranken zu verweisen. Sowohl Polizeipräsident von Hinckeldey als auch sein Nachfolger von Zedlitz stützten Stieber, auch Innenminister von Schwerin wurde eingeschaltet. Im Ergebnis ist es der Staatsanwaltschaft nicht gelungen, der Polizei Zügel anzulegen. Rechtswidrige Praktiken wurden zwar ausgebügelt, aber grundsätzlich wurde das Gesetz in der Kompetenzfrage zugunsten der Polizei ausgelegt.

Spannend wäre es, zu beobachten, wie der Prozess in anderen Teilen Deutschlands, vor allem in den süddeutschen Staaten, vor sich gegangen ist. Denn die Reformen Mitte des Jahrhunderts hatten große Hoffnungen auf die Staatsanwaltschaft gesetzt und den Polizeibehörden enge Grenzen setzen wollen.[73] Das drückten ja auch die Gesetze mehr oder weniger deutlich aus. Und die Entwicklung ist ja nicht nur einseitig in eine Richtung hin zu stärkeren Eingriffsrechten der Polizei zu deuten, denn auf der anderen Seite gibt es die Gegenbewegung, die bis heute immer wieder bei derartigen Konflikten weniger die polizeiliche Effektivität betont, sondern versucht, die Rechtsstaatlichkeit zu stärken.[74]

---

71 Vollständige Materialien zu der Verordnung vom 3. Januar 1849 und dem Gesetz vom 3. Mai 1852 betreffend die Einführung des mündlichen und öffentlichen Verfahrens mit Geschworenen, Berlin 1852, S. 55 ff.

72 Roth, Kriminalitätsbekämpfung in deutschen Großstädten (wie Anm. 64), S. 41–45.

73 Protokoll der Staatsratssitzung in Preußen v. 12. Dezember 1843 (GStA Dahlem Rep 84 a Nr. 45626 Bl. 93 [207]).

74 Ein aktuelles Beispiel zu diesem Ringen ist die Diskussion um die Vorratsdatenspeicherung.

5.3 Die Rolle des Bürgertums im Strafverfahren

In dieser Zeit änderte sich das Verhältnis der Bevölkerung zur Polizei. Während Letztere noch bis 1848 von vielen, insbesondere dem liberalen politischen Lager zuneigenden Bürgern, als Teil des Obrigkeitsstaates gesehen wurde, hat sich dieses in der zweiten Hälfte des 19. Jahrhunderts, spätestens aber im Kaiserreich geändert. Denn das Bürgertum drängte in dieser Zeit immer stärker auf einen Schutz ihrer Rechtsgüter, vor allem des Eigentums. Die Polizei war nunmehr die Institution, die diese schützen sollte. Sie wurde zunehmend auch als Garant für vermehrte Sicherheit wahrgenommen. Es gab gerade in den größeren Städten viele Eingaben von Bürgern, die bemängelten, es werde zu wenig für die Sicherheit getan, das heißt für den Schutz des Eigentums.[75] Und die Kommunen erweiterten ihre Aufgaben im Hinblick auf die bürgerlichen Interessen und auch die Quantität nahm völlig neue Ausmaße an: Die Zahl der für die Verbrechensbekämpfung zuständigen Beamten wurde um ein Vielfaches vermehrt, zumindest in den größeren Städten.[76]

Aber auch der Staat als Ganzes veränderte in dieser Zeit sein Selbstverständnis, indem er nicht nur die Bekämpfung politischer Opposition auf seine Fahnen schrieb, sondern der Gesellschaft das Versprechen einer entschiedenen Verbrechensbekämpfung als Ausdruck solider Innenpolitik abgab. Eine Folge dessen ist die Einführung des Legalitätsprinzips gewesen, um dieses Versprechen einzulösen.[77] Der mit diesem Prinzip verknüpfte Anspruch hatte zur Folge, dass die Polizei enorm ausgeweitet und die Zahl der Polizeibeamten in großem Ausmaß vermehrt wurde.

Trotz aller Anstrengungen blieb (und bleibt) es dabei, dass eine „Ausrottung der Kriminalität" nicht möglich ist, ja letztlich vielleicht – weil utopisch – gar nicht angestrebt wird.[78] Denn ein wesentlicher Aspekt der Ermittlungsverfah-

---

75 Schon vor Gründung des Kaiserreichs gab es entsprechende Beschwerden der Bevölkerung und von Politikern in Berlin (Bericht im Berliner Abgeordnetenhaus am 1. Oktober 1862 – Verhandlungen, S. 1959); in Hamburg wurden solche bürgerlichen Eingaben in den 1850er Jahren regelmäßig von der Verwaltung/Bürgerschaft abgewehrt, ab den 1870er Jahren aber ernst genommen (Stadtarchiv Hamburg Senat Vol. 78 Fasc. 4 Bl. 104; Fasc. 1 ff.). In einer etwas kleineren Stadt wie Duisburg haben die Bürger sich erst Anfang des 20. Jahrhunderts spürbar zu Wort gemeldet (Stadtarchiv Duisburg Rep 306 Nr. 361 [1902 bis 1908]).

76 Roth, Kriminalitätsbekämpfung in deutschen Großstädten (wie Anm. 64), S. 119–130.

77 Adolf Hertz, Die Geschichte des Legalitätsprinzips, Freiburg 1935; Rudolf von Gneist, Erste Lesung zur Strafprozessordnung, in: Carl Hahn (Hrsg.), Die gesamten Materialien zur Strafprozessordnung und dem Einführungsgesetz zu derselben vom 1. Februar 1877, Bd. 3 Abt. 1, Berlin 1880, S. 710; Lucas, Einzelne Betrachtungen zur Reform des Strafprozesses, ZStW 35 (1914), S. 155–175 (hier S. 156).

78 Dazu Roth, Kriminalitätsbekämpfung in deutschen Großstädten (wie Anm. 64), S. 428 f.

ren ist – bis heute – ihre große Selektivität. Das fängt schon beim Anzeigenverhalten der Betroffenen an, das bereits ein wesentlicher Faktor für ein großes Dunkelfeld ist. Darüber hinaus hat auch die Polizeiarbeit einen großen Einfluss auf die Verurteiltenstatistik, denn allein schon die Zahl der Beamten, die für die Strafverfolgung eingesetzt werden, steuert die Zahlen. Das gilt erst recht, wenn in einzelnen Städten zu bestimmten Zeiten einige Delikte (Prostitution und Sozialistengesetz) besonders streng verfolgt werden (so Ende des 19. Jahrhunderts in Berlin), in anderen nicht (das gilt für beide Delikte zur gleichen Zeit in Hamburg). Auch die Durchführung von Razzien an bestimmten Orten (oder deren Unterlassen) war für die Zahlen essentiell.

Und dann ist da noch das Anzeigenverhalten der Bevölkerung, das seinerseits das Handeln der Polizei beeinflusste, dieses wiederum die Zahl der Verhafteten und Letzteres dann auch die Statistik der Verurteilten.[79]

Wir haben es hier mit einem Prozess zu tun, der in einigen Bereichen augenfällig ist, aber freilich nicht bei allen Kategorien strafbarer Handlungen gleich verlief. Es ist zu vermuten, dass bei den bürgerlichen Rechtsgütern (Eigentum) die Steuerung der Verfahren durch die Bevölkerung stark sein dürfte, während bei den sogenannten Polizeiübertretungen (im Sinne des § 361 StGB) wie der Prostitution der Einfluss der Aktivitäten der kommunalen Polizeibehörden größer war. Bei den politischen Delikten spricht einiges dafür, dass die Ministerien beziehungsweise die Generalstaatsanwaltschaft entscheidend auf die Praxis und auf die Zahlen eingewirkt haben. Da ab etwa 1880 sowohl im Reich als auch in den einzelnen Kommunen statistisches Material vorhanden ist, wäre hier eine Untersuchung unter Anwendung quantitativer Methoden erfolgversprechend.

Es scheint insoweit interessant, hier einmal genauer hinzuschauen und die geschilderten Effekte für bestimmte Regionen über einen längeren Zeitraum hinweg zu untersuchen, denn es ist zu vermuten, dass die Situation in Preußen anders gewesen ist als in den süddeutschen Ländern und dass die Effekte auf dem Lande andere gewesen sind als in den Städten. Der Erkenntnisgewinn würde sich sowohl auf die Kriminalitätsbekämpfung erstrecken als auch auf die Justiznutzung durch die Bevölkerung und schließlich die Auswirkungen auf deviantes Verhalten einbeziehen.

---

79 Roth, Kriminalitätsbekämpfung in deutschen Großstädten (wie Anm. 64), S. 197 ff., 345 ff., 385 ff., 404.

Peter Collin

Überlegungen zur Funktion von Laien im Strafprozess

Die Schwurgerichte im 19. Jahrhundert

Stellt man Überlegungen zur Funktion einer bestimmten Gerichtsinstitution an, muss man sich zunächst die Frage nach den Kriterien stellen, an denen sich derartige Überlegungen orientieren sollen. Angeknüpft werden kann an Ausführungen von Carl Josef Anton Mittermaier, also dem bekanntesten Kriminalisten Mitte des 19. Jahrhunderts, die sich finden in seinem Werk „Die Mündlichkeit, das Anklageprinzip, die Öffentlichkeit und das Geschwornengericht", erschienen 1845, also in einer Zeit, in der Mittermaier hinsichtlich der Einführung der Schwurgerichte noch unentschieden war.[1] Für Mittermaier stellt sich die Frage nach der Funktion der Schwurgerichte in dreierlei Hinsicht. Erstens geht es ihm darum, was die Geschworenen zur Tatsachenfeststellung im Strafprozess, zur Wahrheitsfindung, beitragen können. Zweitens fragt er nach ihrem Wert als politisches Institut. Und drittens steht ihre Rolle als rechtsanwendende und zugleich rechtsschöpferische Einrichtung zur Debatte, in den Worten Mittermaiers ihre Fähigkeit, „das materielle Recht am besten mit dem formellen in Einklang zu bringen".[2]

Auf diese drei Problemkomplexe fokussieren die Erwartungen und zum Teil auch Befürchtungen der damaligen Reformdebatte und diesen Problemkomplexen lassen sich auch die zeitgenössischen Einschätzungen nach der Einführung der Schwurgerichtsbarkeit zuordnen. Sie sollen auch maßgeblich sein für diesen Beitrag, der sich hinsichtlich der Gesetzeslage konzentriert auf Preußen, also hauptsächlich auf die das reformierte Verfahren mit Schwurgerichten einführende Verordnung vom 3. Januar 1849[3] und das einige Änderungen herbeiführende Gesetz von 1852[4] – dieses schließlich abgelöst durch die Reichsjustizgesetze von 1877.

---

1 Peter LANDAU, Schwurgerichte und Schöffengerichte in Deutschland im 19. Jahrhundert bis 1870, in: Antonio Padoa Schioppa (Hrsg.), The Trial Jury in England, France, Germany 1700–1900, Berlin 1987, S. 241–304, hier S. 250 f.

2 Carl Josef Anton MITTERMAIER, Die Mündlichkeit, das Anklageprinzip, die Öffentlichkeit und das Geschwornengericht, Stuttgart/Tübingen 1845, S. 363.

3 Verordnung über die Einführung des mündlichen und öffentlichen Verfahrens mit Geschwornen in Untersuchungssachen, vom 3. Januar 1849, Gesetz-Sammlung für die Preußischen Staaten S. 14.

4 Gesetz, betreffend die Zusätze zu der Verordnung vom 3. Januar 1849 über die Einführung des

1. Die Funktion des Schwurgerichts bei der Tatsachenfeststellung

Als ernsthafter Akteur der Rechtsprechung konnten Geschworene erst mit Wegfall der gesetzlichen Beweistheorie ins Spiel kommen.[5] Das war allgemein anerkannt. Mit der Anerkennung der freien Beweiswürdigung ging in den Worten Stichwehs eine „Entrechtlichung" und „Mentalisierung" der Beweiserhebung einher.[6] Das sind sicher starke Worte, vor allem wenn man bedenkt, dass auch die freie Beweiswürdigung sich in hohem Grade regelbasieren und verwissenschaftlichen lässt. In den Augen vieler Zeitgenossen war allerdings der Wechsel nicht nur rein technischer Natur. Die Wahrheitsfindung durch Geschworene war mit diesem Wechsel nicht nur möglich, sondern notwendig geworden und begründete damit – in dieser Perspektive – sogar einen Mehrwert der Geschworenen gegenüber gelehrten Juristen. Die preußische Immediat-Justizkommission, deren Votum maßgeblichen Einfluss auf die Beibehaltung der französischen Justizverfassung im Rheinland hatte, rechtfertigte dies mit Hilfe einer Unterscheidung zwischen „nothwendigen Erkenntnissen", die auf logischen A-priori-Schlüssen beruhten, und – unter der Herrschaft des Prinzips der freien Beweiswürdigung für die richterliche Entscheidungsfindung notwendigen, aber auch ausreichenden – „Überzeugungen", welche durch ganzheitliche sinnliche Erfahrungen gewonnen werden mussten. Während Juristen dazu neigten, Sachverhalte eher logisch zu zerlegen, würden Laien einer unverbildeten, unvermittelten und umfassenden Sichtweise auf das Geschehen und die Person zugänglich sein.[7]

Andererseits verabschiedete man sich bald von diesen psychologisierenden Projektionen. Schon bald ab Mitte des 19. Jahrhunderts setzte sich die Überzeugung durch, dass Berufsrichter gleichermaßen wie Geschworene die Tatsachen nicht aufgrund „unmittelbarer Sinnesanschauung", sondern auf der Grundlage

---

mündlichen und öffentlichen Verfahrens mit Geschwornen in Untersuchungssachen, vom 3. Mai 1852, Gesetz-Sammlung für die Preußischen Staaten, S. 209.

5 Dies gilt uneingeschränkt für eine positive Beweistheorie. Zwar wurde gelegentlich darüber nachgedacht, Geschworene an eine Beweistheorie mit negativen Beweisregeln zu binden, aber auch solche Ansätze setzten sich letztlich nicht durch; siehe dazu LANDAU, Schwurgerichte und Schöffengerichte (wie Anm. 1), S. 244–251.

6 Rudolf STICHWEH, Zur Subjektivierung der Entscheidungsfindung im deutschen Strafprozess des 19. Jahrhunderts, in: André Gouron u. a. (Hrsg.), Subjektivierung des justiziellen Beweisverfahrens. Beiträge zum Zeugenbeweis in Europa und den USA (18.–20. Jahrhundert), Frankfurt am Main 1994, S. 265–300, hier S. 265, 283.

7 Gutachten über das Geschworenengericht, in: Ernst Landsberg (Hrsg.), Die Gutachten der Rheinischen Immediat-Justiz-Kommission und der Kampf um die rheinische Rechts- und Gerichtsverfassung 1814–1819, Bonn 1914, S. 119–201, hier insb. S. 123; siehe auch Angelika KLEINZ, Individuum und Gemeinschaft in der juristischen Germanistik. Die Geschworenengerichte und das „gesunde Volksempfinden", Heidelberg 2001, S. 80 f.

„gedanklicher Reflexion“ zu beurteilen hatten.[8] Ging man von dieser Grundannahme aus, war ein Mehrwert der Jury für die Tatsachenerhebung nicht mehr plausibel. Eher im Gegenteil: Die Fähigkeit von Berufsjuristen, die Stellungnahmen von Gutachtern einzuordnen, wurde ohnehin höher eingeschätzt.[9] Aber auch darüber hinaus stufte man die Befähigung von Geschworenen, Beweise zutreffend zu würdigen, eher gering ein.[10]

Hinzu kommt in diesem Zusammenhang aber noch ein weiterer Aspekt, der die Fähigkeit der Geschworenen betrifft, sich selbständig eine eigene Übersicht über die Faktenlage zu verschaffen: Eine Mitgestaltung bei der Tatsachenerhebung blieb den Geschworenen sowohl unter der Herrschaft des preußischen als auch des Reichsstrafprozessrechts weitgehend versagt. Abgesehen davon, dass sie natürlich nicht an der Gewinnung der im inquisitorischen Vorverfahren gewonnenen Erkenntnisse beteiligt waren, die das Verfahren wesentlich vorstrukturierten,[11] bot ihnen auch die Hauptverhandlung nur minimale Mitwirkungsmöglichkeiten. So konnte ihnen zwar der Vorsitzende gestatten, Fragen an die Beteiligten, insbesondere Zeugen, zu richten,[12] eigene Beweisanträge oder Beweisergänzungsanträge konnten sie aber nicht stellen.[13] Reformvorschläge, die auf eine stärkere Beteiligung zielten, zum Beispiel in Form eines eigenen Beweisantragsrechts oder einer Anhörung vor der Stellung anderer Beweisanträge,[14] konnten sich nicht durchsetzen. Schließlich erfuhren die Geschworenen erst bei der die relevanten Tatbestände bezeichnenden Fragestellung am Ende der mündlichen Verhandlung, auf welche Tatsachen es überhaupt ankam.[15] Letztlich haben wir es damit zu tun, dass die Juristen in einer von juristischer Rationalität getragenen Weise das Tatsachenmaterial nach ihren Relevanzkriterien zusammentrugen und die Geschworenen zum Schluss damit konfrontierten. Ein funktionaler Mehrwert von Geschworenengerichten bei der Tatsachenerhebung ist somit nicht erkennbar.

---

8 LANDAU, Schwurgerichte und Schöffengericht (wie Anm. 1), S. 281.

9 MITTERMAIER, Mündlichkeit (wie Anm. 2), S. 369 f.

10 Friedrich OETKER, Schwurgerichte und Schöffengerichte. Vorschläge zur Strafprozessreform, in: Archiv für Rechts- und Wirtschaftsphilosophie 2 (1908/1909), S. 223–247, hier S. 229.

11 LANDAU, Schwurgerichte und Schöffengerichte (wie Anm. 1), S. 279 f.

12 Nach § 98 der Verordnung von 1849 (wie Anm. 3) und Art. 76 des Gesetzes von 1852 (wie Anm. 4) konnte ihnen der Vorsitzende entsprechende Fragen gestatten, nach § 239 RStPO 1877 musste er es.

13 OETKER, Schwurgerichte und Schöffengerichte (wie Anm. 10), S. 230.

14 Georg KLEINFELLER, Das schwurgerichtliche Verfahren und der Entwurf einer Strafprozeßordnung, Berlin 1909, S. 35.

15 Karl von LILIENTHAL, Die Reform des Schwurgerichts, in: Archiv für Rechts- und Wirtschaftsphilosophie 5 (1911/1912), S. 629–635, hier S. 530.

2. Die Funktion des Geschworenengerichts als politische Institution

Ein stärkerer Mehrwert schien der Jury hingegen zuzukommen, wenn man auf ihre Funktion als politische Institution abstellte. Hier lassen sich verschiedene Begründungselemente unterscheiden. Zum einen fungieren die Geschworenen nach damaliger Lesart als Korrekturinstanz zu einer als nicht hinreichend unabhängig empfundenen staatlichen Justiz.[16] Dies gilt in erster Linie für politische Strafsachen. Der Zusammenhang wird noch deutlicher, wenn man sich vergegenwärtigt, dass sich die frühen Forderungen nach Einführung der Jury in den Landtagsdebatten der süddeutschen Staaten ganz überwiegend auf ein Geschworenengericht mit Zuständigkeit für politische und Pressesachen bezogen und dass die ersten nach der 1848er Revolution errichteten Schwurgerichte (in Bayern und Sachsen) erst einmal nur für politische Delikte zuständig waren.[17] Dieses Legitimationselement musste jedoch bald an Kraft verlieren. Zur Entfaltung kommen konnte es ohnehin bald nicht mehr, da schon Mitte der 1850er Jahre in fast allen deutschen Staaten die Juryzuständigkeit für politische Straftaten beseitigt wurde.[18] Aber auch Forderungen nach diesbezüglicher Kompetenzrückerstattung wurde mehr und mehr dadurch der Boden entzogen, dass die Garantien für richterliche Unabhängigkeit – jedenfalls im Vergleich zum Vormärz – zunehmend als hinreichend angesehen wurden.

In anderer – wenn auch verwandter – Weise wurde die Jury als politische Einrichtung konturiert, wenn man sie als eine Art Volksrepräsentanz beschrieb. Auch dies hatte im Vormärz, in dem in vielen deutschen Ländern noch keine parlamentsmäßigen Volksvertretungen existierten, einen gewissen Reiz. Obendrein konnte man damit – auch französischen Konzeptionen folgend – weitreichende Befugnisse wie die Überspielung bestehenden positiven Gesetzesrechts begründen.[19] Nach 1848/49 blieb davon allerdings nicht mehr viel übrig. Erstens etablierten sich jetzt überall parlamentarische Vertretungen, sodass die Bedeutung von Schwurgerichten als Ersatzrepräsentationen schwinden musste, und zweitens fehlte es bei der Bildung der Jury weitgehend an demokratischen Mechanismen der Geschworenenauswahl. Für die Bildung der maßgeblichen Jahresliste auf der Grundlage der alle geschworenenfähigen Bürger umfassenden Urliste waren in Preußen die Regierungspräsidenten zuständig,[20] in süddeutschen Staa-

16 Mittermaier, Mündlichkeit (wie Anm. 2), S. 373 f.

17 Landau, Schwurgerichte und Schöffengerichte (wie Anm. 1), S. 259, 261.

18 Ausführlich zu Preußen Peter Collin, Der Kampf gegen die Schwurgerichte – Preußen 1849–1853/54, in: Zeitschrift für Neuere Rechtsgeschichte 23 (2001), S. 195–219, hier S. 211–217.

19 Friedrich Gottfried Leue, Das deutsche Schöffen-Gericht, Leipzig 1847, S. 154.

20 § 66 der Verordnung von 1849 (wie Anm. 3).

ten waren allerdings Gemeindevertreter stärker beteiligt.[21] Schließlich ist bei der demokratiestaatlichen Konturierung noch ein weiterer Aspekt zu beachten. Den vormärzlichen Debatten über die Jury als politische Einrichtung war ein Verständnis von Bürgerschaft zugrunde gelegt, welches nur die selbständigen Bürger, das heißt einen durch Vermögen oder Bildung herausgehobenen kleinen Kreis der Gesamteinwohnerschaft, umfasste. Folgerichtig beruhte in den Gesetzen von 1848/49 die Zuweisung der Geschworenenfähigkeit weitgehend auf dem Kapazitäts- und Zensussystem. Ein derart limitiertes Repräsentationsverständnis verlor im Laufe der Zeit immer weiter an Legitimität. Im GVG von 1877 wurden die Beschränkungen weitgehend aufgehoben, nur Armenhilfeempfängern und Dienstboten war der Zugang zum Geschworenenamt noch versagt.[22] Weiterhin bestand aber ein faktisches Beteiligungshindernis für breite Schichten der Bevölkerung, da kein Ausgleich für Verdienstausfall vorgesehen war. Zwar gab es ab 1908 ein Tagegeld von fünf Mark, aber erst 1922 wurde eine volle Entschädigung für Verdienstausfall gewährt.[23] Als politische Einrichtung hatte sich das Schwurgericht somit ebenfalls nicht bewährt.

3. Schwurgerichte als Rechtsanwender und Rechtsschöpfer

Die meiste Aufmerksamkeit erfuhr das Schwurgericht in seiner Funktion als Rechtsanwender und Rechtsschöpfer. Zunächst soll auf einige vormärzliche Vorstellungen eingegangen werden, die angesichts der Rechtslage nach 1848 zwar nicht unbedingt praktisch relevant waren, aber den Erwartungshorizont skizzieren und auch bestimmte Einordnungen möglich machen. Diese Vorstellungen gehen von einem bestimmten Verständnis von „Volksrecht" und dessen Entgegensetzung zum „Juristenrecht" aus. Die Verortung derartiger Konzeptionen im Strafprozess verwundert allerdings zunächst. Denn auch ein Protagonist des Volksrechts wie Georg Beseler konnte nur wenige volksrechtliche Elemente im Strafrecht entdecken und räumte ein, dass dies am ehesten eine Domäne der Juristengerichte sei.[24] Volksrecht als unmittelbare Grundlage der strafrechtlichen Rechtsprechung schied offensichtlich aus.

Stattdessen verlagerte sich Argumentation auf die Ebene der Rechtsanwendung und somit, wenn man so will, auf die Normsetzung zweiter Ebene.[25] In

21 Landau, Schwurgerichte und Schöffengerichte (wie Anm. 1), S. 275.

22 § 33 Nr. 3 und 5 i. V. m. § 85 Gerichtsverfassungsgesetz vom 27. Januar 1877 (RGBl. S. 41).

23 Thomas Vormbaum, Die lex Emminger vom 4. Januar 1924. Vorgeschichte, Inhalt und Auswirkungen, Berlin 1988, S. 147.

24 Georg Beseler, Volksrecht und Juristenrecht, Leipzig 1843, S. 150 f., 260.

25 Siehe hierzu auch Peter Collin, Entscheidungswissen in Gerichten mit Laienbeteiligung – rechts-

paradigmatischer Weise kam das vor allem in den einflussreichen Vorstellungen des langjährigen rheinischen Oberprokurators Friedrich Gottfried Leue zum Ausdruck: Im Unterschied zum Zivilrecht sei die Unterscheidung von Recht und Unrecht im Strafprozess dem Volksbewusstsein unmittelbar zugänglich. Mit der Zubilligung derartiger Erkenntnis- und Entscheidungsfähigkeit von Laien verband sich der Gedanke einer „staatsrechtlichen“ Stellung der Geschworenen, die als Volksrepräsentanten auch im Gericht als Gesetzgeber hervortreten könnten, was wiederum die Kompetenz beinhaltete, von Gesetzen, die dem Rechtsgefühl des Volkes widerstritten, im Einzelfall abzuweichen. Insofern stand das Schwurgericht „über dem positiven Gesetz“.[26] Nun war es nicht so, dass Leues Überlegungen ein in sich geschlossenes Konzept darstellten, was als solches von einem Großteil der juristischen Community übernommen wurde. Die Grundgedanken aber, das Rechtsgefühl der Geschworenen für die Rechtsfindung nutzbar zu machen, stieß bei vielen auf Zustimmung.[27] So argumentierte Mittermaier auf dem für den Stimmungsumschwung pro Jury so wichtigen Lübecker Germanistentag von 1847[28], *daß durch den Ausspruch der Geschwornen erst der wahre Sinn der Gesetze in der Anwendung auf den einzelnen Fall erkannt und die materielle Gerechtigkeit vermittelt wird, welche leicht dadurch leidet, daß der angestellte Richter an den Buchstaben des Gesetzes gefesselt ist und darnach verurtheilen muß, wo die materielle Gerechtigkeit keine Verurtheilung rechtfertigt.* Denn „Volksmoral und Volksbewußtsein“ seien schon im Gesetz angelegt und müssten durch den Richter erkannt und zur Verwirklichung gebracht werden. Dies aber könne der Geschworene besser als der Berufsrichter.[29] Dies ließ sich durchaus auch mit dem rechtsstaatlichen Credo des „nullum crimen, *nulla poena sine lege*“[30] vereinbaren, wenn man eine Grenze zog, wie der preußische Gerichtspräsident Theodor Nes-

---

historische Perspektiven, in: Ino Augsberg/Gunnar Folke Schuppert (Hrsg.), Wissen und Recht, Baden-Baden 2022, S. 219–258, hier S. 239 f.

26 Friedrich Gottfried Leue, Das deutsche Schöffen-Gericht, Leipzig 1847, S. 151 f., 154.

27 Erich Schwinge, Der Kampf um die Schwurgerichte bis zur Frankfurter Nationalversammlung, Breslau 1926 (NDr. Aalen 1990), S. 115.

28 Landau, Schwurgerichte und Schöffengerichte (wie Anm. 1), S. 265.

29 [Carl Josef Anton] Mittermeier, Bericht, in: Verhandlungen der Germanisten zu Lübeck am 27., 28. und 30. September 1847, Lübeck 1848, S. 68–91, hier S. 90; ähnlich auch [August Wilhelm] Heffter, Diskussionsbeitrag, a. a. O., S. 110–117, hier S. 112: *Der Gesetzgeber muß nämlich dem Geschwornengerichte die Befugnis eröffnen, das Gesetz rein menschlich auszulegen nach dem im Volk gewöhnlichen sittlichen Vorstellungen …*

30 Zur Präsenz dieses Grundsatzes siehe die weiteren Angaben bei Milan Kuhli, Rechtsverständnis(se) in der Strafrechtswissenschaft um 1900. Am Beispiel von Karl Binding und Max Ernst Mayer, in: Peter Collin/Leonard Wolckenhaar (Hrsg.), Plurale Rechtsverständnisse? Begriff und Grundlagen des Rechts in den juristischen Teildisziplinen im späten 19. und frühen 20. Jahrhundert, Frankfurt am Main 2024 (i. E.).

sel 1848 festhielt: *Das Geschwornengericht steht aber nur rücksichtlich der Freisprechung, nicht aber auch in Betreffe der Verurtheilungen über dem Gesetz, weil es nicht die Immoralität strafen darf, welche nicht gesetzlich verpönt ist.*[31] Dem trug übrigens auch die spätere preußische Gesetzeslage Rechnung, die die Nichtigkeitsbeschwerde nur gegen einen Schuldspruch zuließ,[32] also zugunsten des Angeklagten die Oberhoheit des positiven Rechts aufrechterhielt.

In welchem Maße aber oblag den Geschworenen nach der Einführung der Schwurgerichte Mitte des 19. Jahrhunderts überhaupt eine Rechtsentscheidung? Dies führt zu dem viel diskutierten Problem der Trennung von Tat- und Rechtsfrage. Zusammenfassend kann man sagen, dass sich schon bald die Einsicht durgesetzt hatte, dass diese Trennung nicht wirklich bewerkstelligt werden konnte.[33] Auch die preußische Gesetzgebung ließ Deutungsspielräume. Die einschlägige Norm der die Schwurgerichtsbarkeit einführenden preußischen Verordnung lautete bzgl. der an die Geschworenen zu stellenden Frage: *Die Frage beginnt mit den Worten „Ist der Angeklagte schuldig?“ und muß alle thatsächlichen Merkmale des Verbrechens enthalten, wegen dessen die Anklage ausgesprochen ist.* Sowohl die Rechtsprechung des preußischen Obertribunals als auch Verfügungen des Justizministeriums orientierten aber schon bald darauf, die Fragestellung von abstrakten Begriffen, die eine Subsumtion erforderten, freizuhalten.[34]

Das führte schon deshalb zu erheblichen Unsicherheiten, weil die Straftatbestände zahlreiche unbestimmte Rechtsbegriffe enthielten. Der Gesetzgeber versuchte in der novellierten Prozessordnung von 1852[35] Abhilfe zu schaffen, indem er in Art. 82 für die Fragestellung vorschrieb, *Rechtsbegriffe, welche nicht eine allgemein bekannte, und in dem gegebenen Fall unbestrittene Bedeutung haben, durch solche gleichbedeutende Ausdrücke zu ersetzen, zu deren Verständnis Rechtskenntnisse nicht erforderlich sind.* Zu einem Gutteil handelte es sich aber lediglich um eine Problemverschiebung und zum Teil auch um Problemvermehrung. Welche im Gesetzeswortlaut auftauchenden Begriffe waren Rechtsbegriffe i. S. d. Art. 82 und welche nicht? Letztlich stellte sich die Frage bei jeder Strafnorm. Als Rechtsbegriffe waren zum Beispiel anerkannt: „Notwehr“, „Beamter“, „Urkunde“, als tatsächliche Begriffe hingegen beispielsweise: „Arbeitsunfähigkeit“, „Ge-

---

31 Theodor Nessel, Das preußische Straf-Prozess-Gesetz vom 17. Juli 1846 und dessen Zukunft im Vergleich mit dem Rheinischen Strafverfahren, Berlin 1848, S. 257 f.

32 § 142 der Verordnung von 1849 (wie Anm. 3).

33 Landau, Schwurgerichte und Schöffengerichte (wie Anm. 1), S. 279.

34 Erkenntnisse des Königlichen Ober-Tribunals vom 6. und 13. November 1850 (Justiz-Ministerialblatt für die preußische Gesetzgebung und Rechtspflege 1850, S. 407–409, hier S. 409); Erlass des Justizministers vom 5. Dezember 1853, in: Archiv für preußisches Strafrecht 2 (1954), S. 91 f.

35 Gesetz von 1852 (wie Anm. 4).

winn", „Verheimlichen", „Waffe", „Fahrlässigkeit".[36] Daran schloss sich die Frage an, durch welche Ausdrücke die Rechtsbegriffe zu ersetzen waren und inwiefern es nicht auch ein Umformulierungsbedürfnis bei den tatsächlichen Begriffen gab.[37] Somit ist zwar eine eindeutige Tendenz von Regierung, höchstrichterlicher Rechtsprechung und Gesetzgebung zu konstatieren, durch Auflösung des gesetzlichen Tatbestands die rechtliche Würdigung letztlich den Berufsjuristen zu überantworten und damit die Geschwornen zu entmachten, letztlich konnte dies aber nicht gelingen, weil auch Ersatzbegriffe noch Deutungsspielraume aufwiesen und die Grenzen nie klar waren. Friedrich Oskar Schwarze, der sächsische Generalstaatsanwalt, sprach von „heilloser Verwirrung".[38] Zudem blieb den Geschworenen, wollten sie die Verurteilung trotz klarer Beweis- und Rechtslage verhindern, weil ihnen das Ergebnis nicht passte, immer noch die Möglichkeit, einfach ein „Nichtschuldig" auszusprechen.[39] Es bleibt also festzuhalten, dass die Geschworenengerichte im Hinblick auf die rechtliche Beurteilung immer noch erhebliche Gestaltungsmöglichkeiten hatten.

Doch welche rechtlichen Auffassungen, die gegebenenfalls von denen der Berufsjuristen abwichen, kamen dabei zum Vorschein? Vorweg ist auf die Schwierigkeit zu verweisen, hierzu valide Aussagen zu treffen. Schwurgerichtsverdikte wurden nicht begründet, sodass dahingehend keine Antworten gefunden werden können. Auch statistische Aussagen versprechen nur begrenzten Erkenntnisgewinn, da Vergleiche mit Berufsrichtergerichten nur schwer möglich sind.

Dies vorangestellt, soll zunächst die Frage gestellt werden, welche normativen Vorstellungen überhaupt in Betracht kommen. Dabei ist in Rechnung zu stellen, dass die Geschworenen jedenfalls nur einen kleinen Ausschnitt der Bevölkerung repräsentierten, nämlich denjenigen, der den Vorgaben des Bildungs- und Vermögenszensus entsprach; im Wesentlichen waren also das mittlere und gehobene Bürgertum und die vermögenderen ländlichen Schichten vertreten. In der sozialhistorischen Literatur,[40] deren Aussagen teilweise auch bei Rechtshis-

---

36 A. Zacke, Fragstellung und Wahrsprüche in den Preußischen Schwurgerichten, Leipzig 1867, S. 64–70.

37 Darauf teilweise orientierend das preußische Obertribunal; hierzu Zacke, Fragstellung (wie Anm. 36), S. 72.

38 Friedrich Oscar Schwarze, Das deutsche Schwurgericht und dessen Reform, Erlangen 1865, S. 33.

39 Zu derartigen Fällen von Tippelskirch, Über den Beruf des Geschwornen. Die Conflicte des Wahrspruchs mit dem Begnadigungsrecht und ihre Lösung, in: Allgemeine Schwurgerichtszeitung 4 (1859), S. 23–42; Das Duell Holzapfel-Oehlke vor dem Schwurgericht. Stenographischer Bericht über die Verhandlungen, Berlin 1885, hier insb. S. 63; Mathias Reim, Der Hochverratsprozess gegen Gustav Struve und Karl Blind. Der erste Schwurgerichtsfall in Baden, Sigmaringen 1985, S. 132 ff.; wohl auch in diese Richtung Helmut Paulus, Das Oberfränkische Schwurgericht. Geschichte und Rechtsprechung von 1848 bis 1924 und von 1948 bis 1950, Bayreuth 2004, S. 52.

40 Dirk Blasius, Der Kampf um die Geschworenengerichte im Vormärz, in Hans-Ulrich Weh-

torikern Anklang gefunden haben,[41] korrespondierten dieser sozialen Zusammensetzung bestimmte normative Vorstellungen, die auch in zeitgenössischen Beobachtungen anklingen. Auf den Punkt gebracht, werden sie sichtbar in einer Tagebuchnotiz des Breslauer Kaufmanns Karl Friedrich Hempel aus dem Jahre 1849: *Am 20. August früh 8 Uhr fand hier die erste Sitzung des Schwurgerichts im Appellationsgerichtsgebäude statt, die letzte am 12. September. Die Diebe und andere Verbrecher kamen alle schlecht weg, die so genannten Majestätsbeleidiger wurden aber fast alle freigesprochen.*[42]

Was zunächst die Rechtsprechung bei Eigentumsstraftaten betrifft, deuten sowohl weitere Aussagen von Zeitgenossen[43] als auch die im Vergleich zu anderen Delikten geringere Freispruchquote auf eine harte Haltung hin.[44] Allerdings sind gleich mehrere Relativierungen angebracht.

Erstens dürfte es bei Diebstahlssachen weniger Unklarheiten gegeben haben, sowohl was Beweisprobleme[45] als auch was (dies war vor allem bei politischen Straftaten von Bedeutung) das Problem unbestimmter Rechtsbegriffe betraf. Außerdem spielte die Frage der Zurechnungsfähigkeit kaum eine Rolle – anders als bei Körperverletzungs- und Tötungsdelikten.

Zweitens ist zu berücksichtigen, dass vor den Schwurgerichten nur die allerschwersten Diebstahlsdelikte verhandelt wurden. Ausgeschlossen waren nicht

---

ler (Hrsg.), Sozialgeschichte Heute. Festschrift für Hans Rosenberg zum 70. Geburtstag, Göttingen 1974, S. 148–161, hier S. 158 f.

41 LANDAU Schwurgerichte und Schöffengerichte (wie Anm. 1), S. 289; Wolfgang SELLERT/Hinrich RÜPING, Studien- und Quellenbuch zur Geschichte der deutschen Strafrechtspflege, Bd. 2, Aalen 1994, S. 34.

42 Tagebucheintrag vom 18. September 1849, Karl Friedrich HEMPEL, Die Breslauer Revolution, in: Denkwürdige Jahre 1848–1851, Köln/Wien 1978, S. 3–94, hier S. 88. Im Fall der Diebstahlsdelikte stimmt die Aussage Hempels, im Hinblick auf die Verfahren wegen politischer Straftaten ist sie zu berichtigen: Fünf Verurteilungen stand lediglich dreimal ein „Nichtschuldig" gegenüber; siehe dazu COLLIN, Der Kampf gegen die Schwurgerichte (wie Anm. 18), S. 200.

43 Carl BARTH, Der „Milchfresser", Allgemeine Schwurgerichtszeitung 1 (1857), S. 58–60; A. BOLLERT, Schwurgericht oder Schöffengericht (Fünftes Beilageheft zu den Blättern für Rechtspflege in Thüringen und Anhalt, Bd. XX), Jena 1873, S. 31: Diebe „erfahren keine Schonung".

44 Siehe auch Dirk BLASIUS, Recht und Gerechtigkeit im Umbruch von Verfassungs- und Gesellschaftsordnung. Zur Situation der Strafrechtspflege in Preußen im 19. Jahrhundert, in: Der Staat 21 (1982), S. 365–390, hier S. 386, Fn. 43; LANDAU, Schwurgerichte und Schöffengerichte (wie Anm. 1), S. 288.

45 Siehe z. B. auch Statistik der preußischen Schwurgerichte für das Jahr 1854, Archiv für Preußisches Strafrecht 4 (1856), S. 170–188, hier S. 187, nach Feststellung der niedrigen Freispruchquote bei Diebstählen: *Es wird hiernach der Schluss als berechtigt erscheinen, daß, so ungleich sich die Verhältnisse auch im Allgemeinen darstellen, doch insbesondere bei solchen Verbrechen, wo der Beweis des Thatbestands und der Thäterschaft schwerer zu führen ist, auch die Freisprechungen häufiger vorkommen.*

nur einfache Diebstähle, die ohnehin vor Einzelrichtern oder mit Berufsrichtern besetzten Gerichtsabteilungen verhandelt wurden, sondern auch bestimmte schwere Fälle, die – vor allem aus prozessökonomischen Gründen – mittels verschiedener Gesetzesänderungen in der ersten Hälfte der 1850er Jahre der Jury entzogen wurden.[46]

Drittens kommt es nicht nur auf die Freispruchquote an, sondern auch darauf, ob mit einer Schuldigsprechung die Zuerkennung mildernder Umstände verbunden war. Denn hierbei offenbarte sich ein Rechtsbewusstsein, welches natürlich von der Strafbarkeit von Diebstählen ausging, ebenso jedoch von der Notwendigkeit von Korrekturen im Falle sozialer Not oder anderweitiger individueller Zwangslagen. Hier sind die Befunde unterschiedlich, je nach Untersuchungszeitraum.[47] Bemerkenswert ist, dass das Justizministerium selbst auf eine häufige Milderung der Geschworenen bei Diebstahlssachen hinweist, weil *Noth häufig den traurigen Bestimmungsgrund zur That bildet.*[48]

Weiter ist zu fragen, inwieweit in der hohen Freispruchquote bei politischen Straftaten eine bestimmte normative Orientierung zum Ausdruck kommt. Auch hier ist eine vorherige Einschränkung vonnöten. In fast allen deutschen Staaten war den Geschworenen bis Mitte der 1850er Jahre die diesbezügliche Zuständigkeit entzogen worden. Man kann also lediglich für eine kurze Zeit Aussagen treffen, mit Schwerpunkt auf der strafrechtlichen Bewältigung der Revolutionsereignisse. Hier ist zunächst das Problem der Auslegung unbestimmter Rechtsbegriffe in Zeiten unsicherer Machtverhältnisse und auch unsicherer institutioneller Verhältnisse zu berücksichtigen. War zum Beispiel Hochverrat gegen den Deutschen Bund möglich, wenn nicht mehr klar war, ob der Deutsche Bund überhaupt noch existiert?[49] Im Ergebnis kann man hier aber davon ausgehen, dass viele Geschworene sich – jedenfalls um 1848/49 und kurz danach – als Widerlager zu einer Kriminalisierung politischer Opposition verstanden.[50]

---

46 Siehe im Detail COLLIN, Der Kampf gegen die Schwurgerichte (wie Anm. 18), S. 217 f.

47 Für niedrige Milderungsquoten siehe: Statistik der preußischen Schwurgerichte für das Jahr 1854, Archiv für Preußisches Strafrecht 4 (1856), S. 170–188, hier S. 177; siehe auch LANDAU, Schwurgerichte und Schöffengerichte (wie Anm. 1), S. 288; für hohe Milderungsquoten COLLIN, Der Kampf gegen die Schwurgerichte (wie Anm. 18), S. 204 m. w. N.

48 Schreiben des Justizministers Ludwig Simons an den Prinzen von Preußen vom 15. Dezember 1858, zit. nach COLLIN, Der Kampf gegen die Schwurgerichte (wie Anm. 18), S. 204.

49 COLLIN, Der Kampf gegen die Schwurgerichte (wie Anm. 18), S. 201 f.

50 Dies indizieren jedenfalls die Zeugnisse über die Haltung der Geschworenen in politischen Strafprozessen, Mathias REIM, Der Hochverratsprozess gegen Gustav Struve und Karl Blind. Der erste Schwurgerichtsfall in Baden, Sigmaringen 1985, S. 132–138; Helmut PAULUS, Das Oberfränkische Schwurgericht. Geschichte und Rechtsprechung von 1848 bis 1924 und von 1948 bis 1950, Bayreuth 2004, S. 52, 69; Matthias BRAUN, Die Entwicklung der Schwurgerichtsfrage in Kurhessen bis zum Jahre 1851, Berlin 2011, S. 235–239. Eine gemischte Bilanz findet sich bei Christoph GOL-

Eine weitere Manifestation bestimmter normativer Orientierungen könnte in einem im Vergleich zum früheren – von Berufsrichtern entschiedenen – Verfahren erhöhten Anteil von Todesstrafen erkennbar sein. Eine derartige Tendenz hat jedenfalls Petra Overath für Bayern nachgewiesen; inwiefern es in anderen deutschen Ländern ebenso war, bedarf noch weiterer Untersuchungen. In Bezug auf Bayern jedenfalls hält Overath ein im Vergleich zu Juristen stärker ausgeprägtes Vergeltungsdenken für mitursächlich.[51] Das klingt, gerade auch wenn man alltagsweltliche Erfahrungen zugrunde legt, durchaus plausibel.

Ferner gibt es eine Reihe von Schwurgerichtsentscheidungen, in denen ein bestimmtes Ehrverständnis den Ausschlag gegeben hatte. Hier nur ein Beispiel: Ein Angeklagter, der sich mit einem anderen zum Duell verabredet und dieses auch durchgeführt hatte, wird von der Anklage des Zweikampfs (§§ 201 ff. RStGB) freigesprochen, weil er sich in dieser Angelegenheit – anders als der andere Duellant – ehrenhaft verhalten hatte.[52] Zweites Beispiel: Verneinung von Mordmerkmalen, weil die Frau, die der Angeklagte getötet hatte, ihm zuvor untreu gewesen war.[53] Drittes Beispiel: Eine „Seiltänzerbande" entführte ein Mädchen, das Jahre später vom Vater in „sittlich verwahrlostem Zustand", aufgefunden wurde. Der Vater erschoss den Bandenchef. Das Urteil der Jury lautete auf „Nichtschuldig".[54]

Ferner finden sich Judikate, die die Entscheidungsfolgen einkalkulierten. Hierfür ist folgendes Beispiel anzuführen: Ein Mann schoss auf seine Freundin, weil diese mit einem anderen Mann ausging; der Schuss führte nur zu geringfügigen Verletzungen. Nach der Festnahme heiratete die Freundin den Angeklagten.

SONG, Der Kölner Kommunistenprozeß von 1852 aus rechtshistorischer Sicht, Diss. jur. Köln 1995, S. 119 f., wobei hierbei allerdings zu bedenken ist, dass die Angeklagten nicht zur bürgerlichen Opposition zu zählen waren; auf das Problem der Schichtensensibilität im Zusammenhang mit politischer Rechtsprechung hinweisend Günter HABER, Probleme der Strafrechtsgeschichte im Vormärz. Ein Beitrag zum Rechtsdenken des aufstrebenden Bürgertums, in: ZStrW 91 (1979), S. 590–636, hier S. 604 f., 616 f.

51 Petra OVERATH, Bayerische Schwurgerichte und die Todesstrafe. Handlungsspielräume von Laienrichtern in der zweiten Hälfte des 19. Jahrhunderts, in: Helmut Berding/Diethelm Klippel/Günther Lottes (Hrsg.), Kriminalität und abweichendes Verhalten. Deutschland im 18. und 19. Jahrhundert, Göttingen 1999, S. 171–197, hier S. 180.

52 Das Duell Holzapfel-Oehlke vor dem Schwurgericht. Stenographischer Bericht über die Verhandlungen, Berlin 1885, hier insb. S. 56–65.

53 APPLIUS, Rezension zu: Max Oehler, Schwurgerichte und Schöffengerichte. Beitrag zur historischen Entwickelung und gegenwärtigen Bedeutung, in: Kritische Vierteljahresschrift für Gesetzgebung und Rechtswissenschaft 3 (39), No. 1 (1897), S. 156–159, hier S. 157.

54 VON TIPPELSKIRCH, Über den Beruf des Geschwornen. Die Conflicte des Wahrspruchs mit dem Begnadigungsrecht und ihre Lösung, Allgemeine Schwurgerichtszeitung 4 (1859), S. 23–42, hier S. 36.

Die Jury – offensichtlich von dem Verlangen getragen, das Familienglück nicht zerstören zu wollen – verneinte den Tötungsversuch.[55]

Zusammenfassend lässt sich sagen, dass bei Juryentscheidungen stellenweise normative Vorstellungen sichtbar werden, die – jedenfalls als Tatbestandsvoraussetzungen – nicht vom positiv-rechtlichen Strafrechtssystem inkorporiert worden waren (ohne dass hinter den Vorstellungen der Jury kohärente Gruppennormativitäten stehen mussten). Dies kann man skandalisieren, wie ein Teil der Publizistik dies getan hat[56], man kann es aber auch ganz einfach als natürliche Folge der Einbeziehung von Laien ansehen; in einem solchen Fall liegt eine partielle „De-Thematisierung" des Rechts[57] eben in der Natur der Sache.

4. Fazit

Ich will zu einem Fazit kommen. Was die Tatsachenerhebung betrifft, war ein funktionaler Mehrwert von Schwurgerichten nicht erkennbar. Gleiches gilt für sie als politische Einrichtung. Der ihnen zugeschriebene Repräsentationscharakter stand von vornherein auf schwachen Füßen und verlor mit verstärkter parlamentarischer Repräsentation und dem Ausbau der kommunalen Selbstverwaltung ohnehin an Bedeutung. Gleiches gilt für ihre Rolle als politisches Widerlager gegen eine regierungsabhängige staatliche Justiz – mit einer wesentlichen Ausnahme: den Jahren 1848 bis etwa 1851. Für die Zeit danach lassen sich wegen des sukzessiven Entzugs der Zuständigkeit für politische Strafsachen kaum Aussagen treffen; andererseits ist zu berücksichtigen, dass sich die richterliche Unabhängigkeit im Laufe der zweiten Hälfte des 19. Jahrhunderts konsolidiert hatte, sodass ein Bedarf an dahingehender nichtberufsrichterlicher Entscheidungsmacht weniger dringlich erschien – jedenfalls soweit es die Perspektive des Bürgertums betraf.[58]

Was die Bedeutung der Geschworenengerichte als Rechtsanwender und Gesetzesinterpret betrifft, fällt die Beurteilung zwiespältig aus. Auf der einen Seite findet man Juryverdikte, die einer *lege artis* vorgenommenen juristischen Prüfung widerstreiten. Dabei ist es aber zu berücksichtigen, dass sich die Geschworenen

55 Ebd., S. 28 f.

56 Siehe dazu z. B. Reinhard Merkel, Strafrecht und Satire im Werk von Karl Kraus, Frankfurt am Main 1998, S. 500–516.

57 Niklas Luhmann, Kommunikationen über Recht in Interaktionssystemen, in: ders., Ausdifferenzierung des Rechts, Frankfurt am Main 1999, S. 53–72, hier S. 71.

58 Zu einer anderen Haltung der (sozialdemokratisch beeinflussten) Arbeiterschaft (Stichwort „Klassenjustiz") siehe Uwe Wilhelm, Das Deutsche Kaiserreich und seine Justiz. Justizkritik – politische Strafrechtsprechung – Justizpolitik, Berlin 2010, S. 504–509.

von Erwägungen leiten lassen konnten, die sich durchaus auch ins Recht inkorporieren ließen. Das gilt zum Beispiel für die Berücksichtigung sozialer oder psychischer Notlagen. Auch in der Rechtssetzung spielten derartige Aspekte eine Rolle, wie es bei der Privilegierung des Holzdiebstahls gegenüber dem normalen Diebstahl[59] oder bei dem milderen Strafrahmen für Kindstötung[60] deutlich wird. Auch widerstritt es nicht der Logik des Rechtssystems, soziale Notlagen, Reuebereitschaft, Aspekte sozialer Ehre oder Folgenerwägungen (Stichwort: Sozialprognose) bei der Festlegung des Strafmaßes zu berücksichtigen. Der entscheidende Gesichtspunkt ist, dass Geschworene weder Zugriff auf die Ausgestaltung der rechtsnormativen Strafbarkeitsvoraussetzungen hatten noch auf die Festlegung der Strafen (Letzteres höchstens durch die Zuerkennung mildernder Umstände oder indirekt durch Bejahung eines minderschweren Falles). All die genannten Erwägungen konnten sie lediglich dort einbringen, wo sie entscheiden konnten, also bei der Entscheidung über die Tatbestandsmäßigkeit einer Handlung. So gesehen, könnte man auch sagen, dass Schwurgerichtsverdikte weniger unter dem Gesichtspunkt problematisch waren, dass sie inhaltlich dem Recht widerstritten, als vielmehr darin, dass die entscheidungserheblichen Gesichtspunkte an der falschen Stelle zum Tragen kamen.

Aber auch dann, wenn man per se von einer „Rechtsfremdheit" der normativen Rationalitäten ausgeht, von der sich Schwurgerichtsentscheidungen leiten ließen, muss man konzedieren, dass es keineswegs ausgemacht war, mit welcher Striktheit und auf welchem technischen Niveau Regelgebundenheit zu realisieren war und in welchem Maße nichtrechtliche Rationalitäten mit juristischen Rationalitäten zusammengedacht werden konnten. Die Bemerkung des liberalen Holtzendorff, der das Schwurgericht als Bollwerk gegen die „civilistische Anwendung der Strafgesetze" bezeichnete[61], weist auf diese Problematik und auf fließende Grenzen bei der Berücksichtigung außerrechtlicher, aber dennoch normativer Orientierungen hin. Will man die Funktion von Schwurgerichten im Strafprozess beurteilen, muss man auch ihre Rolle als „Treffraum" unterschiedlicher normativer Rationalitäten berücksichtigen und die Denkmöglichkeit qualitativer Abstufungen, was die Anforderungen an technische Präzision bei der Durchset-

---

59 Zur wechselhaften Geschichte der Normierung des Holzdiebstahls Dirk Blasius, Kriminalität und Alltag. Zur Konfliktgeschichte des Alltagslebens im 19. Jahrhundert, Göttingen 1978, S. 55–62; Peter Collin, „Wächter der Gesetze" oder „Organ der Staatsregierung"? Konzipierung, Einrichtung und Anleitung der Staatsanwaltschaft durch das preußische Justizministerium. Von den Anfängen bis 1860, Frankfurt am Main 2000, S. 363–370.

60 § 217 RStGB.

61 F(ranz) v(on) Holtzendorff, Die neuere Schwurgerichtsliteratur und die auf das Schwurgericht bezüglichen Reformvorschläge, in: Kritische Vierteljahresschrift für Gesetzgebung und Rechtswissenschaft 8 (1866), S. 240–306, hier S. 253.

zung des Rechts betrifft, in Rechnung stellen – aber sich gleichzeitig auch daraus entstehende Konflikte mit dem *nulla-poena-sine-lege*-Grundsatz vergegenwärtigen. Nur aus diesen Spannungsverhältnissen heraus lässt sich die Funktionalität und Legitimität von Schwurgerichten im 19. Jahrhundert verstehen.

Abbildungsverzeichnis

Register

Orte

Personen

Sachbegriffe